现代远程教育系列教材

基础会计

（第五版）

张 捷 著

经济科学出版社

图书在版编目（CIP）数据

基础会计/张捷著 . —5 版 . —北京：经济科学出版社，
2017. 8
现代远程教育系列教材
ISBN 978 – 7 – 5141 – 7137 – 2

Ⅰ. ①基⋯　Ⅱ. ①张⋯　Ⅲ. ①会计学—远程教育—教材
Ⅳ. ①F230

中国版本图书馆 CIP 数据核字（2016）第 175999 号

责任编辑：范　莹
责任校对：杨　海
技术编辑：李　鹏

基础会计（第五版）

张　捷　著

经济科学出版社出版、发行　新华书店经销
社址：北京市海淀区阜成路甲 28 号　邮编：100142
总编部电话：010 – 88191217　发行部电话：010 – 88191522
网址：www. esp. com. cn
天猫网店：经济科学出版社旗舰店
网址：http://jjkxcbs. tmall. com
北京季蜂印刷有限公司印装
787×1092　16 开　34. 75 印张　600000 字
2017 年 8 月第五版　2017 年 8 月第 1 次印刷
ISBN 978 – 7 – 5141 – 7137 – 2　定价：65. 00 元（含《操作与习题手册》）
（图书出现印装问题，本社负责调换。电话：010 – 88191502）
（版权所有　侵权必究　举报电话：010 – 88191586
电子邮箱：dbts@esp. com. cn）

现代远程教育系列教材
编审委员会

总　序

当今世界，网络与信息技术的发展一路高歌猛进，势如破竹，不断推动着现代远程教育呈现出革命性变化。放眼全球，MOOCs运动席卷各国，充分昭示着教育网络化、国际化正向纵深发展；聚焦国内，传统大学正借助技术的力量，穿越由自己垒起的围墙，努力从象牙塔中走出来，走向社会的中心；反观自我，68所现代远程教育试点院校围绕党的十八大提出的"积极发展继续教育，完善终身教育体系，建设学习型社会"目标，经过十余载的探索前行，努力让全民学习、继续学习、终身学习的观念昌行于世。

教材作为开展现代远程教育的辅助工具之一，与教学课件、学习平台和线上线下的支持服务等要素相互匹配，共同发挥着塑造学习者学习体验和影响最终学习效果的重要作用。技术的飞速进步在不断优化学习体验的同时，也对现代远程教育教材的编写提出了新挑战。如何发挥纸介教材的独特教学功能，与多媒体课件优势互补，实现优质教材资源在优化的教学系统、平台和环境中，在有效的教学模式、学习策略和学习支持服务的支撑下获得最佳的学习成效，是我们长期以来不断钻研的重要课题。为此，我们组织有丰富教学经验及对现代远程教育学习模式有深入研究的专家编写了这套现代远程教育教材。在内容上，我们尽力适应大众化高等教育面对在职成人、定位于应用型人才培养的需要；在设计上，我们尽力适应地域

1

分散、特征多样的远程学生自主学习的需要，以培养具备终身学习能力的现代经管人才。

　　教材改变的过程正是对教育理念变革的不断践行。我们热切希望求知若渴的学生和读者们不吝各抒己见，与我们一同改进和完善这套教材，在不断深化的继续教育综合改革中为构建全民终身教育体系共同努力。

　　这套教材的出版得到了经济科学出版社的大力支持，范莹、张频编辑对这套教材无论从选题策划、整体设计还是到及时出版都付出了大量劳动，在此一并表示衷心感谢！

现代远程教育系列教材编委会

第五版修订说明

本教材自 2009 年初再版以来，在历次重印中进行了一定内容和范围的修订，比较及时的反映了我国会计改革的最新进展情况。但仍需要进行较大力度的修订。这主要是由于 2013 年 12 月《中华人民共和国公司法》修正，于 2014 年 3 月 1 日起施行；2014 年我国的《企业会计准则》经历了 2006 年颁布以来最大的一次修订，规模之大、影响之深都是空前的，并于 2014 年 7 月 1 日开始正式实施；2016 年 12 月财政部下达了关于印发《增值税会计处理规定》的通知。这些举措都对本教材内容产生了极大影响。有鉴于此，本教材再次予以修订。

本次再版仍沿用了原教材的内容结构体系，保留了原教材的编写风格和体例。再版后的教材仍具有以下鲜明特色。

第一，体现全新的会计理念。《企业会计准则（2006）》的颁布和实施，以及《企业会计准则 2014》的修订等，不仅促进了我国会计的历史性变革，而且引起了会计理念的创新性转变。新准则中关于我国企业会计目标的定位，关于会计要素的确认和计量等一系列内容的规范，资产负债观的确立，会计信息质量要求的重新界定，以及相关会计概念的变化等，无不体现了我国会计理论研究的最新成果和全新的会计理念。为此，在教材的修订中，对在第四版中补充的我国企业的会计目标、会计假设、会计信息质量要求等会计基本理论内容都予以了保留。对相关的会计概念做了更深入的阐述，在表述上也更加规范，更具有新意，例如，将原来"经济业务"的提法改为"交易或事项"，将原来"核算"的提法细化为会计确认、会计计量、会计记录和会计报告等。此次修订根据新《企业会计准则》的规定重新定义了公允价值、交易性金融资产等概念。以上这些修订充分体现了本教材全新的会计理念。

第二，突出课程内容的重点。根据本教材前四版的使用情况和各方面的反馈意见，在第三、第四版修订时已经对教材内容体系的整体结构做了较大调整的基础上，本次修订又进行了必要的增补或删减。例如，会计确认、会计计量和会计报告的概念，会计要素的确认条件和计量属性，财务报表的列报要求等，都属于本课程的重点内容，我们对这些内容进行了必要的补充。此外，还补充了材料采购实际成本法做法的新内容。不仅使教材的内容更加丰富，而且扩展了课程内容的广度，使学习者能够通过本课程的学习获取更多新的知识。同时，对某些相对已经过时的内容，例如，待摊费用和预提费用等予以删除，使教材的内容更加精炼，重点更为突出。

第三，注重内容的形象化描述。本教材编写风格的新颖之处在于图文并茂，形象直观，以图释文，通俗易懂。根据教材内容所设计的课件更能充分地体现以上鲜明特色。在本次修订中，对原来设计的一些模型进行了相应修改，补充了原教材中所没有的部分图示或图表，对所表述的内容进行了更为直观的形象化描述，使模型这种直观易懂的形式能够更加贴切的体现所描述的内容实质，为学习者理解和把握所学内容提供了更为有利的条件。

经过多年努力，《基础会计》已经形成了纸介教材、操作与习题手册、网上PPT课件和网上视频课件等完善的课程资源。因此，对本教材内容的学习应充分利用以上这些有利条件，将对教材的阅读与视频课件的收看有机结合，将对课程内容的学习与习题的操作练习有机结合。只有这样，才会收到预期的理想学习效果。需要说明的是教材本次修订的内容有些已经在本人于2015年8月录制的《基础会计》视频课件（现代远程教育用）中有所体现，可相互对照学习。

《基础会计》教材自2003年出版以来几易其版，教材的编写质量已经得到了社会上的广泛认可。2005年，本人根据该教材设计开发的课件荣获辽宁省优秀教学成果奖；2006年，该教材荣获辽宁省哲学社会科学优秀成果奖（辽宁省首届政府奖）；2007年，本人主讲的该课程（现代远程教育）被教育部评定为国家级精品课程；2014年10月，《基础会计》课程被由教育部、高等教育出版社主办的中国大学精品开放课程网站选用（见爱课程网，http://www.icourses.cn/coursestatic/course_ 5794.html）。本人深知，这些成果的取得虽与个人的辛勤努力分不开，但更离不开来自各方面的关心与厚爱。特别是自本教材第二版修订以来，得到了经济科学出版社责任编辑范莹等同志的精心指导和热情支持；校内外从事该课程教学工作的同行们在给予勉励的同时，也提出了宝贵的修改建议；有些学生在学习过程中也就教材中存在的问题及时提出了反馈意见。借本次教材再版的机会再次向各位表示衷心谢意！同时，也欢迎随时进行交流和沟通。我的电子邮箱是：zhangjie@ dufe. edu. cn。

张　捷

2017 年 2 月于大连

目 / 录

第一章 总论 ·································· 1

1.1 会计的产生与发展 ················· 1

1.2 会计的含义与会计对象 ············· 4

1.3 会计目标与会计假设 ··············· 10

1.4 会计信息的质量要求 ··············· 15

1.5 会计核算方法 ····················· 21

本章小结 ····························· 26

思考题 ······························· 27

第二章 账户设置 ······················· 28

2.1 会计要素与会计等式 ··············· 28

2.2 会计科目与账户设置 ··············· 54

本章小结 ····························· 64

思考题 ······························· 66

第三章 复式记账 ······················· 67

3.1 复式记账原理 ····················· 67

3.2 借贷记账法 ······················· 69

3.3 账户的平行登记 ··················· 84

本章小结 ····························· 90

思考题 ······························· 91

第四章 会计凭证 ······················· 92

4.1 会计凭证的作用与种类 ············· 92

4.2　原始凭证 ………………………………………………… 110

4.3　记账凭证 ………………………………………………… 112

4.4　会计凭证的传递与保管 ………………………………… 119

本章小结 ……………………………………………………… 121

思考题 ………………………………………………………… 122

第五章　会计账簿 …………………………………………… 123

5.1　账簿设置的意义与种类 ………………………………… 123

5.2　账簿的格式与登记方法 ………………………………… 128

5.3　账簿登记规则与错账更正 ……………………………… 136

5.4　结账与对账 ……………………………………………… 146

5.5　账簿的更换与保管 ……………………………………… 155

本章小结 ……………………………………………………… 157

思考题 ………………………………………………………… 158

第六章　制造业企业主要交易或事项的核算 ……………… 159

6.1　制造业企业的主要交易或事项 ………………………… 159

6.2　制造业企业的会计处理基础 …………………………… 161

6.3　资金筹集过程交易或事项的核算 ……………………… 177

6.4　供应过程交易或事项的核算 …………………………… 185

6.5　生产过程交易或事项的核算 …………………………… 204

6.6　销售过程交易或事项的核算 …………………………… 220

6.7　其他业务收支与投资收益的核算 ……………………… 234

6.8　期间费用与营业外收支的核算 ………………………… 239

6.9　利润形成与利润分配的核算 …………………………… 244

本章小结 ……………………………………………………… 257

思考题 ………………………………………………………… 260

第七章　成本计算 …………………………………………… 261

7.1　成本计算的意义与原理 ………………………………… 261

7.2　成本计算的一般程序 …………………………………… 267

7.3　制造业企业的成本计算 ………………………………… 269

本章小结 ……………………………………………………… 280

思考题 ………………………………………………………… 281

第八章　财产清查 ·· 282

8.1　财产清查的意义与种类 ···························· 282

8.2　存货盘存制度 ·· 285

8.3　财产清查的内容与方法 ···························· 298

8.4　财产清查的结果与处理 ···························· 305

本章小结 ·· 316

思考题 ··· 317

第九章　财务会计报告 ······································ 319

9.1　财务会计报告的作用与种类 ······················ 319

9.2　资产负债表的编制 ···································· 328

9.3　利润表的编制 ·· 341

本章小结 ·· 350

思考题 ··· 352

第十章　会计核算组织程序 ································ 353

10.1　会计核算组织程序概述 ···························· 353

10.2　记账凭证核算组织程序 ···························· 357

10.3　汇总记账凭证核算组织程序 ······················ 360

10.4　科目汇总表核算组织程序 ························· 370

10.5　日记总账核算组织程序 ···························· 376

本章小结 ·· 379

思考题 ··· 381

第一章 总 论

学习目标

　　本章主要介绍会计基本理论的有关内容。通过学习，应了解会计产生和发展的大体历程，明确会计与社会环境特别是与经济环境之间的密切关系；理解会计的基本含义，了解会计核算对象的基本内容；理解会计目标和会计假设的内容及其意义；理解对会计信息质量的要求；初步了解会计的基本方法。

关键名词

　　会计　会计对象　会计目标　会计假设　会计主体　持续经营　会计分期　货币计量　可靠性　相关性　可理解性　可比性　实质重于形式　重要性　谨慎性　及时性　账户设置　复式记账　会计凭证　登记账簿　成本计算　财产清查　财务会计报告

1.1 会计的产生与发展

1.1.1 会计的产生及其发展阶段

　　会计是适应人类对生产经营活动管理的需要而产生的。在世界各国，由于经济发展的历史不尽相同，会计产生的时间也先后有别。一般认为，我国的会计产生至今已有三千余年，此前，它经历了一个漫长的孕育时期。

　　会计的发展经历了古代会计、近代会计和现代会计三个重要阶段，见图 1-1。

1. 古代会计

　　古代会计是指从奴隶社会至封建社会时期的会计，以会计机构的产生和会计专职人员的出现等为主要标志。会计是社会经济发展到一定阶段的产物。据史料记载，我国的会计就产生于距今三千多年以前的西周时期。当时的王朝中就已经设立了相应的会计管理机构，设立了司会、大宰和小宰等官职来掌握国

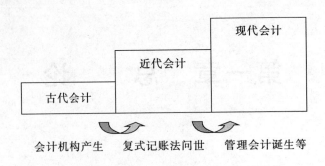

会计机构产生　　复式记账法问世　　管理会计诞生等

图 1 - 1　会计发展的三个阶段

家和地方的"百物财用"。我国"会"与"计"二字的合用也是从那个时候才开始的。

古代会计既是会计的开创阶段，也是会计取得长足进步的阶段。但与今天的会计相比，当时的会计还显得非常简单、粗糙。比如，从记录会计事项的方法来看，所采用的单式记账法还不够严密，也不够科学；所采用的计量单位比较单一，还不够多样化，是以实物量作为主要计量单位，而不是以货币作为主要计量单位等。

2. 近代会计

近代会计是指 15 世纪以后的会计，以复式记账法的诞生为显著标志。在古代会计后期，对复式记账法的探索进入了一个重要阶段。我国的会计先辈们在唐宋时期创建的"四柱结算法"，在明末清初创立的"龙门账"等，都充分体现了复式记账的原理，是世界会计发展史上的杰作。在国外，公元 13 世纪前后，以意大利为中心的欧洲成为产业经济的先导，经济贸易的发达以及资本借贷业务的兴起，为复式记账法的探索提供了有利的经济环境。1494 年，意大利数学家卢卡·帕乔利总结了在民间已经流行了二千余年的借贷记账法，并将其写入了他的数学著作《算术、几何、比及比例概要》，标志着记账方法由单式记账法向复式记账法的历史性转变，是会计发展史上第一个重要的里程碑。

📄 **小知识**

据有关资料记载，《算术、几何、比及比例概要》是意大利的数学家卢卡·帕乔利（Luca Pacioli）所著的世界上第一部关于复式簿记的著作。1494年 11 月 10 日在意大利的威尼斯出版。它由五部分组成：（1）算术和代数；（2）商业算术的运用；（3）簿记；（4）货币和兑换；（5）纯粹和应用几何。该书的出版，开创了会计历史的新纪元。卢卡·帕乔利因此被誉为"近代会计之父""近代会计的奠基人"。

---

3. 现代会计

现代会计一般是指 20 世纪 50 年代以后的会计，以管理会计的形成并与财务会计分离为标志。随着第二次世界大战的结束和科学技术的发展，凸显了科学管理对企业兴亡举足轻重的作用。如何利用会计提供的信息分析企业经营活动现状，预测经营活动前景，为经营决策提供依据等成为会计研究的重要课题。人们运用现代管理科学理论，逐步形成了会计上的一个新的分支——管理会计，并逐步成为一门独立的学科。管理会计的诞生，结束了会计在两千余年中只是对经济活动处于事后反映的被动局面，实现了会计对生产管理过程的事前、事中和事后的主动控制与管理。管理会计的诞生是会计发展史上的又一个重要里程碑。

现代会计时期是会计发展最为迅速的时期。一方面，原有的财务会计、管理会计的理论与方法体系不断完善，形成了完整的会计学科体系；另一方面，由于社会经济环境变化的巨大影响，特别是从 20 世纪 70 年代起，世界市场一体化进程加快，科学技术的发展促进电子计算机等现代化技术手段在会计上的普及和应用，为会计的发展提供了强大的动力。在市场经济已经成为当今世界发展潮流的新的历史时期，作为"世界商业语言"的会计必将会有更快的发展。

1.1.2　会计与社会环境

会计的产生和发展与其所处的社会环境有着密切的依赖关系。这些社会环境包括：社会经济环境、政治环境、教育环境和科技环境等。会计与社会环境的关系见图 1－2。

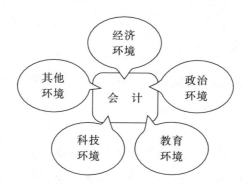

图 1－2　会计与社会环境的关系

在上述各种社会环境中，经济环境对会计的发展具有决定性作用。实践表明：会计是社会经济发展到一定历史阶段的产物。它是适应生产和经济管理的需要而产生的，又是随着经济的发展而不断发展的。以我国为例，从 20 世纪 80 年代实行改革开放战略，传统的计划经济体制逐步向社会主义市场经济体制转变，推动了我国经济以世人瞩目的速度蓬勃发展。在社会经济环境的渐变过程中，作为经济管理活动须臾不可离开的会计必须进行与之相配套的一系列改革。我国从 1985 年颁布《会计法》，2006 年颁布并形成我国完善的企业会计准则体系，到 2014 年对《企业会计准则》进行增补和修订等，都是我国经济体制改革的不断深入发展所推动的结果，是促使我国传统的会计管理模式不断适应经济发展的需要所采取的举措。由此可见，经济环境的变化，对会计的发展具有巨大的促进作用。当然，从另一方面看，会计的发展也会反作用于经济环境，对经济的发展产生有力的推动作用。正如马克思在一百多年前所指出的那样：生产"过程越是按社会的规模进行，越是失去纯粹个人的性质，作为对过程的控制和观念总结的簿记（可理解为现在的会计，编者注）就越是必要"。① 马克思这段对会计重要作用的精辟论述，在现代可理解为：社会越发展，经济越发展，会计越重要。我国经济、会计法律法规体系的不断完善，会计信息质量的不断提高，对促进我国经济的发展同样会产生越来越重要的作用。

此外，会计的发展也同样会受到其所处的政治环境、教育环境和科技环境等方面的影响。政治环境的改善能够为会计的发展提供宽松的氛围，教育事业特别是财经教育事业的发展能够为会计的发展提供源源不断的人才资源，科技的发展能够为会计的发展提供新的技术，促进会计手段的变革等。

1.2 会计含义与会计对象

1.2.1 会计含义

会计的含义，即回答什么是会计？在我国，"管理活动论"和"信息系统论"是两种比较有代表性的观点。

1. 管理活动论

这种观点认为：会计是以货币为主要计量单位，利用一系列会计方法，对社会再生产过程中的经济活动进行连续、系统、全面和综合的核算和监督，旨在提高经济效益的一种价值管理活动。该定义体现了会计的四个本质特征。

（1）管理职能。会计具有核算与监督两种基本职能。会计的职能即会计

---

① 《马克思恩格斯全集》第 24 卷，人民出版社 1972 年版，第 152 页。

在经济管理活动中所具有的功能，会计主要是通过核算和监督两种基本职能的发挥而对交易或事项进行管理。核算的职能是指会计对客观交易或事项的表述和价值数量上的确定与报告，即人们通常所说的记账、算账和报账，包含了会计确认、计量、会计记录和报告的全过程。监督职能是指对交易或事项的合理性、合法性和有效性进行的审查。预测职能、决策职能、分析职能和检查职能等是会计基本职能的发展和延伸。

📑 **小资料**

什么叫交易或事项？

就企业而言，交易是指某一企业与其他企业或与其他部门之间所发生的经济往来活动，如企业购买材料并向销售企业支付货款等。事项一般是指某一企业内部发生的经济活动，如用购买的设备和材料进行产品生产等。

（2）管理形式。会计主要以价值形式进行管理。当经济活动发生以后，在会计上总是要采用一定的计量形式对其进行计量和记录。比如可以采用货币计量，也可以采用实物计量。在会计核算中所采用的主要是货币计量形式，这是会计管理活动区别于其他管理活动的一个十分重要的特点。

（3）管理特点。会计具有连续性、系统性、全面性和综合性管理特点。连续性是指会计要按照交易或事项发生的时间顺序连续进行记录。系统性是指会计对于所要反映的交易或事项应采用一定方法分门别类地进行记录。全面性是指会计对应予反映的交易或事项内容要毫无遗漏地进行记录。综合性是指会计对应当反映的交易或事项内容主要采用货币作为统一计量尺度进行计量和记录，使反映的内容更加具有综合性和可比性。

（4）管理属性。会计与生产力等相联系的是自然属性；会计与生产关系相联系的是社会属性。自然属性是指会计反映的各种经济组织的交易或事项是生产力、生产技术和社会化大生产相统一的过程。社会属性则是指会计所反映的交易或事项实质上体现着企业与企业之间、企业与投资者之间和企业与职工之间等方面的社会联系。会计在反映交易或事项的同时，也反映了各个经济组织之间以及经济组织内部有关方面的经济联系，体现了一定的生产关系。

2. 信息系统论

这种观点认为会计是一个经济信息系统。主要从以下两个方面对会计进行了定义。

（1）会计是一个以提供财务信息为主的经济信息系统。信息系统论的观点是根据系统论理论，将会计信息系统看成是一个经济组织全部经济管理系统的一个组成部分。并且强调会计所提供的信息是以财务信息为主的经济信息。

（2）会计的目标是向预定的信息使用者提供他们所需要的信息。根据信息使用者的不同，这种观点又将会计信息系统划分为两个部分：以企业外部信息使用者（如投资者、债权人等）为目标提供信息的系统，是财务会计信息系统；以企业管理层为目标提供信息的系统是管理会计信息系统。

1.2.2　会计对象

1. 会计对象的一般概念

会计对象即会计所核算和监督的内容。一般说来，会计的对象是社会再生产过程中的资金运动。

这里所说的资金是指处于社会再生产过程中的各个经济组织所拥有的财产物资的货币表现。拥有和控制一定数量的资金是各个经济组织开展其经济活动的必要条件。随着经济活动的进行，这些资金会处于不断的运动和变化之中。在会计上把凡是能够用货币表现的交易或事项统称为资金运动。对会计对象的一般概念可结合图 1-3 加深理解。

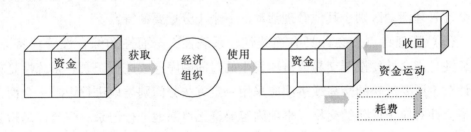

图 1-3　会计对象一般概念

2. 会计对象的基本内容

会计对象的基本内容是指会计对象的基本组成内容。由于各类经济组织的经济活动情况是各不相同的，它们所拥有的资金在运动过程中表现出来的具体形式也有着较大差别。为研究问题方便起见，可以将所有的经济组织分为两类加以分析。

（1）制造业企业、商业企业类。制造业企业和商业企业等，可统称为盈利组织——以盈利为目的而开展经营活动是这类经济组织的共同特征。所不同的：制造业企业是以组织产品生产为主要经营活动内容的企业；商业企业则是以组织商品流通为主要经营活动内容的企业。这类经济组织会计对象的基本内容可概括为六大类：资产、负债、所有者权益、收入、费用和利润。

（2）行政单位、事业单位类。可统称为非营利组织——不以盈利为目的而开展行政和社会事业活动的经济组织。如政府各级行政部门、各级各类学校等。这类经济组织会计对象的基本内容可概括为五大类：资产、负债、净资产、收入和支出。

以上会计对象的基本内容在会计上也叫会计要素，是对各类经济组织资金运动表现形式的分类概括。下面将重点结合盈利组织，特别是制造业企业资金运动情况对会计对象的基本内容展开深入探讨。

3. 制造业企业经营资金运动情况分析

制造业企业是以产品的生产和销售为主要经营活动内容的经济组织，对其经营资金的运动情况可结合图1-4理解和把握。

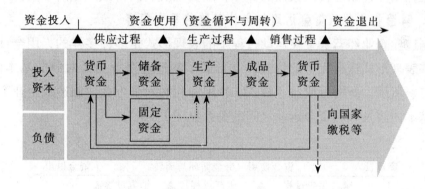

图1-4 制造业企业的经营资金运动

（1）制造业企业资金运动概况。制造业企业的经营资金运动可以划分为资金投入、资金使用（资金循环与周转）与资金退出三个基本阶段。根据其经营活动的特点，资金的使用阶段又可以划分为供应、生产和销售三个过程。在资金投入阶段，制造业企业主要是通过吸引投资者向企业投资和借债等方式取得经营活动所需资金。一般说来，企业筹集的经营资金是以货币资金形态进入企业的。在资金使用阶段的供应过程，企业要运用所筹集的资金进行产品生产的各项准备，包括购买材料、购置设备等；在生产过程，企业要组织生产工人运用储备起来的材料、购入的设备等进行产品的生产；在销售过程，企业要通过市场进行产品销售，收回货币资金。在资金退出阶段，由于企业向国家缴纳税金、向投资者分配利润等，部分经营资金将会退出资金运动过程。

（2）制造业企业经营资金运动的特点。第一，体现为循环与周转方式。随着生产经营活动的进行，企业经营资金形态会不断发生变化，从货币资金开始，依次转化为储备资金、固定资金、生产资金、成品资金，最后又回到货币资金形态，这一过程称为资金循环。企业的经营活动是持续不断的，经营资金也是不断循环的，周而复始的资金循环称为资金周转。第二，具有并存性和继起性。并存性是指在企业正常经营的情况下，货币资金、储备资金、固定资金、生产资金和成品资金等资金形态应同时存在，缺一不可。继起性是指资金每发生一次形态上的变化都会产生一个质的飞跃，进而向货币资金形态转化靠近一步。第三，按比例并存。要求各种资金形态相互之间要保持大体合适的比例，只有这样，资金的运动才可能正常进行下去，企业的再生产过程才可能顺利进行。第四，具有补偿性和增值性。补偿性是指企业必须将收回来的货币资金的一部分重新投入到下一个生产过程中去，从而保证经营活动的持续进行。增值性是指企业在完成资金的一个循环过程以后，收回来的货币资金数额大于其在资金循环开始时投入数额的部分，即实现的利润（或发生的亏损）。

4. 制造业企业的资金运动与会计对象的基本内容

制造业企业经营资金在运动过程中的表现形式是多种多样的，用会计术语对这些表现形式进行完整的描述，就形成了制造业企业会计对象的基本内容。即资产、负债、所有者权益、收入、费用和利润六个方面。制造业企业会计对象的基本内容及其与资金运动之间的关系见图1-5。

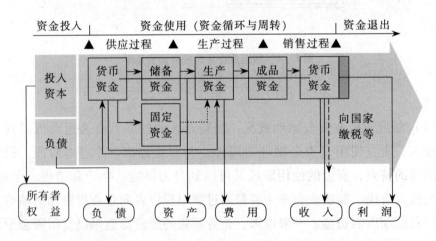

图1-5　制造业企业会计对象的基本内容与其经营资金运动之间的关系

（1）资产。资产是指企业过去的交易或者事项形成的、由企业拥有或者控制的、预期会给企业带来经济利益的资源。如货币资金、储备资金、固定资金、生产资金和成品资金等，就是企业资金的各种具体存在形态或运用形态。

（2）负债。负债是指企业过去的交易或者事项形成的、预期会导致经济利益流出企业的现时义务。如企业（债务人）从债权人处借入的资金，企业尚未缴纳的税金，以及应付职工的薪酬等。负债是债权人所拥有的对企业资产的要求权，也称债权人权益。

（3）所有者权益。所有者权益是指企业资产扣除负债后由所有者享有的剩余权益。主要是指投资者投入企业的资本金、企业所留存的盈余公积和未分配利润等。所有者权益是投资者所享有的对企业净资产的要求权。

（4）收入。收入是指企业在日常活动中形成的、会导致所有者权益增加的、与所有者投入资本无关的经济利益的总流入。如制造业企业销售产品实现的收入等。

（5）费用。费用是指企业在日常活动中发生的、会导致所有者权益减少的、与向所有者分配利润无关的经济利益的总流出。如制造业企业已经销售的产品本身的成本等。

（6）利润。利润是指企业在一定会计期间的经营成果。利润包括收入减去费用后的净额、直接计入当期利润的利得和损失等。

资产、负债、所有者权益、收入、费用和利润六个方面，毫无遗漏地涵盖了制造业企业资金运动过程中所体现的基本内容，而这些内容正是会计这种管理活动所要核算和监督的内容，即会计对象的基本组成内容。

关于企业会计对象的具体内容将在第二章中予以介绍。

特别提示

商业企业的资金运动也可分为资金投入、资金使用和资金退出三个阶段。但是由于经营活动内容的不同，其资金使用阶段仅划分为商品购入和商品售出两个过程。其资金在运动过程中表现为货币资金、商品资金等形态，不会有生产资金和成品资金等形态。但商业企业会计对象的基本内容与制造业企业是完全相同的。

行政单位和事业单位的资金运动情况比较简单。一般只划分为资金的取得和资金的使用两个阶段。这类经济组织的资金一般来源于国家财政预算拨款等，具有无偿性质。获得的资金一经使用就会直接转化为费用或支出。这类经济组织的资金运动表现为直线式的一次性运动方式。这就决定了这类经济组织会计对象的基本内容不仅在构成上，而且在经济实质上都与制造业企业有着较大差别。

1.3　会计目标与会计假设

1.3.1　会计目标

1. 会计目标的含义

会计的目标也称财务会计报告的目标，或财务报告目标，即会计管理活动所要达到的目的。在会计发展的不同历史阶段，会计的目标是有所不同的。在会计发展的早期阶段，会计主要服务于王朝统治者，向他们提供全国的土地、人口和财政收支等方面的情况。当会计随着经济的发展逐渐成为企业必不可少的一项管理活动以后，会计的目标也随之发生了较大变化。在公司等企业经济组织出现以前，会计主要是服务于企业的经营管理者，负责向他们提供其个人资产状况的有关信息；当公司等企业经济组织出现以后，由于企业的经营资金主要来自于众多的投资者，而这些投资者又往往将其资金委托给经营者进行管理，进而产生了所有权与经营权的分离。作为企业的会计管理活动，不仅要服务于企业的经营管理者，更要服务于企业资金的提供者，即投资者和债权人等，向他们提供企业的财务状况、经营成果和企业管理层受托责任履行情况等信息，在这种情况下，投资者和债权人等逐渐成为企业会计信息的主要使用者。我国的《企业会计准则》规定："企业应当编制财务会计报告。财务会计报告的目标是向财务会计报告使用者提供与企业财务状况、经营成果和现金流量等有关的会计信息，反映企业管理层受托责任履行情况，有助于财务会计报告使用者做出经济决策。"并指出："财务会计报告使用者包括投资者、债权人、政府及其有关部门和社会公众等"。[①]

我国的《企业会计准则》将满足投资者进行投资决策的信息需求放在了突出位置，彰显了会计目标在企业会计准则体系中的重要作用。近年来，随着我国企业改革的深入，产权日益多元化，资本市场快速发展，机构投资者及其他投资者队伍日益壮大，对会计信息的要求日益提高。我国的企业会计准则将投资者作为企业财务会计报告的首要使用者，体现了保护投资者利益的要求，是市场经济发展的必然。

2. 会计目标的学术观点

关于会计的目标，国内外比较流行的有以下两种观点：

（1）决策有用观。决策有用观认为，会计的目标就是向会计信息的使用

---

① 财政部：《企业会计准则》（2006），经济科学出版社 2006 年版，第 1 页。

者提供对他们做出经济决策有用的信息。这些信息主要包括反映企业财务状况、现金流量等方面的财务信息和经营者经营业绩方面的经营成果信息。提供信息的目的在于帮助信息的使用者做出投资或贷款等方面的经济决策。

（2）受托责任观。受托责任观认为，企业的经营管理者作为资源的受托方接受委托管理投资人等所交付的资源，应承担有效的管理和运用受托资源，并促使其保值增值的责任。为此，资源的受托方应承担如实的向委托方报告受托责任履行过程及其结果的义务。此外，资源受托方的企业管理者也负有重要的社会责任，如保持企业社区的良好环境、培养人力资源等。

我国《企业会计准则》中关于会计目标的规定，综合体现了以上两种会计目标的理论研究成果。其中"有助于财务会计报告使用者做出经济决策"体现了财务会计报告的决策有用观；"反映企业管理层受托责任履行情况"体现了财务会计报告的受托责任观。对现代企业的会计目标可结合图1-6加深理解。

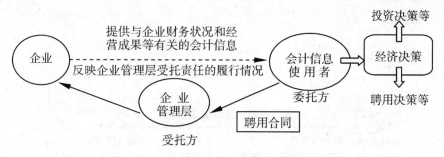

图1-6 对现代企业会计目标两种观点的理解

1.3.2 会计假设

1. 会计假设的含义

会计假设也称会计的基本假设，是企业进行会计确认、计量和报告的前提是为保证会计工作的正常进行和会计信息的质量而对会计核算所处时间、空间环境等所作的合理设定。会计假设是人们在长期的会计实践中所形成的共识，是会计管理活动必须具备的前提条件。

根据《企业会计准则》的规定，我国企业会计的基本假设包括会计主体、持续经营、会计分期和货币计量。

2. 会计假设的内容

（1）会计主体。简言之，会计主体即会计所服务的经济组织。会计主体假设是企业会计确认、计量和报告所处的空间范围。为了向财务会计报告使用者反映企业财务状况、经营成果和现金流量，提供与其决策有用的信息，对交易或者事项的会计处理和财务会计报告的编制应当反映特定对象的经济活动，才能实现财务会计报告的目标。在会计主体假设下，企业应当对其本身发生的交易或者事项进行会计确认、计量和报告，反映企业本身所从事的各项生产经营活动。明确界定会计主体是开展会计确认、计量和报告的重要前提。在进行会计核算时，应明确会计所服务的对象，否则会计核算将无从谈起。

明确会计主体具有重要意义。首先，明确划定了会计所要处理的各项交易或事项的空间范围。在会计实务中，通常所讲的资产、负债的确认，收入的实现和费用的发生等，都是针对特定会计主体而言的。其次，可以将会计主体的交易或事项与主体所有者本人，以及其他会计主体的交易或事项区分开来。

例如，A 会计主体向 B 会计主体销售产品一批，货款 3000 元暂未收到。这项交易对于 A、B 两个企业来说具有截然不同的两种性质，会引起两个会计主体的经营资金在不同方面发生变化，作为特定会计主体的会计人员必须站在本企业的角度进行会计确认、计量和报告。对会计主体基本假设的理解见图 1-7。

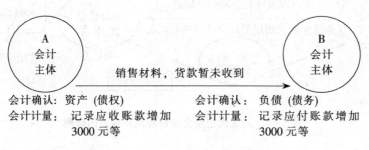

图 1-7　对会计主体假设的理解

会计主体假设是持续经营假设、会计分期假设和货币计量假设等建立的基础。

（2）持续经营。持续经营假设是指在可以预见的将来，企业将会按照当前的规模和状态继续经营下去，不会停业，也不会大规模削减业务。在持续经营假设下，会计确认、计量和报告应当以企业持续、正常的生产经营活动为前提。我国的企业会计准则体系是以企业持续经营为前提加以制定和规范的，涵盖了从企业成立到清算（包括破产）整个期间所有交易或事项的会计处理。

持续经营假设明确了会计核算所处的时间范围。在市场经济中，尽管企业的生产经营活动随时面对激烈的市场竞争，甚至会遭遇严重亏损、清算（包括破产）等经营风险，但作为会计核算必须要以企业能够持续、正常的生产经营活动为基本假设。对持续经营基本假设的理解见图 1-8。

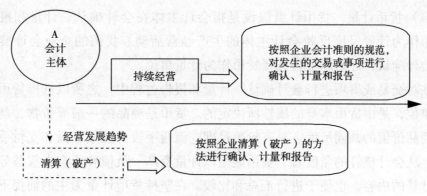

图1-8 对持续经营假设的理解

持续经营假设是建立在会计主体假设下的一种基本假设，它又是会计分期假设、货币计量假设等建立的基础。

（3）会计分期。会计分期假设是指将一个企业持续经营的生产经营活动划分为一个一个连续的、长短相同的期间。会计分期的目的是便于企业及时结算账目，根据划分的期间计算盈亏，按期编报财务会计报告，进而及时的向财务会计报告使用者提供有关企业财务状况、经营成果和现金流量等信息，而不需要等到生产经营过程终止才去做这些事。这主要是由投资者和债权人等会计信息使用者对会计信息的及时性要求所决定的。只有将企业持续的生产经营活动划分为一个个的会计期间，才能分期确认、计量和报告企业的相关信息。由于会计分期，才产生了当期、以前期间和以后期间等差别，才使会计主体有了记账的基准，跨期使用固定资产折旧和无形资产摊销等方法才成为可能。会计分期假设明确了会计核算的基本程序。会计期间通常分为年度和中期。年度是指包含了一个完整的会计年度的报告期间。中期是指短于一个完整的会计年度的报告期间，如半年度、季度和月度统称为中期。会计期间的基本划分方法见图1-9。

图1-9 对会计期间基本划分方法的理解

会计分期假设是建立在会计主体和持续经营基础上的一个基本假设。

（4）货币计量。货币计量假设是指会计主体在会计确认、计量和报告时以货币作为计量尺度反映会计主体的生产经营活动。我国的企业会计准则规定，会计确认、计量和报告选择货币作为计量单位。

在对交易或事项进行会计确认、计量和报告过程中，之所以选择货币作为计量单位，是由货币本身的属性所决定的。货币是商品的一般等价物，是衡量一般商品价值的共同尺度，具有价值尺度、流通手段、贮藏手段和支付手段等特点。从会计核算的角度看，货币能用以计量资产、负债和所有者权益等所有需要计量的内容，也便于进行汇总和比较。在坚持货币计量为主的前提下，对某些交易或事项的内容也可以辅之以重量、长度、容积、台、件等计量。但只有选择货币这一共同尺度进行计量，才能全面综合地反映企业的生产经营情况。对货币计量假设可结合图 1－10 加深理解。

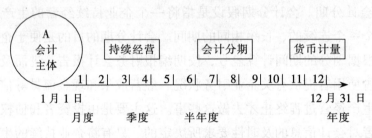

图 1－10　对货币计量假设的理解

货币计量基本假设明确了会计核算的计量单位。即会计核算主要是采用货币计量单位对核算对象的内容进行计量、记录和报告，以货币作为主要计量单位进行核算，也便于对会计对象的基本内容进行综合和比较。对货币计量假设的意义可结合图 1－11 加深理解。

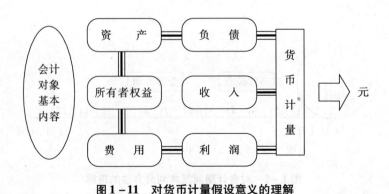

图 1－11　对货币计量假设意义的理解

货币计量既是会计核算的一个重要基本假设，也是贯穿于会计核算全过程的一种重要计量手段。

1.4 会计信息的质量要求

1.4.1 会计信息质量要求的含义

会计信息质量要求是对企业财务会计报告提供高质量会计信息的基本规定，也是会计信息对投资者等使用者的经济决策有用应具备的质量特征。根据我国《企业会计准则》的规定，企业提供会计信息时应遵循以下要求：可靠性、相关性、可理解性、可比性、实质重于形式、重要性、谨慎性和及时性。其中，可靠性、相关性、可理解性和可比性是会计信息的首要质量要求，是企业会计信息应具备的基本质量特征；实质重于形式、重要性、谨慎性和及时性是会计信息的次级质量要求，是对质量要求的补充和完善，对某些特殊交易或者事项进行处理时，需要根据这些质量要求来把握其处理原则。

1.4.2 会计信息质量要求的内容

1. 可靠性

可靠性也称真实性、客观性。可靠性要求：企业应当以实际发生的交易或者事项为依据进行会计确认、计量和报告，保证会计信息真实可靠，内容完整。可靠性是高质量会计信息的重要基础，如果企业以虚假的交易或事项进行确认、计量和报告，是属于违法行为，不仅会严重损害会计信息质量，而且会误导投资者，干扰资本市场，导致会计秩序混乱。对可靠性要求的理解见图 1 – 12。

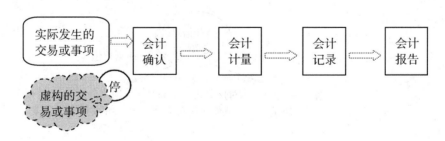

图 1 – 12 对可靠性要求的理解

为达到可靠性要求，企业应当做到：（1）实际发生的交易或者事项为依据进行会计确认、计量和报告，不得根据虚构的或者尚未发生的交易或者事项进行确认、计量和报告。（2）在符合重要性和成本效益原则的前提下，保证会计信息的完整性，与信息使用者的经济决策相关的信息都应当充分披露。
（3）在财务会计报告中披露的会计信息应当是客观中立的。

坚持可靠性要求的目的在于保证会计信息真实可靠，内容完整。提供真实可靠的会计信息是对企业的基本要求。但真正做到这一点却并非易事。国内外会计信息失真的案例表明，会计信息失真已成为危害经济发展，影响社会稳定的一大痼疾，需要下大力气进行治理。

📓 小资料

我国国务院前总理朱镕基曾经在视察国家会计学院时题词："诚信为本，操守为重，遵守准则，不做假账。"一方面说明了他对我国会计工作的关心，另一方面也表明了他对我国会计信息失真问题严重性的高度关注。

21世纪初，在号称会计准则体系最为健全，会计监管最为有力的美国曝光了安然、世通等数起会计造假大案，引起了美国政府的极大震惊，不得不迅速采取健全会计监管法律、建立会计监管组织等手段，加强对企业会计信息的监管。

---

2. 相关性

相关性也称有用性，相关性要求：企业提供的会计信息应当与投资者等财务会计报告使用者的经济决策需要相关，有助于投资者等财务会计报告使用者对企业过去、现在或者未来的情况做出评价或者预测。对相关性要求的理解见图 1－13。

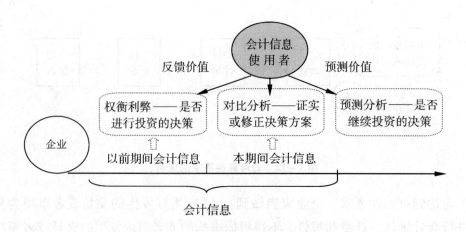

图 1－13　对相关性要求的理解

会计信息是否有用，是否具有价值，关键是看其与使用者的决策需要是否相关，是否有助于决策或提高决策水平。相关的会计信息应当能够有助于使用者评价企业过去的决策，证实或者修正过去的有关预测，因而具有反馈价值。相关的会计信息还应具有预测价值，能够有助于使用者根据财务报告所提供的会计信息预测企业未来的财务状况和经营成果等。

会计信息的相关性是以可靠性为基础的，两者是统一的，不应将两者对立起来。

3. 可理解性

可理解性也称明晰性或清晰性，可理解性要求：企业提供的会计信息应当清晰明了，便于财务会计报告使用者理解和使用。

可理解性不仅要求会计记录和会计报告等的数字和文字的书写要工整、字迹易于辨认，而且要求企业所提供的信息能够清楚地反映企业的财务状况和经营成果等情况。对可理解性要求的理解见图 1-14。

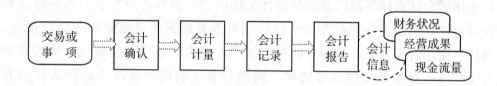

图 1-14 对可理解性要求的理解

4. 可比性

可比性要求：企业提供的会计信息应相互可比性。主要包括两层含义：

（1）同一企业在不同时期采用一致的会计政策。这是由于，即使是对于同一种交易或事项的会计处理，在会计准则中也规定了不同的会计政策，可由会计主体根据实际情况选择使用。例如，企业在每一个会计期末都要计算提取固定资产的折旧（即固定资产在使用过程中发生的价值损耗，应计入各使用期间的成本或费用）。按照规定，企业可以根据固定资产的使用寿命平均计算（也称直线法），也可以根据固定资产的实际使用情况计算（也称工作量法）等。但是，企业一旦选用了其中的一种计算方法以后就应在一定时期内一直使用下去，起码不宜在一个会计年度内发生变更，以免造成各个计提期间费用的不均衡，进而影响各期经营成果的计算和财务状况的确定。但是，如果按照规定或者在会计政策变更后可以提供更可靠、更相关的会计信息，可以变更会计政策。有关会计政策变更的情况，应当在财务会计报告的附注中予以说明。对同一企业不同时期采用一致的会计政策要求的理解见图 1-15。

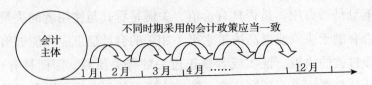

图 1-15　对同一企业不同时期采用一致会计政策的理解

（2）不同企业发生的相同或者相似的交易或者事项应当采用规定的会计政策。为了便于投资者和财务报告使用者评价不同企业的财务状况、经营成果和现金流量及其变动情况，可比性要求不同企业对同一期间发生的相同或者相似的交易或者事项，目的是使不同企业按照一致的确认、计量和报告要求提供有关会计信息。各个会计主体，特别是经营活动内容相同的会计主体，它们所发生的交易或者事项的内容也往往是相同或相似的。因而，当这些交易或者事项发生时，各会计主体均应采用相同的会计政策进行处理。核算中可以采用的会计处理方法、会计指标很多。以会计指标为例，可比性要求一个会计主体的会计指标与同行业其他会计主体的会计指标在口径上应当一致，具有可比性。例如，各企业在每个会计期末都要根据要求编制财务会计报告，向信息使用者报告企业的财务状况，即企业的资产总量及其构成，负债和所有者权益的总额及其构成等情况。但报告企业的财务状况采取什么样的方式，在各企业不能各行其是，而应当采用统一的"资产负债表"格式，利用资产、负债和所有者权益这些共同性指标。只有这样，各个企业所提供的会计指标才能做到口径一致，具有相互可比性，也便于进行汇总、对比和分析。对不同企业发生的相同或者相似的交易或者事项应当采用规定会计政策的理解见图 1-16。

报告内容：财务状况　　　报告内容：财务状况
采用指标：资产、负债、　　采用指标：资产、负债、
　　　　　所有者权益　　　　　　　　所有者权益

图 1-16　对不同企业发生的相同交易或者事项应当采用规定会计政策的理解

5. 实质重于形式

实质重于形式要求：企业应当按照交易或者事项的经济实质进行会计确认、计量和报告，不仅以交易或者事项的法律形式为依据。

在多数情况下，企业发生的交易或事项其经济实质与法律形式是统一的，构成了交易或事项相辅相成不可分割的两个方面。例如，企业用自有资金购入在生产经营过程中正常使用的固定资产，从经济性质来看，它属于能够为企业带来经济利益的资产；从法律形式来看，企业对其具有所有权、使用权和处置权。在会计上就可以按照企业的自有资产核算方法组织核算。

但在有些情况下，企业发生的交易或事项的经济性质和法律形式会产生一定的分离。例如，企业采用融资租赁方式租入设备在设备款未付清之前，从法律形式上讲，设备的所有权并没有转移给承租人。但从经济性质上看，与该项资产有关的收益和风险已经转移给承租企业，承租企业实质上已经行使对该资产的控制权。按照实质重于形式的要求，企业对这类比较特殊的交易或事项在会计核算中应注重其经济实质，而不必完全拘泥于其法律形式。即对融资租入设备在设备款未付清之前，在会计上也可以作为企业的自有资产进行核算。对实质重于形式要求可结合图1-17加深理解。

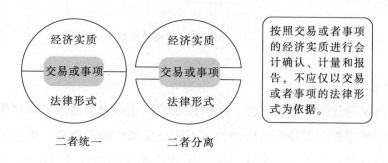

二者统一　　　二者分离

图1-17　对实质重于形式要求的理解

📝 **特别提示**

交易或事项的经济实质与其法律形式一般来说是统一的。在大多数情况下，不涉及实质重于形式要求的应用问题。当交易或事项的经济实质与其法律形式并不完全一致时，就需要考虑实质重于形式要求的应用。这种做法体现了在会计核算上对经济实质的尊重，也可保证会计信息与客观经济事实相符。

6. 重要性

重要性要求：企业提供的会计信息应当反映与企业财务状况、经营成果和现金流量等有关的所有重要交易或者事项。企业发生的各种交易或事项，对企业的财务状况、经营成果和现金流量等都会产生影响，但在对外提供会计信息时，应当区分其重要程度，重点报告企业所有的重要交易或者事项，所谓重要交易或者事项是指那些对信息使用者的决策具有直接影响的事项。如果在财务报告中应当提供的会计信息由于省略或者漏报会影响投资者等使用者据此做出经济决策的，该信息就属于重要信息，具有重要性。例如，对于反映企业财务成果的营业利润、利润总额和净利润等，由于这些指标直接关系到投资者和债权人的经济决策，就应当作为重点内容对外报告。而对于会计信息使用者的决策并不重要的信息，如企业的存货信息也可以报告，但在财务报告文件中综合反映就可以了，而不必逐项做出报告。对重要性要求可结合图 1 - 18 加深理解。

图 1 - 18　对重要性要求的理解

7. 谨慎性

谨慎性又称稳健性或保守性，谨慎性要求：企业对交易或者事项进行会计确认、计量和报告时保持应有的谨慎，不应高估资产或者收益、低估负债或者费用。在市场经济环境下，企业的生产经营活动面临着许多风险和不确定性，如应收款项的可收回性、固定资产的使用寿命、售出存货可能发生的退货或者返修等。谨慎性要求，需要企业在面临不确定因素的情况下做出职业判断时，应当保持应有的谨慎，充分估计到各种风险和损失，既不高估资产或者收益，也不低估负债或者费用。对谨慎性要求可结合图 1 - 19 加深理解。

8. 及时性

及时性要求：企业对于已经发生的交易或者事项，应当及时进行会计确认、计量和报告，不得提前或者延后。会计信息的价值在于帮助投资者等财务报告使用者做出经济决策，具有时效性。即使是可靠、相关的会计信息，如果不及时提供，也会失去其时效性，对于信息使用者的效用就会大大降低，甚至不再具有实际意义。由此可见，及时性与相关性密切相关，贯彻谨慎性应注意以下要求：一是及时收集会计信息，即在交易或事项发生后，及时收集整理各种原始单据或者凭证；二是及时进行会计信息处理，即按照会计准则的规定，及时对交易或事项进行确认、计量和报告等；三是及时传递会计信息，即按照

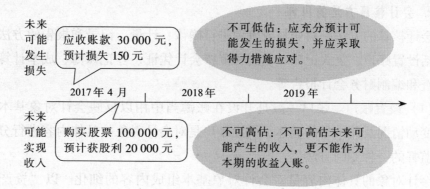

图 1 – 19　对谨慎性的理解

规定时限，及时地将编制的财务报告传递给使用者。如果对于已经发生的交易或者事项提前或者延后进行会计确认、计量和报告，都会造成会计信息不真实，不可靠，不仅不能对于信息使用者的经济决策提供有益帮助，而且可能会对他们的经济决策产生误导。对及时性要求的理解见图1 – 20。

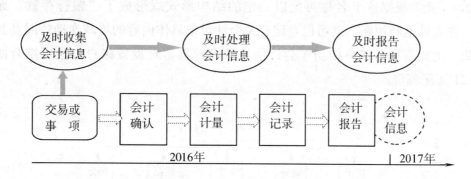

图 1 – 20　对及时性要求的理解

1.5　会计核算方法

1.5.1　会计方法概述

1. 会计方法的含义

会计的方法是指用来核算和监督会计对象的手段。

会计在经济活动的管理过程中要充分发挥其功能，实现会计的目标，采用相应的会计方法是一种重要保证。会计的方法包括核算的方法、监督的方法和预测的方法等。在本教材中主要介绍会计核算的方法。

2. 会计核算方法的内容

会计核算的方法是对交易或事项进行确认、计量、记录和报告的方法。主要包括设置账户、复式记账、填制和审核会计凭证、登记账簿、成本计算、财产清查和编制财务会计报告等。

（1）设置账户。账户一般是开设在账簿当中用以反映会计对象基本内容增减变动情况及其结果的载体。设置账户是对会计对象的具体内容进行分类核算和监督的一种专门方法。

会计对象的具体内容是对会计对象基本组成内容的细化。以"资产"为例，它具体又是由货币资金、储备资金、生产资金、成品资金和固定资金等内容所组成的。对这些内容还可以进一步细化。比如，货币资金是由存放在企业的现金、存放在银行的存款等组成，储备资金是由库存材料、库存包装物组成等。按照这样的方法进行多层次分类，最终就可以将各种会计对象的基本内容划分为一个个细小的类别，以便于在会计上进行核算。对每一个细小类别都可以根据其包含的内容规定一个名称，如企业存放在银行的款项可以称为"银行存款"，企业根据这个名称再配以一定的结构形式就形成了"银行存款"账户。在会计上利用账户就可以登记有关会计对象具体内容的增减变动情况及其结果。由此可见，账户相当于会计信息的存储器。对设置账户方法可结合图1−21加深理解。

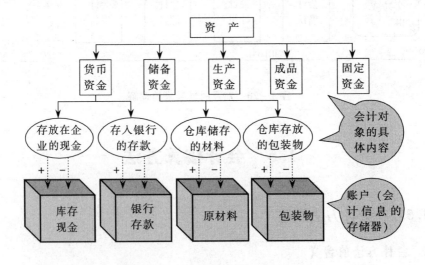

图1−21 对设置账户方法的理解

对会计对象的每一类基本内容都可以进行上面这样的多层次分类，并且根据分类的内容设置账户。尽管每个企业在会计核算中使用的账户多寡不同，但设置的每一个账户都反映某一类会计对象基本内容中的一部分特定内容。

（2）复式记账。复式记账是对发生的每一项交易或事项都要通过两个或两个以上账户进行双重平衡记录的一种专门方法。例如，企业用银行存款500元购买材料一批。对于这项交易或事项既要在"银行存款"账户记录存款的减少，又要在"原材料"账户记录材料的增加。这样的做法就叫作复式记账。进行复式记账能够系统而全面地反映交易或事项的发生情况。上述举例在账户中的登记情况见图1-22。

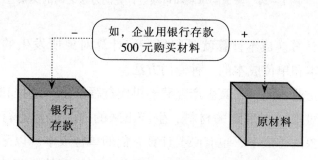

图1-22 对复式记账基本做法的理解

（3）填制和审核会计凭证。填制和审核会计凭证是为了保证账户记录的正确、完整，保证记录的交易或事项合理、合法而采用的一种专门方法。

会计核算必须做到有凭有据。会计凭证（如发票、收据等）就是记录交易或事项的发生和完成情况，进行会计核算的重要凭据。会计凭证一般分为两种，一种是在交易或事项发生时取得或填制的会计凭证（如发票等），称之为原始凭证；另一种是由会计人员根据原始凭证进行加工整理，为记账提供直接依据的会计凭证，称之为记账凭证。填制记账凭证是会计上的一项经常性工作，审核会计凭证的合法性、合理性、真实性和完整性是会计人员的一项重要职责。对填制和审核会计凭证方法可结合图1-23加深理解。

图1-23 对填制和审核会计凭证方法的理解

（4）登记账簿。登记账簿简称记账，是指根据审核无误的会计凭证在账簿中系统、连续地记录交易或事项内容的一种专门方法。

账簿，俗称账本，是会计上记录交易或事项的一种重要载体。在实际工作中，账户就是设置在账簿当中的，登记账簿在一定意义上来说就是登记账户。

登记账簿和填制与审核会计凭证两种方法之间存在着密切的联系。这种联系见图 1 - 24。

图 1 - 24　账簿的填制和审核会计凭证方法之间的关系

（5）成本计算。成本计算就是归集一定计算对象所发生的全部费用，进而确定其总成本和单位成本的一种专门方法。

以制造业企业为例，在其生产经营的供应过程、生产过程和销售过程中都需要对一定的对象（如采购的材料、生产出来的产品等）进行成本计算。既要计算这些对象的总成本，也有必要计算它们的单位成本。以采购材料业务为例，企业要进行材料的采购，必然会发生买价和运输费等方面的支出，这些形成了材料采购费用。购入业务完成以后，需要采用一定的方法将这些费用计入到一定的采购对象上去，即形成该采购对象的总成本。在此基础上，根据总成本与材料数量之间的关系，就可以计算出其单位成本。对成本计算方法可结合图 1 - 25 加深理解。

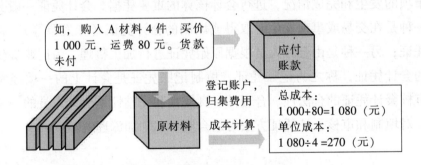

图 1 - 25　对成本计算方法的理解

（6）财产清查。财产清查是通过盘点实物，核对账目查明财产物资的实际结存数与账面结存数是否相符的一种专门方法。

进行财产清查的目的是为了保证账户记录的真实准确，保证账实相符。对财产清查方法的理解见图 1 - 26。

（7）编制财务会计报告。财务会计报告又称财务报告，编制财务会计报告是定期总括反映企业的财务状况和经营成果的一种专门方法。

编制财务会计报告的主要内容是在会计期末按要求编制有关的会计报

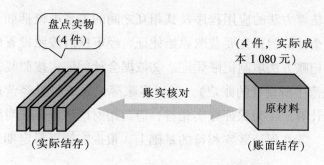

图 1 – 26 对财产清查方法的理解

表。会计报表主要是以账簿的记录为依据，经过加工整理而形成的反映企业一系列指标的书面文件。这些指标包括企业的财务状况、经营成果和费用成本等，是考核计划和预算等完成情况的重要依据，也是用于会计分析，进行预测和决策的重要参考资料。编制财务报告方法与登记账簿等方法的关系见图1 –27。

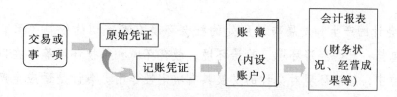

图 1 – 27 编制财务报告方法与登记账簿等方法之间的关系

1.5.2 会计核算方法的应用程序

以上会计核算的各种专门方法是一个完整的方法体系，相互之间存在着密切联系，在会计核算中应当相互配合地加以使用。各种会计核算方法的应用程序及其相互之间的关系见图1 –28。

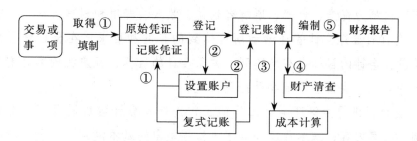

图 1 –28 各种会计核算方法的应用程序及其相互关系

各种会计核算方法的应用程序及其相互之间的关系可概括如下：①交易或事项发生后，会计部门首先要获取原始凭证，经审核后按照设置的会计账户名称，运用复式记账方法填制记账凭证。②依据会计凭证，按照复式记账规则登记账簿（即账簿中所设置的账户）。③根据账簿记录资料对经营过程中的有关业务进行成本计算。④为保证账实相符，应运用财产清查方法对账簿记录的准确性加以核实。⑤在保证账实相符的基础上，根据账簿资料定期编制财务会计报告。

关于会计核算七种方法的具体内容及其应用方法将在后续各章中详加探讨。

本 章 小 结

1. 一般认为，会计的发展经历了古代会计、近代会计和现代会计三个重要阶段。分别以会计机构的产生、复式记账法的问世和管理会计的诞生等为重要标志。

2. 会计的产生和发展与其所处的社会环境有着密切的依赖关系。这些社会环境包括：社会经济环境、政治环境、教育环境和科技环境等。在以上各种社会环境中，经济环境对会计的发展具有决定性作用。会计是适应生产和经济管理的需要而产生的，又是随着经济的发展而不断发展的。

3. 关于会计的含义在我国有两种比较有代表性的观点，即管理活动论和信息系统论。管理活动论的观点认为：会计是以货币为主要计量单位，利用一系列会计方法，对社会再生产过程中的经济活动进行连续、系统、全面和综合的核算和监督，旨在提高经济效益的一种价值管理活动。管理活动论的观点体现了会计的管理职能、管理形式、管理特点和管理属性等特征。

4. 会计对象即会计所核算和监督的内容。一般说来，会计对象就是社会再生产过程中的资金运动。制造业企业、商业企业这类营利组织会计对象的基本内容可概括为资产、负债、所有者权益、收入、费用和利润。

5. 会计目标即会计管理活动所要达到的目的和要求。在会计发展的不同历史阶段，会计的目标也有所不同。关于会计的目标，目前在国内外有两种比较流行的观点：决策有用观和受托责任观。

6. 会计假设是为保证会计工作的正常进行和会计信息质量而对会计核算的范围、核算内容、基本程序和基本方法等做出的基本限定，也称会计核算的基本前提。具体包括会计主体假设、持续经营假设、会计分期假设和货币计量假设等。

7. 会计信息的质量要求是在会计核算假设前提下进行会计核算应遵循的基本要求，也是衡量会计核算工作质量的标准。具体包括可靠性、相关性、可理解性、可比性、实质重于形式、重要性、谨慎性和及时性要求。

8. 会计的方法是指用来核算和监督会计对象的手段。会计的方法包括核算的方法、监督的方法和预测的方法等。其中会计核算的方法主要包括设置账户、复式记账、填制和审核会计凭证、登记账簿、成本计算、财产清查和编制财务报告等。

9. 会计核算的各种专门方法是一个完整的方法体系，相互之间存在着密切联系，在会计核算中应当相互配合的加以使用。

思 考 题

1. 怎样理解经济环境对会计产生和发展的决定性作用？
2. 会计管理活动具有哪些基本特征？
3. 会计对象的基本内容包括哪些？
4. 制造业企业经营资金运动的情况是怎样的？有什么特点？
5. 什么叫会计目标？在我国关于会计目标有哪些基本观点？
6. 什么叫会计假设？主要包括哪些内容？
7. 什么叫会计主体假设？确立会计主体假设的意义是什么？
8. 什么叫持续经营假设？确立持续经营假设的意义是什么？
9. 什么叫会计分期假设？确立会计分期假设的意义是什么？
10. 对会计信息的质量有哪些基本要求？
11. 怎样理解会计信息的质量的可靠性要求和相关性要求？
12. 怎样理解会计信息的质量的可比性要求？
13. 怎样理解会计信息质量的重要性要求和谨慎性要求？
14. 会计核算方法有哪些？这些方法的应用程序是怎样的？

第二章 账户设置

学习目标

本章重点探讨会计核算的第一种方法——账户设置。其中的会计要素和会计等式内容仍属于会计基本理论的组成部分，但因其与会计账户的设置方法关系密切，故放在本章的前部分讲述，以便为账户设置方法的探讨提供直接的理论依据。账户的设置是七种会计核算方法中的首要方法。通过本章学习，应重点掌握会计要素的含义及其具体内容；理解会计确认、会计计量的基本概念与要求；掌握由会计要素组合而成的会计等式的含义与种类，理解交易或事项的类型及其对会计等式的影响；理解会计科目及会计账户的含义及其相互关系；掌握各类账户的基本结构；了解会计账户的基本设置方法；理解会计账户的设置与会计对象、会计要素、会计等式、会计科目之间的密切关系。

关键名词

会计要素　资产　负债　所有者权益　收入　费用　利润　会计确认　会计计量　会计等式　静态会计等式　动态会计等式　综合会计等式　交易或事项　会计科目　总分类科目　明细分类科目　会计账户　账户结构　账户基本结构　账户提供的金额指标　期初余额　本期增加发生额　本期减少发生额　期末余额

2.1　会计要素与会计等式

2.1.1　会计要素

会计要素也称财务报告要素，是会计对象按照一定的标准进行基本分类所形成的若干要素，是设计财务报表结构和内容的依据，也是进行确认和计量的依据。我国的《企业会计准则》规定："企业应当按照交易或者事项的经济特征确定会计要素。会计要素包括资产、负债、所有者权益、收入、费用和利润。"①

会计要素的基本组成内容与企业经营资金运动有着密切关系。通过第一章的学习大家已经知道，会计所核算和监督的内容概括地说就是社会再生产过程中的资金运动。这种资金运动的形式又可具体分为以下两种：

（1）静态运动形式。静态运动是运动形式的一种特殊表现形式。它是指人为地假定资金在静止不动的情况下，在某一个特定时点（如每个月份的最后一天）所表现的形式。对于企业类会计主体而言，在一定时点上的资金的存在和运用形态称为资产；企业从债权人处借入的资金等称为负债；而由投资者投入到企业的资本金等称为所有者权益。相对于动态会计要素而言，资产、负债和所有者权益三项要素被称为静态会计要素。利用这三个会计要素可以反映企业在一定时间点上的财务状况，即资金的分布和结构状况。

（2）动态运动形式。对于会计主体来讲，其资金运动是绝对的。对一个持续经营的企业来说，它的资金应当处于不断的运动变化之中。在企业的生产经营过程中，资金会被用于进行产品生产等方面的支出和支付其他有关费用，这些耗费在会计要素中称为费用；通过销售产品等收回资金会形成企业的收入；将收入与费用进行比较，可以计算出企业实现的利润。由此可见，收入、费用和利润三项要素内容只有在资金的运动过程中才会产生，因而被称之为动态会计要素。利用这三个会计要素可以反映企业在一定会计期间的经营成果，即利润（或亏损）。

特别提示

对于持续经营的企业来说，其资金是不可能停止运动的。但在会计上为了定期获取有关的核算数据，需要人为地划分会计期间，即假定资金在某一个时间点上停止了运动，以便于对资金的存在状态及其来源情况等进行考察。这项工作一般是放在会计期末时（如月末、季末和年末等）进行，因而考察所得到的财务状况应当是资金在某一个特定时点上所表现的具体形式，即资产、负债和所有者权益。

对会计要素的定义可结合图2-1加深理解。

---

① 财政部：《企业会计准则》（2006），经济科学出版社2006年版，第1~2页。

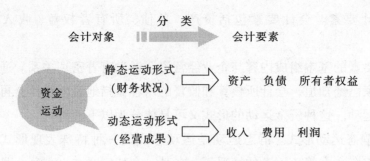

图 2 – 1　对会计要素的定义的理解

2.1.2　会计要素的内容

会计要素的基本内容由资产、负债、所有者权益、收入、费用和利润六个方面构成，这些内容也是会计核算和监督的基本内容。为组织这些会计要素内容的会计核算，必须对它们的特征和详细组成内容进行深入探讨。

1. 资产

（1）资产的特征。资产是指企业过去的交易或者事项形成的、由企业拥有或者控制的、预期会给企业带来经济利益的资源。资产要素具有如下特征。①资产是由企业过去的交易或事项所形成的。过去的交易或事项包括购买、生产、建造行为或者其他交易或事项。未来的某些交易、事项可能也会增加企业的资产，但在没有实现前，不能确认为企业现实的资产。例如，企业计划进行材料采购和设备购置等，但现在还没有实际购买，就不符合资产的定义，也就不能确认为企业的存货资产。②资产应由企业拥有或控制的资源。企业享有资产的所有权，通常表明企业能够排他性的从资产中获取经济利益。在判断资产是否存在时，所有权是要考虑的主要因素；控制具体是指企业对某些资产虽然不享有所有权、处置权，但具有该资产的使用权，该项资产上的收益和风险已经由本企业承担，并能够从资产中获取经济利益。例如，企业借入的款项，其所有权并不属于本企业，但企业使用借入款项进行生产经营活动可以为企业带来收益，并且要承担使用借款中可能产生的风险。表明企业控制了该资产，应当将其作为企业资产予以确认、计量和报告。③资产预期会给企业带来经济效益。"预期"是指资产所具有的直接或间接的导致现金和现金等价物流入企业的潜力。"会给企业带来经济利益"是指直接或间接的流入企业的现金或现金等价物。预期会给企业带来经济效益是资产的本质特征。例如，企业采购的原材料、购置的固定资产等可以用于生产过程，将产品出售后收回的货款即为企业带来的经济利益。以前会计期间已经确认为资产的项目，如果不能再为企业带来经济利益，就不能再确认为企业的资产。例如，某些不能再为企业带来经济效益的毁损设备，以及某些财务挂账等，均不应再确认为企业的资产。

（2）资产的组成内容。企业的资产按其流动性可分为流动资产和非流动资产两类。其基本组成内容见图2-2。

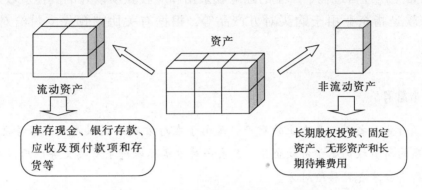

图2-2 企业资产的分类及组成内容

第一类，流动资产。流动资产是指企业可以在1年内或者超过1年的一个营业周期内变现或耗用的资产。具体包括库存现金、银行存款、应收及预付款项和存货等。

📝 **小知识**

营业周期：我国《企业会计准则》判断流动资产、流动负债所指的一个正常营业周期，通常是指企业从购买用于加工的资产起至实现现金或现金等价物的期间。正常营业周期通常短于1年，在1年内有几个营业周期。正常营业周期不能确定的，应当以1年（12个月）作为正常营业周期。超过1年的营业周期：在实际工作中，也存在正常营业周期长于1年的情况，如房地产开发企业开发用于出售的房地产开发产品，造船企业制造用于出售的大型船只等，往往超过1年才变现、出售或耗用，仍应划分为流动资产。

变现：指转化为货币资金。

库存现金是指存放在企业准备随时支付各种开支的现款，也称现金。库存现金主要用于企业支付日常活动中所发生的小额、零星支出。银行存款是指企业存放在开户银行的款项。企业的银行存款主要来自于投资者投入的企业资本、负债融入的款项和销售产品等的货款等。银行存款主要用于企业在日常活动中所发生的大额支出。应收及预付款项是指企业在日常生产经营过程中所拥

有的各种债权。包括应收票据、应收账款、其他应收款和预付账款等。应收票据是指企业由于销售产品或提供劳务而收到的由购买方开具的商业汇票；应收账款是指企业由于赊销产品等产生的应向对方收取的款项；其他应收款是指企业在日常生产经营过程中产生的除应收票据和应收款项以外的其他应收款项；预付账款是指企业由于购买对方产品等，根据有关协议预先支付给对方的款项。

小思考

预付账款之所以是企业的资产，是由于在对方尚未提供产品或劳务之前，该款项的所有权仍属于付款企业，只有当对方实际履行了有关义务以后，该款项的所有权才会转移给对方。

存货在产品的制造企业主要是指其在日常生产经营过程中为产品生产或提供劳务所准备的各种材料，仍然处在生产过程的在产品和已经生产出来待售的产成品等。包括原材料、包装物、在产品和库存商品等。原材料是指企业储备的准备用于产品生产等的原料和材料；包装物是指企业储备的准备用于产品包装的物品，如包装盒、袋等；在产品是指企业尚未完成全部生产工序的产品；库存商品是指企业已经完成了全部生产工序并具备对外销售条件的产品。

第二类，非流动资产。非流动资产是指企业不能在1年内或者超过1年的一个营业周期内变现或耗用的资产。具体包括长期股权投资、固定资产和无形资产等。长期股权投资是指企业持有时间超过1年（不含1年）不能变现或不准备随时变现的股票和其他投资。固定资产是指企业在生产经营过程中使用的期限超过1个营业周期的房屋及建筑物、机器设备和运输设备等。无形资产是指企业在生产经营过程中拥有或控制的没有实物形态的可辨认非货币性资产。具体包括专利权、非专利技术、商标权和土地使用权等。长期待摊费用是指企业已经支出，但摊销期限在1年以上（不含一年）的各项费用，如以经营租赁方式租入的固定资产发生的改良支出等。

特别提示

"长期待摊费用"带有"费用"字样，但其本身并不属于费用性质，只有将其在受益期摊销时才转化为费用。之所以将长期待摊费用确认为资产，是由于由此而产生的支出可以在多个会计期间发挥其效益，能够为企业带来经济利益，符合资产的本质特征。

---

2. 负债

（1）负债的特征。负债是指企业过去的交易或者事项形成的、预期会导致经济利益流出企业的现时义务。负债要素具有的特征：①负债是企业过去的交易或事项所形成的。换言之，企业将在未来发生的承诺、签订的合同等交易或事项，不形成负债。②负债预期会导致经济利益流出企业。这是负债的本质特征，如果不导致企业经济利益流出，就不符合负债的定义。在履行现实义务清偿负债时，有多种形式。例如，用现金偿还或以实物资产形式偿还；以提供劳务形式偿还；以部分转移资产、部分提供劳务形式偿还等。负债的偿债行为不管是发生在现在还是发生在将来，都会引起经济利益流出企业。③负债是企业承担的现实义务。现实义务可以是法定义务，也可以是推定义务。其中，法定义务是指具有约束力的合同或者法律法规规定的义务，通常必须依法执行。推定义务是指根据企业多年来的习惯做法、公开的承诺或者公开宣布的政策而导致企业将承担的责任，这些责任也使有关各方形成了企业将履行义务解脱责任的合理预期。

（2）负债的组成内容。企业的负债按其流动性不同，可分为流动负债和非流动负债两类。其基本组成内容见图2-3。

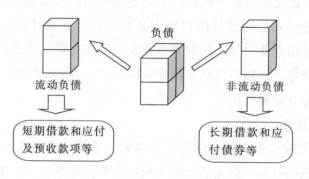

图2-3 企业负债的分类及组成内容

第一类，流动负债。流动负债是指企业将在1年（含1年）或者超过1年的一个营业周期内偿还的债务。包括短期借款和应付及预收款项等。短期借款是指企业从银行或其他金融机构借入的偿还期在1年以下的各种借款。企业借入短期借款的目的主要是满足临时性的支出需要。应付及预收款项是指企业在日常生产经营过程中发生的各项债务。包括应付票据、应付账款、应付职工薪酬、应交税费、应付股利、其他应付款和预收账款等。应付票据是指企业因购买商品或接受劳务等开出、承兑的交由销售方的商业汇票；应付账款是指企业由于赊购商品等而产生的应向销售方支付的款项；应付职工薪酬是指企业根据有关规定应付给职工的薪酬；应交税费是指企业按照税法等规定应缴纳的各种税费；应付股利是指企业应付股东的现金股利或利润；其他应付款是指企业除应付票据、应付账款、应付职工薪酬、应交税费和应付股利等以外的其他各项应付、暂收的款项；预收账款是指企业由于向购买方销售商品等，根据有关协议预先向对方收取的款项。

> **小思考**
>
> 预收账款之所以是企业的负债，是由于在向对方提供产品或劳务之前，该款项的所有权仍属于预付款企业。在没有实际履行有关义务之前，企业尽管收到了款项，也只能视为企业欠对方的一笔债务。只有当企业实际履行了有关义务以后，该款项的所有权才会转移给企业。

第二类，非流动负债。非流动负债是指企业将在超过 1 年（含 1 年）或者超过 1 年的一个营业周期以上偿还的债务。包括长期借款、应付债券和长期应付款等。长期借款是指企业从银行或其他金融机构借入的偿还期在 1 年以上的各种借款。企业借入长期借款的目的主要是进行施工期比较长的工程项目建设。应付债券是指企业为筹集长期资金而发行但需在规定的发行期满后偿还给购券者的长期债券。长期应付款是指企业除长期借款和应付债券以外的其他长期应付款项。如企业融资租入固定资产应付款等。

3. 所有者权益

（1）所有者权益的特征。所有者权益是指企业的全部资产扣除负债后由所有者享有的剩余权益。公司的所有者权益又称为股东权益。既可以反映所有者投入资本的保值增值情况，又体现了保护债权人权益的理念。

所有者即指向企业投资的投资者。所有者权益是企业的投资者在企业资产中享有的经济利益，是投资者向企业投资以后对企业资产的一种要求权，这种权益包括企业经营成果的分享权和对资产的管理权等。但作为投资者并不是对企业的全部资产都具有要求权。这是因为企业的资产一般是由投资者的投资和借入的负债两部分资金来源形成的，投资者只能对其投资所形成的那部分资产具有要求权，对于负债所形成的资产则不具有要求权。对所有者权益特征的理解见图 2-4。

（2）所有者权益的组成内容。企业的所有者权益包括实收资本、资本公积、盈余公积和未分配利润，以及直接计入所有者权益的利得和损失。① 实

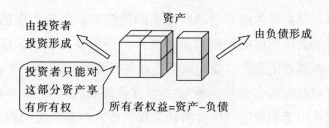

图2－4 对所有者权益特征的理解

收资本（或股本）是指由所有者按照企业章程或合同、协议的约定实际投入企业、构成企业注册资本部分的金额。② 资本公积是指由所有者投入资本超过注册资本部分的金额。资本公积可按照规定的程序转增资本。③ 盈余公积是指企业从实现的利润中提取的留存企业的公积金。包括法定盈余公积和任意盈余公积等。可按照规定的程序转增资本金，也可用于弥补亏损等。④ 未分配利润是指企业已经实现但尚未全部分配完而留待以后年度分配的利润。其中①②两项主要来源于所有者的投资，被称为投入资本；③④两项主要来源于企业实现的利润，被称为留存收益。所有者权益的基本组成内容见图2－5。

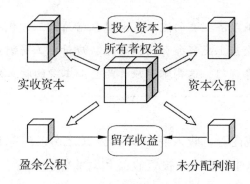

图2－5 所有者权益的组成

所有者权益的来源还包括直接计入所有者权益的利得和损失，其中，利得是指由企业非日常活动所形成的、会导致所有者权益增加的、与所有者投入资本无关的经济利益的流入；损失是指由企业非日常活动所发生的、会导致所有者权益减少的、与向所有者分配利润无关的经济利益的流出。

4．收入

（1）收入的特征。收入是指企业在日常活动中形成的、会导致所有者权益增加的、与所有者投入资本无关的经济利益的总流入。收入要素具有如下特征：① 收入是企业在日常经营活动中形成的。日常活动是指企业为完成其经营目标所从事的经常性活动以及与之相关的活动。日常经营活动是确认收入的重要判断标准。凡是日常经营活动所形成的经济利益的流入应当确认为收入；而非日常经营活动所形成的经济利益的流入不能确认为收入，应当计入利得。例如，企业处置其固定资产，就不属于企业的日常经营活动。非日常经营活动所形成的经济利益流入在会计上被称之为营业外收入。② 收入会导致所有者权益增加。这是由于企业进行经营活动实现的收入与其发生的相关费用配比的结果为利润，而利润的所有权是属于投资者的。不会导致所有者权益的增加的经济利益的流入不应确认为收入。例如，企业从银行借入款项，尽管也会导致经济利益流入企业，但该经济利益流入并不导致所有者权益的增加，而是使企业承担了一项现实义务，不应将其确认为收入，而应确认为一项负债。③ 收入是与所有者投入资本无关的经济利益的总流入。所有者向企业投入资本时，企业虽然也能够增加其经济利益流入，但这部分经济利益是来自于所有者，而不是来自于企业的日常经营活动。因而，所有者投入资本的增加不应当确认为企业的收入，而应当将其确认为所有者权益。

> **特别提示**
>
> 收入仅指本企业经济利益的流入，也不包括为第三方代收的款项等。如企业代国家收缴的税金应上交税务部门，企业从应付职工薪酬中代扣的个人所得税等，也应上交税务部门，这些都不应作为企业本身的收入处理。

（2）收入的组成内容。收入有广义和狭义之分。广义的收入包括企业的主营业务收入、其他业务收入、投资收益和营业外收入等；狭义的收入仅指企业的主营业务收入、其他业务收入和投资收益。营业外收入则属于企业的日常经营活动之外产生的一种非经常性的经济利益流入，一般称为利得。企业收入的基本组成内容见图 2-6。①主营业务收入。也称基本业务收入，是指企业在其基本业务活动中，如销售产品等日常活动所获取的收入。主营业务收入在企业的收入中所占比重较大，是企业利润的主要来源。②其他业务收入。也称附营业务收入，是指企业主营业务以外的其他日常经营活动所获取的收入。如企业销售原来购入准备自用的材料、出租包装物等所获得的收入。其他业务收入一般金额较少，在企业的收入中所占比例也较小。③投资收益。投资收益是指企业用其资金对外投资所带来的经济利益流入，属于企业由于让渡资产使用权所形成的经济利益的流入。如从被投资企业分享的股利或利润等。投资收益一般是指企业对外投资获得的投资收益减去发生的投资损失以后的净额。④营业外收入。营业外收入是一种广义上的收入，一般称为利得，通常是企业从偶发的交易或事项中获得的收益流入，因而是一种与企业正常的经营活动无关的收入。如企业在财产清查中发现的固定资产盘盈，在处置固定资产和无形资产中产生的净收益和因其他企业违约而收取的罚款收入等。

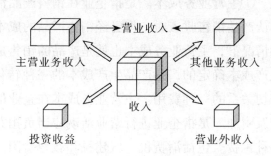

图 2-6 企业收入的基本组成

📝 **特别提示**

　　企业对外销售材料和固定资产都属于主营业务活动以外发生的交易，但对外销售材料所带来的收入是企业的其他业务收入，这部分收入与企业的主营业务收入统称为营业收入。而对外销售自用固定资产所带来的收入则是企业的营业外收入。应注意二者之间的区别。

5. 费用

（1）费用的特征。费用是指企业在日常活动中发生的、会导致所有者权益减少的、与向所有者分配利润无关的经济利益的总流出。

　　费用要素具有的特征：① 费用是企业在日常活动中形成的。将费用界定为日常活动所形成的，目的是为了将费用与损失相区分。企业非日常活动所形成的经济利益的流出应当计入损失，在会计上被称为营业外支出。② 费用会导致所有者权益的减少。不会导致所有者权益减少的经济利益的流出不应确认为费用。这是因为，费用的发生往往是对资产的消耗，表现为企业的现金或现金等价物的流出。在收入一定的情况下，费用发生的越多，则实现的利润越少。在发生的费用大于收入的情况下，企业还会发生亏损。进而减少企业的所有者权益。③ 费用导致的经济利益总流出与向所有者分配利润无关。企业向所有者分配股利或利润也会导致经济利益的流出，而该经济利益的流出属于对投资者投资回报的分配，是所有者权益的直接抵减项目，在这种情况下，虽然减少了企业的资产，但这种减少不是企业的日常经营活动所引起的，因而不应确认为费用。

（2）费用的组成内容。费用也有广义和狭义之分。广义的费用包括企业的主营业务成本、营业税金及附加、其他业务成本、期间费用、投资损失和营业外支出等；狭义的费用仅指企业的主营业务成本、营业税金及附加、其他业务成本和投资损失。①主营业务成本。是指企业在销售产品活动中所发生的费用。企业应当在确认产品销售收入时，将已经销售产品的成本计入主营业务成本。可见，在这种情况下，主营业务成本也就是产品的销售成本。这种销售成本是根据产品的生产成本确定的，是产品生产成本的一种转化形式，是与当期实现的收入存在密切关系的一种费用。主营业务成本在企业的费用中所占比重较大。②营业税金及附加。是指企业进行营业活动应当负担并根据销售收入的一定比例确定的各种税费。包括消费税、城建税和教育费附加等。③其他业务成本。是指企业在主营业务以外的其他日常经营活动中，如销售自用材料、出租包装物等本身的成本。④期间费用。是指企业在日常活动中发生的不能计入有关成本，而直接计入所发生会计期间的费用。包括销售费用、管理费用和财务费用。⑤投资损失。是指企业用其资金对外投资时所产生的损失。在发生投资损失时应冲减投资收益。⑥所得税费用。是指企业按照税法规定所计算出来的应向国家交纳的一种税金。这种税金一般是在每个会计期末根据企业当期实现的利润计算确定，所得税的交纳会引起经济利益流出企业，因而是企业的一种主要费用。⑦营业外支出。是指企业发生的与其日常经营活动无关的支出。如企业处理固定资产和无形资产发生的净损失，因违约支付的罚款等。企业费用的基本组成内容见图2-7。

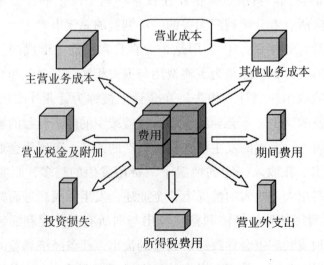

图2-7　企业费用的基本组成

6. 利润

（1）利润的特征。利润是指企业在一定会计期间的经营成果。利润包括收入减去费用后的净额、直接计入当期利润的利得和损失等。在通常情况下，如果企业实现了利润，表明企业的所有者权益将增加，业绩得到了提升；反之，如果企业发生了亏损（即利润为负数），则表明企业的所有者权益将减少，业绩出现了下降。利润要素具有如下特征：①利润是企业在一定会计期间的经营成果。企业在一定会计期间的经营成果具体是指赢得的利润或发生的亏损。一定会计期间的经营成果应根据该期间收入的实现和费用的发生情况而定，如果收入大于费用，企业的经营成果就是利润，反之则为亏损。②利润包括直接计入当期利润的利得和损失。企业的利润主要来自于其日常的经营活动。但企业日常经营活动之外所发生的一些事项对企业利润的增减也起到一定的作用。按照我国《企业会计准则》的规定，企业的利得和损失应直接计入所发生会计期间的利润。

（2）利润的组成内容。企业的利润主要由两个部分组成，即收入减去费用后的净额与直接计入当期利润的利得和损失。①收入减去费用后的净额。是企业在一定会计期间所产生的收入与其存在配比关系的费用之间配合比较的结果。当收入大于费用时，该净额为利润；当收入小于费用时，该净额为亏损。由此可见，收入和费用多少对利润的多寡具有至关重要的影响。在收入一定的情况下，发生的费用越多，则实现的利润越少。如果费用大于收入就会发生亏损；而在费用一定的情况下，实现的收入越多，企业实现的利润也就越多。②直接计入当期利润的利得和损失。如前所述，利得即企业所产生的营业外收入，损失即企业发生的营业外支出。这样，当利得大于损失时，会引起当期利润的增加，反之则会引起当期利润的减少。企业利润的基本组成内容见图2-8。

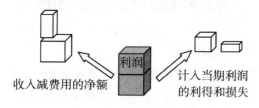

收入减费用的净额 　　利润　　 计入当期利润的利得和损失

图2-8 企业利润的基本组成内容

 特别提示

根据利润的基本组成内容可以计算营业利润、利润总额和净利润等具体利润指标。具体计算方法将在第六章中讲述。

2.1.3 会计要素的确认与计量

1. 会计要素的确认

（1）会计要素确认，也称会计确认。是指将企业发生的交易或事项与资产、负债、所有者权益、收入、费用和利润等会计要素联系起来加以认定的过程。

会计确认是会计计量、记录和报告的前提，也是企业处理交易或事项的始点。企业任何交易或事项的发生都会导致其会计要素发生增减变动。辨明该交易或事项的发生涉及了哪些会计要素，以及是否符合要素的确认条件，符合确认条件才能进入会计计量、会计记录和会计报告程序。

【例】企业采购原材料8 000元。材料已经验收入库，但货款尚未支付。

进行会计要素确认：购入的材料属于企业的资产，因而该交易涉及了资产要素；购入材料而货款未付，使企业产生了应付账款，因而涉及了负债要素。可见，该交易涉及了企业的资产和负债两个要素，可以作为会计上处理的交易加以确认。其具体确认过程见图2-9。

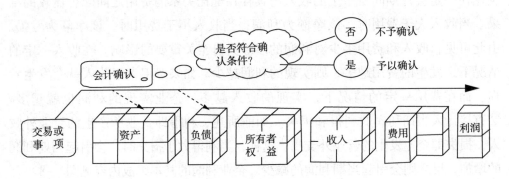

图2-9 对会计要素确认定义的理解

（2）会计要素的确认条件。

①资产的确认条件。将一项资源确认为企业的资产，除应符合资产的定义外，还应同时满足两个条件：一是与该资源有关的经济利益很可能流入企业。如果与资源有关的经济利益很可能流入企业，就应将其做为企业的资产予以确认；反之，则不能确认为企业的资产。二是该资源的成本或价值能够可靠计量。只有当有关资源的成本或价值能够可靠计量时，才能作为资产予以确认。在会计实务中，企业取得的许多资产都是发生了相应成本支出的。例如，企业购买或生产的存货，购置的房屋和设备等，只要实际发生的购买或生产成本能够可靠计量，就可视为符合资产确认的可计量条件。如果某资源的成本或价值

不能够可靠计量，仍然不能将其确认为企业的资产。

②负债的确认条件。将一项义务确认为企业的负债，除应符合负债的定义外，还应同时满足两个条件：一是与该义务有关的经济利益很可能流出企业。因此，对负债的确认还应与经济利益流出确定性程度的判断结合起来考虑。如果有确凿的证据表明，与现实义务有关的经济利益很可能流出企业，就应将其作为负债予以确认；反之，如果企业承担了现实义务，但是导致经济利益流出企业的可能性已不复存在。如企业原来所欠债权人的款项，债权人已同意将借给企业的款项转为向企业的投资，已转为投资的那部分负债就不再符合负债的确认条件，即不会导致经济利益流出企业，就不仅不应再将其做为负债予以确认，而且应减少负债。二是未来流出的经济利益的金额能够可靠计量。对于与法定义务有关的经济利益的流出，通常可以根据合同或法律规定的金额予以确定。对于与推定义务有关的经济利益的流出，企业应当根据履行相关义务需要支出的最佳估计数进行推定，并要综合考虑货币时间价值和风险等因素所产生的影响。

③所有者权益的确认条件。所有者权益的确认主要依赖于其他会计要素，尤其是资产要素和负债要素的确认。所有者权益反映的是所有者对企业资产的索取权，而负债反映的是企业债权人对企业资产的要求权，两者存在本质区别。因此，企业在会计确认、计量和报告中应当严格区分负债和所有者权益，以便如实反映企业的财务状况，尤其是企业的偿债能力和产权比率等。

④收入的确认条件。将一项经济利益流入确认为企业的收入，除应符合收入的定义外，还应同时满足三个条件：一是与收入有关的经济利益应当很可能流入企业。二是经济利益流入企业的结果会导致企业资产增加或者负债减少。三是经济利益的流入额能够可靠计量。

⑤费用的确认条件。将一项经济利益流出确认为企业的费用，除应符合费用的定义外，应当满足三个条件：一是与费用相关的经济利益很可能流出企业；二是该经济利益流出企业的结果会导致资产的减少或者负债的增加。三是经济利益的流出额能够可靠计量。

⑥利润的确认条件。利润反映的是企业一定会计期间的收入减去费用后的净额加当期利得、减去当期损失的最终结果。

2. 会计要素的计量

（1）会计要素计量，也称会计计量。是为了将符合确认条件的会计要素进行会计记录继而列报于财务报告文件而确定其金额的过程。如企业采购原材料8 000元。材料已经验收入库，但货款尚未支付。所涉及的资产和负债要素各增加了8 000元。对会计要素计量的定义的理解见图2－10。

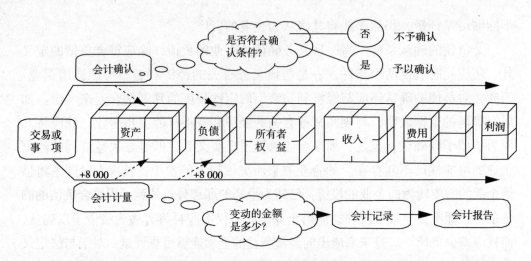

图2-10　对会计要素计量定义的理解

（2）会计要素的计量属性。是指所予计量的某一对象的特性方面，如房屋的面积、材料的重量等。就会计而言，计量属性反映的是会计要素金额的确定基础，主要包括历史成本、重置成本、可变现净值、现值和公允价值等。

①历史成本，又称实际成本。在历史成本计量下，资产按照取得或制造时所实际支付的现金或者现金等价物的金额，或者按照购置资产时所付出的对价的公允价值计量。负债按照因承担现时义务而实际收到的款项或者资产的金额，或者承担现时义务的合同金额，或者按照日常活动中为偿还负债预期需要支付的现金或者现金等价物的金额计量。

②重置成本，又称现行成本。是指按照当前市场条件重新取得同样资产所需支付的现金或者现金等价物金额。在重置成本计量下，资产按照现在购买相同或者相似资产所需支付的现金或者现金等价物的金额计量。负债按照现在偿付该项债务所需支付的现金或者现金等价物的金额计量。在实务中，重置成本多应用于盘盈固定资产等的计量。

③可变现净值。在可变现净值计量下，资产按照其正常对外销售所能收到现金或者现金等价物的金额扣减该资产至完工时估计将要发生的成本、估计的销售费用以及相关税费后的金额计量。可变现净值通常应用于存货资产减值等情况下的后续计量。

④现值。现值是指对未来现金流量以恰当的折现率进行折现后的价值，是考虑货币时间价值的一种计量属性。在现值计量下，资产按照预计从其持续使用和最终处置中所产生的未来净现金流入量的折现金额计量。负债按照预计期限内需要偿还的未来净现金流出量的折现金额计量。现值通常应用于非流动资产（如固定资产、无形资产）等可收回金额等的确定。

⑤公允价值。公允价值是指资产和负债按照市场参与者在计量日发生的有序交易中，出售资产所能收到的或者转移负债所需支付的价格计量。在公允价值计量下，资产按其在有序交易中出售资产所能收到的价格计量，负债按其在有序交易中所需支付的价格计量。

我国的《企业会计准则》（2006）要求："企业在对会计要素进行计量时，一般应当采用历史成本，采用重置成本、可变现净值、现值、公允价值计量的，应当保证所确定的会计要素金额能够取得并可靠计量。"[①] 其中，对公允价值的应用更应适度、谨慎。一般而言，只有存在活跃市场，能够获取活跃市场的报价并能够可靠计量的情况下才能采用公允价值计量属性。

2.1.4 会计等式

1. 会计等式的含义及种类

（1）会计等式，也称会计恒等式，或会计方程式。是运用数学方程的原理描述会计对象的具体内容，即会计要素之间数量关系的表达式。

企业的会计要素看起来是各自独立的，实际上它们之间存在着密切联系，某些要素之间存在着严密的数额上相等关系。利用数学方程式将会计要素之间数额上的这种相等关系表达出来，就会形成各种会计等式。

（2）会计等式的种类。会计等式是由会计要素根据不同的组合而形成的，而前述六个会计要素又可分为静态会计要素和动态会计要素两类。其中，静态会计要素为资产、负债和所有者权益；动态会计要素为收入、费用和利润。这两类会计要素可分别组合为两个主要的会计等式，即静态会计等式和动态会计等式。

第一类，静态会计等式。静态会计等式是由静态会计要素组合而成的反映企业一定时点的财务状况的等式。其组合方式为：资产 = 负债 + 所有者权益。该等式也是会计等式中的基本会计等式。对静态会计等式的定义可以结合图 2 - 11 加深理解。

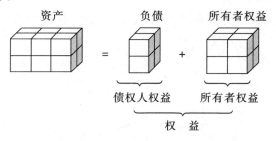

图 2 - 11 对静态会计等式定义的理解

---

① 财政部：《企业会计准则》（2006），经济科学出版社 2006 年版，第 6 页。

> **特别提示**
>
> 　　由于负债是属于债权人权益，因而，静态会计等式右方的负债和所有者权益通常被统称为权益。该会计等式也可简化为"资产＝权益"。但应注意，这种表达方式从一定的意义上讲并不属于会计等式种类的范畴。因为该等式中的"权益"并不是会计要素内容，因而该等式并不是真正意义上的会计等式。不过，在本课程的学习过程中，有时也会看到"权益"字样。如果没有专门特指的话，权益一般包括了债权人权益和所有者权益两层含义，而不是仅仅指所有者权益。

　　对静态会计等式的含义应从三个方面理解和把握：首先，静态会计等式实质上体现了企业资金的两个不同侧面。会计等式右方说明的是企业资金的来源渠道。企业要进行生产经营活动，必须要拥有一定数量的资金。处于市场经济条件下的现代企业，主要是通过吸引投资者投资和向债权人借款等途径筹措资金，企业资金来源的这两条重要渠道在会计要素上分别被称为负债和所有者权益。会计等式左方说明的是企业资金的存在形态。企业筹措起来的资金在使用过程中表现为货币资金、储备资金、固定资金、生产资金和成品资金等不同形态。资金的存在形态在会计上叫做资产。其次，在以货币作为统一计量单位对会计等式双方的会计要素进行计量时，它们之间的数额应当是相等的。企业的资产尽管形态各异，但在会计上都可以用货币作为计量单位对它们进行计量，计量后的总额一定与资金来源的总额相等。即有多少资金的存在形态，也必定要有多少与之相对应的资金来源。反过来讲，有多少资金来源也必定有数额相等的资金存在形态与之相对应。二者之间必须相辅相成，在数额上必须平衡相等。对静态会计等式的前两个含义可结合图 2－12 加深理解。最后，资产会随着负债和所有者权益的增减变动而发生相同变化。即当企业负债增加（如企业将借入款项存入银行）或所有者权益增加（如企业接受投资者投资）时，企

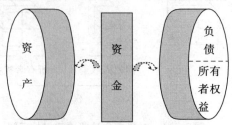

资金存在形态 ＝ 资金来源渠道

图 2－12　对静态会计等式体现的资金两个不同侧面及双方相等关系的理解

业的资产会随之增加；而当企业负债减少（如归还借款）或所有者权益减少（如退还投资者投资）时，企业的资产会随之减少。静态会计等式双方会计要素之间增减变化的关系见图 2 – 13。

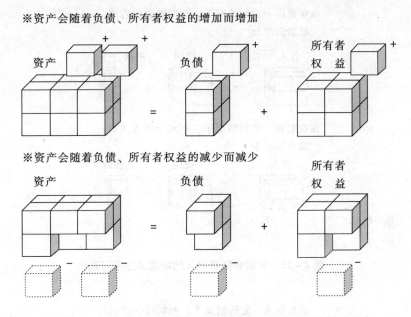

图 2 – 13 静态会计等式双方会计要素之间增减变化关系

第二类，动态会计等式。动态会计等式是由动态会计要素组合而成的反映企业一定会计期间经营成果的等式。其组合方式为：收入 – 费用 = 利润。利润应包括收入减去费用后的净额与直接计入当期利润的利得和损失等两个部分。当企业不存在利得和损失时，收入减去费用后的净额即为企业的利润。对动态会计等式的定义可以结合图2 – 14加深理解。

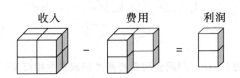

图 2 – 14 对动态会计等式定义的理解

对动态会计等式的含义应从三个方面理解和把握：首先，利润的实质是企业实现的收入与其相关的费用进行配比的结果，是二者之间的差额。当收入大于费用时为利润；收入小于费用时为亏损。其次，利润会随着收入的增减而发生相同变化。即在费用一定的情况下，企业获得的收入越多，利润也会越多；

收入减少，利润也会随之减少。见图 2 - 15。最后，利润会随着费用的增减发生相反变化。即在收入一定的情况下，企业发生的费用越多，利润会越少；费用减少，利润会随之增加。见图2 - 16。

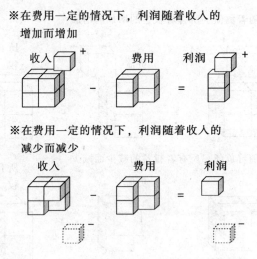

图 2 - 15　利润会随着收入的增减发生相同变化

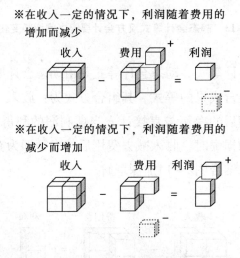

图 2 - 16　利润会随着费用的增减发生相反变化

六大会计要素不仅可以组合成静态会计等式和动态会计等式，还可以组合成综合会计等式。

第三类，综合会计等式。综合会计等式是由静态会计等式和动态会计等式综合而成的全面反映企业的财务状况和经营成果的等式。其组合方式为：资产 +费用 = 负债 + 所有者权益 + 收入。对综合会计等式的定义可以结合图 2 - 17 加深理解。

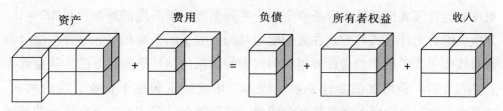

图 2-17 对综合会计等式定义的理解

📑 **特别提示**

从理论上讲，综合会计等式可以按以下步骤推导而来。

第一步，将静态会计等式和动态会计等式合并：

[资产＝负债＋所有者权益]＋[收入－费用＝利润]

第二步，由于"收入－费用"与"利润"是相等的，可将以上公式变化为：

资产＝负债＋所有者权益＋利润 或：资产＝负债＋所有者权益＋收入－费用

第三步，将上一步骤中第二个公式中的"费用"项移至等号左方：

资产＋费用＝负债＋所有者权益＋收入

在综合会计等式中，虽然没有体现出"利润"要素，但它实际上已经暗含于"收入"要素之中。另外，在等式中引入"收入"和"费用"两个要素以后，应当考虑它们对"资产"要素的影响情况。通过前面的分析已知：收入的实现会引起企业资产的增加，而费用的发生则会导致企业资产的减少。在收入大于费用的情况下，会使企业的资产产生一个增量。因而，综合会计等式中的"资产"要素也应在原来的基础上有一个增加额。

对综合会计等式的含义应从两个方面理解和把握：首先，综合会计等式双方反映的基本内容是企业资金两个不同侧面的扩展。即该等式双方说明的仍然是企业的资金存在形态与资金来源渠道两个方面，不过比基本会计等式"资产＝负债＋所有者权益"反映的内容更加丰富。一方面更加全面地体现了企业资金的存在形态状况，即在会计等式左方既反映了企业现实存在的资产，又反映了企业在经营过程中产生的费用，而费用是资产被消耗以后的一种形态，可以看成是企业资产的一种特殊存在形态；另一方面更加全面地体现了企业的资金

来源渠道，即在会计等式右方既反映了企业主要的资金来源渠道负债和所有者权益，又反映了企业通过经营活动的组织带来的收入这种新的资金来源渠道。对综合会计等式反映的内容是资金两个不同侧面扩展问题的理解可见图2-18。

其次，综合会计等式双方是在数额增加基础上的新的平衡相等。尽管在综合会计等式中包含了更多的会计要素，但双方的数额仍然是平衡相等的。从会计等式的右方看，新增加的会计要素"收入"中实质上包括了企业实现的利润，这是企业进行经营活动带来的经营成果，并且使会计等式的右方在原来的基础上产生一个增量，这个增量就是当期实现的利润。我们知道，企业实现的利润其所有权属于投资者，因而企业实现的利润在一定会计期末可以加入到"所有者权益"要素中去。从会计等式的左方看，"资产"要素在资金的运动过程中也会有新的增加。这是因为，企业在生产经营中发生的费用会消耗企业的资产，使资产减少；而产生的收入却能增加企业的资产。在收入大于费用的情况下，资产的净增量就应当是企业实现的收入与发生的费用二者之差，这部分数额与右方增量利润的数额应当是相等的。因而，会计等式双方的相等关系仍然是存在的。对综合会计等式在数额增加基础上的新的平衡相等问题的理解见图2-19。

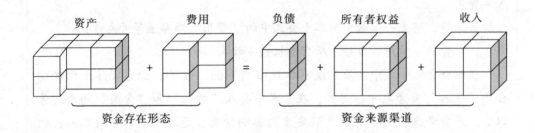

图2-18　综合会计等式反映资金两个不同侧面内容的扩展

2. 交易或事项类型及其对会计等式的影响

（1）交易或事项的定义。在会计上把凡是应当办理会计手续，也能运用会计方法反映的经济活动称为交易或事项，或称经济业务。就企业而言，交易是指某一企业与其他企业或与其他部门之间所发生的经济往来活动。如企业购买材料并向销售企业支付货款等；事项一般是指企业内部发生的经济活动。如用购买的设备和材料进行产品生产等。企业在生产经营过程中的这些经济活动可以大体划分为两类：一类是应当办理会计手续，也能运用会计方法反映的经济活动。如企业采购材料、购置设备、销售产品和支付有关费用等。另一类是不应当办理会计手续，也不能运用会计方法反映的经济活动。如企业制订材料采购计划和签订产品销售合同等。在会计上，对第一种经济活动称为交易或事

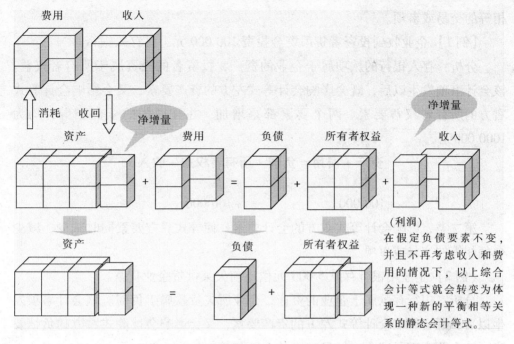

图2-19 对综合会计等式是在数额增加基础上的新的平衡相等问题的理解

项，是会计核算和监督的具体内容。而后一种经济活动对企业的经营也有重要影响，但不能采用会计的方法进行处理，也不属于会计所核算的交易或事项内容。对交易或事项的定义可结合图2-20加深理解。

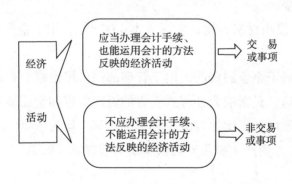

图2-20 对交易或事项定义的理解

（2）交易或事项的类型划分。企业发生的交易或事项纷繁复杂，但每一项交易或事项的发生都会影响会计等式中的会计要素发生增减变化。下面将结合企业发生的交易或事项实例和上述综合会计等式，具体分析交易或事项影响会计等式中会计要素发生增减变化的具体情况。从交易或事项对会计等式影响的角度看，可以将企业所有的交易或事项划分为如下四类：

第一类，影响会计等式双方的会计要素，使双方要素同时增加，增加金额相等的交易或事项。

【例1】企业收到投资者货币资金投资100 000元，已存入银行。

分析：存入银行的款项属于企业的资产，投资者的投资属于所有者权益。该会计事项发生以后，既会影响会计等式左方的资产要素，又会影响会计等式右方的所有者权益要素。两个要素都是增加，并且增加的金额相等，均为1000 000元。

$$资产 + 费用 = 负债 + 所有者权益 + 收入$$

$$+100\ 000 \qquad\qquad +100\ 000$$

第二类，影响会计等式双方的会计要素，使等式双方要素同时减少，减少金额相等的交易或事项。

【例2】企业用银行存款5 000元偿还前欠某供货企业货款。

分析：银行存款属于企业的资产，企业所欠货款属于负债。该会计事项发生以后，既会影响会计等式左方的资产要素，又会影响会计等式右方的负债要素。两个要素都是减少，并且减少的金额相等，均为5 000元。

$$资产 + 费用 = 负债 + 所有者权益 + 收入$$

$$-5\ 000 \qquad\qquad -5\ 000$$

第三类，只影响会计等式左方会计要素，使这些要素有增有减，增减金额相等的交易或事项。

【例3】企业发出材料一批，实际成本4 000元，用于企业管理部门的房屋维修。

分析：材料属于企业的资产，用于管理部门房屋维修会构成管理费用。该会计事项发生以后，只影响会计等式左方的资产要素和费用要素。其中资产要素减少，费用要素增加，增加与减少的金额相等，均为4000元。

$$资产 + 费用 = 负债 + 所有者权益 + 收入$$

$$-4\ 000 \quad +4\ 000$$

第四类，只影响会计等式右方会计要素，使这些要素有增有减，增减金额相等的交易或事项。

【例4】某债权人将其原来借给本企业的借款60 000元转为向企业投资。

分析：借款属于企业的负债，债权人将其借款转为对企业投资后属于企业的所有者权益。该会计事项发生以后，只影响会计等式右方的负债要素和所有者权益要素。其中负债要素减少，所有者权益要素增加，增加与减少的金额相等，均为60 000元。

$$资产 + 费用 = 负债 + 所有者权益 + 收入$$

$$\downarrow \qquad\qquad\qquad\qquad \uparrow$$

$$-60\ 000 \qquad\qquad +60\ 000$$

📋 **特别提示**

从例1~例4可以看出，企业发生的每一项交易或事项都会起码影响会计等式中的两个会计要素发生增加或减少的变化。但在实务中，所发生的交易或事项并不都会同时涉及两个会计要素发生增减变化。有些交易或事项发生后，只是影响会计等式中的某一个会计要素本身发生变化。但在这种情况下，一定是该要素内部的两种不同内容（或两个项目）发生有增有减的变化，并且增减金额相等。例如，企业用银行存款5 000元购买材料。这项交易或事项发生后涉及的就是同属于资产要素内容的"原材料"和"银行存款"两个项目。其中"原材料"是增加，"银行存款"是减少。总之，当交易或事项发生以后，总会引起两个或两个以上的有关方面发生增减变化。

（3）交易或事项类型影响会计等式的规律。一般说来，每项交易或事项发生后，至少要影响会计等式中的两个会计要素发生增减变化，这种变化体现出两大规律：规律1，影响会计等式双方要素，双方同增或同减，增减金额相等。如例1、例2。规律2，只影响会计等式某一方要素，有增有减，增减金额相等。如例3、例4。

对以上交易或事项类型影响会计等式的两大规律可结合图2-21加深理解。

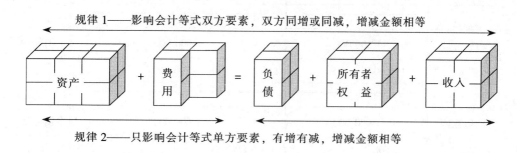

图2-21 交易或事项影响会计等式的规律

（4）交易或事项影响会计等式的结果分析。通过上面的分析可见，尽管企业的交易或事项发生后，会影响会计等式中的会计要素产生同增或同减和有增有减等不同形式的变化，但这些变化的结果并不会破坏会计等式双方的平衡相等关系。这是由于：第一，会计等式的平衡相等是一种客观存在。会计等式双方分别反映企业的资金来源渠道及其具体存在形态。在以货币作为统一计量单位计量时，双方的金额一定是相等的，这是一种客观存在。即有一定的资金来源，必定有一定的资金存在形态；反之，有一定的资金来源存在形态，也必定有一定的资金来源，二者之间相辅相成。第二，企业发生的交易或事项不会对会计等式的平衡关系产生影响。企业发生的所有交易或事项，从影响会计等式的角度可以归纳为四种基本类型，对会计等式的影响具有两大规律。其一是影响会计等式双方的会计要素同增或同减，在这种情况下，等式双方的总额只能是在原来的基础上同时增加或同时减少一个相同的数额，因此等式双方数额会保持平衡；其二是只影响会计等式某一方的会计要素发生有增有减的变化，在这种情况下，在变化的一方增减金额相抵，原来的总额保持不变。而等式的另一方要素由于没有受到影响，原来的总额也不会发生变化，因此等式双方数额仍然保持平衡。

经过分析可以得出如下结论：企业无论发生什么样的交易或事项，也无论这些交易或事项会引起会计等式中的会计要素发生怎样的变化，都不会破坏会计等式双方的平衡关系，会计等式双方的数额始终相等。为加深理解交易或事项的发生不会破坏会计等式双方的平衡关系问题，现结合例1~例4的交易或事项进行具体分析（其中各要素变动前数额为假定），见表2-1。

表2-1　　　　　　　交易或事项的发生不会破坏会计等式的平衡关系分析

交易或事项	对会计等式中会计要素的影响					会计等式双方关系
	资产 +	费用	= 负债 +	所有者权益	+ 收入	
变动前数额	1 200 000	300 000	100 000	1 300 000	100 000	
变动前合计	1 500 000		=	1 500 000		平衡相等
例1	+100 000			+100 000		
变动后数额	1 600 000		=	1 600 000		平衡相等
例2	-5 000		-5 000			
变动后数额	1 595 000		=	1 595 000		平衡相等

续表

交易或事项	对会计等式中会计要素的影响					会计等式双方关系
	资产 +	费用	= 负债 +	所有者权益 +	收入	
例3	−4 000	+4 000				
变动后数额	1 595 000		=	1 595 000		平衡相等
例4			−60 000	+60 000		
变动后数额	1 595 000		=	1 595 000		平衡相等
其中：	1 291 000	304 000	35 000	1 460 000	100 000	

从表2−1可见：在交易或事项发生之前，会计等式双方的总额分别是1 500 000元。当交易或事项发生以后，影响有关会计要素发生了增减变化。其中双方同增的业务（如例1）虽然使双方的总额增加至1 600 000元，但双方的平衡关系依然存在；双方同减的业务（如例2）虽然使双方的总额减少至1 595 000元，但双方的平衡关系依然存在；而单方有增有减的业务（如例3、例4）也并未影响双方的总额发生变化，双方的平衡关系依然存在。因此，可以肯定地说，企业不论发生什么样的交易或事项，也无论这些交易或事项会引起会计等式中的会计要素发生怎样的变化，都不会破坏会计等式双方的平衡相等关系。

3. 研究会计等式的重要意义

会计等式的平衡原理是会计基本理论的重要组成内容，它深刻地揭示了会计要素之间内在的规律性联系，揭示了会计要素之间数额上的平衡相等关系，为会计核算方法的建立提供了科学的理论依据，是会计核算方法赖以存在的基石。设置账户、复式记账、填制和审核会计凭证、登记账簿和编制财务会计报告等会计核算方法就是依据会计等式的平衡原理建立起来的。因此，掌握会计等式的基本内容及其含义，认识会计要素之间的规律性联系，对于理解会计核算方法的科学性，进而熟练运用会计核算方法具有十分重要的意义。对研究会计等式的重要意义的理解见图2−22。

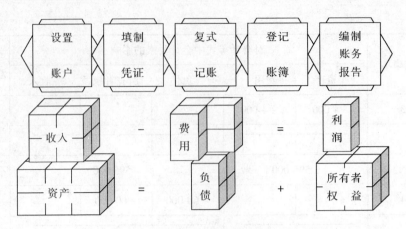

图 2-22 对会计等式的重要意义的理解

2.2 会计科目与账户设置

2.2.1 会计科目

1. 会计科目的定义

会计科目是对会计要素进行分类所形成的具体项目，是设置会计账户的依据。设置会计科目，并在此基础上设置账户是会计核算的一种专门方法。

会计要素是会计上核算的基本内容，它们只是概括地说明了会计的对象。为了在会计上对它们进行全面、系统而完整的核算，需要采用一定的方法对会计要素做进一步的划分，根据各个要素的内容分别划分为若干个明细项目。例如，对资产要素可以根据其流动性划分为流动资产和非流动资产两大类。但仅仅进行这样的分类，仍然显得比较笼统，不便于在会计上进行核算。因而可以在此基础上再对资产要素的这些组成内容做进一步的详细分类。如对流动资产，可再根据其具体内容和会计核算的需要进一步分为库存现金、银行存款、原材料、库存商品等，并对划分出来的各个部分分别规定一个合适的名称，这个名称即为会计科目。设置会计科目可以为会计账户的设置提供依据。现以资产要素为例，说明会计科目的设置方法见图 2-23。

2. 设置会计科目的意义与原则

（1）设置会计科目的意义。①系统、分类反映会计要素内容的需要。全面、系统、连续地反映会计对象的内容是会计核算的基本要求。将会计要素进一步划分为一个一个具体项目，形成若干个反映会计要素内容的子系统，便于在会计上对这些具体内容进行分门别类的核算，提供全面、系统而完整的会计

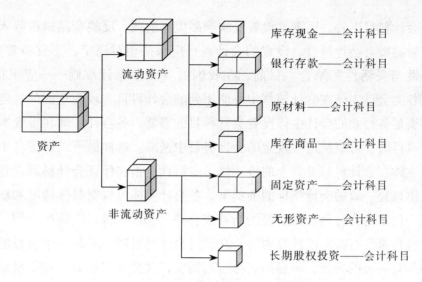

图 2 – 23 对会计科目的定义的理解

信息。②满足信息使用者了解会计信息的需要。会计信息的使用者对会计信息的需求是多角度的，不仅要了解企业财务状况中的资产、负债和所有者权益和财务成果中的收入、费用和利润等要素的总体情况，而且需要了解这些要素的具体情况，以利于做出经济决策。设置会计科目便于会计信息的使用者既从总体方面又从具体内容方面了解企业的财务状况和经营成果等。③设置会计账户核算交易或事项的需要。会计核算的最基本方法是设置会计账户，有了账户才能够记录所发生的交易或事项内容。而会计账户就是依据会计科目设置的。显而易见，设置会计科目是设置会计账户的必要前提，是正确进行会计核算的一个重要条件。

（2）设置会计科目的原则。会计主体设置会计科目应掌握的基本原则：①全面反映会计要素内容。会计科目的设置必须全面反映会计要素的特点。会计科目是对会计要素的基本内容进行分类所形成的项目，与会计要素内容有着直接关系，也是会计要素内容的具体体现。因而，一个会计主体需要设置哪些会计科目，必须从实际出发。以制造业企业为例，只能围绕其资产、负债、所有者权益、收入、费用和利润等会计要素设置会计科目。②满足信息使用者的需要。为会计信息的使用者提供与他们的经济决策有用的会计信息，是会计工作的基本目标。设置会计科目必须充分考虑会计信息的使用者了解会计信息的各种需要，根据他们的需求设置会计科目。③满足核算需要又相对稳定。设置会计科目的基本目的是为了满足会计主体进行会计核算的需要。因此，应根据本会计主体经营活动的特点和会计核算的需要设置会计科目。例如制造业企业的主要经营活动是产品的生产和销售，除了需要设置与其他的会计主体有共性的一些会计科目以外，还需要设置反映产品生产消耗、反映产品销售收入和成本等方面的特有会计科目。设置的会计科目应保持相对稳定，不宜经常变动。④统一性与灵活性相结合。目前，在我国的《企业会计准则——应用指南》中，对各类会计主体在会计核算中可能用到的会计科目有较为全面的规定，基本能够满足各行业的会计主体设置会计科目的需要。各会计主体在设置本主体的会计科目时，可以从这些规定的会计科目中选取。这样做可以保证各个行业的会计主体在会计科目设置上的统一性。灵活性是指在保证会计科目设置统一性，提供口径一致的会计指标的前提下，各会计主体可根据具体情况和核算要求对统一规定的会计科目做必要的增补或合并。⑤会计科目应简明适用。每一个会计科目都具有特定的核算内容。在设置会计科目时，对每一个科目的核算内容必须有明确的界定，科目的名称应当简明，含义应当明确，通俗易懂，便于在会计核算过程中准确应用。

3. 会计科目的级次

会计科目按其提供会计信息指标的详细程度不同可以分为两类。

（1）总分类科目。总分类科目是对会计要素内容进行总括分类形成的项目，也称一级科目或总账科目。总分类科目是在会计上对会计要素的具体内容进行总分类核算的依据，利用总分类科目设置的账户可以提供总括的信息指标。例如，"库存现金"、"银行存款"、"原材料"、"库存商品"和"应收账款"等都是对流动资产的组成内容进行基本分类以后形成的科目，称为总分类科目。总分类科目一般都是由《企业会计准则——应用指南》统一规定的。根据其中"会计科目和主要账务处理"的规定，制造业企业主要应设置资产、负债、所有者权益、成本和损益等五类会计科目。具体会计科目的主要内容见表2－2。

表2－2　　　《企业会计准则——应用指南》统一规范的部分总分类会计科目

编　号	会计科目名称	编　号	会计科目名称
	一、资产类	1123	★预付账款
1001	★库存现金	1231	★应收股利
1002	★银行存款	1132	★应收利息
1012	其他货币资金	1221	★其他应收款
1101	交易性金融资产	1131	★坏账准备
1121	★应收票据	1401	★材料采购
1122	★应收账款	1402	★在途物资

续表

编 号	会计科目名称	编 号	会计科目名称
1403	★原材料	2231	★应付利息
1404	★材料成本差异	2232	★应付股利
1405	★库存商品	2241	★其他应付款
1411	周转材料	2501	★长期借款
1412	包装物	2502、	★应付债券
1471	存货跌价准备	2701	★长期应付款
1511	长期股权投资		三、所有者权益类
1512	长期股权投资减值准备	4001	★实收资本
1531	长期应收款	4002	★资本公积
1601	★固定资产	4101	★盈余公积
1602	★累计折旧	4103	★本年利润
1603	固定资产减值准备	4104	★利润分配
1604	工程物资		四、成本类
1605	★在建工程	5001	★生产成本
1606	在建工程减值准备	5101	★制造费用
1607	固定资产清理		五、损益类
1701	★无形资产	6001	★主营业务收入
1702	累计摊销	6051	★其他业务收入
1703	无形资产减值准备	5201	★投资收益
1801	长期待摊费用	6301	★营业外收入
1901	★待处理财产损溢	6401	★主营业务成本
	二、负债类	6402	★税金及附加
2101	★短期借款	6403	★其他业务成本
2201	★应付票据	6601	★销售费用
2202	★应付账款	6602	★管理费用
2203	★预收账款	6603	★财务费用
2211	★应付职工薪酬	6711	★营业外支出
2221	★应交税费	6801	★所得税费用

注：标有★的会计科目是学习《基础会计》课程需要重点掌握的会计科目。

应予注意的是：在本教材中，会计要素、会计科目以及根据会计科目设置的会计账户均分为六类，这样做的目的是可以使三个方面的内容融会贯通，一脉相承，便于理解和把握。但在财政部颁布的《企业会计准则》中，将会计科目主要划分为五类（参见表2－2）。在以上两种不同的分类方法下，会计科目归属的类别是有所不同的。了解两种分类方法的不同之处，对于掌握会计科目的性质，正确使用会计科目和设置账户是非常必要的。对会计科目采用上述两种方法分类的相同之处及其差别见图2－24。

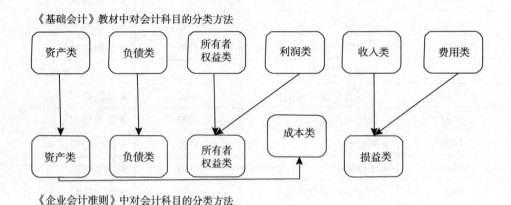

图2－24　对会计科目采用两种不同方法分类的相同点及其差别

从图2－24可以看出，在两种分类方法下，对于资产类科目与负债类科目的分类在做法上基本是相同的。差别在于：第一，在第一种分类方法下，"利润类"科目作为单独的一类存在；而在第二种分类方法下，"利润类"科目被归并入所有者权益类。体现了利润的所有权属于投资者这一本质特征。第二，在第一种分类方法下，"收入类"科目和"费用类"科目是作为独立的类别而分别存在的；而在第二种分类方法下，"收入类"科目与"费用类"科目被合并为"损益类"。比如在第一种分类方法下属于"收入类"性质的"主营业务收入""其他业务收入"与属于费用性质的"主营业务成本"、"税金及附加"、"其他业务成本"和"管理费用"科目等，在第二种分类方法下统统被归并入"损益类"科目。显然，这里的损益是"收入"和"费用"的另外一种表述方法。第三，在第一种分类方法下，是不存在"成本类"科目的；而在第二种分类方法下，将"费用类"科目的一部分独立出来形成了"成本类"科目。如"生产成本"和"制造费用"两个科目，在第一种分类方法下都属于资产类科目，而在第二种分类方法下则属于"成本类"科目。当然，这种分类方法并不会改变生产成本和制造费用的经济性质。

在学习《基础会计》课程的过程中，应重点掌握对会计科目的第一种分类方法。

（2）明细分类科目。明细分类科目是对会计要素内容在总括分类的基础上再进行详细分类而形成的项目，也称明细账科目。明细分类科目是在会计上对会计要素的具体内容进行明细分类核算的依据，利用明细分类科目设置的账户可以提供详细的信息指标。

明细分类科目一般是由会计主体根据会计核算和提供信息指标的要求自行设置的。例如，企业要详细反映"应收账款"科目总括情况，就应对所有的应收账款按欠款单位（债务人）做进一步分类，在"应收账款"这个总分类科目下按照债务人的名称设置相应的明细分类科目，具体反映是哪个单位拖欠的款项。总分类科目与明细分类科目之间的关系见图 2 - 25。

图 2 - 25 总分类科目与明细分类科目之间的关系

📖 **特别提示**

有些明细科目是根据其所隶属的总分类科目的具体核算内容设置的。例如，企业管理费用的组成内容包括公司董事会和行政管理部门的职工薪酬、劳动保险费、聘请中介机构费、咨询费、诉讼费、业务招待费、职工教育经费、办公费和差旅费等。那么，企业在会计核算中就既应设置"管理费用"总分类科目，又应按照管理费用的具体内容设置相应的明细科目。

2.2.2 账户设置

1. 账户的定义

账户是根据会计科目设置的，具有一定格式，用来分类、系统、连续地记录交易或事项，反映会计要素增减变动及其结果的一种工具。设置账户是会计核算的一种专门方法。对账户定义的理解见图 2 - 26。

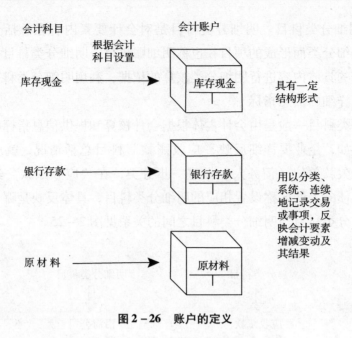

图 2 - 26　账户的定义

2. 账户的基本结构

（1）账户基本结构的含义。账户的基本结构是指在账户的全部结构中用来登记增加额、减少额和余额的那部分结构。

账户的基本功能是用来记录发生的交易或事项，需要记载的内容很多，包括交易或事项的发生时间、具体内容、增加额、减少额和余额等。为此，在账户中就需要设计出相应的位置，以便满足登记交易或事项以上有关内容的需要。在实务中常用的账户结构形式见表 2 - 3。关于账户的具体结构内容将在第五章中详细讲述。

表 2 - 3　　　　　　　　　　实务中常用的账户结构形式

会计科目：

年		凭证号	摘　要	借　方	贷　方	借或贷	余　额
月	日						

交易或事项发生时间　　登记账户的凭证依据　　交易或事项的具体内容　　交易或事项的增减变动金额　　交易或事项的变动结果

由于设置账户的目的主要是反映会计要素的增减变化及其余额，因而在会计上将账户中用来登记增加额、减少额和余额的那部分结构称为账户的基本结构。以"库存现金"账户为例，现金的增加、减少和余额都要通过"库存现金"账户进行登记，这样在账户中就需要设计出专门栏次，分别用来登记以上内容，见图2-27。

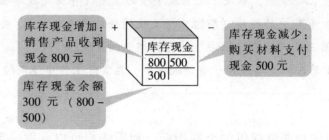

图2-27 账户的基本结构

（2）账户基本结构的简化形式——T形账户。所谓T形账户实际上是在账户中用来登记增加额、减少额和余额三个栏次的简化形式，其外观形式与英文字母中大写的"T"相似，因而被形象地称为T形账户，也有人称这种账户为丁字账。T形账户的基本形式见图2-28。

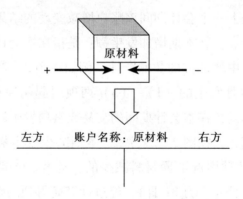

图2-28 T形账户的基本结构形式

从T形账户的结构形式来看，它是把账户分为左、右两方，其中一方用来登记增加额和余额，另外一方用来登记减少额。运用这种看起来简单的账户，可以登记所有交易或事项。例如，在上面的举例当中，"库存现金"账户和"原材料"账户都是利用左方登记增加额和余额，用右方登记减少额。

> **特别提示**
>
> 　　并不是所有账户都像上面两个账户那样，利用账户的左方登记增加额和余额，用右方登记减少额。有些账户恰恰相反，是利用账户的右方登记增加额和余额，用左方登记减少额。在一个具体的账户中究竟用哪一方登记增加额和余额，哪一方登记减少额，取决于交易或事项的性质（即交易或事项所体现的会计要素性质）和账户的性质（即账户所反映的会计要素性质）。关于这方面的内容可结合第三章"借贷记账法"的有关部分加深理解。
>
> 　　另外，T形账户主要应用于会计教学中，在实际工作中使用较少。

　　（3）会计账户能够提供的金额指标。利用账户可以获取一系列的信息指标，这些指标主要是以金额的形式体现出来的。从账户自身来看，所提供的主要是以货币计量的价值指标（有些账户还可以提供实物指标等），这些金额指标包括期初余额、本期增加发生额、本期减少发生额和期末余额，见图 2－29。①期初余额：是指在某一会计期间开始时从上一个会计期末结转而来的余额。例如在图 2－29 中，假定"原材料"账户登记的是某年 5 月发生的交易或事项，那么，其中的"期初余额 30 000"就应当是该年本账户 4 月的月末余额。可见，期初余额既是上一个会计期间该账户增减变动的结果，也是本会计期间该账户增减变动的始点。②本期增加发生额：是指在本会计期间的交易或事项发生以后记录到账户中增加方的数额合计。例如在图 2－29 中，"本期增加发生额 50 000"就是本月发生的（1）、（3）两项引起的原材料增加的合计数。③本期减少发生额：是指在本会计期间的交易或事项发生以后记录到账户中减少方的数额合计。例如，在图 2－29 中，"本期减少发生额 35 000"就是本月发生的（2）、（4）两项引起的原材料减少的合计数。④期末余额：是指在某一会计期间终了时（假定 5 月 31 日），经过计算而得到的账户的余额。其基本的计算公式为：

$$期末余额 = 期初余额 + 本期增加发生额 - 本期减少发生额$$

原　材　料			
期初余额	30 000	（2）	5 000
（1）	10 000	（4）	30 000
（3）	40 000		
本期增加发生额	50 000	本期减少发生额	35 000
期末余额	45 000		

图 2－29　账户能够提供的金额指标

例如，在图 2 - 29 中，"原材料"账户的"期末余额 45 000"就是利用"期初余额 30 000"加上"本期增加发生额 50 000"，再减掉"本期减少发生额 35 000"计算出来的。可见，期末余额是本会计期间该账户增减变动的结果。将本期的期末余额结转到下期就是下一个会计期间该账户的期初余额。

> 📝 **特别提示**
>
> 账户如有期末余额一般也应登记在账户中用来记录增加额的那一方。在"原材料"账户中是用左方登记增加数，因而，"期末余额"也应登记在这一方。但在有些账户中是用右方登记增加额，该类账户如果有期末余额时一般应登记在右方。关于这方面的内容可结合第三章"借贷记账法"的有关部分加深理解。

3. 设置账户的基本原则

一个会计主体要设置哪些账户，应掌握两条基本原则：一是应根据会计制度和会计准则规定的统一会计科目设置。会计账户是根据会计科目设置的，在设置账户时，应按照所规定的会计科目名称设置，不能自行编造会计科目并用来设置账户。二是应根据本会计主体所核算的会计要素的具体内容设置。从事不同性质经济活动的会计主体，其会计要素的基本内容也各不相同，会计要素的具体内容也有一定差别，设置的会计科目也不完全相同。因而，设置的账户也有所不同。以制造业企业为例，它的会计要素包括资产、负债、所有者权益、收入、费用和利润六个方面，就要根据六类要素设置相应的会计科目，并根据六类会计科目分别设置账户，以便于全面而系统地记录这些要素在交易或事项发生以后所产生的各种变化情况。制造业企业账户设置的基本情况见图 2 - 30。

> 📝 **特别提示**
>
> 图 2 - 30 中列示的只是制造业企业应设置的部分账户，其余账户可参见《企业会计准则——应用指南》的"附录"部分，或本教材表 2 - 2。另外，这里的账户都是根据总分类科目设置的，被称为总分类账户或简称总账；根据明细分类科目设置的账户被称为明细分类账户或简称明细账。关于明细分类账户设置的内容将在第三章中予以介绍。

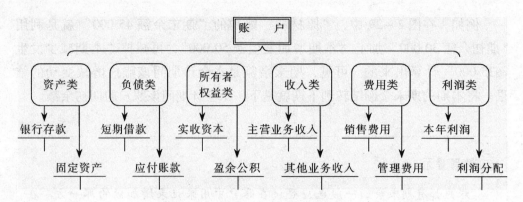

图 2-30 制造业企业账户的设置

4. 账户与会计对象、会计要素、会计科目和会计等式之间的关系

账户与会计对象、会计要素、会计科目和会计等式之间存在着密切的关系。

（1）会计对象是会计核算和监督的基本内容，即资金运动，是划分会计要素、设置会计科目和账户、建立会计等式的基础。

（2）会计要素是会计对象的基本组成内容，是建立会计等式的直接依据，也是账户所要核算和监督的基本内容。

（3）会计等式是运用数学方程原理描述会计要素关系的表达式，是运用账户进行复式记账的基本理论依据。

（4）会计科目是对会计要素分类所形成的具体项目，是设置账户的直接依据。

（5）账户是根据会计科目设置的，具有一定格式，用以分类反映会计要素增减变动及其结果的一种工具。

本 章 小 结

1. 会计要素也称财务报告要素，是对会计对象按照一定的标准进行基本分类所形成的若干要素，是设计财务报表结构和内容的依据，也是进行确认和计量的依据。企业会计要素包括资产、负债、所有者权益、收入、费用和利润六类。

2. 会计要素确认也称会计确认。是指将企业发生的交易或事项与资产、负债、所有者权益、收入、费用和利润等会计要素联系起来加以认定的过程。将一项交易或事项确认为企业的资产或负债等，除符合会计要素的定义外，还需要符合确认的条件。

3. 会计要素计量简称会计计量。是为了将符合确认条件的会计要素进行会计记录继而列报于财务报告文件而确定其金额的过程。会计要素的计量属性有：历史成本、重置成本、可变现净值、现值和公允价值。

4. 会计等式也称会计恒等式或会计方程式，是运用数学方程的原理描述会计对象的具体内容，即会计要素之间数量关系的表达式。会计等式包括静态会计等式、动态会计等式和综合会计等式三种。其中静态会计等式一般被称为基本会计等式。

5. 交易或事项是指在会计上应当办理会计手续，也能运用会计方法反映的经济活动。企业的交易是指某一企业与其他企业或其他部门之间发生的经济往来活动。事项一般是指企业内部发生的经济活动。

6. 从影响会计等式的角度，可以将交易或事项划分为四类：（1）影响会计等式双方，使双方要素同增，增加金额相等的交易或事项；（2）影响会计等式双方，使双方要素同减，减少金额相等的交易或事项；（3）只影响会计等式左方，左方要素有增有减，增减金额相等的交易或事项；（4）只影响会计等式右方，右方要素有增有减，增减金额相等的交易或事项。

7. 会计确认是指将会计主体发生的交易或事项与资产、负债和所有者权益等会计要素联系起来加以认定的过程；会计计量是指对会计要素的增减变动金额加以确认的过程；会计记录是指采用专门的方法交易或事项利用一定的载体进行记录的过程；会计报告是指编制相关的会计信息传递给信息使用者的过程。

8. 账户是根据会计科目设置的，具有一定格式，用来分类、系统、连续地记录交易或事项，反映会计要素增减变动及其结果的一种工具。设置账户是会计核算的专门方法之一。

9. 账户的基本结构是指在账户的全部结构中用来登记增加额、减少额和余额的那部分结构。在一个具体的账户中究竟用哪一方登记增加额和余额，哪一方登记减少额，取决于交易或事项的性质和账户的性质。

10. 利用账户一般可以获取四种金额指标。期初余额、本期增加发生额、本期减少发生额和期末余额。

11. 会计主体设置账户应掌握两条基本原则：一是必须根据会计制度和会计准则规定的会计科目设置。二是应根据本会计主体会计要素的具体内容设置。

12. 账户与会计对象、会计要素、会计科目和会计等式之间存在着密切关系：会计对象是会计核算和监督的基本内容，是划分会计要素、设置会计科目和账户、建立会计等式的基础；会计要素是会计对象的基本组成内容，是建立会计等式的直接依据，也是账户所要核算和监督的基本内容；会计等式是运用数学方程原理描述会计要素之间关系的表达式，是设置和运用账户的基本理论依据；会计科目是对会计要素分类所形成的具体项目，是设置账户的直接依据；账户则是具体用于交易或事项的核算所采用的一种工具。

思 考 题

1. 什么叫会计要素？企业会计要素包括哪些内容？

2. 资产要素有哪些特征？包括哪些基本内容？

3. 负债要素的特征有哪些？包括哪些基本内容？

4. 所有者权益要素有什么特征？包括哪些基本内容？

5. 收入要素有哪些特征？包括哪些基本内容？

6. 费用要素有哪些特征？包括哪些基本内容？

7. 利润要素有什么特征？包括哪些基本内容？

8. 什么叫会计确认？进行资产和负债的确认应当符合哪些条件？

9. 什么叫会计计量？会计计量属性有哪些？

10. 静态会计等式是怎样组成的？如何理解静态会计等式？

11. 动态会计等式是怎样组成的？如何理解动态会计等式？

12. 什么叫交易或事项？从对会计等式影响的角度，可以将交易或事项分为哪些类别？

13. 为什么在交易或事项发生以后不会破坏会计等式双方的平衡相等关系？

14. 设置会计科目的意义是什么？

15. 对会计科目一般应划分为几个级次？它们各具有怎样的作用？

16. 什么叫账户？账户的基本结构是怎样的？

17. 账户能够提供哪些金额指标？这些指标都是怎样形成的？

18. 会计主体设置账户应掌握哪些基本原则？

19. 怎样理解账户与会计对象、会计要素、会计等式和会计科目之间的关系？

第三章 复式记账

学习目标

　　本章将探讨会计上所应用的方法——复式记账。复式记账是对发生的交易或事项在有关账户中进行登记时所采用的具体方法，也是会计人员必须掌握的技术方法。通过本章学习，应重点掌握复式记账的基本含义、复式记账的理论依据与作用；复式记账的具体方法——借贷记账法的含义及其内容，包括借贷记账法的记账符号、账户结构、记账规则、分录编制和试算平衡方法等；在此基础上，应掌握总分类账户与明细分类账户平行登记的含义及要点。达到熟练运用借贷记账法和平行登记方法的目的。

关键名词

　　复式记账　借贷记账法　记账符号　账户结构　记账规则　会计分录　试算平衡　账户对应关系　对应账户　总分类账户　明细分类账户　平行登记

3.1　复式记账原理

3.1.1　复式记账的基本概念

　　复式记账是指对任何一项交易或事项都以相等的金额在两个或两个以上相互联系的账户中进行登记，借以反映会计要素增减变化的记账方法。对复式记账的基本概念可结合图 3－1 加深理解。

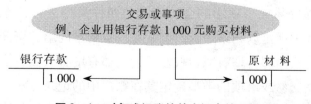

图 3－1　对复式记账的基本概念的理解

3.1.2 复式记账的理论依据

在第二章研究交易或事项影响会计等式中会计要素变化的内容时，我们已经知道：每一项交易或事项发生以后，起码会影响两个会计要素，或同一个会计要素中的两个项目发生增减变化。并且具有如下规律：资产要素与权益要素（包括负债和所有者权益）同增或同减时，增减金额相等；资产要素内部或权益要素（包括负债和所有者权益）内部有增有减时，增减金额也相等。这样，要在会计上全面、完整地反映一项交易或事项，至少要运用相互联系的两个账户进行记录才能达到预期的目的。在会计上将由交易或事项引起的会计要素的两个或两个以上的方面的变化用相互联系的起码两个账户记录下来的做法就是复式记账。由此可见，资金运动增减变化的规律为复式记账提供了强有力的理论依据。对复式记账的理论依据可结合图3-2加深理解。

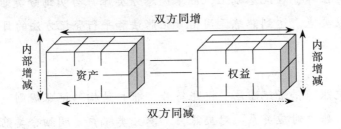

图3-2 对复式记账理论依据的理解

3.1.3 复式记账的基本原则

（1）必须以会计等式作为记账基础。会计等式是根据会计要素之间的相互关系，运用数学方程的原理组合而成的。会计等式既是会计要素之间相等关系的具体体现，也是复式记账的基础与前提。只有在会计等式的基础上进行复式记账，复式记账才会有效。

（2）每项交易或事项必须在两个或两个以上相互联系的账户中等额记录。按照复式记账的要求，对发生的每一笔交易或事项起码要在相互联系的两个账户中进行等额双重记录，这是资金运动的规律性所决定的。

（3）必须按交易或事项影响会计等式的四种类型进行记录。会计主体诸多繁杂的交易或事项可以归纳为资产要素与权益要素同增，资产要素与权益要素同减，资产要素内部有增有减，权益要素内部有增有减四种类型。进行复式记账时，应根据交易或事项的类型确定其在账户中的记录方法。

（4）定期汇总的全部账户记录必须平衡。按照复式记账的方法记录交易或事项，某一会计主体一定会计期间所有账户的发生额和余额会实现自动平衡。这种平衡为检验交易或事项处理的正确性提供了重要依据。

3.1.4　复式记账的作用

（1）能够全面、系统地在账户中记录会计主体发生的交易或事项。按照复式记账的要求所设立的账户系统，能够把会计主体发生的所有交易或事项毫无遗漏地加以记录，经过加工和整理，形成以价值信息为主的会计信息系统，为会计信息的使用者提供与他们的决策相关的会计信息。

（2）能够清晰地反映资金运动的来龙去脉，便于对交易或事项内容的了解和检查、监督。对发生的交易或事项利用相互联系的账户加以记录，可以清晰地观察其所引起的资金运动变化的全貌。通过对交易或事项发生过程及其结果的分析，还有利于检查交易或事项处理的完整性和准确性，监督交易或事项的合理性和合法性。

（3）能够运用平衡关系检查账户记录有无差错。按照复式记账的方法记录会计主体在一定会计期间所发生的全部交易或事项，该会计主体在一定会计期间所有账户的发生额之间和所有账户的余额之间会产生自动平衡的相等关系，利用这种关系可以检查账户的记录正确与否。关于这一点可结合下面借贷记账法试算平衡的内容加深理解。

3.2　借贷记账法

3.2.1　借贷记账法的基本概念

借贷记账法是以"借"和"贷"作为记账符号，以"有借必有贷，借贷必相等"作为记账规则，对每一项交易或事项都在相互联系的两个或两个以上的账户中，以相等的金额、相反的方向全面加以记录的一种复式记账方法。

 小知识

复式记账的具体方法除借贷记账法外，过去还有以"增""减"作为记账符号的增减记账法；以"收""付"作为记账符号的收付记账法等。这说明每一种复式记账法都有其专门的记账符号。目前，增减记账法和收付记账法这两种复式记账方法在我国已不再采用，而是采用了在国际上通行的借贷记账法。

借贷记账法是一种十分重要的复式记账方法，也是一种比较难学难懂的记账方法。对于借贷记账法应从记账符号、账户结构、记账规则、会计分录的编制和试算平衡等几个方面重点把握。

3.2.2　借贷记账法的记账符号

借贷记账法的记账符号为"借""贷"二字。

记账符号是在某一种记账方法下表示"增加"或"减少"意思的符号，"借""贷"二字就是在借贷记账法下用来表示"增加"或"减少"的符号。另外，借贷记账法下的账户基本结构形式为"借方"（左方）和"贷方"（右方）两方，因而，"借""贷"也表示账户中的登记方向。

📋 特 别 提 示

理解借贷记账法的记账符号应特别注意两点："借""贷"只表示增加、减少或账户的登记方向，不具有汉语中的"借款"和"贷款"的意思，绝对不能按照这个思路去理解"借""贷"记账符号的含义。

理解"借""贷"两个记账符号的难点在于，每个符号都具有双重含义。即对于反映不同会计要素类别的账户而言，这两个记账符号分别具有不同的含义：其中记账符号"借"既表示资产类、费用类账户的增加，也表示负债、所有者权益、收入和利润类账户的减少；记账符号"贷"既表示负债、所有者权益及收入、利润类账户的增加，又表示资产、费用类账户的减少。借贷记账法的记账符号对于不同类别账户的含义可结合图3-3加深理解。

图 3-3　借贷记账法的记账符号对于不同类别账户的含义

借贷记账法的记账符号对于反映不同会计要素的账户含义也可按如下方法归类，见表3-1。

表 3 −1　　　　　　　　　　借贷记账法的记账符号在账户分类中的含义归纳

含义　　　　　账户类别　　　记账符号	资产类	费用类	负债类	所有者权益类	收入类	利润类
借	增加	增加	减少	减少	减少	减少
贷	减少	减少	增加	增加	增加	增加

借增贷减　　　　　　　　　　贷增借减

从表 3 −1 可以看出：借贷记账法的记账符号对资产和费用类账户的含义是相同的，即都是用"借"表示增加，用"贷"表示减少；而对于负债、所有者权益、收入和利润类账户的含义也是相同的。不过是用"贷"表示增加，用"借"表示减少。也就是说，对于以上两大类会计账户而言，"借""贷"两个记账符号的含义是截然相反的。"借""贷"记账符号的这一基本规定，对于借贷记账法下账户基本结构的设计，记账规则的确立，以及试算平衡方法的形成，都具有直接的影响和制约作用。

3.2.3　借贷记账法的账户结构

在借贷记账法下，账户的基本结构分为"借方"和"贷方"两方，分别用来登记增加数和减少数。但从账户反映会计要素内容的单一性和多重性的角度，又可将借贷记账法的账户结构划分为如下两种。

1. 单一性质账户结构

一般来说，按照反映六种会计要素内容的要求所设置的每一类账户都具有相对固定的单一性质与结构。反映资产类和费用类要素的账户是用借方登记增加数，用贷方登记减少数，有余额登记在借方；而反映负债类、所有者权益类、收入类和利润要素的账户是用贷方登记增加数，用借方登记减少数，有余额登记在贷方。即账户余额的登记方向与账户登记增加数的方向一般是一致的。根据以上基本规定，单一性质的账户结构可概括为如下两类，见图 3 −4。

资产、费用类账户
（如"银行存款"账户）

借		贷
期初余额　×××	减少额　　×× ×	
增加额　　×××		
期末余额　×××		

负债、所有者权益、收入和利润类账户
（如"应付账款"账户）

借		贷
减少额　　×× ×	期初余额　×××	
	增加额　　×××	
	期末余额　×××	

图 3 −4　单一性质账户的结构

> 📖 **特别提示**
>
> 　　在采用账户之间结转的方法计算各会计期间的利润时，收入类和费用类账户的本期发生额于期末时都要转入"本年利润"账户（结转方法参见第六章利润形成的核算内容）。在这种情况下，收入类账户和费用类账户一般没有期末余额，也不会有期初余额。
>
> 　　另外，在特殊情况下，某些账户的结构会发生一定的变异。如根据会计核算的特殊要求设置的"累计折旧"和"坏账准备"等账户，虽然反映的都是资产要素的内容，但其结构却与负债类账户相同；再比如"本年利润"这个利润类账户、"应付职工薪酬"和"应交税费"等负债类账户，在某些特殊情况下也可能会产生借方余额。这些账户的结构形式属于账户结构中的特例，不能根据一般账户结构的常识去理解，只能作为特殊情况对待。

2. 双重性质账户结构

　　在借贷记账法下，允许设置双重性质账户。所谓双重性质账户，一般是指在同一个账户中同时用来记录两个会计要素内容的增减变化。如资产负债双重性质账户就是在某一个账户中既用来核算资产要素的内容，又用来核算负债要素的内容。例如，在借贷记账法下，可以将资产类账户"其他应收款"和负债类账户"其他应付款"这两个经济性质截然相反的账户合并在一起，组合为"其他往来"账户。双重性质账户的结构形式见图3-5。

借 其他应收款（资产类） 贷			借 其他应付款（负债类） 贷		
期初余额	×××	其他应收款减少 ×××	其他应付款减少 ×××	期初余额	×××
其他应收款增加 ×××				其他应付款增加	×××
期末余额	×××			期末余额	×××

合　并

借 其他往来（资产负债类） 贷			
期初余额（其他应收款）	×××	［或期初余额（其他应付款）	×××］
其他应收款增加额	×××	其他应付款增加额	×××
其他应付款减少额	×××	其他应收款减少额	×××
期末余额（其他应收款）	×××	［或期末余额（其他应付款）	×××］

图3-5　双重性质账户的结构

　　从其结构形式上看，合并而成的"其他往来"账户相当于资产类账户结构与负债类账户结构叠加在一起的一种结构，借方用来登记资产的增加和负债的减少，贷方用来登记负债的增加和资产的减少，核算的内容具有资产和负债双重性质。从余额的方向看，双重性质账户具有不确定性，这种不确定性会使账户的性质会在两种性质之间相互转化。如果在会计期末是借方余额，属于资产类账户；如果是贷方余额，则属于负债类账户。有时这类账户在期初时为借方（或贷方）余额，而在会计期末时，也有可能变为贷方（或借方）余额。这样，该账户期初时为资产（或负债）类账户，而在会计期末则变为负债类（或资产类账户）。

设置双重性质账户，可以在一定程度上减少会计账户的设置数量，简化会计核算的手续。此外，会计上设置的"待处理财产损溢"和"投资收益"等账户，虽然不是由两个性质不同的账户合并而成的，但在核算内容上也具有双重性质，因而也属于双重性质账户。例如，"待处理财产损溢"账户既用来核算企业在财产清查中发现的盘盈，也用来核算发现的盘亏；"投资收益"账户既用来核算企业在对外投资中获得的收益，也用来核算企业在对外投资中发生的损失等，都体现了其核算内容上的双重性质。

3.2.4 借贷记账法的记账规则

记账规则是采用一定的记账方法记录交易或事项时必须遵循的原则。借贷记账法的记账规则是：有借必有贷，借贷必相等。

（1）有借必有贷——指交易或事项在账户中的登记方向。即采用借贷记账法在两个或两个以上的账户中记录同一笔交易或事项时，如果一个（或几个）账户是登记在借方时，那么，与其对应的另外几个（或一个）账户肯定是登记在贷方。即一借一贷，一借多贷或一贷多借。绝对不会出现一笔交易或事项的发生额同时都记录在两个（或几个）账户借方的情况，也肯定不会出现一笔交易或事项的发生额同时都记录在两个（或几个）账户贷方的情况。

（2）借贷必相等——指交易或事项在账户中的登记金额。即采用借贷记账法在两个或两个以上的账户中登记同一笔交易或事项时，一个（或几个）账户登记在借方的金额，必须与登记在相互对应的另外几个（或一个）账户贷方的金额相等。

借贷记账法记账规则的应用方法举例如下。

【例1】长城公司收到投资者投入的货币资金投资 400 000 元存入银行。

借 实收资本（所有者权益类） 贷			借 银行存款（资产类） 贷		
	（1）	400 000	（1）	400 000	

【例2】长城公司用银行存款 50 000 元偿还前欠某企业货款。

借	银行存款（资产类）	贷		借	应付账款（负债类）	贷
	(2)	50 000	⟶	(2) 50 000		

【例3】 长城公司用银行存款 100 000 元购入不需要安装的设备 1 台。

借	银行存款（资产类）	贷		借	固定资产（资产类）	贷
	(3)	100 000	⟶	(3) 100 000		

【例4】 长城公司按法定程序将盈余公积 80 000 元转增资本金。

借	实收资本（所有者权益类）	贷		借	盈余公积（所有者权益类）	贷
	(4)	80 000	⟶	(4) 80 000		

【例5】 长城公司签发并承兑一张面额为 20 000 元的商业汇票抵付应付账款。

借	应付票据（负债类）	贷		借	应付账款（负债类）	贷
	(5)	20 000		(5) 20 000		

【例6】 长城公司购入材料一批，货款 15 000 元，其中 10 000 元已用银行存款支付，其余 5 000 元尚未支付。

借	银行存款（资产类）	贷		借	原材料（资产类）	贷
	(6)	10 000	⟶	(6) 15 000		

借	应付账款（负债类）	贷
	(6)	5 000

【例7】 长城公司以银行存款 30 000 元偿还从银行借入的短期借款 20 000 元，偿还前欠某企业货款 10 000 元。

借	银行存款（资产类）	贷		借	短期借款（负债类）	贷
	(7)	30 000	⟶	(7) 20 000		

借	应付账款（负债类）	贷
	(7) 10 000	

📑 **特别提示**

　　例 1～例 7 在账户中的登记情况表明：虽然会计主体发生的交易或事项有的比较简单，有的比较复杂，从账户的登记方向来看，也有一借一贷、一借多贷和多借一贷等情况，但无不体现了借贷记账法的记账规则——"有借必有贷，借贷必相等"。而绝对不会出现"同借同贷"的情况，也不会出现借、贷方登记的金额不相等的情况。这说明借贷记账法的记账规则是完全成立的。

3.2.5 借贷记账法的会计分录

1. 会计分录的定义

会计分录可简称分录，是根据交易或事项的内容，在登记有关账户之前预先确定应当登记的账户名称、账户登记方向（借方或贷方）和登记金额的一种记录。

账户名称、账户登记方向和登记金额是构成会计分录的三要素，需齐全完整，缺一不可。图3-6就是根据例1编制的会计分录：

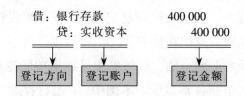

图3-6 会计分录的组成内容

特别提示

在实务中，会计分录是填写在记账凭证上的（在第四章中介绍），并作为登记账户的直接依据。此前为方便说明借贷记账法的记账规则问题，将发生的交易或事项直接记入了有关账户，实际上，没有记账凭证作为记账依据是不能直接登记有关账户的。因为，没有记账凭证就等于没有编制会计分录，而没有会计分录，会使账户的登记存在极大的盲目性，并很容易记错账。

2. 会计分录的编制方法

会计分录的编制过程也是运用会计语言确定会计分录要素内容的过程，针对发生的交易或事项编制会计分录，对于刚刚接触会计的人来讲，并不是一蹴而就的事，需要有一个从逐步熟悉到熟练掌握的循序渐进过程。

现仍以例1为例研究会计分录的编制方法。可按照以下步骤进行探索。

第一，确认涉及的会计要素。任何交易或事项的发生必定与会计要素有关。本例中，投资者向企业投资，会使所有者权益要素发生变化，而将收到的投资存入银行会使企业的资产要素发生变化。可见，这项业务的发生影响到了资产和所有者权益两个会计要素。

第二，确定登记账户的名称。在确认了交易或事项所涉及会计要素的基础上，进一步应确定应予登记的账户。将收到的款项存入银行，应登记在反映银行存款存入和提取的"银行存款"账户；对投资者的投入资本，应登记在反映投资投入和退还的"实收资本"账户。

第三，分析要素的增减变化。在确定了应予登记的账户以后，应进一步分析：对这些账户而言，它们是增加了，还是减少了。因为这是在下一个步骤中确定账户登记方向的基础。本例中，将投资存入银行为"银行存款"账户的增加，收到投资者投资属于"实收资本"账户的增加。

第四，确定账户的登记方向。根据借贷记账法记账符号的不同含义，应确定所发生的交易或事项的增加或减少在有关账户中的登记方向。本例中，"银行存款"为资产类账户，其增加额应登记在借方；"实收资本"账户为所有者权益类账户，其增加额应登记在贷方。

第五，确定应予登记的金额。应根据交易或事项所提供的数据，具体确定在有关账户中登记的金额各是多少。本例中，"银行存款"和"实收资本"账户各应登记 400 000 元。

根据上述第二、四、五这三个环节确定的内容，按照会计分录的书写格式记录下来，就形成了完整的会计分录，见图 3-6。从会计分录的编制过程可见，要熟练而准确地编制会计分录，必须熟悉会计主体的会计要素内容，把握资金运动增减变化的规律，掌握所应用账户的名称、账户的核算内容及其基本结构，同时还必须理解借贷记账法记账符号的含义，熟练掌握借贷记账法的记账规则等。可见，对编制会计分录方法的熟练掌握非一日之功，需常做常练，深刻领悟，才会逐渐得心应手。

根据例 1~例 7 的交易或事项内容所编制的全部会计分录如下：

【例 8】借：银行存款 400 000
   贷：实收资本 400 000

【例 9】借：应付账款 50 000
   贷：银行存款 50 000

【例 10】借：固定资产 100 000
   贷：银行存款 100 000

【例 11】借：盈余公积 80 000
   贷：实收资本 80 000

【例 12】借：应付账款 20 000
   贷：应付票据 20 000

【例 13】借：原材料 15 000
   贷：银行存款 10 000

应付账款	5 000
【例14】借：短期借款	20 000
应付账款	10 000
贷：银行存款	30 000

在以上会计分录中，清晰地描述了对发生的交易或事项应当在哪些账户中登记，登记在这些账户的哪一方，登记的金额是多少。这相当于对下一步进行账户登记拟定了必须严格执行的指令，而账户的登记过程则是具体执行这些指令的过程。

 特别提示

　　编制会计分录时，必须按要求的格式书写，特别要注意以下四点：第一，借行写在上面，贷行写在下面，不可先贷后借；第二，贷行缩进一个字的格书写，不要与借行齐头写；第三，分录中的金额应按借、贷方排成两列，以便于分别进行借方发生额、贷方发生额的汇总；第四，分录中的金额后面不必写"元"字。

3. 会计分录的种类

按照一笔会计分录中涉及账户数量的多少，可以将会计分录分为以下两种：

（1）简单会计分录。是指由两个对应账户所组成的会计分录，即一借一贷的会计分录。如例8～例12中的会计分录均属于简单会计分录。显然，简单会计分录是根据比较简单的交易或事项编制的一种分录。

（2）复合会计分录，也称复杂会计分录。是指由两个以上的对应账户所组成的会计分录，即一借多贷或一贷多借的会计分录。如例13和例14中的会计分录均属于复合会计分录。显然，复合会计分录是根据比较复杂的交易或事项编制的一种分录。

复合会计分录实际上是由两个或两个以上的简单会计分录组成的，通常情况下，复合会计分录可以分解为若干个简单会计分录。例如，例13中的复合会计分录就可以分解为如下两个简单会计分录。

①借：原材料	10 000
贷：银行存款	10 000
②借：原材料	5 000
贷：应付账款	5 000

> 📑 **特别提示**
>
> 　　在会计课程的学习中，对于比较复杂的交易或事项，可以编制复合会计分录，也可以编制简单会计分录。但在实务中采用记账凭证编制会计分录时，对某些比较复杂的交易或事项是不能编制复合会计分录的。例如，在例6的交易或事项中，既包括了付款业务，又包括了转账业务。按照编制专用记账凭证的要求，只能利用付款凭证和转账凭证分别编制两个简单会计分录（这方面的内容将在第四章记账凭证的有关部分讲述）。同理，例14中的复合会计分录也可以分解为两个简单会计分录。同学们可以自己动手做一下。
>
> 　　在借贷记账法下编制的会计分录，一般应一借一贷、一借多贷或多借一贷，以便清晰地反映账户之间的对应关系。而不宜编制多借多贷的会计分录，因为这种的会计分录不能够清晰地反映账户之间的对应关系。

4. 账户对应关系与对应账户

（1）账户对应关系：在运用借贷记账法处理交易或事项时，为每一笔交易或事项编制的会计分录中所涉及的两个或两个以上的账户之间必然存在着某种相互依存的关系，这种关系称为账户的对应关系。例如，在例8中，企业收到投资者向企业投入货币资金投资并存入银行，就使"银行存款"账户与"实收资本"账户之间建立起了不可割裂的紧密依存关系。

（2）对应账户：在为每一笔交易或事项编制的会计分录中，存在对应关系的账户称为对应账户。如在例8中，"银行存款"与"实收资本"账户就互为对应账户。

3.2.6 借贷记账法的试算平衡

1. 试算平衡的基本概念

试算平衡是指根据借贷记账法的记账规则和静态会计等式的平衡原理，通过汇总计算和比较，检查所有账户记录的正确性和完整性而采用的一种技术方法。

2. 试算平衡的方法及其原理

（1）发生额平衡法。发生额平衡法是根据本期所有账户借方发生额合计与贷方发生额合计的恒等关系，检查本期账户发生额记录是否正确、完整的方法。

①平衡公式。全部账户本期借方发生额合计＝全部账户本期贷方发生额合

计。在发生额平衡公式中，强调的是"全部账户"的"本期借方发生额合计"和"本期贷方发生额合计"。这是由于该公式所要试算的是某一会计主体一定会计期间登记的所有账户发生额的平衡关系，并不是指某一项交易或事项发生以后登记有关账户时的"借贷必相等"关系，更不是指某一个账户的借方发生额与贷方发生额的平衡。就单个的账户来看，其借方发生额与其贷方发生额往往是不相等的。在复式记账法下，只有一定会计期间的全部账户的借方发生额合计数与贷方发生额合计数之间才会存在这种平衡关系。另外，某一会计主体一定会计期间部分账户的发生额之间一般来说也是不存在这种平衡关系的。因而，公式中的"本期借方发生额合计""本期贷方发生额合计"必须是全部账户的，而不是部分账户的，更不是某一个单个账户的。

②平衡原理。发生额平衡法是依据借贷记账法记账规则建立起来的。一个会计主体在一定会计期间全部账户的借、贷方发生额合计数之间之所以会存在以上相等关系，是由于在借贷记账法下，对每笔交易或事项的发生额都是按照"有借必有贷，借贷必相等"的规则在账户中记录的，即每项交易或事项的借、贷方发生额是相等的。因而，一个会计主体在一定的会计期间不论发生了多少项交易或事项，也不管记入了多少账户，只要把这些账户的发生额按借、贷方分别进行合计，双方的合计数也肯定是相等的。例如，将例1～例7中所有账户的发生额分别按借、贷两方进行汇总，借方与贷方发生额的合计数都是695 000元（可根据举例所编制的会计分录中的发生额计算求得在实务中应从有关的账户中抄录）。这是按照借贷记账法记录交易或事项时，有关数据之间能够实现自动平衡的情况之一。

③平衡方法。在实际工作中，全部账户发生额的试算一般是通过编制"总分类账户发生额及余额试算表"中"本期发生额"部分进行的。在试算平衡中所利用的数据来自于所试算期间的全部账户的发生额。由于在每一会计期末会计主体都要按要求结账，分别计算出各个账户的借、贷方发生额合计数，这就为进行发生额的试算提供了一定的方便条件。在编制试算表的过程中，将会计账户中的发生额合计数分别按借、贷抄入试算表的相应栏次即可。

为加深理解借贷记账法的发生额平衡法，现以例1～例7的交易或事项为例，填列"总分类账户发生额及余额试算表"中"本期发生额"部分。例1～例7交易或事项的发生额资料可以从以下有关账户中取得（各账户中的"期初余额"为假设）：

借	银行存款		贷
期初余额	300 000	(2)	50 000
(1)	400 000	(3)	100 000
		(6)	10 000
		(7)	30 000
本期发生额	400 000	本期发生额	190 000
期末余额	510 000		

借	固定资产		贷
期初余额	500 000		
(3)	100 000		
本期发生额	100 000		
期末余额	600 000		

借	原材料		贷
(6)	15 000		
本期发生额	15 000		
期末余额	15 000		

借	短期借款		贷
(7)	20 000	期初余额	100 000
本期发生额	20 000	本期发生额	0
		期末余额	80 000

借	应付账款		贷
(2)	50 000	期初余额	80 000
(5)	20 000	(6)	5 000
(7)	10 000		
本期发生额	80 000	本期发生额	5 000
		期末余额	5 000

借	应付票据		贷
		(5)	20 000
		本期发生额	20 000
		期末余额	20 000

借	实收资本		贷
		期初余额	500 000
		(1)	400 000
		(4)	80 000
		本期发生额	480 000
		期末余额	980 000

借	盈余公积		贷
(4)	80 000	期初余额	120 000
本期发生额	80 000	本期发生额	0
		期末余额	40 000

　　将以上各账户中的"本期发生额"分别借、贷方填列于"总分类账户发生额及余额试算表"的"本期发生额"栏次，并分别进行汇总合计，就可以检验本期全部账户的借、贷发生额合计双方是否平衡了，见表3－2。

　　在正常情况下，表3－2中的"本期发生额"借、贷方合计数必须是相等的。本例均为695 000元。一般说来，如果以上合计数相等，则说明账务处理和试算表的编制基本是正确的。如果不相等，则说明肯定存在问题，应认真分析原因，采用一定的方法进行查找并予以更正，直到达到相关数据的平衡为止。

表3-2　　　　　　　　　　　　总分类账户发生额及余额试算表

账户名称	期初余额		本期发生额		期末余额	
	借方	贷方	借方	贷方	借方	贷方
银行存款	300 000		400 000	190 000	510 000	
原 材 料			15 000		15 000	
固定资产	500 000		100 000		600 000	
短期借款		100 000	20 000			80 000
应付账款		80 000	80 000	5 000		5 000
应付票据				20 000		20 000
实收资本		500 000		480 000		980 000
盈余公积		120 000	80 000			40 000
合　　计	800 000	800 000	695 000	695 000	1 125 000	1 125 000

（2）余额平衡法。余额平衡法是根据本期所有账户借方余额合计与贷方余额合计的恒等关系，检查本期账户余额记录是否正确、完整的方法。

①平衡公式。全部账户的借方余额合计＝全部账户的贷方余额合计。公式中的"全部账户"同样是指某一会计主体一定会计期间登记的所有账户。而不同会计主体之间的账户余额，以及同一会计主体不同会计期间的全部账户余额之间不会存在上述平衡关系。根据账户余额时点的不同，以上平衡公式又可分为期初余额平衡与期末余额平衡两种。

②平衡原理。余额平衡法是依据"资产＝负债＋所有者权益"会计等式的基本原理建立起来的。在会计期末时，企业的收入类账户和费用类账户一般没有余额，而实现的利润根据其权属又可以加入到所有者权益，因而，期末有余额的应当只有资产、负债和所有者权益三类账户。由于所有资产类账户的期末余额一般为借方余额，而所有负债类账户和所有者权益类账户的期末余额一般都为贷方余额，因而，"全部账户的借方余额合计"与"全部账户的贷方余额合计"的相等实质上体现的是"资产＝负债＋所有者权益"的平衡相等关系。关于这一点，可以从前述7项交易或事项的账户登记结果予以认证。例8～例14交易或事项在账户中登记后的期末余额及汇总结果如下（见图3-7）：

资产类账户	借方余额	负债类账户	贷方余额	所有者权益类账户	贷方余额
银行存款	510 000	短期借款	80 000	实收资本	980 000
原材料	15 000	应付账款	5 000	盈余公积	40 000
固定资产	600 000	应付票据	20 000		
小　　计	1125 000	小　　计	105 000	小　　计	1 020 000
合　　计	1 125 000	合　　计		1 125 000	

图 3－7　交易或事项在账户中登记后的余额汇总

汇总结果表明，资产类账户的余额合计 1 125 000 元与负债类账户的余额 105 000 元和所有者权益类账户的余额 1 020 000 元的合计数是相等的。由此可见，"全部账户的借方余额合计"和"全部账户的贷方余额合计"平衡相等与"资产 = 负债 + 所有者权益"的含义实质上是相同的。

③平衡方法。在实际工作中，全部账户余额的试算一般是通过编制"总分类账户发生额及余额试算表"中"期初余额"和"期末余额"两部分进行的。所利用的数据来自于所试算期间的全部账户中的期初余额和期末余额。由于在每一会计期末会计主体都要结账，计算出各个账户的余额，这样就为进行余额的试算提供了方便条件。在编制试算平衡表的过程中，将账户中的余额分别按其借、贷方向抄入试算表的相应栏次即可。

根据前面所登记的账户编制"总分类账户发生额及余额试算表"中的"期初余额"和"期末余额"部分的情况见表 3－2。

在正常情况下，表 3－2 中的"期初余额"和"期末余额"两栏各自的借、贷方合计数也必须是相等的。比如所有账户的"期初余额"借方合计数和贷方合计数都是 800 000 元；所有账户的"期末余额"借方合计数和贷方合计数都是 1 125 000 元。这是按照借贷记账法记录交易或事项所形成的另外一种会计数据之间的自动平衡关系。一般来说，如果以上有关合计数之间各自相等，则说明账务处理和试算表的编制基本是正确的。如果不相等，则说明肯定存在问题，这些问题可能存在于账务处理环节，也可能存在于试算表的编制环节。应按一定的顺序进行查找，并予以更正，直到取得相关数据的平衡为止。

📝 特别提示

通过编制"总分类账户发生额及余额试算表"，能够发现账务处理过程中存在的一些问题，如登记账户或抄转数据过程中将金额多写或少写，将金额的位次搞颠倒等。但对于漏记或重复记录交易或事项，借贷记账方向彼此颠倒，或方向正确但记错了账户等错误则不能发现，因为这些错误的存在并不会影响试算表的平衡。因而，即使试算表的有关数据之间平衡相等，也不能说明账务处理的过程完全正确，只能认为账户的记录基本正确。

3. 试算表与账户提供的金额指标之间的关系

"总分类账户发生额及余额试算表"是在会计工作中经常采用的用以检验账户记录的正确性、完整性的表格。从上面的举例中可以看到，编制该表时所需要的数据来自于一定会计期间所登记的有关账户，主要是资产类、负债类和所有者权益类三类账户。具体利用的是这些账户中的本期增加发生额、本期减少发生额和期末余额。可见，"总分类账户发生额及余额试算表"的编制离不开对有关账户数据指标的选取，与账户所提供的金额指标之间存在着密切关系，这种关系见图3-8。

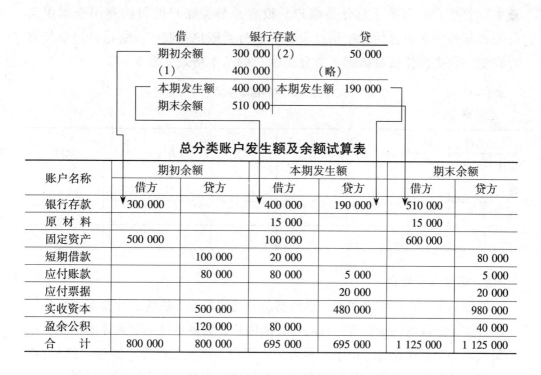

图3-8 总分类账户发生额及余额试算表与账户之间的关系

为简便起见，图3-8中只列示了"银行存款"账户。可以看出，"总分类账户发生额及余额试算表"中"银行存款"一行的数据全部来自于"银行存款"账户。该试算表与其他账户之间的关系同理，不再赘述。

3.3 账户的平行登记

3.3.1 总分类账户与明细分类账户的基本概念

平行登记所要解决的是对发生的交易或事项在有关总分类账户中登记的同时，又是怎样登记在这些总分类账户下所设置的明细分类账户中的。因此，在探讨账户的平行登记问题之前，首先应对总分类账户和明细分类账户概念有一个基本了解。

1. 总分类账户

总分类账户简称总账，也称一级账户，是按照对会计要素进行总括分类而形成的总分类科目设置的账户。在本章中已经用到的账户，如"库存现金""银行存款""原材料""库存商品""固定资产""应付账款""实收资本"等账户，都属于总分类账户。设置总分类账户的目的是用来提供会计要素某些方面内容的总括信息资料。总分类账户一般仅以货币计量单位进行登记，仅提供价值量指标。总分类账户的基本格式见表3-3。

表3-3 总分类账户的基本格式

会计科目：

年		凭证号	摘　　要	借方	贷方	借或贷	余额
月	日						

2. 明细分类账户

明细分类账户简称明细账，是根据总分类账户所反映的会计要素内容作进一步分类而形成的明细分类科目而设置的账户，提供更详细更具体的信息。明细账可按多个层次设置，依序可称为二级账户、三级账户等。如对"原材料"可分别按其类别、名称或品种和存放地点等设置明细账户，组织原材料的明细核算。设置明细分类账户的目的是用来提供总分类账户所不能反映的详细信息资料。有的明细分类账户只以货币计量单位进行登记，也有的明细分类账户既以货币计量单位进行登记，又以实物计量单位进行登记。既提供价值量指标，又提供实物量指标。"原材料"明细账户的格式见表3-4。

表 3 – 4 明细分类账户的基本格式

材料类别：　　　　　　　　　　　　　　　　　计量单位：

材料名称或规格：　　　　　　　　　　　　　　存放地点：

材料编号：　　　　　　　　　　　　　　　　　储备定额：

年		凭证号	摘要	借方			贷方			借或贷	余额		
月	日			数量	单价	金额	数量	单价	金额		数量	单价	金额

 特别提示

　　采用什么样的计量单位登记明细分类账户，取决于账户所反映的交易或事项内容。一般来说，反映债权、债务增减变动的明细分类账户只以货币计量单位进行登记；而反映各种实物资产增减变动的明细分类账户，既以货币计量单位进行登记，又以实物计量单位进行登记。具体登记方法将在第五章中账簿的格式与登记方法部分予以介绍。

　　现以"原材料"账户为例，说明总分类账户与明细分类账户的基本概念。为方便阐述问题起见，下面的举例中采用的是 T 形账户形式。

　　按照"原材料"总分类科目设置的账户，是用来记录材料的收入、发出和结存等总括核算资料的一个总分类账户。其基本格式如图 3 – 9 所示。

图 3 – 9　T 形账户下"原材料"总分类账户的基本结构

　　按照明细科目"A 材料""B 材料"等设置的明细分类账户"原材料——A 材料"和"原材料——B 材料"，就是分别记录材料 A 和材料 B 的购入、发出和结存等详细核算资料的明细分类账户。其基本格式如图 3 – 10 所示。

借　　原材料——A 材料　　贷　　　　　　借　　原材料——B 材料　　贷

图 3-10　T 形账户下"原材料"明细分类账户的基本结构

3.3.2　总分类账户与明细分类账户之间的关系

1. 控制与被控制的关系

总分类账户是其所属的明细分类账户的统驭账户，对所属明细分类账户起着控制作用，它所提供的总括信息指标是其所属的明细账户所反映的详细信息指标的集合，对明细分类账户起到控制作用。而明细分类账户则是总分类账户的从属账户，对其所隶属的总分类账户发挥着辅助作用。

2. 相互配合的关系

某一总分类账户与其所属的明细分类账户的核算内容是相同的，它们提供的核算资料相互补充，只有把二者结合起来使用，才能既总括又详细地反映同一核算内容。例如，利用"原材料"账户可以反映原材料的购入、发出和余额的总体情况；而利用"原材料——A 材料"和"原材料——B 材料"等明细账户可以反映企业原材料的购入、发出和余额的详细情况。

3.3.3　总分类账户与明细分类账户的平行登记

1. 平行登记的基本概念

所谓平行登记是指对发生的每一笔交易或事项，既要在有关的总分类账户中进行总括登记，又要在这些总分类账户所属的明细分类账户中进行详细登记的做法。

2. 平行登记的要点

进行账户的平行登记，需要把握以下要点：

（1）登记的内容相同。凡是在总分类账户下设有明细分类账户的，当交易或事项发生时，一方面要登记有关的总分类账户，另一方面又要根据相同的依据登记这些总分类账户所属的明细分类账户。

（2）登记的方向一致。在总分类账户及其所属的明细分类账户中登记同一笔交易或事项时，登记的方向应当相同。如果总分类账户是登记在借方，那么，该总分类账户所属的明细分类账户也应登记在借方；如果总分类账户是登记在贷方，那么，该总分类账户所属的明细分类账户也应登记在贷方。

（3）登记的金额相等。登记在总分类账户借方（或贷方）的金额必须与登记在该总分类账户所属的一个或几个明细分类账户的借方（或贷方）的金额或金额合计数相等。

3. 平行登记应用方法举例

【例15】长城公司从利民材料厂购入材料一批。其中 A 材料 2 000 千克，货款 12 000 元，B 材料 1 000 千克，货款 8 000 元。以上货款 20 000 元尚未支付。会计分录为：

借：原材料——A 材料　　　　　　　　　　　　　　　　　12 000
　　　　——B 材料　　　　　　　　　　　　　　　　　　　8 000
　贷：应付账款——利民材料厂　　　　　　　　　　　　　　　20 000

【例16】长城公司从材料仓库发出 A 材料 1 000 千克，价值 6 000 元，用于 M 产品生产；发出 B 材料 500 千克，价值 4 000 元，用于 N 产品生产。会计分录为：

借：生产成本——M 产品　　　　　　　　　　　　　　　　6 000
　　　　——N 产品　　　　　　　　　　　　　　　　　　　4 000
　贷：原材料——A 材料　　　　　　　　　　　　　　　　　6 000
　　　　——B 材料　　　　　　　　　　　　　　　　　　　4 000

【例17】长城公司银行存款 25 000 元偿还利民材料厂货款。会计分录为：

借：应付账款——利民材料厂　　　　　　　　　　　　　　25 000
　贷：银行存款　　　　　　　　　　　　　　　　　　　　　25 000

根据平行登记要点的要求，这些交易或事项在有关总分类账户和明细分类账户平行登记的情况如下（各账户的期初余额资料为假定数）：

◆ 总分类账户的登记情况：

借	银行存款	贷		借	原材料	贷	
期初余额	124 000	(17)	25 000	期初余额	1 000	(16)	10 000
本期发生额	0	本期发生额	25 000	(15)	20 000		
期末余额	99 000			本期发生额	20 000	本期发生额	10 000
				期末余额	11 000		

借	生产成本	贷		借	应付账款	贷	
(16)	10 000			(17)	25 000	期初余额	12 500
本期发生额	10 000					(15)	20 000
期末余额	10 000			本期发生额	25 000	本期发生额	20 000
						期末余额	7 500

◆ 明细分类账户的登记情况：

借	原材料——A 材料	贷
期初余额 600	(16) 6 000	
(15) 12 000		
本期发生额 12 000	本期发生额 6 000	
期末余额 6 600		

借	原材料——B 材料	贷
期初余额 400	(16) 4 000	
(15) 8 000		
本期发生额 8 000	本期发生额 4 000	
期末余额 4 400		

借	生产成本——M 产品	贷
(16) 6 000		
本期发生额 6 000		
期末余额 6 000		

借	生产成本——N 产品	贷
(16) 4 000		
本期发生额 4 000		
期末余额 4 000		

借	应付账款——利民材料厂	贷
(17) 25 000	期初余额 12 500	
	(15) 20 000	
本期发生额 25 000	本期发生额 20 000	
	期末余额 7 500	

从账户的登记情况可以看出，按照平行登记的要求，对于发生的交易或事项既要登记"原材料""应付账款""生产成本"等总分类账户，还要登记这些总分类账户所属的有关明细分类账户。从登记的方向看，当总分类账户是登记在借方时，其所属的有关明细分类账户也登记在借方。当总分类账户是登记在贷方时，其所属的有关明细分类账户也登记在贷方。从登记的金额看，登记在总分类账户的金额与登记在它们所属的一个或几个明细分类账户的金额之和都是相等的。此外，总分类账户与其所属的有关明细分类账户的登记结果（余额）也是相同的。

> **小思考**
>
> 平行登记与复式记账是同一个的概念吗？不是！在上述举例中，发生的交易或事项在相互联系的总分类账户中的记录方法称为复式记账。而对于同一笔交易或事项，在登记总分类账户的同时，又登记其所属的明细分类账户的做法才称为平行登记。可见，进行平行登记能够比复式记账更为详细的反映交易或事项内容，是对复式记账的重要补充。

特别提示

为满足平行登记的要求，在编制会计分录时应当注意：一是账户（科目）的应用。不仅要在会计分录中写出总分类账户的名称，还应写明明细分类账户的名称，以便为明细分类账户的登记提供依据。二是金额的写法。应按所要求登记的明细分类账户详细列出，以方便下一步在有关明细分类账户中进行详细登记。

4. 总分类账户与明细分类账户平行登记的试算平衡

由于总分类账户与明细分类账户之间采用了平行登记的方法，因而，有关总分类账户与其所属的明细分类账户之间在发生额和余额上也存在着一定的平衡相等关系。为检验平行登记的过程和结果正确与否，可通过编制"总分类账户与明细分类账户发生额及余额试算表"进行试算平衡。这种试算表的格式有多种，比较简单的一种格式类似于"总分类账户发生额及余额试算表"，其格式见表3-5。

表3-5　　　　　　　　　总分类账户与明细分类账户发生额及余额试算表

账户名称	期初余额		本期发生额		期末余额	
	借方	贷方	借方	贷方	借方	贷方
"原材料"总账	1 000		20 000	10 000	11 000	
"原材料"明细账合计	1 000		20 000	10 000	11 000	
A 材料	600		12 000	6 000	6 600	
B 材料	400		8 000	4 000	4 400	
"应付账款"总账		12 500	25 000	20 000		7 500
"应付账款"明细账合计		12 500	25 000	20 000		7 500
利民材料厂		12 500	25 000	20 000		7 500
"生产成本"总账			10 000		10 000	
"生产成本"明细账合计			10 000		10 000	
M 产品			6 000		6 000	
N 产品			4 000		4 000	

编制"总分类账户与明细分类账户发生额及余额试算表"时，首先应根据列示的项目把有关总分类账户及其所属的各明细分类账户的期初余额、借方

发生额合计、贷方发生额合计和期末余额相应的抄列于该表的有关栏次，其次将明细分类账户的发生额和余额分别相加求得其合计数。之后就可以直接利用这些合计数分别与抄写在该表中的总分类账户的发生额和余额分别进行核对了。如果核对的相关金额指标之间是相等的，则说明平行登记过程基本是正确的。否则则说明存在问题，应及时查找，并予以更正。

本 章 小 结

1. 复式记账是指对任何一项交易或事项都以相等的金额在两个或两个以上相互联系的账户中进行登记，借以反映会计要素增减变化的记账方法。在会计等式平衡的基础上所形成的资金运动增减变化的规律性为复式记账提供了强有力的理论依据。

2. 复式记账应遵循的基本原则有：①必须以会计等式作为记账基础；②每项业务必须在两个或两个以上相互联系的账户中等额记录；③必须按交易或事项影响会计等式的四种类型进行记录；④定期汇总的全部账户记录必须平衡。

3. 复式记账的作用主要有：①能够全面、系统地在账户中记录会计主体发生的交易或事项；②能够清晰地反映资金运动的来龙去脉，便于对交易或事项内容的了解和检查、监督；③能够运用平衡关系检查账户记录有无差错。

4. 借贷记账法是以"借"和"贷"作为记账符号，以"有借必有贷，借贷必相等"作为记账规则，对每一项交易或事项都在相互联系的两个或两个以上的账户中以相等的金额、相反的方向全面加以记录的一种复式记账方法。"借""贷"二字对于反映不同会计要素内容的账户具有不同含义。

5. 借贷记账法下的账户基本结构分为"借方"和"贷方"两方，分别用来登记增加数和减少数。但哪一方用来登记增加数，哪一方用来登记减少数，主要取决于交易或事项和账户的性质。

6. 借贷记账法的记账规则是：有借必有贷，借贷必相等。"有借必有贷"指的是交易或事项在账户中的登记方向。"借贷必相等"指的是交易或事项在账户中的登记金额。

7. 会计分录是根据交易或事项的内容，在登记有关账户之前预先确定应当登记的账户名称、账户登记方向（借方或贷方）和登记金额的一种记录。会计分录分为简单会计分录和复合会计分录两种。复合会计分录可以分解为简单会计分录。

8. 试算平衡是指根据借贷记账法的记账规则和静态会计等式的平衡原理，

通过汇总计算和比较，检查所有账户记录的正确性和完整性而采用的一种技术方法。借贷记账法的试算平衡方法有发生额平衡法和余额平衡法两种。

9. 总分类账户也称一级账户，是按照总分类科目设置的账户，仅以货币计量单位进行登记，用来提供总括信息资料的账户。明细分类账户是按照明细分类科目设置的账户，用来提供详细核算信息的账户。有的明细分类账户既以货币计量单位进行登记，同时以实物量单位进行登记。

10. 平行登记是指对发生的每一笔交易或事项，既要在有关的总分类账户中进行总括登记，又要在这些总分类账户所属的明细分类账户中进行详细登记的做法。平行登记的要点可概括为：登记的内容相同；登记的方向一致；登记的金额相等。

思　考　题

1. 什么叫复式记账？复式记账的理论依据是什么？
2. 复式记账应遵循哪些基本原则？有哪些作用？
3. 什么叫借贷记账法？如何理解其记账符号的含义？
4. 借贷记账法下单一性质账户的基本结构是怎样的？
5. 资产负债类双重性质账户的基本结构是怎样的？
6. 怎样理解借贷记账法记账规则的基本含义？
7. 什么叫会计分录？在借贷记账法下怎样编制会计分录？
8. 会计分录包括哪几部分基本内容？在书写上有什么要求？
9. 会计分录有哪几种？复合会计分录怎样分解为简单会计分录？
10. 试举例说明什么叫账户对应关系？什么叫对应账户？
11. 试算平衡的含义是什么？借贷记账法的试算平衡方法有哪几种？
12. 总分类账户与明细分类账户之间的关系是怎样的？
13. 什么叫平行登记？平行登记的要点有哪些？
14. 怎样编制"总分类账户发生额及余额试算表"？
15. 怎样编制"总分类账户与明细分类账户发生额及余额试算表"？

第四章 会计凭证

学习目标

　　会计核算是以账户和复式记账为核心的一个完整系统,取得和编制会计凭证是会计核算工作的起点,审核会计凭证是保证实行会计监督的重要环节。通过本章学习,应重点掌握会计凭证的含义及其种类;原始凭证的填制要求、填制方法与审核要求;记账凭证的填制要求与填制方法,记账凭证的审核要求。

关键名词

　　会计凭证　原始凭证　外来原始凭证　自制原始凭证　一次凭证　累计凭证　汇总原始凭证　记账编制凭证　专用记账凭证　收款凭证　付款凭证　转账凭证　汇总记账凭证　科目汇总表　会计凭证传递

4.1　会计凭证的作用与种类

4.1.1　会计凭证的定义与作用

1. 会计凭证的定义

　　会计凭证是具有一定格式、用以记录交易或事项发生和完成情况,明确经济责任,据以登记账簿的书面证明。合法地取得、正确地填制和审核会计凭证是会计核算的专门方法之一。

　　按照编制程序和用途不同,会计凭证可分为原始凭证和记账凭证两种。原始凭证是指业务经办人员或会计人员在交易或事项发生或完成时取得或填制的,用以记录或证明交易或事项发生和完成情况的原始凭据,是重要的会计核算资料;会计人员应根据审核无误的原始凭证填制记账凭证。记账凭证是按照交易或事项的内容加以归类整理,用以确定会计分录后所填制的会计凭证,它是登记账簿的直接依据。无论是原始凭证还是记账凭证,有关人员都必须签名或盖章,以便明确经济责任。对会计凭证的定义的理解见图4-1。

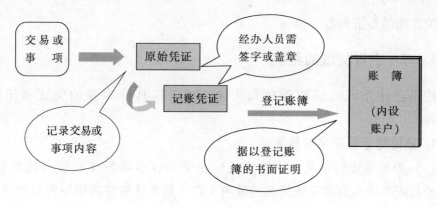

图 4 - 1 会计凭证定义

2. 会计凭证的作用

会计凭证的作用主要体现在以下四个方面：

（1）会计凭证是提供交易或事项活动的原始资料、传导经济信息的重要载体。任何一项交易或事项发生以后，交易或事项的经办人员或会计人员必须取得或填制会计凭证（即原始凭证），这是会计核算所必需的原始资料。当业务的经办人员将有关的原始凭证交送会计部门时，会计人员才会从中了解交易或事项的内容，经过必要的审核，才会确定合理的会计处理方法。可见，会计凭证是传导经济信息的重要载体。即使是会计人员自行填制的一些原始凭证，也需要在有关的会计人员之间进行传递和交流，这个过程就是交易或事项的处理过程。

（2）会计凭证是登记账簿的必要依据。会计人员对得到的记录交易或事项内容的会计凭证进行加工，并以此为依据填制出记账凭证，就可以确定业务所应登记的账户、方向及金额等（即做出会计分录），便于将发生的交易或事项登记入有关的账户中去。由于会计账户是开设在账簿当中的，因而，登记账簿也就是登记有关的账户。可见，会计凭证是登记账簿的重要依据。

（3）会计凭证是明确经济责任的重要手段。会计主体所发生的交易或事项都是由有关的人员经办的。经办人员在完成一定环节的业务内容时，必须在会计凭证上签名或盖章，这样做可以明确有关经办人员或部门的经济责任，即使发生了差错也容易查找。此外，通过会计凭证的传递也可以把单位内部的经办业务部门和人员紧密地联系在一起，使有关部门和有关人员之间能够相互牵制、相互制约，实行严密的企业内部控制，及时发现和处理问题。

（4）审核会计凭证是实行会计监督的具体措施。通过审核会计凭证，可以检查交易或事项的真实性、合法性和合规性，及时发现经营管理上存在的问题，以便及时采取措施进行处理，防患于未然，保护企业财产的安全完整，维护有关方面的经济利益。

4.1.2 会计凭证的种类

按照会计凭证的填制程序和用途，可以将其分为原始凭证和记账凭证两种。

1. 原始凭证的定义与种类

（1）原始凭证的定义。原始凭证是在交易或事项发生时取得或填制的，载明交易或事项内容和完成情况的证明文件，是会计核算的原始资料和主要依据。对原始凭证的定义可结合图4-2加深理解。

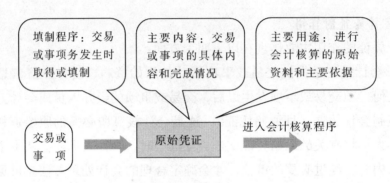

图4-2 原始凭证定义

（2）原始凭证的种类。对原始凭证可以按其来源不同和填制手续与内容不同进行分类，见图4-3。

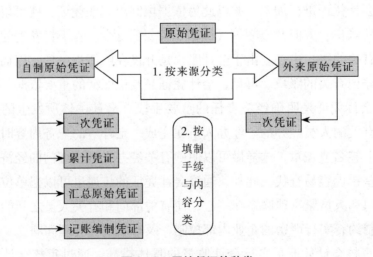

图4-3 原始凭证的种类

①按照原始凭证的来源分类。可将原始凭证分为外来原始凭证和自制原始凭证两种。外来原始凭证是指在发生交易或事项时，从其他企业或个人处取得的原始凭证。例如，从供货企业购货时由销货方开来的发票，委托运输企业运送货物时由运输企业开来的运费收据，在开户银行办理存款的收支业务时由银行开来的收款通知和付款通知等，都属于外来原始凭证。自制原始凭证是由本企业经办业务的部门或人员在完成交易或事项时所填制的原始凭证。例如，由领用材料部门填制的"领料单""限额领料单"，月末对发出的材料进行汇总时填制的"发出材料汇总表"，分配制造费用时填制的"制造费用分配表"等都属于自制原始凭证。

②按照原始凭证的填制手续和内容不同分类。在这种分类方法下，外来原始凭证与自制原始凭证的填制手续与内容是不同的。外来原始凭证一般为一次凭证。一次凭证是指填制手续一次完成在凭证上只记载一项交易或事项或同时记载若干项交易或事项的原始凭证。例如，在购货付款后由销售方开来的"增值税专用发票"（见表4-1）上，其填制手续就是由销货企业一次性填写完毕的。填列的商品名称可能是一种，也可能是几种，要根据企业购买商品的实际情况确定。这样的原始凭证被称为一次凭证。

表 4-1　　　　　　　　　　　　增值税专用发票

2100070128　　　　　　　××省增值税普通发票　　　№ 0506201

校验码 256×××××× 　　　　发票联　　　开票日期：20××年06月12日

购货单位	名　　称：金城公司 纳税人识别号： 地址、电话： 开户行及账号：				密码区	（略）		
货物或应税劳务名称	规格型号	单位	数量	单价	金　额	税率	税　额	
A产品		千克	1500	8	12 000	17%	2 040	
B产品		千克	1000	4	4 000	17%	680	
合　　计					¥16 000		¥2 720	
价税合计（大写）	◎壹万捌仟柒佰贰拾元整					（小写）¥18 720		
销货单位	名　　称：黎明公司 纳税人识别号： 地址、电话： 开户行及账号：				备注			

收款人 李敏　　复核 张林　　开票人 洪顺　　销货单位 （黎明公司 发票专用章）

自制原始凭证的种类较多，可分为一次凭证、累计凭证、汇总原始凭证和记账编制凭证等。

　　◆ 一次凭证是指填制手续一次完成的原始凭证。在一张凭证上只记载一项交易或事项或同时记载若干项交易或事项。如由企业领用材料部门填制的一次性"领料单"（见表4－2），在销售产品时开给购货方的"增值税专用发票"等，其填制手续都是一次性完成的，都属于一次凭证。在一张凭证上只记载一项交易或事项或同时记载若干项交易或事项，例如，领用材料部门一次可能只领用一种材料，也可能是领用几种材料，但只要是填写在一张"领料单"上，并且是一次性领用完材料的，那么，这种"领料单"就叫做一次凭证。一次凭证在使用上方便灵活，但是，当同类交易或事项发生较多时，需要填制的原始凭证数量也较多，会给会计核算带来不便。

表4－2　　　　　　　　　一次凭证——领料单的格式及填写内容

领　料　单

领料单位：第一车间　　　　　　　　　　　　　　　　　　　　凭证编号：0010

用　　途：生产 A 产品　　　　　201×年2月3日　　　　　仓　　库：2 号

材料类别	材料编号	材料名称	规格	计量单位	数　　量		单价	金额
					请领	实领		
型钢	0345	圆钢	25mm	千克	1 500	1 500	4.40	6 600
型钢	0348	圆钢	10mm	千克	1 000	1 000	4.40	4 400
合计					2 500	2 500	4.40	11 000

发料 姜同　　　　　领料 王立　　　　　领料单位负责人 刘宁　　　　　记账 赵东

　　◆ 累计凭证是指在一张凭证上需要分次完成填制手续的原始凭证。可连续记载一定时间内不断重复发生的同类交易或事项。例如，材料领用部门在领料过程中使用的另外一种领料单"限额领料单"（见表4－3），其填制程序就完全不同于一次性"领料单"。使用"限额领料单"办理材料领用业务时，一般是由企业的材料供应部门在月初时为材料的领用部门规定一个在本月内使用某种材料的最高额度。在月份当中，由材料的使用部门根据需要分次领取。每次领料时，有关经办人员都要在"限额领料单"填写领料数量等内容，并要签章。月末时，再累计求出全月领用材料总额，填入"限额领料单"的有关栏次。由此可见，"限额领料单"就是需要多次填制才能完成的一种原始凭证。使用累计凭证既可以简化手续，也可以起到加强对交易或事项进行控制的作用。

表4-3　　　　　　累计凭证——限额领料单的格式及填写内容

限额领料单

领料部门：生产车间　　　　　　　　　　　　　　　　　发料仓库：2号

用　　途：B产品生产　　　　　201×年2月　　　　　编　　　号：008

材料类别	材料编号	材料名称及规格	计量单位	领料限额	实际领用	单价	金额	备注
型钢	0348	圆钢 φ10mm	千克	500	480	4.40	2 112	
日期	请　领		实　发			限额结余	退　库	
	数量	签章	数量	发料人	领料人		数量	退库单
2.3	200	李进	200	姜同	王立	300		
2.12	100	李进	100	姜同	王立	200		
2.20	180	李进	180	姜同	王立	20		
合计	480		480			20		

供应部门负责人 李微　　　　生产计划部门负责人 佟伟　　　　仓库负责人签章 刘俊

◆ 汇总原始凭证，也称原始凭证汇总表，它是根据一定时期内若干张反映同类性质交易或事项的原始凭证汇总编制而成的原始凭证。例如，月末时，企业为了计算出月份内发出材料的总体情况，就可以采用一定的方法，将月份内填制的所有"领料单"和"限额领料单"进行汇总，编制"发出材料汇总表"（见表4-4）。在一张汇总原始凭证上反映的是若干项交易或事项的内容。利用汇总原始凭证，既可以提供经营管理所需要的总量指标，又可以简化会计核算手续。

表4-4　　　　　汇总原始凭证——发出材料汇总表的格式及填写内容

发出材料汇总表

201×年2月28日

会计科目（用途）	领料部门	原材料	燃　料	合　计
生产成本	A产品生产车间	6 600		6 600
	B产品生产车间	2 112		2 112
	小　计	8 712		8 712
制造费用	车间一般耗用	220		220
管理费用	管理部门耗用	110		110
合　　计		9 042		9 042

会计主管 李鸣　　　　　　复核 张满　　　　　　制表 曲信

◆ 记账编制凭证是指根据账簿记录的结果对某些特定事项加以归类、整理重新编制的原始凭证。例如，企业在月末将本月发生的制造费用分配计入产品生产成本时，需要编制"制造费用分配表"，确定各种产品应当分摊的制造费用数额。该表中所分配的本月制造费用总额数据，就是来自于"制造费用"账户的记录结果。"制造费用分配表"的格式见表4-5。

表4-5　　　　　　　　记账编制凭证——制造费用分配表的格式及填写内容

制造费用分配表

201×年2月

会计科目		生产工时	分配率	分配金额	制造费用	
生产成本	甲产品	2 000	4	8 000	发生数 14 000	分配数 14 000
	乙产品	1 500	4	6 000		
合　计		3 500	—	14 000 ←		

会计主管 李鸣　　　　　复核 张满　　　制表 曲信

2. 记账凭证的定义与种类

（1）记账凭证的定义。记账凭证，也称传票，它是会计人员根据审核无误的原始凭证，按设置的账户运用复式记账法填制的，用以确定会计分录，作为登记账簿的直接依据的凭证。

原始凭证记载的是发生的交易或事项的具体内容，但不能清楚地表明发生的交易或事项应登记到哪些账户里去，应记在账户的哪一方以及登记的金额是多少等问题。因此，有必要依据原始凭证在记账凭证上编制会计分录，并作为记账的直接依据。根据记账凭证登记账簿可以防止或减少差错，保证账簿记录的正确性。

对记账凭证的定义可结合图4-4加深理解。

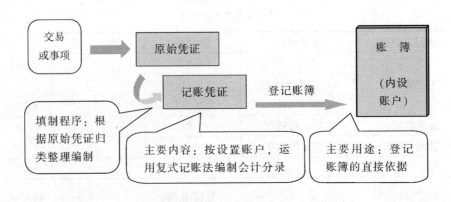

图4-4　对记账凭证定义的理解

（2）记账凭证的种类。记账凭证有很多种，对于记账凭证可以按照其用途、所填列的会计科目数目和所包括的交易或事项内容的多少等方法进行分类。记账凭证的基本组成内容见图4-5。

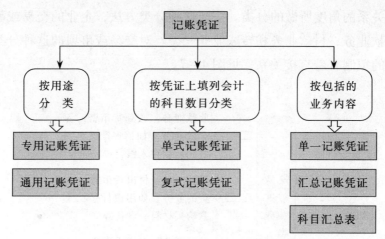

图4-5 记账凭证的基本组成内容

①记账凭证按用途分类。记账凭证的用途是指记账凭证在反映交易或事项过程中的适用性。从适用性角度分析，有的记账凭证具有专门用途，只用于反映某一类交易或事项内容。有的则不具有专门用途，可用于反映所有的交易或事项。记账凭证按其用途可分为专用记账凭证和通用记账凭证两类。其中，专用记账凭证包括收款凭证、付款凭证和转账凭证三种。见图4-6。

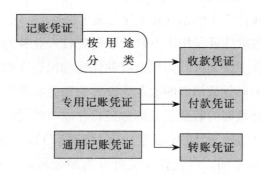

图4-6 记账凭证按用途分类组成内容

◆ 专用记账凭证是专门用于反映某一类交易或事项，或者说在每张凭证上只反映特定交易或事项内容的记账凭证。这里所说的某一类交易或事项内容是有特指的。对于一个会计主体的交易或事项，可以从多角度进行分类。比如将交易或事项与资金运动的三个阶段联系起来，可以划分为资金进入、资金使用和资金退出交易或事项；将交易或事项与其影响会计等式中会计要素的情况联系起来，可以划分为影响等式双方要素，双方同增，影响等式双方要素，双方同减，只影响左方要素，有增有减和只影响右方要素，有增有减四种类型的交易或事项。这里所说的某一类交易或事项，指的是从交易或事项与货币资金收支之间关系的角度所做的分类。按照这种分类方法，企业的交易或事项可以划分为收款业务、付款业务和转账业务三类。对交易或事项的这种分类方法与记账凭证的填制有着直接关系，见图4-7。

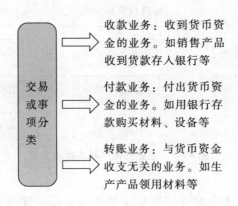

图4-7 按交易或事项与货币资金收支关系的分类

专用记账凭证就是针对收款业务、付款业务和转账业务三种类型专门设计的，格式各不相同，分别用于反映某一类交易或事项内容的记账凭证。交易或事项的类型有三种，记账凭证相应的也有三种。在实际工作中，为便于识别，减少差错，各种记账凭证中的格式和文字等通常采用红、蓝、黑等不同的颜色印刷。收款凭证。收款凭证是用来反映货币资金收入业务的记账凭证。根据收款内容的不同，收款凭证又可分为现金收款凭证和银行存款收款凭证两种。根据现金收入业务的原始凭证填制的收款凭证称为现金收款凭证；根据银行存款收入业务的原始凭证填制的收款凭证称为银行存款收款凭证。收款凭证基本格式见表4-6。付款凭证。付款凭证是用来反映货币资金付出业务的记账凭证。根据付款内容的不同，付款凭证又可分为现金付款凭证和银行存款付款凭证两种。根据现金付出业务的原始凭证填制的付款凭证称为现金付款凭证；根据银行存款付出业务的原始凭证填制的付款凭证称为银行存款付款凭证。付款凭证基本格式见表4-7。转账凭证。转账凭证是用来反映转账业务（即不涉及现金或银行存款收付的业务）的记账凭证。转账凭证的格式见表4-8。

表4-6　　　　　　　　专用记账凭证中收款凭证的基本格式及内容

收款凭证

借方科目：银行存款　　　　　　201×年2月5日　　　　　　收字第3号

摘　要	贷方科目		金　额	记　账
	一级科目	二级或明细科目		
销售甲产品	主营业务收入	甲产品	20 000	
	应交税费	应交增值税	3 400	
合　计			23 400	

附件贰张

会计主管 李鸣　　记账 张清　　稽核 沈严　　填制 方新　　出纳 廉明　　交款 赵伟

表4-7　　　　　　　　专用记账凭证中付款凭证的基本格式及内容

付款凭证

贷方科目：银行存款　　　　　　201×年2月12日　　　　　　付字第10号

摘　要	借方科目		金　额	记　账
	一级科目	二级或明细科目		
购买A材料	材料采购	A材料	10 000	
	应交税费	应交增值税	1 700	
合　计			11 700	

附件壹张

会计主管 李鸣　　记账 张清　　稽核 沈严　　填制 方新　　出纳 廉明　　领款 赵威

特别提示

　　以上收款凭证和付款凭证也称收款记账凭证和付款记账凭证。其格式的设计方法也不尽一致。例如，在有的收款凭证上其借方科目的书写位置设在右上角，在有的付款凭证上其贷方科目的书写位置也设在右上角。

表4-8　　　　　　　　　专用记账凭证中转账凭证的基本格式及内容

转账凭证

201×年2月15日　　　　　　　　　　　转字第8号

摘　要	一级科目	二级或明细科目	借方金额	贷方金额	记账
生产用料	生产成本	甲产品	10 000		
	原材料	钢材		10 000	
合　计			10 000	10 000	

附件壹张

会计主管 李鸣　　　　记账 张清　　　　稽核 沈严　　　　填制 方新

📄 **特别提示**

　　转账凭证也称转账记账凭证，该类记账凭证上反映的转账业务不同于收款业务和付款业务。转账业务发生以后，作为会计主体既收不到货币资金，但也无须支付货币资金，而是货币资金以外的会计账户之间的相互结转。只有对这类既收不到货币资金，也不必支付货币资金的业务，才能填制转账凭证。

　　另外，会计主体通过银行在所开设的账户中支付其他单位货款等，这种结算方式称为转账结算方式。这样的交易或事项属于付款业务，不能因其结算方式中带有"转账"字样而将其误认为转账业务。

◆　通用记账凭证是用以反映所有交易或事项的记账凭证。采用通用记账凭证的会计主体，无论是收款业务、付款业务，还是转账业务，都采用统一格式的记账凭证来反映。通用记账凭证的格式与上述转账凭证的格式基本相同。见表4-9。

表4-9　　　　　　　　　　通用记账凭证的基本格式及内容

记账凭证

201×年2月5日　　　　　　　　　编号：8

摘　要	一级科目	二级或明细科目	借方金额	贷方金额	记账
销售产品	银行存款		23 400		
	主营业务收入	甲产品		20 000	
	应交税费	应交增值税		3 400	
合　计			23 400	23 400	

附件贰张

会计主管 李鸣　　记账 张清　　稽核 沈严　　填制 方新　　出纳 廉明　　交款 赵伟

专用记账凭证和通用记账凭证适用于不同的会计主体，一个会计主体在会计核算中是使用专用记账凭证，还是使用通用记账凭证，应从实际情况出发。以企业为例，专用记账凭证通常适用于规模较大、交易或事项比较多的大型企业。而通用记账凭证通常适用于规模较小、交易或事项比较少的中小型企业或行政、事业单位。

②记账凭证按凭证上填列的会计科目数目分类。填制记账凭证的主要工作内容是在记账凭证上编制会计分录，必然要在记账凭证上填列相应的会计科目。但在填制方式上是有所不同的。在有些记账凭证上是填列一项交易或事项所涉及的所有会计科目，上面见到的所有记账凭证都是如此。但也有的记账凭证在一张凭证上只主要填列所涉及会计科目中的一个科目，一项交易或事项的会计分录涉及几个会计科目相应的就需要填写几张记账凭证。这两种记账凭证的填列方式不同，就使每一张记账凭证上填列的会计科目数量也有所不同。

根据记账凭证上填列的会计科目数目不同，记账凭证分为单式记账凭证和复式记账凭证两种，见图4-8。

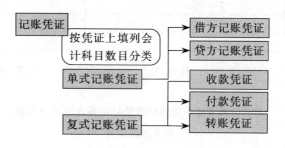

图4-8 记账凭证按填列的会计科目数目分类的组成内容

为理解上的方便起见，先来研究复式记账凭证。

◆ 复式记账凭证。复式记账凭证是指在一张凭证上列示每笔交易或事项分录所涉及的全部科目，并均作为记账依据的记账凭证。

利用复式记账凭证编制会计分录时，不论一项交易或事项涉及几个会计科目，都要在一张记账凭证上完整地列示齐全，并且要按规定的格式书写，使会计科目对应关系清晰。可见，前述专用记账凭证和通用记账凭证均为复式记账凭证。见表4-6、表4-7、表4-8和表4-9。

◆ 单式记账凭证。单式记账凭证是指对每笔交易或事项按其所涉及科目的数量分别填制凭证，并以凭证上的主要科目作为记账依据的记账凭证。利用单式记账凭证编制会计分录时，不论一项交易或事项涉及几个会计科目，但在一张记账凭证上只能主要列示所涉及科目中的一个科目，并作为记账的依据。对应科目虽然也要在同一张凭证上列示，但不作为记账的依据，只作为记账时的参考。单式记账凭证之所以采用这样的填制方法，与其格式有着直接关系。

单式记账凭证分借方记账凭证和贷方记账凭证两种，分别用来填列会计分录中的借方科目和贷方科目。例如，销售产品收到货款存入银行的交易或事项，其会计分录涉及了一个借方科目，两个贷方科目，就需要填制一张借方记账凭证和两张贷方记账凭证。见表4－10、表4－11和表4－12。

在表4－10这张借方记账凭证上，主要用来填写会计分录中的借方科目，即"银行存款"，并作为记账的依据。对应科目"主营业务收入"和"应交税费"虽然也在凭证上列示出来了，但不作为记账依据，只作为记账上的参考。

表4－10　　　　　　单式记账凭证中借方记账凭证的基本格式及内容

借方记账凭证

对应科目：主营业务收入、应交税费　　　　201×年2月5日　　　　　　编号　1⅓

摘　　要	一级科目	二级或明细科目	金　　额	记　账	
销售甲产品收入	银行存款		23 400		附件
					贰
					张
合　　计			23 400		

会计主管 李鸣　　　记账 张清　　　稽核 沈严　　　填制 方新　　　出纳 廉明　　　交款 赵伟

表4－11　　　　　　单式记账凭证中贷方记账凭证的基本格式及内容

贷方记账凭证

对应科目：银行存款　　　　　　201×年2月5日　　　　　　　　　编号　1⅔

摘　　要	一级科目	二级或明细科目	金　　额	记　　账	
销售甲产品收入	主营业务收入		20 000		附件
					张
合　　计			20 000		

会计主管 李鸣　　　记账 张清　　　稽核 沈严　　　填制 方新　　　出纳 廉明　　　交款 赵伟

在表4－11这张贷方记账凭证上，主要用来填写会计分录中的贷方科目，即"主营业务收入"，并作为记账的依据。对应科目"银行存款"虽然也在凭证上列示出来了，但不作为记账依据，只作为记账上的参考。表4－12贷方记账凭证道理相同。

表 4 - 12　　　　　单式记账凭证中贷方记账凭证的基本格式及内容

贷方记账凭证

对应科目：银行存款　　　　　201×年2月5日　　　　　编号　1⅔

摘　要	一级科目	二级或明细科目	金　额	记　账	
销售甲产品税金	应交税费	应交增值税	3 400		附件
					张
合　计			3 400		

会计主管 李鸣　　记账 张清　　稽核 沈严　　填制 方新　　出纳 廉明　　交款 赵伟

 特 别 提 示

前面介绍的记账凭证填制方法都是围绕某一项交易或事项的账务处理而展开的，从中可以看到，对于同一项交易或事项，有的是在一张记账凭证上反映，如采用专用记账凭证和通用记账凭证时就是这样。有的则是在若干记账凭证上反映，如采用单式记账凭证时就是如此。但也有另外一些记账凭证，同样是在一张记账凭证上却可以反映若干项交易或事项的内容。下面介绍的有些记账凭证就属于这样的记账凭证。

---

③记账凭证按包含的交易或事项内容分类。按记账凭证包含的交易或事项内容分类，是指按一张记账凭证上所包含的交易或事项的单一性和复杂性对记账凭证所进行的分类。同样是记账凭证，但由于填制的方法不同，在每一张记账凭证上所包含的交易或事项内容的多少也有所不同，有的可能只反映一项交易或事项，有的则可能包含了若干项交易或事项的。按照记账凭证包含的交易或事项内容的多少进行分类，记账凭证可分为单一记账凭证、汇总记账凭证和科目汇总表三种，见图4 - 9。

◆ 单一记账凭证。单一记账凭证是指在一张凭证上只包括一笔交易或事项内容的记账凭证。前述专用记账凭证和通用记账凭证均为单一记账凭证。

◆ 汇总记账凭证。汇总记账凭证是指根据一定时期内同类单一记账凭证定期加以汇总编制的、包含若干项交易或事项内容的记账凭证。

在登记账簿的过程中，可以根据编制完成的专用记账凭证或通用记账凭证逐笔登记，但这样做登记账簿的工作量比较大，特别是在规模比较大，填制的记账凭证比较多的情况下更是如此。因此，为减轻登记账簿的工作量，也可以

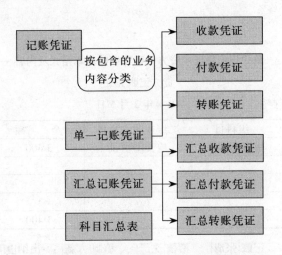

图4-9 记账凭证按包含的业务内容分类组成内容

采用一定的方法对以上记账凭证进行汇总，并根据汇总的结果登记总分类账簿。汇总记账凭证就是根据登记账簿的这种要求形成的。汇总记账凭证的基本形成过程见图4-10。

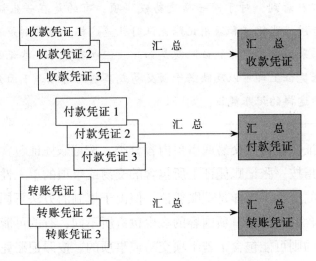

图4-10 汇总记账凭证的基本形成过程

📝 **特别提示**

　　汇总记账凭证是根据三种专用记账凭证分别进行汇总而得到的，在每一张汇总记账凭证中都包括了一定会计期间内已经反映在同一种专用记账凭证上的若干项交易或事项的内容。经过汇总得到的汇总数字可以作为登记账簿的依据。汇总记账凭证的具体汇总方法将在第十章中讲述。

汇总记账凭证的格式见表4-13、表4-14和表4-15。

表4-13　　　　　　　　　**汇总收款凭证的基本格式及内容**

汇总收款凭证

借方科目：银行存款　　　　　　　201×年2月　　　　　　　汇收字第1号

贷方科目	金　额				记　账	
	（1）	（2）	（3）	合计	借方	贷方
主营业务收入	50 000	150 000	120 000	320 000		
应交税费	8 500	31 500	20 400	60 400		
预收账款	30 000			30 000		
短期借款	15 000			15 000		
应收账款	40 000			40 000		
实收资本	36 500		213 500	250 000		
其他业务收入		20 000		20 000		
合　　计	180 000	201 500	353 900	735 400		

附注：（1）　自＿＿1＿＿日至＿＿10＿＿日　　收款凭证　共计＿＿12＿＿张
　　　　（2）　自＿＿11＿＿日至＿＿20＿＿日　　收款凭证　共计＿＿15＿＿张
　　　　（3）　自＿＿21＿＿日至＿＿28＿＿日　　收款凭证　共计＿＿10＿＿张

表4-14　　　　　　　　　**汇总付款凭证的基本格式及内容**

汇总付款凭证

贷方科目：银行存款　　　　　　　201×年2月　　　　　　　汇付字第2号

借方科目	金　额				记　账	
	（1）	（2）	（3）	合计	借方	贷方
库存现金	17 000	13 000	20 000	50 000		
预付账款	41 000		19 000	60 000		
制造费用	5 000	4 500	5 500	15 000		
管理费用	3 000	2 000	2 500	7 500		
短期借款	12 000			12 000		
实收资本	26 000			26 000		
合　　计	104 000	19 500	47 000	170 500		

附注：（1）　自＿＿1＿＿日至＿＿10＿＿日　　付款凭证　共计＿＿10＿＿张
　　　　（2）　自＿＿11＿＿日至＿＿20＿＿日　　付款凭证　共计＿＿10＿＿张
　　　　（3）　自＿＿21＿＿日至＿＿28＿＿日　　付款凭证　共计＿＿12＿＿张

表 4 – 15　　　　　　　　汇总转账凭证的基本格式及内容

汇总转账凭证

贷方科目：原材料　　　　　　　201×年2月　　　　　　　汇转字第 1 号

借方科目	金　额				记　账	
	（1）	（2）	（3）	合计	借方	贷方
生产成本	200 000	180 000	220 000	600 000		
制造费用	2 500	3 500	4 000	10 000		
管理费用	1 000	1 200	1 800	4 000		
在建工程	36 000	24 000	15 000	75 000		
合　计	239 500	208 700	240 800	689 000		

附注：（1）自 ___1___ 日至 ___10___ 日　转账凭证 共计 ___7___ 张
　　　（2）自 ___11___ 日至 ___20___ 日　转账凭证 共计 ___10___ 张
　　　（3）自 ___21___ 日至 ___28___ 日　转账凭证 共计 ___8___ 张

◆ 科目汇总表。科目汇总表也是根据一定时期内同类单一记账凭证定期加以汇总编制的、包含若干项交易或事项内容的记账凭证。科目汇总表的基本形成过程见图 4 – 11，科目汇总表的格式见表 4 – 16。科目汇总表的编制方法将在第十章讲述。

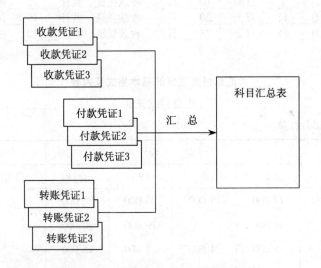

图 4 – 11　科目汇总表的基本形成过程

🐟➤小思考

　　与汇总记账凭证的形成过程相比较，科目汇总表的形成过程有什么异同？相同之处在于科目汇总表也是对一定会计期间填制的三种专用记账凭证进行汇总所得到的。不同之处在于经过汇总所形成的科目汇总表不再是三种汇总的记账凭证形式，而是一张表格。为什么称之为"科目汇总表"？这是由于在这张汇总表中是针对每一个会计科目进行汇总的，汇总的结果就是各个会计科目在一定会计期间的发生额合计数。

表4－16　　　　　　　　科目汇总表的基本格式及内容

科目汇总表

201×年2月1日至10日

科目名称	总账页数	本期发生额		记账凭证起讫号数
		借　方	贷　方	
库存现金		17 000		
银行存款		180 000	104 000	
应收账款			40 000	
预付账款		41 000		
材料采购			5 000	
原材料		5 000	239 500	
生产成本		200 000		
在建工程		36 000		
制造费用		7 500		
管理费用		4 000		
短期借款		12 000	15 000	
预收账款			30 000	
应交税费			8 500	
主营业务收入			50 000	
实收资本		26 000	36 500	
合　　计		528 500	528 500	

特别提示

　　"科目汇总表"看起来是一张表格，但也是一种以汇总方式形成的记账凭证。汇总起来的各个会计科目在一定会计期间的汇总发生额也是登记账簿的依据，利用各个会计科目在一定会计期间的汇总发生额登记总分类账户，可以减轻登记总账的工作量，在这一点上，科目汇总表与汇总记账凭证具有相同的作用。另外，如果汇总的期间相同的话，"科目汇总表"中汇总的各会计科目的发生额合计数，也应与该会计期间编制的"总分类账户本期发生额和余额试算表"中各会计科目的"本期发生额"数额相同，根据借贷记账法的记账规则，一定会计期间内所有账户的借方发生额合计数与贷方发生额合计数一定是相等的。因而，通过编制"科目汇总表"，可以利用其所有科目的借方发生额合计数等于其贷方发生额合计数的相等关系，检查记账凭证编制的正确性，进而保证账户登记的正确性。

4.2 原始凭证

4.2.1 原始凭证的基本内容

原始凭证的种类很多，凭证格式及记载的交易或事项内容也不完全一致。但是，作为记录交易或事项的原始依据，必须载明交易或事项的内容和完成情况，明确经办单位和经办人员的经济责任。为此，不论什么样的原始凭证都应当具备一些共同的基本内容。现以"增值税专用发票"为例，说明原始凭证的基本内容。见表4-17。

表4-17　　　　　　　原始凭证——增值税专用发票的基本内容

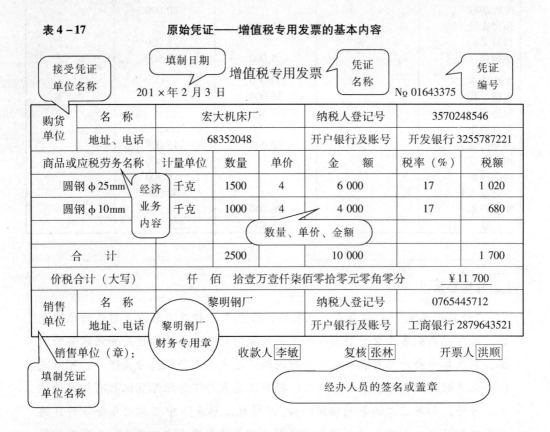

4.2.2 原始凭证的填制方法与要求

1. 填制方法

（1）外来原始凭证的填制。外来原始凭证是由其他单位经办人员按要求填制的。如购货时由销货方开出的发票，由运输企业开出的运费收据，由银行开出的收款通知和付款通知等，都是外单位经办人员填制的。

（2）自制原始凭证的填制。自制原始凭证的填制方法主要有三种：①交易或事项完成时由经办人员填制。如"领料单"、"限额领料单"和"借款单"等。②由会计人员定期汇总填制。如"发出材料汇总表"以及其他各种汇总原始凭证等。③由会计人员根据账簿记录结果在会计期末归类整理填制。如"制造费用分配表"等。

2. 填制要求

（1）记录真实。要在凭证上实事求是地填写交易或事项的实际情况，所记载的交易或事项内容，有关的数量、单价和金额等必须真实可靠，不得弄虚作假。记录真实要求体现了会计核算的真实性要求原则。

（2）手续完备。填制原始凭证时，需要办理的各种手续必须完整，不得缺项。如交易或事项每一个环节上的经办人员必须在凭证上签名或盖章，以示对交易或事项的真实性负责。外来的原始凭证必须加盖填制单位的财务专用章或单位公章才能生效。

（3）内容齐全。要按照凭证的格式和规定的内容逐项填列，不可遗漏或省略。有些原始凭证需要填写一式多联的，联次不能短缺。

（4）书写规范。对原始凭证上的数字和文字等应按规定的要求认真填写，字迹清晰，易于辨认。书写的文字不得使用未经国务院颁布的简化字。阿拉伯数字不得连写。合计金额前应冠以货币符号"￥""＄""£"等。汉字的大写金额一律用正楷字或行书字书写，如零、壹、贰、叁、肆、伍、陆、柒、捌、玖、拾、佰、仟、万、亿、元、角、分整等。不得使用〇、一、二、三、四、五、六、七、八、九、十等代替。大写金额到元为止的，在"元"字之后应写"整"字。

（5）填制及时。每次交易或事项办理完毕，经办人员应及时取得或填制原始凭证，并送交会计部门审核，并作为进行会计核算的依据。不得拖延或积压，以免影响会计部门对交易或事项进行会计处理。

4.2.3 原始凭证的审核

为保证原始凭证的真实性和合法性，会计人员必须对所有原始凭证进行严格审核。审核原始凭证是会计人员履行监督职能的重要环节，也是保证会计核算质量的重要措施。对原始凭证的审核应重点注意以下两个方面。

1. 审核原始凭证上反映的交易或事项内容的合理性、合法性和合规性

应以国家颁布的有关法律法规和本单位的计划或预算等方面的规定为依据，审核原始凭证的内容是否符合法律法规等方面的规定，有无违反财经制度的规定而乱支乱用等问题；是否符合计划、预算和合同等方面的规定，有无任意扩大开支标准的情况。对违反国家法律法规和国家统一会计制度等规定的事

项，会计人员有权拒绝办理或者按照职权予以纠正。

2. 审核原始凭证完整性、准确性

应根据原始凭证的填制要求，审核经办人员交来的原始凭证是否具备作为合法凭证必备的内容。格式和填制手续是否符合规定的要求，有关项目是否填列齐全，有关单位和人员是否已经签字或盖章。数量、单价、金额、小计和合计等是否正确。对于不完整、不准确的原始凭证，应退还有关部门或人员予以补办手续或进行更正。

4.3 记账凭证

4.3.1 记账凭证的基本内容

记账凭证的种类也有很多，但作为登记账簿依据的记账凭证，必须具备交易或事项内容、会计分录和有关人员的签名或盖章等基本内容。现以收款凭证为例，说明记账凭证的基本内容，见表4–18。

表4–18　　　　　　　　　　记账凭证的基本内容

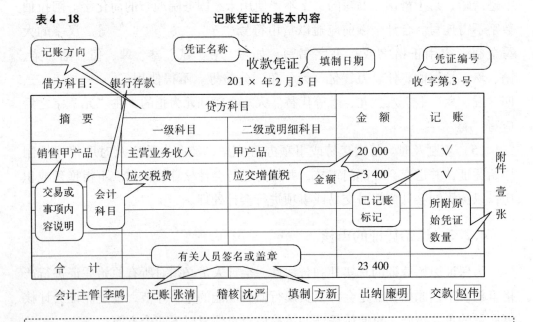

特别提示

记账凭证的基本内容尽管很多，但其核心内容是会计分录。基本内容中的记账方向、会计科目和金额三项构成了会计分录的完整内容。可见，编制会计分录是填制记账凭证的重要工作。

4.3.2 记账凭证的填制方法与要求

1. 填制方法

记账凭证种类很多，由于专用记账凭证应用比较广泛，这里主要研究专用记账凭证的填制方法。

小思考

在记账凭证上编制会计分录与教学上编制会计分录有何不同？二者的做法在理论上是相通的，只不过在记账凭证上编制会计分录时，必须按规定的格式在相应的位置填写记账方向、账户名称和金额等内容。另外，收款凭证反映的是收款业务内容，在编制的会计分录中，其借方科目应是"银行存款"或"库存现金"等，表明货币资金的增加。因而，在收款凭证中，借方科目也称为主体科目。

（1）收款凭证的填制方法。收款凭证应根据有关现金、银行存款和其他货币资金收款业务的原始凭证填制。

【例1】2月5日，企业销售甲产品一批，货款20 000元，同时按规定向购货方收取增值税税款3 400元，收入款项已存入银行。

这是一项收款业务，原始凭证是银行开来的收款通知。根据该原始凭证应填制收款凭证。其具体填制方法见表4-19。

表4-19　　　　　　　　　　收款凭证的填制方法

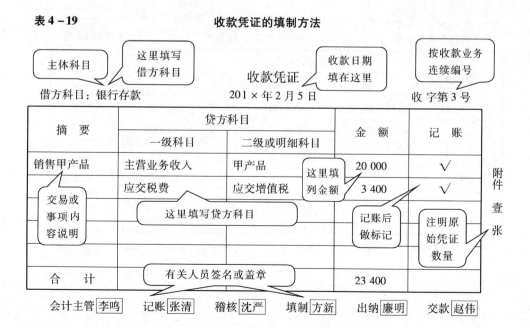

（2）付款凭证的填制方法。付款凭证应根据有关现金、银行存款和其他货币资金支付业务的原始凭证填制。

> **小思考**
>
> 在付款凭证上编制会计分录与在收款凭证上编制会计分录有何不同？虽然二者的做法在道理上也是相通的，但由于凭证格式不同，在付款凭证上，记账方向、账户名称和金额等的书写位置有着明显变化。另外，付款凭证反映的是付款业务内容，在编制的会计分录中，其贷方科目应是"银行存款"或"库存现金"等，表明货币资金的减少。因而，在付款凭证中，其贷方科目也称为主体科目。

【例2】2月12日，企业用银行存款购买A材料一批，货款10 000元，同时按规定向销货方支付增值税税款1 700元，全部款项已用银行存款支付。

这是一项付款业务，原始凭证是本企业开出的支票存根或银行的付款通知等。根据有关原始凭证应填制付款凭证。其具体填制方法见表4-20。

表4-20 付款凭证的填制方法

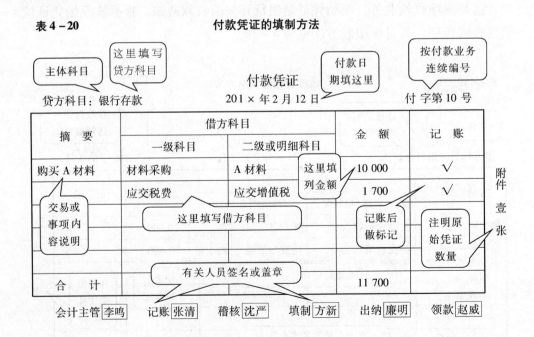

特别提示

对于库存现金和银行存款之间的相互存取业务（也称相互划转业务），是填制收款凭证，还是填制付款凭证？之所以提出这个问题，是由于相互划转业务的性质具有其特殊性。为理解这个问题，先看一下为现金和银行存款之间的相互存取业务编制的会计分录。

①将现金存入银行的会计分录为：

借：银行存款 　　　　　　　　　　　　　　　 ×××

　　贷：库存现金 　　　　　　　　　　　　　 ×××

②从银行提取现金的会计分录为：

借：库存现金 　　　　　　　　　　　　　　　 ×××

　　贷：银行存款 　　　　　　　　　　　　　 ×××

从内容看，以上每一项业务既具有收款性质，又具有付款性质。如将现金存入银行时，对于"库存现金"科目来说是付出，而对"银行存款"科目来说则是收入；从银行提取现金时，对于"银行存款"科目来说是付出，而对"现金"科目来说则是收入。那么，对于每一项业务应当填制什么样的记账凭证呢？当然，没有必要既填制收款凭证，又填制付款凭证，因为，对于一项业务填制一张记账凭证就能够满足记账的需要了。另外，同时填制两张记账凭证，也容易造成重复记账。由于这些业务均属于付款在先，收款在后，按照惯例，应统一按减少方填制付款凭证，而不再填制收款凭证。

（3）转账凭证的填制方法。转账凭证的填制方法有以下两种：一是由会计人员根据有关转账业务的原始凭证填制。如企业生产产品领用材料业务，购买设备或材料货款未付等业务发生后，会计人员就要根据有关的原始凭证直接填制转账凭证；二是由会计人员根据账簿记录所提供的资料填制。如对于企业发生的分配制造费用等业务，会计人员就是根据账簿所提供的资料填制转账凭证的。

【例3】2月15日，企业生产车间领用材料一批，用于产品生产，材料实际成本为10 000元。

这是一项既不涉及货币资金收入，也不涉及货币资金付出的转账业务，原始凭证是生产车间的领料单。根据该原始凭证应填制转账凭证。其具体填制方法见表4-21。

表4-21　　　　　　　　　　　　　转账凭证的填制方法

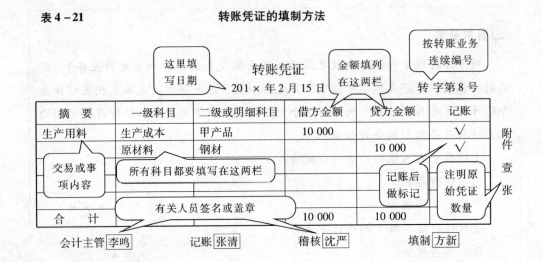

📖 **特别提示**

　　在转账凭证上编制会计分录的做法既不同于收款凭证，也不同于付款凭证。记账方向、账户名称和金额等都需要填列在表格中的相应位置，在表格之外不再设立主体科目位置。

---

2. 填制要求

　　填制记账凭证时，除了要遵守以上填制原始凭证的要求外，还应注意以下几点：

　　（1）摘要简明。记账凭证的"摘要"栏应用简明扼要的语言概括表述交易或事项的主要内容。既要防止简而不明，又要避免过于烦琐。反映财产物资的账户，"摘要"栏中应注明品种、数量和单价等；反映现金和银行存款的账户，应注明结算凭证的号码、收付款单位的名称等。这样做是便于登记有关的明细分类账户。

　　（2）科目运用准确。记账凭证中的会计分录必须按照会计准则的统一规定填写会计科目名称，不得任意简化或改动。二级或明细科目也要填列齐全。应借应贷的记账方向和账户对应关系必须清楚。编制复合会计分录时，一般应是一借一贷或一贷多借，而不宜多借多贷。

　　（3）连续编号。对编制完毕的专用记账凭证应连续编写其号码。采用专用记账凭证时，可按各类凭证分类连续编号。具体有两种编号方法：①三种凭证，三种编号。即按照收款凭证、付款凭证和转账凭证三种专用记账凭证填制的时间顺序，每月从收字第1号、付字第1号和转字第1号编起，直到编至本月填制的最后一张记账凭证。对这种编号方法可结合图4-12加深理解。②三种凭证，五种编号。即将收款凭证和付款凭证再分别按照它们具体的内容再分别划分为现金收款凭证、银行存款收款凭证、现金付款凭证和银行存款付款凭证四类，再加上转账凭证共计五类，对三种记账凭证按照五种方法进行编号。对这种编号方法可结合图4-13加深理解。

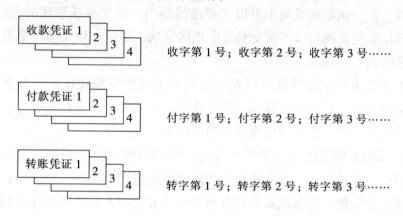

图4-12 专用记账凭证的三种编号方法

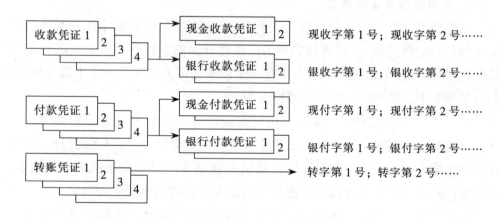

图4-13 专用记账凭证的五种编号方法

特别提示

图4-12和图4-13只是专用记账凭证的编号方法。关于"汇总记账凭证"和"科目汇总表"的编号方法，将在第十章中予以介绍。

（4）附件齐全。附件是指记账凭证所依据的原始凭证。记账凭证是根据原始凭证填制的，记账凭证上的有关内容必须与原始凭证相同。当记账凭证填制完毕以后，它所依据的原始凭证应附在记账凭证的背面，作为记账凭证的附件，以便于进行核对。

4.3.3 专用记账凭证的优点及缺点

1. 专用记账凭证的优点

（1）可以在一张记账凭证上集中反映账户之间的对应关系。采用专用记账凭证时，在一张记账凭证上可以完整地编制出一项交易或事项的会计分录，通过一张记账凭证就可以了解交易或事项的全貌，了解一项交易或事项所登记的账户之间的对应关系。

（2）采用专用记账凭证可以在一定程度上减少记账凭证的设置数量。采用专用记账凭证进行会计核算时，需要设计的记账凭证只有收款凭证、付款凭证和转账凭证三种，凭证的设置数量相对较少，便于使用。

（3）采用专用记账凭证便于实行会计机构内部岗位责任制。采用专用记账凭证进行会计核算时，每一张记账凭证都要经过多个经办人员之手，经办人员必须在记账凭证上签名或盖章。有利于有关部门和人员之间相互牵制，实行会计内部岗位责任制。

2. 专用记账凭证的缺点

（1）不便于汇总。在会计核算过程中，有时需要对记账凭证分类进行汇总（如汇总记账凭证），或者按照专用记账凭证上的会计科目汇总（如科目汇总表），采用专用记账凭证时，由于在一张记账凭证上列示了若干个会计科目，汇总起来就不会像单式记账凭证那样方便。

（2）制证工作量较大。采用专用记账凭证在一张记账凭证上只能反映一项交易或事项，因而，发生多少交易或事项就需要填制多少张记账凭证。交易或事项量越大，需要填制的记账凭证数量也就越多。对于交易或事项比较多，业务量比较大的会计主体而言，使用专用记账凭证的缺点就更为突出。

（3）不便于保管。一般而言，采用专用记账凭证时，需要填制的记账凭证数量也比较多。而按照要求，记账凭证必须要有一定的保管期限。记账凭证的数量越多，越不利于进行保管。

📋 **特别提示**

关于汇总记账凭证和科目汇总表也是在会计核算中采用的非常重要的记账凭证。由于这两种记账凭证的填制方法与第十章的内容重复，这里不再讲述，而是放在第十章中予以介绍。通过这一章的学习，应主要了解和掌握专用记账凭证的填制方法。

4.3.4 记账凭证的审核

记账凭证是登记账簿的直接依据，收款凭证和付款凭证还是出纳人员收付款项的依据。为保证账簿登记的正确性，监督货币资金收支的合理合法性，对于填制完毕的记账凭证，除了由凭证的填制人员自行审查外，还应在会计部门建立必要的专人审查制度。对记账凭证应着重审核以下几方面的内容见表4－22。

表4－22 　　　　　　　　　　　　　　　 记账凭证的审核内容

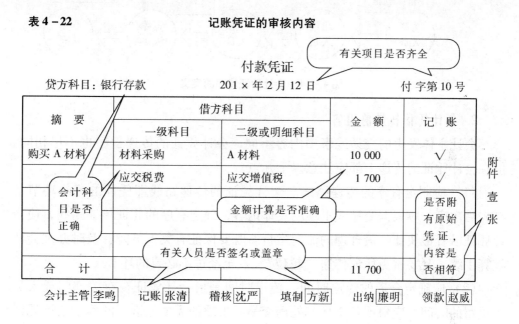

4.4 会计凭证的传递与保管

4.4.1 会计凭证的传递

1. 会计凭证传递的定义

会计凭证的传递是指会计凭证从取得、填制、使用到归档保管为止，在会计主体内部有关部门和人员之间办理业务手续的程序。

会计凭证既是登记账簿的依据，也是办理交易或事项的依据，这就决定了会计凭证在业务经办部门和有关人员之间的流动性。以会计部门为例，在获得原始凭证以后，必须先进行审核，并由制证人员填制记账凭证；需要收付款项的业务，应将会计凭证交由出纳人员收款或付款；业务完成以后，为保证账簿登记的正确性，稽核人员还应对记账凭证进行审核；审核无误的记账凭证才能交由记账人员登记有关账簿；使用完毕的记账凭证应交由专门的人员或部门进行妥善保管。以上各个环节，构成了会计凭证在会计主体内部的有关部门和人员之间进行传递的有序程序。对会计凭证传递的定义，可结合图 4 – 14 进行理解。

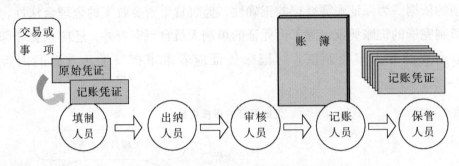

图 4 – 14　会计凭证传递的定义

2. 会计凭证传递的内容

会计主体发生的交易或事项内容不同，会计凭证的传递程序也不尽相同。但在会计凭证的传递上都应注意以下几点。

（1）应制定有序的传递路线。会计凭证的传递路线即凭证的流经环节及其先后次序。应根据交易或事项的具体内容，确定有序的凭证传递路线，使会计凭证沿着最快捷、最合理的流向运行。既要保证有关人员能够及时办理会计核算手续，又要避免凭证传递"越位"，甚至经过不必要的环节。

（2）应确定合理的传递时间。传递时间是指会计凭证在有关部门或人员中停留的时间。应根据各个环节处理交易或事项的需要，恰当的确定会计凭证在有关部门或人员中的停留时间，以保证会计凭证的及时传递。

（3）应办理严密的传递手续。会计凭证的传递手续即会计凭证的交接和签收制度。为保证会计凭证在传递过程中的安全，应在各个环节指定专门的人员办理交接手续，以便明确责任，避免会计凭证的丢失或损坏。

4.4.2　会计凭证的保管

1. 会计凭证保管的定义

会计凭证的保管是指对使用过的会计凭证的保护与管理。会计凭证是会计主体重要的经济档案和历史资料，必须采取措施，妥善进行保管。在将会计凭证上反映的交易或事项登记入账以后，对于使用完毕的会计凭证应进行必要的整理、装订和归档存查，不得丢失或任意销毁，保证会计凭证的安全与完整。

2. 会计凭证保管的内容

（1）整理归类。一般在每个月末，各单位应对本月已登记入账的记账凭证进行整理，按照编号顺序连同所附原始凭证装订成册，以防散失。对于数量过多的原始凭证，也可以单独装订保管。为便于日后查阅，应在装订成册的凭证上加具封面，注明单位名称，填制凭证的起讫日期，会计凭证的种类及数量等，并由有关人员签名或盖章。会计凭证装订封面的基本格式见表4-23。

（2）造册归档。每个会计年度的会计凭证都应由会计部门按照归档的要求整理立卷。当年的会计凭证可以在年度终了后，由会计部门保管一年。期满后应由会计部门编造清册，移交本单位档案部门保管。

（3）控制借阅。会计凭证原则上不得借出，如有特殊需要，须报经单位负责人批准。但不得拆散原卷册，并应限期归还。对外提供的原始凭证的复印件应在专设的登记簿上登记，并由提供人员和收取人员签名或盖章。

（4）期满销毁。会计凭证的保管期限一般为15年。保管期未满时，任何人都不得私自随意销毁会计凭证。保管期满后，应按规定销毁。

表4-23   会计凭证装订封面的基本格式及内容

年 月 份 第 册	（单位名称） 年 月份 共 册 收款 付款 凭证第 号至第 号共 张 转账 会计主管： 保管：

本 章 小 结

1. 会计凭证是记录具有一定格式、用以记录交易或事项，明确经济责任，据以登记账簿的书面证明。合法地取得、正确地填制和审核会计凭证是会计核算的一种专门方法之一。

2. 会计凭证的作用可概括为四个方面：①会计凭证是提供交易或事项活动的原始资料、传导经济信息的重要载体。②会计凭证是登记账簿的必要依据。③会计凭证是明确经济责任，严格会计主体内部经济责任制的重要手段。④审核会计凭证是实行会计监督的具体措施。

3. 会计凭证按照填制程序和用途，可以分为原始凭证和记账凭证两种。原始凭证是在交易或事项发生时取得或填制的，载明交易或事项内容和完成情况的证明文件，是会计核算的原始资料和主要依据。记账凭证是会计人员根据审核无误的原始凭证，按设置的账户运用复式记账法填制的，用以确定会计分录，作为登记账簿的直接依据的凭证。

4. 原始凭证按其来源分类，可分为外来原始凭证和自制原始凭证两种；按照原始凭证的填制手续和内容不同分类，可分为一次凭证、累计凭证、汇总原始凭证和记账编制凭证四种。

5. 记账凭证按用途分类，可分为专用记账凭证和通用记账凭证两类。其中，专用记账凭证包括收款凭证、付款凭证和转账凭证；按凭证上填列的会计科目数目分类，可分为单式记账凭证和复式记账凭证两种；记账凭证按包括的交易或事项内容分类，可分为单一记账凭证、汇总记账凭证和科目汇总表三种。

6. 记账凭证的基本填制方法：收款凭证应根据有关现金、银行存款和其他货币资金收款业务的原始凭证填制；付款凭证应根据有关现金、银行存款和其他货币资金支付业务的原始凭证填制；转账凭证的填制方法有两种：一是由会计人员根据有关转账业务的原始凭证填制。二是由会计人员根据账簿记录所提供的资料填制。

7. 专用记账凭证的优点主要有：①可以在一张记账凭证上集中反映账户之间的对应关系；②可以在一定程度上减少记账凭证的设置数量；③便于实行会计机构内部岗位责任制。缺点是：①不便于汇总；②制证工作量较大；③不便于保管。

8. 会计凭证的传递是指会计凭证从取得、填制、使用到归档保管为止，在会计主体内部有关部门和人员之间办理业务手续的程序。对会计凭证的传递应制定有序的传递路线。确定合理的传递时间。办理严密的传递手续。

思　考　题

1. 什么叫会计凭证？会计凭证有哪些作用？包括哪些基本种类？

2. 什么叫原始凭证？原始凭证有哪几种？

3. 什么叫记账凭证？记账凭证有哪几种？

4. 从交易或事项与记账凭证关系的角度可以将交易或事项分为哪几种？这种分类方法与填制记账凭证是一种什么样的关系？

5. 原始凭证的基本内容包括哪些？原始凭证的填制应遵循哪些要求？

6. 记账凭证的基本内容包括哪些？它与原始凭证的主要区别是什么？

7. 专用记账凭证的填制方法是怎样的？

8. 试述专用记账凭证的优点和缺点。

第五章 会计账簿

学习目标

会计账簿是会计实务中用以开设账户进而具体登记交易或事项的一种重要工具。登记账簿是会计核算的专门方法之一。通过本章的学习，应理解会计账簿的定义；会计账簿的设置原则；了解会计账簿的种类；重点掌握序时账簿、分类账簿的格式及其登记方法；熟悉账簿的登记规则；熟练掌握和运用更正错账的方法和结账与对账的方法。

关键名词

会计账簿　序时账簿　分类账簿　特种日记账　总分类账簿　明细分类账簿　划线更正法　红字更正法　补充登记法　结账　对账　账证核对　账账核对　账实核对

5.1　账簿设置的意义与种类

5.1.1　会计账簿的定义与意义

1. 会计账簿的定义

会计账簿简称账簿，是由具有一定格式而又相互联结的账页组成的，以会计凭证为依据，分类、连续、系统和全面的记录各项交易或事项的簿籍。设置和登记会计账簿是会计工作得以展开的基础环节，是联结会计凭证与财务会计报告的中间环节，是编制财务会计报告的基础，也是会计核算的一种十分重要的专门方法。

对会计账簿的定义可结合图 5-1 加深理解。

2. 设置会计账簿的意义

（1）账簿是系统归纳、积累会计资料的重要工具。设置和登记会计账簿是会计工作得以展开的基础环节，在账簿中可以对发生的所有交易或事项按照

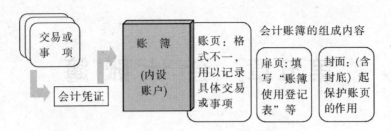

图 5 – 1　会计账簿的定义

不同的性质进行归类和汇总，使反映在会计凭证上的比较分散的资料进一步系统化。通过对交易或事项进行系统、分类而又全面的核算，能够提供企业有关成本费用、财务状况和经营成果等方面的总括的和明细的核算资料，为会计信息的使用者提供系统而完整的会计信息。

（2）账簿提供的资料是考核经营成果，进行会计监督的重要依据。通过登记账簿可以了解和掌握企业资产、负债和所有者权益等会计要素的增减变化及结果，可以提供资金、成本和利润等经济指标，利用这些指标可以考核企业预算和计划等的完成程度，分析企业成本费用水平的高低，评价企业财务状况和经营成果的好坏，进而总结经验，揭露问题，采取对策，促使企业不断提高管理水平。

（3）账簿提供的数据资料是编制会计报表的主要资料来源。通过账簿的登记所积累的一定会计期间的会计核算资料，经过加工整理和一定的计算汇总，就构成了会计报表项目的组成内容。可见，会计报表指标是否真实，会计报表的编制能否及时，都与账簿的设置和登记质量有着密切关系。

对设置会计账簿的重要意义可结合图 5 – 2 加深理解。

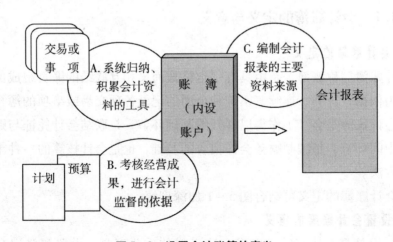

图 5 – 2　设置会计账簿的意义

5.1.2 账簿的设置原则与种类

1. 账簿的设置原则

任何会计主体都应该根据其经营活动的特点和经营管理上的需要设置一定种类和数量的账簿。一般而言，设置账簿应当遵循如下基本原则：

（1）满足需要。即设置的账簿应能够满足核算交易或事项的需要，保证全面、系统地反映和控制本企业的经营活动情况，为经营管理提供系统、分类的核算资料。

（2）组织严密。设置的各种账簿应形成严密的账簿组织系统，避免漏设必要的账户和重复设置账户。各种账簿之间既有明确分工，又有一定的联系。有关账户之间还应具有统驭和被统驭的关系或平行制约的关系。

（3）精简灵便。在保证满足经营活动管理和会计核算需要的前提下，设置账簿应力求精简，不宜过多或过少，以节约人力、物力和财力。账簿中的账页格式应简单明了，账页不宜过大，以便于日常使用，也便于存档保管。

（4）结合实际。设置会计账簿应从实际出发，一方面应结合本单位经营活动的特点，考虑经营规模和业务量的大小。另一方面还应考虑到本单位会计机构的设置和会计人员的配备等情况。

2. 账簿的种类

为全面、系统、分类和连续地记录交易或事项，一个会计主体必须设置各种不同的账簿。这些账簿的用途、形式和登记的方法等也各不相同。对于这些账簿也可采用不同的方法进行划分，形成会计账簿的不同种类。

（1）账簿按用途分类。账簿的用途是指账簿在记录交易或事项过程中的基本作用。例如有些账簿是用来对某些交易或事项进行逐日逐笔详细记录的，有些账簿是用来对某些交易或事项进行分类概括记录的，还有一些账簿并不记录实际发生的交易或事项，只是用来记载与交易或事项活动有关的其他情况。可见，账簿在记录交易或事项过程中的作用是有所不同的。会计账簿按用途分类可以分为序时账簿、分类账簿和备查账簿三种。见图5-3。

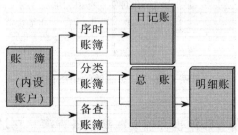

图5-3 会计账簿按用途分类的组成内容

①序时账簿。序时账簿也称日记账，是按照交易或事项发生的时间顺序逐日逐笔进行登记的账簿。序时账簿按其记录的交易或事项的内容不同又分为特种日记账和普通日记账两类：特种日记账是专门用来登记某一类交易或事项、根据记账凭证逐日逐笔登记的序时账簿。在实际工作中应用较多的是"库存现金日记账"和"银行存款日记账"。普通日记账用来登记所有交易或事项的序时账簿。在普通日记账中，根据每天发生交易或事项的先后顺序，逐笔确定会计分录，作为登记分类账簿的依据。其登记内容类似于填制记账凭证，因此，这种日记账也叫"分录账"或"原始分录簿"。

序时账簿（日记账）的组成内容见图5-4。

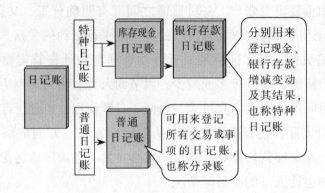

图5-4　序时账簿的组成内容

②分类账簿。分类账簿是按照总分类科目和明细分类科目设置的对全部交易或事项进行分类登记的账簿。分类账簿按其反映会计核算指标的详细程度不同可以分为总分类账簿（简称总账）和明细分类账簿（简称明细账）两种。分类账簿的组成内容见图5-5。

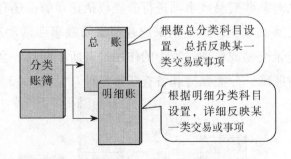

图5-5　分类账簿的组成内容

③备查账簿。备查账簿也称辅助账簿或备查簿。它是对序时账簿和分类账簿未能记载或记载不全的与交易或事项有关的情况进行补充登记的账簿，或者

说是为便于查考而对有些备忘事项进行登记的账簿。如"租入固定资产登记簿""委托加工材料登记簿"等。备查账簿不是根据会计科目设置的，与其他账户之间不存在严密的依存关系；另外，在登记过程中也不必遵循复式记账原则。

（2）会计账簿按外表形式分类。会计账簿的外表形式即账簿的外观形式。会计账簿从外表形式看，并不全是前面所见到的那种已经装订成册的账簿，还有一些其他的外表形式。会计账簿按其外表形式可分为订本式账簿、活页式账簿和卡片式账簿三种。见图5－6。

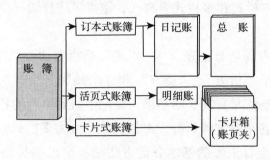

图5－6　会计账簿按外表形式分类的组成内容

①订本式账簿。订本式账簿是在启用前就把许多账页顺序编号装订成册的账簿。一些重要的账簿，如总账、日记账等均采用订本式账簿，其优点是可以防止账页的散失，防止人为抽换账页，保证账簿的安全完整。缺点是使用起来不够灵活，因为订本式账簿账页固定，不能增减。特别是在一个账簿中设立多个账户时，究竟为每个账户预留多少账页难以确定，留多了会造成浪费，留少了又不能保证账户记录的连续性。另外，采用这种账簿时也不便于会计人员分工记账。

②活页式账簿，简称活页账。它是一种在账簿使用前，既不进行账页装订，也不按其顺序连续编号的账簿。这种账簿的账页放置在活动的账夹中，可根据需要取用。账页在使用时才连续编号。登记完毕的账页应装订成册，以便于保管。一般明细账多采用这种账簿。其优点是账页使用灵活方便，根据记账需要可灵活选择账页用量的多少，可避免账页的浪费。待会计期末时再将登记好的账页进行装订，形成成册的账簿。缺点是账页容易被人抽换，难以保证账簿的安全完整。

③卡片式账簿，简称卡片账。它是一种为了长期用于某一方面交易或事项的核算，由若干具有专门格式的卡片账页排列在卡片箱中所组成的账簿。卡片式账簿实际上也是一种活页式账簿，只是用于登记那些在企业的经营过程中长期存续，但又不需要经常登记的交易或事项。如固定资产折旧、低值易耗品摊

销等业务就是如此（一般每月登记一次）。为使账页长期使用，防止账页破损，便使用硬卡片式账页。卡片式账簿可以跨年度使用，但适用范围较窄。

5.2 账簿的格式与登记方法

5.2.1 序时账簿的格式与登记方法

1. 特种日记账的格式与登记方法

特种日记账有三栏式和多栏式等格式，重点讲述登记三栏式特种日记账的基本方法。

（1）三栏式库存现金日记账。"三栏式"是指在这种"库存现金日记账"的账页中专门设置了"借方"、"贷方"和"余额"三个栏次，分别用于反映库存现金的增减变动情况及其变动结果。登记中需要填列的各个对方科目不分设专栏反映（如果各个对方科目分设专栏反映，则为多栏式）。

三栏式库存现金日记账的基本登记方法是：由出纳员根据库存现金收款凭证和库存现金付款凭证，按照交易或事项发生的时间顺序逐日逐笔登记，不得数日合并登记。对从银行提取现金的交易或事项，由于按要求只填制银行存款付款凭证，不再填制现金收款凭证，因而应根据银行存款付款凭证登记。登记时应按日记账上的项目逐项填写。每日业务终了时，都要结出当日余额，并与库存现金核对相符，即"日清"。有关栏次的具体登记方法见表5-1。

表5-1　　　　　　　　三栏式库存现金日记账的格式及具体登记方法

填列收、款凭证日期　　　库存现金日记账　　　填列分录中库存现金科目的对方科目

201×年		凭证号	摘　　　要	对方科目	借方	贷方	余额
月	日						
3	1		月初余额				200
	1	银付1	从银行提现金	银行存款	1 000		1 200
	1	现付2	于方借款	其他应收款		1 000	200
	1	现收1	于方交回余款	其他应收款	250		450

填列收、付款凭证种类与编号　　　简要说明交易或事项内容　　　根据收、付款凭证所列金额填列　　　每日业务终了计算填列

特别提示

"库存现金日记账"账页中的"对方科目"栏具体指的是什么？应是指交易或事项发生以后编制的会计分录中与"库存现金"科目所对应的会计科目。例如，"银付1"号记账凭证的业务内容是从银行提取现金，会计分录为：

借：库存现金 1 000

　贷：银行存款 1 000

在这笔会计分录中，与"库存现金"科目对应的科目就是"银行存款"，为了在"库存现金日记账"的账页上清晰地反映每一项业务所引起的库存现金增减变化的原因，应将对应科目填写在"对方科目"栏。在这项业务中该栏应填写"银行存款"科目。

"现付2"号记账凭证的业务内容为员工于方向企业借用现金。员工向企业借款一般是用于办理公事，当员工借款后，首先应登记在"其他应收款"账户，表示企业债权的增加。同时登记在"库存现金"账户，表示库存现金的减少。会计分录为：

借：其他应收款——于方 1 000

　贷：库存现金 1 000

而"现收1"号记账凭证的业务内容为员工于方将借用库存现金未用部分（250元）交回企业。应登记在"库存现金"账户，反映库存现金的增加；因办理公事实际支出部分（应为750元），应根据报销单据记入有关的费用账户（如"管理费用"账户）。同时应冲销员工原借款数，反映"其他应收款"的减少。会计分录为：

借：库存现金 250

　管理费用 750

　贷：其他应收款——于方 1 000

在以上两笔分录中，与"库存现金"科目相对应的都是"其他应收款"科目，因而在"对方科目"栏都应填写"其他应收款"。

以上借款及报销的举例是假定借款的实际支出数小于借款数。当然也会由另外一种情况，即实际支出数（假定为1 200元）大于原借款数（1 000元），这种情况说明，原借款未够用，员工在办理交易或事项的过程中为企业垫付了现金，报销时，会计部门应将其垫付部分补给借款人。会计分录应为：

借：管理费用 1 200

　贷：库存现金 200

　　其他应收款——于方 1 000

（2）三栏式银行存款日记账。"三栏式"是指在这种"银行存款日记账"的账页中专门设置了"借方""贷方""余额"三个栏次，分别用于反映银行存款的增减变动情况及其变动结果。

三栏式银行存款日记账的格式与三栏式库存现金日记账格式类似。其登记方法也与库存现金日记账基本相同。即由出纳员根据银行存款收款凭证和银行存款付款凭证，按照交易或事项发生的时间顺序逐日逐笔登记。对将库存现金存入银行的交易或事项，由于按要求只填制库存现金付款凭证，不再填制银行存款收款凭证，因而应根据库存现金付款凭证登记。登记时应按日记账上的项目逐项填写。每日业务终了时，都要结出当日余额，并要定期与银行之间核对相符。有关栏次的具体登记方法见表5－2。

表5－2　　　　　　　　三栏式银行存款日记账的格式及具体登记方法

登记方法与现金日记账相同　　　银行存款日记账（三栏式）　　　登记分录中银行存款的对方科目

201×年		凭证号	摘　要	结算凭证		对方科目	借方	贷方	余额
月	日			种类	号数				
3	1		月初余额						200 000
	1	银付1	提取现金	现金支票	0356	库存现金		5 000	195 000
	1	银收1	销售收入	转账支票	2375	主营业务收入	35 100		230 100
	1	银付2	付材料款	转账支票	0431	材料采购		46 800	183 300

登记结算凭证种类和号码

登记方法与现金日记账相同

特别提示

　　"银行存款日记账"中的"结算凭证"指的是什么？"结算凭证"指的是企业通过银行办理收付款业务过程中所使用的凭证。与库存现金的收支形式不同，企业与企业之间通过银行办理收付款业务时，可以通过各自存款户的款项划转进行，而不必动用库存现金。在结算过程中往往要使用"支票"和"汇票"等，这些就是"银行存款日记账"中所指的"结算凭证"。在登记"银行存款日记账"时，相应地也要注明结算凭证的种类与号码，以便于与银行之间进行核对。

2. 普通日记账的格式与登记方法

普通日记账是一种用来序时逐笔的记录全部交易或事项的日记账。它是按照每天发生的所有业务的先后顺序，在账页上确定其应借应贷方向、会计科目与登记金额，即编制会计分录，并作为登记分类账的依据的一种日记账。

 小知识

从普通日记账所登记的内容不难看出，普通日记账的作用是把每一张记账凭证的内容完整地体现在账页上，并作为记账的依据。事实上，普通日记账的产生比记账凭证要早。在会计发展早期，由于交易或事项量不大，人们只需要根据每天发生的交易或事项逐笔登记这种日记账，然后再据以登记分类账。但这样做实质上是一种重复记录，也会增加记账的工作量。我国一般不设置这种普通日记账，而是直接根据记账凭证登记分类账。

（1）两栏式普通日记账。"两栏式"是指在这种日记账中主要设置"借方"和"贷方"两个基本栏次，用以登记有关会计科目的增加或减少发生额。基本登记方法是应由记账人员根据交易或事项发生的时间顺序逐日逐笔登记。有关栏次的具体登记方法见表5-3。

表5-3　　　　　　　　两栏式普通日记账的格式及具体登记方法

普通日记账（两栏式）

记入分类账所在的账页

201×年		原始凭证	摘　要	对应账户	分类账页	借方	贷方
月	日						
3	5	××号发票	购入材料	材料采购	48	10 000	
				应交税费	12	1 700	
				银行存款	60		11 700
		××号借款单	于方借款	其他应收款	25	1 000	
				库存现金	56		1 000

登记方法与特种日记账基本相同　　　　　利用账页的有关栏次编制会计分录

（2）分栏式普通日记账。分栏式普通日记账是指在日记账中按常用会计科目分设专栏，把经常重复发生的交易或事项在分栏中登记的一种日记账。

分栏式普通日记账的基本登记方法是由记账人员根据交易或事项发生的时间顺序逐日逐笔登记。有关栏次的具体登记方法见表5-4。

表 5 - 4 分栏式普通日记账的格式及具体登记方法

普通日记账（分栏式）

201×年		原始凭证	摘 要	银行存款		材料采购		应交税费		（略）	
月	日			借方	贷方	借方	贷方	借方	贷方	借方	贷方
3	5	发票	购入材料		11 700	10 000		1 700			

登记方法同两栏式普通日记账

按发生业务经常使用的会计科目设置专栏。业务发生时，在预先设置的专栏中登记；期末汇总登记分类账。

📝 **特别提示**

按照这种方法设置的账页，可以将交易或事项的会计分录内容完整地体现账页中的某一行，可以清晰地反映交易或事项内容，但账页往往很长，既不便于登记，也不便于记账分工，因而在实务中很少采用。

5.2.2 分类账簿的格式与登记方法

1. 三栏式总分类账簿的格式与登记方法

总分类账簿也称总账，它是按照一级会计科目设置，分类、连续地记录和反映交易或事项总括情况的账簿。总分类账簿一般为三栏式订本账。这里的"三栏式"是指在账页上按照借贷记账法的要求分别设置"借方"、"贷方"和"余额"栏次，分别登记账户的增减发生额及其余额。

三栏式总分类账簿的基本登记方法可概括为两种：一是可以由记账人员根据收款凭证、付款凭证和转账凭证，按照交易或事项发生的时间顺序逐笔登记；二是可以通过汇总记账凭证方式定期汇总登记。表 5 - 5 表述的是逐笔登记方法，汇总登记方法将在第十章中探讨。

2. 明细分类账簿的格式与登记方法

明细分类账簿也称明细账，它是按照明细分类会计科目设置，用来分类、连续的记录某一类交易或事项详细情况的账簿。明细分类账簿可采用订本式账簿，也可采用活页式或卡片式账簿。账页的格式有三栏式、数量金额式和多栏式三种。

不管哪一种明细分类账簿，基本的登记方法是由记账人员根据收款凭证、付款凭证和转账凭证，按照交易或事项发生的时间顺序逐笔登记，目的是为了详细地反映交易或事项内容。由于明细分类账格式种类较多，其登记方法也不尽相同。

表 5 – 5　　　　　　　　　　　　　**总分类账逐笔登记方法**

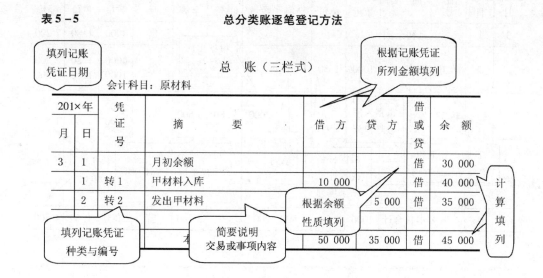

　　（1）三栏式明细分类账簿。这种账簿的格式与上述总分类账簿相同，即在账页上设置"借方"、"贷方"和"余额"栏次，分别登记账户的增减发生额及其余额。在登记方法上，三栏式明细分类账簿只能采取逐笔登记方法，而不能采用汇总登记方法。三栏式明细分类账簿适用于债权债务等只需要反映价值指标的交易或事项内容的记录。三栏式明细分类账簿的格式见表 5 – 5。

　　（2）数量金额式明细分类账簿。这种账簿是在账页中反映增减变动及其结果的"借方"、"贷方"和"余额"三个栏次中，再分别设置"数量"、"单价"和"金额"栏。在登记过程中既要像前述那些账户一样登记金额，还要登记数量和单价。数量金额式明细分类账簿适用于既需要进行价值量的核算，也需要进行实物量核算的交易或事项内容的记录。数量金额式明细分类账簿的格式与登记方法见表 5 – 6。

表5-6　　　　　　　　　　数量金额式明细分类账的格式及具体登记

原材料明细账

材料类别：原料　　　　　　　　　　　　　　　　　　　　计量单位：千克
材料名称或规格：圆钢　　　　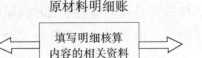　填写明细核算内容的相关资料　　　存放地点：8号库
材料编号：0164　　　　　　　　　　　　　　　　　　　　储备定额：8000千克

201×年		凭证号	摘要	借方			贷方			借或贷	余额		
月	日			数量	单价	金额	数量	单价	金额		数量	单价	金额
3	1		月初余额							借	4000	1.80	7 200
	7	转10	入库	1000	1.50	1 500				借	4000 1000	1.80 1.50	7 200 1 500
	10	转32	发出				2000	1.80	3 600	借	2000 1000	1.80 1.50	3 600 1 500
3	31	—	本月合计	1000	—	1 500	2000	—	3 000	借	3000	1.50	4 500

（注释框）根据出库数量填列

（注释框）根据入库数量填列

（注释框）日期、凭证和摘要等填法同前

（注释框）根据材料成本计算结果填列

（注释框）计算填列

（注释框）可采用先进先出法、加权平均法等计算填列

（注释框）计算填列

> **特别提示**
>
> 　　在同一种材料有多批次库存，且每一批次的材料单价又不一样的情况下，发出材料时需要根据企业所采用的发出材料的计价方法，先确定发出材料单价，然后以此为依据，根据发出材料的数量计算发出材料的总成本。关于发出材料时确定其单价的先进先出法和加权平均法等计价方法内容将在第八章中讲述。

　　（3）多栏式明细分类账簿。这种账簿是根据交易或事项的特点，在账页上设置若干专栏，用于登记明细项目多、记账方向又比较单一的交易或事项的一种账簿。例如，前面讲到的制造费用就包括工资、福利费、折旧费、办公费等内容，为详细反映这些费用的发生情况，就需要在账页上按费用项目设置专栏，当费用发生以后，要在设置的专门栏次中登记。这种账簿虽然也是用来登记增加额和减少额等，但往往是增加额登记较多，减少额登记较少，有的只是在月末时才登记一次，因而其账页格式一般只按增加额一方（借方或贷方）设置，其减少额可在登记增加额的栏次用红字登记，反映该项目的减少。多栏式明细分类账簿适用于费用类、收入类等只需要进行价值量核算的交易或事项

的记录。多栏式明细分类账簿的格式与登记方法见表5－7。

表5－7　　　　　　　借方多栏式明细分类账的格式及具体登记方法

日期和摘要等内容填列方法同前

有关费用发生时，均在预先按借方设置的相应栏次中登记

制造费用明细账
（按借方发生额设置专栏的多栏式）

201×年		凭证号	摘　要	借　　方					合计
月	日			工资	福利费	折旧费	办公费	……	
3	5	转5	分配工资	8 500					8 500
	5	转6	提取福利费		1 190				9 690
	15	付7	购办公用品				500		10 190
	31	转33	提取折旧			6 000			16 190
	31	转34	分配	8 500	1 190	6 000	500		16 190

月末分配制造费用时，在这一行要用红字登记，反映制造费用的减少

特别提示

表5－7的账页格式为按借方发生额设置专栏的多栏式，称为借方多栏式。该明细分类账页主要是登记制造费用的增加额，其减少额是用红字在登记增加额的相应栏次中登记。在会计上，红字金额代表负数（减少数），可以按规定使用，但不可滥用。这种账页使用较多，如"材料采购"、"生产成本"和"管理费用"等账户的明细账户都可以采用这种格式。而有些账户，如"主营业务收入"是按贷方发生额设置多个专栏（见表5－8），主要反映各种收入的增加，这种多栏式明细账格式称为贷方多栏式。也有的账户，如"应交税费——应交增值税"是分别按借方和贷方发生额设置多个专栏（见表5－9），详细核算其增加额和减少额，这种多栏式明细账格式称为借方贷方多栏式。

表5－8　　　　　　　　　贷方多栏式明细分类账的格式

主营业务收入明细账

（按贷方发生额设置专栏的多栏式）

	年		凭证号	摘　　要	贷　　方				
月	日				A产品	B产品	C产品	D产品	E产品

表 5 - 9　　　　　　　　　　借方贷方多栏式明细分类账的格式

应交增值税明细账

（按借方、贷方发生额分别设置专栏的多栏式）

年		凭证号	摘要	借　方			贷　方				借或贷	余额
月	日			进项税额	已交税额	合计	销项税额	进项税额转出	出口退税	合计		

5.3　账簿登记规则与错账更正

5.3.1　账簿登记规则

1. 账簿登记规则的定义

账簿的登记规则是指会计人员在登记账簿的过程中必须遵守的要求。包括账簿启用规则和账簿登记规则两个方面的内容。

2. 账簿启用规则

账簿是积累会计核算资料的重要工具，为保证账簿记录的合法性，明确记账人员责任，在启用订本式账簿时，应在账簿扉页上填写"账簿使用登记表"。包括单位名称、账簿名称、启用日期、记账人员和主管人员姓名等。使用活页账或卡片账时，应定期装订成册，然后填写"账簿使用登记表"。如果是在一个账簿中设置多个账户时，还应填写"账户目录"，注明账户名称和所在页数。"账簿使用登记表"和"账户目录"的基本格式分别见表 5 - 10 和表 5 - 11。

3. 账簿登记规则

登记账簿是会计核算的一个重要环节，会计人员除应增强工作责任感、严格遵纪守法以外，还必须遵守一定的记账规则。记账人员应当遵守的最基本规则是必须根据审核无误的会计凭证，包括原始凭证和记账凭证登记账簿。此外还应遵循以下基本要求：

（1）内容齐全准确。应当逐项填列账页上的日期、会计凭证种类和号数、交易或事项内容摘要和金额等栏次，做到不错不漏，数字准确，摘要清楚，登记及时，字迹工整。

表 5－10   账簿使用登记表的基本格式

账簿使用登记表

单 位 名 称				
账 簿 名 称				
册次及起讫页	自 页起至		页止共 页	
启 用 日 期			年 月 日	
停 用 日 期			年 月 日	
经管人员姓名	接管日期	交出日期	经管人员盖章	会计主管盖章
	年 月 日	年 月 日		
	年 月 日	年 月 日		
	年 月 日	年 月 日		
	年 月 日	年 月 日		
备注			单位公章	

表 5－11   账户目录表的基本格式

账户目录

账户名称	页数	账户名称	页数	账户名称	页数

（2）做好登记标记。将交易或事项在账簿中登记完毕，要在记账所依据的记账凭证上签名或盖章，并在记账凭证上做出记账标记，表明交易或事项已经记账，以防止重复登记。记账标记做在记账凭证中的"记账"栏，见表 5－12。

（3）书写适当留格。在账簿中书写的数字和文字不要写满行，文字和数字一般占行高的 1/2，上方要适当留有空距，以便于在发生错账时，为划线更正留有余地。账簿中数字和文字的书写方法见表 5－13。

表 5－12　　　　业务在账簿中登记完毕后在记账凭证签名或盖章及做标记的做法

转账凭证

201×年 2 月 15 日　　　　　　　　　　转 字第 8 号

摘　要	一级科目	二级或明细科目	借方金额	贷方金额	记账
生产用料	生产成本	甲产品	10 000		√
	原材料	钢材		10 000	√
合　计			10 000	10 000	

已经登记记账的符号

记账人员签名或盖章

附件 壹 张

会计主管　李鸣　　记账　张清　　稽核　沈严　　填制　方新

表 5－13　　　　　　　　　在账簿中数字和文字的书写方法要求

总　账

会计科目：生产成本

摘　要	借　方										千
	千	百	十	万	千	百	十	元	角	分	
领用材料				1	0	0	0	0	0	0	
领用材料				1	0	0	0	0	0	0	

书写规范（占行高的二分之一）

书写（书写满格）

（4）使用蓝黑墨水。登记账簿时要使用蓝黑墨水或碳素墨水书写数字或文字，不得使用圆珠笔或者铅笔书写。由于圆珠笔的笔油易挥发，用圆珠笔记账不利于账簿的长期保管。用铅笔记账容易为他人所涂改，不利于保证账簿的正确性。

（5）红字限制使用。在账簿登记中，红字表示减少数，但不能随便使用。下列几种情况可以使用红字书写：①根据用红字编制的记账凭证在账页上冲销错账；②在不设借方（或贷方）等栏的多栏式账页中登记减少数（见表 5－7 和表 5－8）；③在三栏式账户的"余额"栏前，如果未印有"借"或"贷"表明余额性质栏次的，在"余额"栏登记负数余额（见表 5－14）；④根据会计制度规定可以用红字登记的其他方面。

另外，在结账、改错和冲账时也允许用红色墨水划线（见表 5－15 和表 5－16），以突出体现有关记录内容。

表5-14 在未印有"借或贷"栏次的账页上登记负数余额时允许使用文字

总　账

会计科目：本年利润

201×年		凭证号	摘　要	借　方	贷　方	余　额
月	日					
2	28	转18	转入销售收入		120 000	120 000
		转19	转入销售成本	100 000		20 000
		转19	转入营业费用	25 000		5 000

此为红字

表5-15 登记账户过程中发生"跳行"时的处理方法

总　账

会计科目：原材料

201×年		凭证号	摘　要	借　方	贷　方	借或贷	余　额
月	日						
2	1		月初余额			借	20 000
	5	转25	入库	100 000		借	30 000
			此行空白 张清				
	7	转30	出库		5 000	借	25 000

此为红线

表5-16 登记账户过程中发生"跳页"时的处理方法

总　账

会计科目：原材料

年		凭证号	摘　要	借　方	贷　方	借或贷	余　额
月	日						
			此页空白 张清				

此为红线

（6）账页连续登记。各种账簿应按顺序编号的页次连续登记，不得跳行或隔页登记。如果发生跳行或隔页，不得随意涂改、撕毁或抽换。应当将空行或空页用红线对角划掉，并在"摘要"栏注明"此行空白"或"此页空白"字样，记账人员应在更正处签名或盖章。

（7）注明余额方向。凡是需结出余额的账户，结出余额后，应当在"借或贷"栏内写明"借"或"贷"字样。没有余额的账户，应当在"借或贷"等栏内写"平"字，并在余额栏内用"ꝋ"表示（见表5－17）。

表5－17　　　　　　　　　　在账户中标明"余额"性质的做法

> 这里为余额方向栏。有余额时写"借"或"贷"，表明余额性质

总　账

会计科目：原材料

201×年		凭证号	摘　要	借　方	贷　方	借或贷	余　额
月	日						
2	1		月初余额			借	20 000
	5	转25	入库	100 000		借	30 000
	7	转30	出库		5 000	借	25 000
						平	

> 没有余额时写"平"

（8）账页结转说明。登记账簿时，每张账页应留出最后一行，用于结出本页发生额合计数及余额。并在"摘要"栏内注明"过次页"字样。然后，将本页发生额合计数及余额填在接续账页的第一行，并在该行的"摘要"栏内注明"承前页"字样。具体做法见表5－18和表5－19。

表5－18　　　　　　　　　　每张账页记满以后的处理方法
总　账

会计科目：原材料

201×年		凭证号	摘　要	借　方	贷　方	借或贷	余　额
月	日						
2	5		承前页			借	20 000
	5	转25	入库	100 000		借	30 000
	7	转30	出库		5 000	借	25 000
	8		过次页	100 000	5 000	借	25 000

> 账页的最后一行

表 5－19　　　　　　　　　　　　账页记满后转入新账页的处理方法

总　账

会计科目：原材料

201×年		凭证号	摘　要	借　方	贷　方	借或贷	余　额
月	日						
2	8		承前页	100 000	5 000	借	25 000

（新帐页的第一行）

5.3.2　错账的更正方法

账簿记录应保持整齐清洁，记账时力求准确清楚。如果在登记过程中不慎发生错误，不准涂改、挖补、刮擦或用药水消除字迹，也不准重新抄写更换账页，必须根据错账的性质和错账发生的时间等具体情况，采用规定的方法正确地进行更正。

1. 错账的基本类型

为探讨错账的更正方法，先来了解错账的基本类型。引起错账的原因是多方面的，如果从记账凭证的填制和登记账簿两个环节考察，错账的类型主要有以下几种：

（1）记账凭证正确，但在登记时账簿发生错误。记账凭证正确主要是指在凭证上编制的会计分录正确，无论是会计科目，还是金额等都不存在问题。只是在登记账簿的过程中出现了笔误，造成错账，见例1。

（2）记账凭证错误，引发账簿登记发生错误。具体又分为三种情况：①记账凭证上会计科目用错而引发的错账。即在记账凭证上编制会计分录时，搞错了账户之间的对应关系，编制了与实际发生的交易或事项不相符的会计分录。根据这样的会计分录登记账簿，发生的交易或事项就不会登记到应当登记的账户中去，从而形成了错账，见例2。②记账凭证上金额写多而引发的错账。即在记账凭证上编制会计分录时，会计科目的对应关系是正确的，只是在会计分录中填写的金额多于了实际数。根据这样的会计分录登记账簿，有关账户中登记的金额就会大于应当登记的金额，就会形成错账，见例3。③记账凭证上金额写少而引发的错账。即在记账凭证上编制会计分录时，会计科目的对应关系是正确的，只是在会计分录中填写的金额少于了实际数。根据这样的会计分录登记账簿，有关账户中登记的金额就会小于应当登记的金额，也会形成错账，见例4。

对于以上错账的基本类型，可结合图 5 – 7 加深理解。

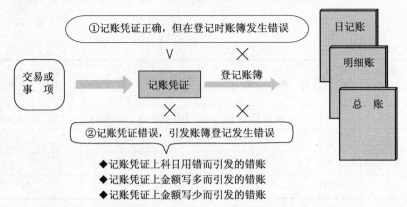

图 5 – 7 填制记账凭证和登记账簿环节发生错账的基本类型

2. 错账的具体更正方法

错账的更正方法主要有划线更正法、红字更正法和补充登记法三种，分别适用于对不同错账类型的更正。

（1）划线更正法。划线更正法适用于更正记账凭证正确只是记账时发生的错账。具体的更正方法为：在结账之前，如果发现账簿记录有错误，而记账凭证无错误，即纯属于数字或文字上的笔误，可先在账簿中错误的数字或文字上划一条红线，表示注销。然后在划过线的数字或文字上端填写正确的数字或文字，并在更正处加盖更正人员的名章，以明确责任。经过以上处理，原来的错账就会得以更正。

【例1】企业用银行存款 3 275 元购买办公用品。记账凭证上编制的分录为：

借：管理费用　　　　　　　　　　　　　　　　　　　　　　3 275
　贷：银行存款　　　　　　　　　　　　　　　　　　　　　　　3 275

错账分析：该业务分录的会计科目应用没有问题，登记的账户也是正确的，不需要更正。只是在登记"管理费用"账户时将"3 275"错写为"3 257"，属于错账，应予更正。错账情况与更正方法见图 5 – 8。

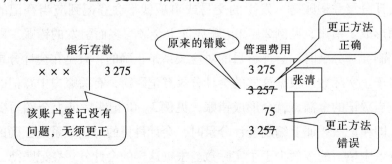

图 5 – 8 划线更正法的应用方法

特别提示

　　利用划线更正法更正错账时，对于错误数字必须全部划掉，不能只划掉整个数字中的错误部分。如对于"3 257"这个错误数字就不能仅划去"57"两位数，而必须全部划掉。被划掉的数字或文字应清晰可辨，以备查考。

　　（2）红字更正法。又称红字冲销法，一般适用于更正记账凭证上会计科目用错或金额写多而引发的错账。

　　①更正由于记账凭证上会计科目用错而引发的错账。更正方法为：在记账以后，如果发现记账凭证上的会计科目用错，应先用红字金额填制一张与原来错误的记账凭证相同的会计凭证，并据以登记有关账户。由于红字在会计上表示减少数，用红字登记有关账户以后，就冲销掉了原来的错误记录；然后，再用蓝字填制一张正确的记账凭证，重新登记入有关账户，以正确记录发生的交易或事项。经过以上两个步骤的处理，原来的错账就会得以更正。

　　【例2】企业用银行存款2 500元支付产品销售广告费。错误分录如下，并已登记入账。

　　　借：管理费用　　　　　　　　　　　　　　　　　　　　2 500
　　　　贷：银行存款　　　　　　　　　　　　　　　　　　　　　　　2 500

　　错账分析：企业发生的销售产品广告费属于营业费用，会计分录中的借方科目应为"营业费用"，而不应是"管理费用"。按照以上分录记账，就会将发生的营业费用记入"管理费用"账户，因而造成了错账。

　　发现这种错账以后，应先用红字金额填制一张与原来错误的记账凭证内容完全相同的记账凭证，并用红字登记到原来已登记过的账户（"管理费用"和"银行存款"）中去，原有的错误记录就被冲销掉了，错账也就被更正了。会计分录为：

　　　借：管理费用　　　　　　　　　　　　　　　　　　　　2 500
　　　　贷：银行存款　　　　　　　　　　　　　　　　　　　　　　　2 500

　　注：在教材中由于无法直接写出红字，因而采用了在金额数字四周加套方框的方法表示红字。同学们在做作业或考试过程中也可以采用这种方法。

　　然后，再用蓝字填制一张正确的记账凭证，重新登记入正确的账户。正确的会计分录为：

　　　借：销售费用　　　　　　　　　　　　　　　　　　　　2 500
　　　　贷：银行存款　　　　　　　　　　　　　　　　　　　　　　　2 500

> **小思考**
>
> 在最初的登记中，"银行存款"账户的登记并没有错误，是否可以不更正呢？不可以。因为红字更正法更正错账的基本方法是要用红字金额编制会计分录。而作为会计分录的编制又必须要符合借贷记账法的记账规则"有借必有贷，借贷必相等"。如果在编制更正错账的分录时，只是"借：管理费用"账户，而不"贷：银行存款"，显然这是缺少贷方的不完整会计分录。因而，在采用红字更正法更正错账时，必须按借贷记账法记账规则的要求编制完整的会计分录。这样，"银行存款"账户原来的登记虽然不存在错误，也要按更正错账的分录再次进行登记。

由于记账凭证上的会计科目用错而产生错账的情况及其更正方法见图 5 – 9。

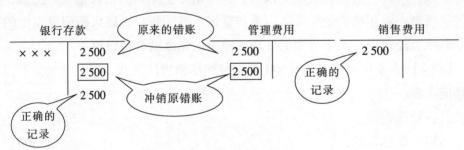

**图 5 – 9　采用红字更正法更正因记账凭证上会计科目
用错而引发的错账的方法**

②更正由于记账凭证上金额写多而引发的错账。具体的更正方法为：在记账以后，如果发现记账凭证上的会计科目没有用错，但所填列金额大于正确金额，应根据正确的会计科目和正确金额与错误金额二者之间的差额用红字金额填制一张记账凭证，并据以登记有关账户，将原来多记的金额冲销掉。经过以上处理，原来的错账就会得以更正。

【例3】企业用银行存款50元支付银行手续费。错误分录如下，并已登记入账。

借：财务费用　　　　　　　　　　　　　　　　　　　　　500
　贷：银行存款　　　　　　　　　　　　　　　　　　　　　500

错账分析：企业支付银行的手续费属于财务费用，会计分录中使用的会计科目是正确的。但是，会计分录中的金额却是错误的，比正确金额50元多填了450元。按照以上分录记账，就在"财务费用"账户多登记了450元，因而造成了错账。

发现这种错账以后，应采用原来正确分录中的会计科目，根据正确金额与错误金额的差额"450"用红字金额填制记账凭证，并记入到原来已经登记过的账户（"财务费用"和"银行存款"），原有的错误记录就被冲销掉了，错账也就被更正了。会计分录为：

借：财务费用   450

  贷：银行存款   450

由于记账凭证上的金额写多而产生错账的情况及其更正方法见图 5 – 10。

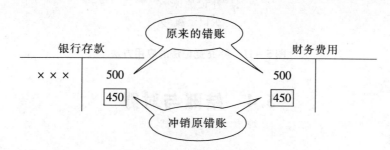

图 5 – 10　采用红字更正法更正因记账凭证上金额写多
而引发的错账的方法

（3）补充登记法。补充登记法适用于更正记账凭证上金额写少而引发的错账。具体的更正方法为：在记账以后，如果发现记账凭证上的会计科目没有用错，但所填列金额少于正确金额，应根据正确的会计科目和正确金额与错误金额二者之间的差额用蓝字金额填制一张记账凭证，并据以登记有关账户，将原来少记的金额补记上。经过以上处理，原来的错账就会得以更正。

【例 4】企业收到某单位归还的欠款 3 500 元存入银行。错误分录如下，并已登记入账。

借：银行存款   350

  贷：应收账款   350

错账分析：企业收到其他单位还款，应增加银行存款，减少应收账款，会计分录中采用的会计科目是正确的。但是，会计分录中的金额却比正确金额 3 500 元少了 3 150 元。按照以上分录记账，两个账户都会少登记 3 150 元，因而造成了错账。

发现这种错账以后，应采用原来正确分录中的会计科目，根据正确金额与错误金额的差额"3 150"用蓝字金额填制记账凭证，并记入到原来已经登记过的账户（"银行存款"和"应收账款"），原来少记的部分就被补充登记入了有关账户，错账也就被更正了。会计分录为：

借：银行存款　　　　　　　　　　　　　　　　　　　　3 150
　贷：应收账款　　　　　　　　　　　　　　　　　　　　　　3 150
由于记账凭证上的金额写少而产生错账的情况及其更正方法见图5－11。

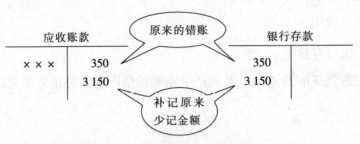

图5－11　补充登记法的应用方法

5.4　结账与对账

5.4.1　结账

1. 结账的定义

结账是指在会计期末对一定时期内账簿记录所做的结束工作。结账时的主要工作是结算出每个账户的本期发生和期末余额（没有期末余额的账户除外），并将期末余额结转下一会计期间的方法。

结账的重要意义在于：按照会计分期的要求，通过结账把会计主体在一定会计期间的经营成果及其在会计期末的财务状况结算清楚；并为编制会计报表提供依据。对结账的定义可结合图5－12加深理解。

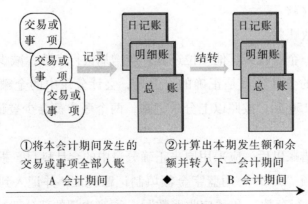

图5－12　对结账定义的理解

2. 结账的内容与方法

（1）结账的内容。结账的内容即结账时所要做的具体工作。①将本期交易或事项全部入账。即将本会计期间内所实际发生的交易或事项全部登记入账，不属于本期的交易或事项不能提前入账，属于本期的交易或事项也不能拖延至下一会计期间入账。②应计事项调整入账。即按照权责发生制基础的要求调整有关账项。本期内所有应计收入和应计费用，虽然没有实际收到货币资金或支付货币资金，但按照权责发生制基础的要求，在会计期末时均应编制记账凭证记入有关收入或费用类账户（关于期末账项调整的内容将在第六章第6.2节"制造业企业的会计处理基础"中讲述），以便正确确认本期的收入与费用。③结清收入费用账户。即对本期发生的收入和费用应编制记账凭证结转入"本年利润"账户，以便计算本期的经营成果。经过结转以后，所有收入类账户和费用类账户就不再有期末余额（关于收入与费用类账户结转的内容将在第六章第6.9节"利润形成与利润分配的核算"中讲述）。④计算结转发生额及余额。在本期全部交易或事项登记入账的基础上，计算出本期各个账户的发生额和余额，并按规定的方法结转入下一会计期间。

> **小思考**
>
> 本期全部交易或事项的内容包括哪些？从结账的内容可以看出，会计主体在一定会计期间发生的全部交易或事项，不仅包括日常发生的收款业务、付款业务和转账业务，也包括在会计期末进行账项调整、结清收入和费用账户发生额等转账业务。以上这些构成了会计主体本会计期间的全部交易或事项内容。

（2）结账的方法。结账通常是为了总结一定会计期间交易或事项的发生所引起的资金增减变化情况及其结果。因此，会计主体除了对各种日记账每天都要结账以外，在月末、季末和年末时都应进行分类账的结账工作。结账的时间不同，目的也有所不同，结账的具体方法也不尽相同。

①月结。月结就是会计主体在每月末时进行的结账。月结时的做法是在账页上本月份最后一笔业务记录的下面划一条通栏红线，在红线下一行结出本月发生额和月末余额，在"摘要"栏内注明"本月合计"字样。然后，在数字行下面再划一条通栏红线，以便将本月业务和下月业务区分开来。之后，应将本月计算出来的余额结转入下个月份该账户的第一行，以便接续登记新发生的交易或事项。月结的基本做法见表5-20。对于需要逐月结出本年累计发生额

的账户，在结算本月发生额和月末余额后，应在下一行增加"本年累计"，并计算出自年初期至本月末止该账户的累计发生额。对本月份没有发生额的账户，可不进行月结。

②季结。即会计主体在每个季度末所进行的结账。季度终了，结算出本季度三个月的发生额合计数及余额，写在月结数的下一行内，在"摘要"栏注明"×季合计"字样，并在下面划一条通栏红线。本季度三个月的发生额合计数可以根据季度内三个月份发生额合计数计算求得。

◢小思考

在上面举例中的"原材料"账户为资产类账户，其余额是在借方。而对于负债类和所有者权益类而言，其余额应当是在贷方。如果账户年初和年末时均为贷方余额时，当年末计算出本年发生额和余额之后，对年初余额和年末余额应怎样进行处理？与上述举例中的做法刚好相反：对年初余额应按其相同方向列在"上年结余"行的"贷方"栏（与本年贷方增加发生额合计数同栏）；对年末余额则应按其相反方向列在"结转下年"行的"借方"栏（与本年借方减少发生额合计数同栏）。对双方的有关数字相加，它们的合计数之间依然应当相等。利用这种相等关系，也可验证账户登记的正确性。

---

③年结。年结即会计主体在年末时所进行的结账。年结时的做法是在本年12月份月结或第四季度季结记录的下一行，结算填列全年12个月的发生额合计数和年末余额，并在"摘要"栏内注明"本年合计"字样。在其下划双红线。全年12个月的发生额合计数可根据各月份的发生额合计数或四个季度发生额合计数计算求得。

为检验本年账户登记的正确性，在进行年结时还应对有关数据应进行适当的处理。具体做法是：在"本年合计"下一行按相同方向抄列上年结转过来的余额（表5-21中"原材料"账户年初为借方余额，抄列时填入"借方"栏；有的账户如为年初贷方余额，抄列时应填入"贷方"栏）；在抄列"上年结余"的下一行按相反方向抄列本账户结转下年的余额（例中"原材料"账户年末为借方余额，抄列时按其相反方向填入"贷方"栏；有的账户如为年末贷方余额，则应抄列于"借方"栏）。进行以上数据抄列的目的是为了进行借贷双方数字的合计，以求得双方的平衡，验证账户登记是否正确。因此，在抄列"上年结余"和"结转下年"有关数据以后，最后要进行双方合计，若双方合计数相等，则说明账户的登记是准确无误的。之后，应在双方合计数下划双红线，以表明全年账户登记工作圆满结束。年结的基本做法见表5-21。

表5-20   结账中"月结"的基本做法

总 账

会计科目：原材料

201×年 月	201×年 日	凭证号	摘 要	借 方	贷 方	借或贷	余 额
1	1					借	12 500
	10	转8	购入	10 000		借	22 500
	12	转10	领用		4 000	借	18 500
	24	转18	领用		8 000	借	10 500
	31		本月合计	10 000	12 000	借	10 500
2	1		上月结转			借	10 500

在最后一笔业务下一行计算出本期发生额和余额

均为红线

将余额结转下月

表5-21   结账中"年结"的基本做法

总 账

会计科目：原材料

201×年 月	201×年 日	凭证号	摘 要	借 方	贷 方	借或贷	余 额
1	1		上年结转			借	12 500
	10	转8	入库	10 000		借	22 500
12	31		本月合计	30 000	25 000	借	10 000
	31		本年合计	150 000	152 500	借	10 000
			上年结余	12 500			
			结转下年		10 000		
			合 计	162 500	162 500		

A.计算出本年度12个月的发生额合计数和余额。其下划双红线。

B.将上年结转来的余额按其相同方向记入该行借（或贷）方栏内。

D.进行借贷双方合计。收入=支出

C.将本年的余额按其相反方向记入这一行的贷（或借）方栏内。

均为红线

 特别提示

在表5-21中，该账户的本年借方发生额（150 000）与上年结余数（12 500）二者之和为162 500元，这个合计数相当于"原材料"账户本年实际增加的各种材料；而该账户的本年贷方发生额（152 500）与结转下年数（10 000）二者之和也为 162 500 元，这个合计数相当于"原材料"账户本年实际减少的各种材料。说明账户的增加额与其减少额双方之间是平衡的，登记是准确的。对于账户中借贷方发生额的这种平衡关系，可结合下列计算公式的推导进行理解。在正常情况下，账户的期（年）末余额可用下列公式计算：

$$\begin{matrix}\text{年初余额} \\ \text{（上年结余）}\end{matrix} + \begin{matrix}\text{本年增加（本例} \\ \text{为借方）发生额}\end{matrix} - \begin{matrix}\text{本期减少} \\ \text{（贷方）发生额}\end{matrix} = \begin{matrix}\text{年末余额} \\ \text{（结转下年）}\end{matrix}$$

将"本期减少（贷方）发生额"一项从等号左边移到右边，与"年末余额（结转下年）"一项相加，双方的相等关系仍然存在。在账户中是将结转下年数加到本期减少发生额上去，其做法与公式中移项的道理是相同的，目的就是为了求得借贷双方合计数的平衡相等，以便检验账户登记的正确性。

5.4.2 对账

1. 对账的定义

对账即核对账目，是在会计核算过程中对账簿记录的核对工作，是为了保证账簿记录真实、完整和准确而对有关数据进行检查和核对的方法。

2. 对账的内容与方法

（1）账证核对。是指将账簿记录与记账凭证和原始凭证进行的核对。这种核对可以在日常核算中进行，使错账能够及时得到更正。核对的方法有逐笔核对和抽查核对两种。逐笔核对就是将账簿记录逐笔的与有关记账凭证进行核对。这种核对工作量较大，可以根据实际情况有针对性地进行抽查核对。核对的目的是为了保证账证相符。

（2）账账核对。是指将各种账簿之间的有关数字相互核对。这种核对至少应在每月月中进行一次。核对的目的是为了保证账账相符。主要内容包括：①总分类账户之间的核对。是将总分类账户的本期借、贷方发生额合计数以及期末借、贷方余额合计数分别核对相符，以检验总分类账户的登记是否正确。主要采用编制"总分类账户发生额及余额试算表"或直接核对的方法进行核对。②日记账与总账之间的核对。是将库存现金、银行存款日记账的本期发生额和期末余额合计数分别与总账核对，以检查日记账的登记是否正确。主要是采用编制"总分类账户与明细分类账户发生额及余额试算表"的方法进行核对。③明细账与总账之间的核对。是将各种明细分类账户的本期发生额合计数和期末余额合计数分别与这些明细账户所隶属的总账分别进行核对，以检查明细账的登记是否正确。主要是采用编制"总分类账户与明细分类账户发生额及余额试算表"的方法进行核对。④明细账之间的核对。是将会计部门登记的有关财产物资的各种明细分类账户的期末余额，与财产物资的保管或使用部门经管的明细账记录核对相符，以检查双方登记是否正确。主要是采用直接核对的方法进行核对。

（3）账实核对。是指将各种账簿的余额与各项财产物资的实存数相互核对。核对的目的是为了保证账实相符。主要内容包括：①库存现金日记账的余额与库存现金实际库存数核对。主要采用清查盘点的方法进行核对。②银行存款日记账的记录及余额与银行对账单核对。主要采用与银行对账单直接核对的方法进行核对。③各种财产物资明细账的余额与其实际结存数之间核对。主要采用清查盘点的方法进行核对。

（4）债权债务核对。是指将各种应收款和应付款明细账的余额，分别与债务人和债权人进行核对相符。核对的目的是为了保证债权或债务与实际情况相符。

关于对账的内容与方法可结合图 5 – 13 加深理解。

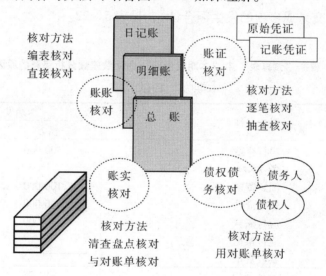

图 5 – 13 对账的内容和方法

📋 **特别提示**

会计报表是根据账簿所提供的数据资料编制的。当编制出有关会计报表以后，对账的内容还应包括账表核对，账表核对就是将各种账簿的发生额或余额与各种会计报表上的相关数据相互核对。核对的目的是为了保证账表相符。关于这方面问题的深入理解可参见第九章"财务会计报告"的有关内容。

5.4.3　错账的查找方法

在对账过程中，有可能会发现错账。特别是在利用试算表进行有关账户之间的发生额和余额核对时，错账一般是很容易被发现的。因为在正常情况下，试算表上所有账户的本期发生额和期末余额的借贷方合计数应当是相等的，如果不相等，就极有可能存在错账。应采用一定的方法进行查找，并按照规定的方法进行更正。

1. 错账的原因

错账的原因有多种，有些错账虽然存在，但并不影响试算表上借、贷双方合计数之间的平衡关系。而有些错账则会影响试算表上有关合计数之间的平衡关系，这种错账会在编制试算表的过程中暴露蛛丝马迹，循着一定的线索则很容易查到错账。在这里重点探讨影响试算表平衡的错账产生的主要原因。为说明问题方便起见，现利用"总分类账户发生额及余额试算表"中"本期发生额"部分的数据资料进行分析（假定这些数据都是各项交易或事项的发生额，而不是若干项交易或事项的发生额合计），见表5-22。

表5-22　　　根据"试算表"中"本期发生额"合计数差额分析错账的原因

本期发生额试算表

账户名称	本期发生额	
	借方	贷方
银行存款	400 000	160 000
原材料		15 015
固定资产	100 000	
短期借款	20 000	
应付账款	80 000	4 985
应付票据		20 000
实收资本		480 000
盈余公积	80 000	
正常情况下的"合计"	695 000	695 000
若"银行存款"借方漏记400 000元	295 000	695 000
若"应付账款"借方的80 000元误记入贷方	615 000	775 000
若"应付账款"贷方的4 985元颠倒为4 958元	695 000	694 973

在正常情况下，这是一张借、贷方发生额合计数相等的试算表，从借贷双方合计数相等这一点看，基本上可以认定在账簿的登记过程中不存在影响试算表平衡的错账。那么，当在账簿登记过程中存在错账时，该表中借、贷方发生额合计数的情况又会是怎样的呢？下面结合实例进行分析。

常见的影响试算表上借、贷双方合计数的平衡关系的错账主要有以下三种：

（1）在账户登记时，漏记了一项业务的借项（或贷项）的发生额。假定在账户登记过程中，"银行存款"账户被漏记了借方发生额 400 000 元。那么，在向试算表上抄列"银行存款"账户发生额时，该项目的"本期发生额"的借方栏为 0。该表借方发生额合计数就会变为 295 000 元（695 000 元 – 漏记400 000 元）。假定没有其他错账存在，贷方的合计数应为 695 000 元。借、贷双方发生额的合计数出现了不相等的情况。差数为：695 000 – 295 000 = 400 000（元）。

（2）在账户登记时，将账户的借项或贷项记录方向记反。即将应记入某一账户借方的发生额记入了该账户的贷方，或将应记入某一账户贷方的发生额记入了该账户的借方。假定没有其他错账存在，只是在登记账户时，误将应记入"应付账款"账户借方的 80 000 元记入了该账户的贷方。那么，该账户的借方肯定会少记 80 000 元，而其贷方则多记了 80 000 元。将这样的记录结果抄列入试算表，其借方合计数就会减少 80 000 元，变为 615 000 元，其贷方合计数就会多出 80 000 元，变为 775 000 元。借贷双方发生额的合计数出现了不相等的情况。差数为：775 000 – 615 000 = 160 000（元）。

（3）在账户登记时，将数字的次序写颠倒等。假定在以上试算表上，若将"应付账款"账户贷方的发生额 4 985 元颠倒为 4 958 元。假定没有其他错账存在，将以上记录结果抄列入试算表，其借方合计数不会受到影响，仍然为695 000 元，其贷方合计数则会因账户中数字登记颠倒而减少 27 元（4 985 –4 958），变为 694 973 元。借、贷双方发生额的合计数出现了不相等的情况。差数为：695 000 – 694 973 = 27（元）。

📖 **特别提示**

试算表的发生额或余额的借贷方合计数如果不相等，不一定都是由错账引起的。有些时候，账户的登记是正确的，但在编制试算表过程中，将有关数据从账户中向试算表上抄列时出现了遗漏，或数字次序写颠倒等，也会影响试算表有关合计数的平衡。如果试算表的失衡不是由于错账而引起的，就应注意查找编制试算表过程中可能存在的问题。另外，有些错账，如在账簿中重复记录交易或事项、漏记了一项或几项交易或事项，或几种错账的金额相互抵消等，在编制试算表的过程中也是难以发现的。因此，即使试算表上借、贷双方的合计数是相等的，也只能据此认定账簿的记录基本正确，不能肯定其完全正确。

2. 错账的查找方法

当发现试算表上的借、贷方合计数不平衡时，首先应确定错账的差数。根据差数的某些特征，可以分析错账的基本原因，按照一定的线索查出错账所在之处。一般采用的方法有：

（1）差数法。差数法是根据试算表上借、贷双方合计数的差额直接查找错账的一种方法。如上例中，"银行存款"借方漏记了 400 000 元，则双方合计数的差额恰好就是这个数字。根据这个数字查找登记过的账户发生额中有否与其相同的金额，就能够很快查到错账。差数法对于查找在账户中漏记某一方的发生额或漏算某些账户的发生额而引起的错账比较有效。

（2）除二法。除二法是将试算表上借、贷双方合计数的差额除以 2，根据商数查找错账的一种方法。如果采用差数法不能直接查到错账，可试用除二法进行查找。例如在上例中，"应付账款"账户的借方发生额 80 000 元被误记入该账户的贷方，双方差数为 160 000 元。将这个差数除以 2，则商数为：160 000 ÷ 2 = 80 000。根据这个商数查找登记过的账户发生额中有否与其相同的金额，就能够很容易查到错账。除二法对于查找在账户中将发生额的方向记反等而引起的错账比较有效。当然，利用除二法时，双方的差数必须能够被 2 整除。

（3）除九法。除九法是将试算表上借、贷双方合计数的差额除以 9，根据商数的某些特征查找错账的一种方法。例如在上例中，"应付账款"账户的贷方发生额 4 985 元被颠倒为 4 958 元。差数为 27，将 27 除以 9，商数为 3。利用除九法求得的商数体现了错账中金额的基本特征：求得的商数为被颠倒的相邻两数之差。如本例中，将 85 颠倒为 58，5 与 8 二者之差为 3。因此，错账就有可能发生在相邻两数为 3 的金额记录上。当然，相邻两数为 3 的数字不只是 5 和 8，1 与 4、2 与 5、3 与 6、4 与 7、6 与 9 等差数都为 3，但都可以体现错账的特征。根据求得商数的这个特征查找登记过的账户发生额中有否相邻两数为 3 的金额数字，也能够比较容易地查到错账。除九法对于查找在账户中将发生额的位次记颠倒或金额记大或记小等而引起的错账比较有效。利用除九法时，双方的差数必须能够被 9 整除。

📋 特别提示

如果只有一种错账存在，运用上述方法去查找是比较有效的。但是，如果有几种错账同时交织在一起，运用上面的方法也不能够直接查找到错账。只能从账户的记录逐笔查起，逐个核对账户的发生额和余额的计算有无差错，以及金额抄录或加计合计数时有无差错。

前面介绍的查找错账的方法，同学们可以在做作业或考试遇到同类问题时采用，相信会收到一定成效。

5.5 账簿的更换与保管

5.5.1 账簿的更换

1. 账簿更换的定义

账簿的更换是指在本会计年度终了时，将本年度的账簿更换为次年度新账簿的工作。

会计主体在每一新的会计年度都需要建立新账，一般应将上年度已经登记过的账簿更换为新一会计年度的新账簿，以满足在新的会计年度登记交易或事项的需要。但是，是否将所有账簿都更换为新账簿，要根据实际情况而定。一般来说，总分类账簿和序时账簿和绝大多数明细分类账簿，应当每年度更换一次。而个别核算财产物资采用的卡片式明细账，可以跨年度使用。

2. 账簿更换的程序

（1）检查本年度账簿记录在年终结账时是否全部结清，账户中借、贷方合计数是否确实已经平衡相等，应结转下年的账户余额是否已结转下年（见图5-14）。

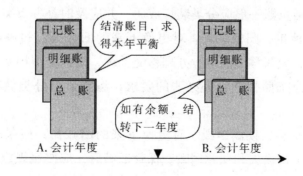

图 5-14 账簿更换程序

（2）根据本年度有余额账户的"结转下年"数字直接记入新年度账户的第一行的"余额"栏，在日期栏注明 1 月 1 日；在"摘要"栏注明"上年结转"字样；在"借或贷"栏注明余额方向。进行年度之间余额的结转时，不必填制记账凭证。因此，新年度登记余额行中的"凭证编号"栏、"借方"栏和"贷方"栏都空置不填。

账簿的更换程序见图5-14。

5.5.2　账簿的保管

账簿是会计信息的主要载体，也是十分重要的经济档案资料。因此，必须建立账簿的保管制度，以确保账簿的安全与完整。

1. 账簿平时管理的要求

（1）专人管理，保证安全。对各种账簿应指定专人管理，做到分工明确，责任清楚。账簿的经管人员既要负责记账、对账和结账等工作，又要负责保证账簿的安全完整，防止任意涂改、毁坏账簿等问题的发生。

（2）查阅复制，需经批准。账簿未经会计部门负责人等批准，非经管人员不能随意翻阅查看、摘抄或复制。

（3）除必要外，不得外带。账簿除需要与其他单位进行核对外，一般不能携带外出。对需要携带外出的账簿，应指定专人负责。

2. 旧账簿归档保管的要求

旧账簿是指年度终了时更换下来的账簿。虽然这些账簿不会再被用来登记新发生的交易或事项，但在这些账簿中已经记录了过去发生的交易或事项内容，是会计主体的重要历史资料，应按要求归档保管。具体内容为：

（1）归类整理，保证齐全。归档前应对更换下来的旧账簿进行分类整理。检查旧账簿是否收集齐全。

（2）装订成册，手续完备。对更换下来的旧账簿，应在归类整理的基础上分类捆扎，活页账一般应分类装订成册。并应及时补办有关手续。

（3）编制清单，归档保管。对更换下来的旧账簿经过整理装订后，应编制账簿目录表，填写移交清单，办理移交手续，按期交由档案管理部门归档保管。保管人员应按照档案管理办法的要求，编制索引分类储存，以便于日后查阅。

（4）妥善保存，期满销毁。对更换下来的旧账簿，应采取一定的安全措施妥善保存，不得丢失和任意销毁。保管期满后，应按照规定的审批程序报经批准后方能销毁。

对旧账簿归档保管的要求，可结合图5-15加深理解。

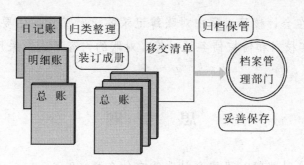

图 5 - 15　旧账簿归档保管的要求

本 章 小 结

1. 会计账簿简称账簿，是由具有一定格式而又相互联结的账页组成的，以会计凭证为依据，用来分类、连续、系统和全面地记录各项交易或事项的簿籍。登记会计账簿是会计核算的一种专门方法。

2. 会计账簿按用途分类可以分为序时账簿、分类账簿和备查账簿三种；按外表形式可分为订本式账簿、活页式账簿和卡片式账簿三种。

3. 各种账簿都具有一定的格式，必须根据一定的登记规则，按规定的方法进行登记。登记账簿应遵守的基本规则是必须以审核无误的会计凭证为依据。

4. 账簿记录发生错误，应采用规定的方法进行更正。更正的方法主要有划线更正法、红字更正法和补充登记法三种。划线更正法适用于更正记账凭证正确只是在记账时发生的错账。红字更正法一般适用于更正记账凭证上会计科目用错和金额写多而引发的错账。补充登记法适用于更正记账凭证上金额写少而产生的错账。

5. 结账是指在会计期末对一定时期内账簿记录所做的结束工作。结账时的主要工作是结算出每个账户的本期发生和期末余额，并将期末余额结转下一会计期间。其意义在于：通过结账把一定会计期间的经营成果和会计期末的财务状况结算清楚，为编制会计报表提供依据。

6. 结账的内容主要有：将本会计期间内所实际发生的交易或事项全部登记入账；按照权责发生制基础的要求调整有关应计收入和应计费用账项；将本期发生的收入和费用应编制记账凭证结转入"本年利润"账户；计算出本期各个账户的发生额和余额，并按规定方法结转入下一会计期间。

7. 会计主体除了对各种日记账每天都要结账以外，在月末、季末和年末时都应进行分类账的结账工作。结账的时间不同，所要达到的目的也有所不同，结账的具体方法也不尽相同。

8. 对账是在会计核算过程中对账簿记录的核对工作。主要包括账证核对、账账核对、账实核对和债权债务核对等。对账的内容不同，采用的核对方法也有所不同。

思 考 题

1. 什么叫会计账簿？设置会计账簿有什么意义？

2. 对账簿有哪些分类方法？具体可分为哪些？

3. 序时账簿的格式与登记方法是怎样的？

4. 总分类账簿和明细分类账簿的格式与登记方法各是怎样的？

5. 登记账簿应遵守哪些基本规则？

6. 更正错账的具体方法有哪些？各适用于对哪些方面错账的更正？

7. 什么叫结账？结账的内容有哪些？

8. 什么叫对账？对账的内容有哪些？

9. 什么叫账簿的更换？账簿更换应按照怎样的程序进行？

10. 对账簿的保管有哪些基本要求？

第六章 制造业企业主要交易或事项的核算

学习目标

本章将结合制造业企业的主要交易或事项的账务处理，对在前几章中已经学习过的账户设置、复式记账、会计凭证和会计账簿等核算方法加以实际应用，借以达到熟练掌握和运用这些会计核算方法的目的。通过本章的学习，应熟悉制造业企业主要交易或事项的内容；掌握企业会计处理基础的含义、内容和运用方法；在此基础上，重点掌握制造业企业在资金筹集过程、供应过程、生产过程、销售过程、其他收支过程中发生的交易或事项的财务处理方法，以及企业的期间费用和财务利润形成与分配交易或事项的核算方法。

关键名词

会计处理基础 权责发生制 会计账项调整 生产费用 生产成本 主营业务收入 主营业务成本 其他业务收入 其他业务成本 销售费用 管理费用 财务费用 所得税费用 财务成果 营业利润 利润总额 净利润 配比原则 收益性支出 资本性支出 利润分配

6.1 制造业企业的主要交易或事项

6.1.1 制造业企业的性质与经营活动

1. 制造业企业的性质

制造业企业一般也称工业企业，或称一般企业，它是以生产和销售一定的产品为主要经营活动内容的经济组织。与其他企业类会计主体，如商业企业和服务性企业等一样，是以盈利为主要经营目的的经济组织。企业通过对生产经营活动的有效组织和管理创造更多的经营成果，既可以提升企业的业绩，壮大企业的发展实力，为企业的可持续发展提供强有力支持，也可以通过税金的上缴等为促进整个社会的和谐发展做出应有的贡献。

2. 制造业企业的经营活动

与其他类企业会计主体不同，制造业企业的主要经营活动是进行产品的生产和销售，通过生产过程能够生产出为社会生产和人们的生活所需要的产品；通过产品的销售过程能够把生产出来的产品提供给消费者。企业通过对产品生产和销售活动的组织，力争为企业创造更多的经济效益，为社会的生产和人们的生活提供丰富的生产资料和生活资料。

6.1.2　制造业企业主要交易或事项内容

关于企业交易或事项的内容，在第二章、第三章和第四章中已经做过一定的介绍。分别从交易或事项与资金运动之间的关系，交易或事项对会计等式中会计要素的影响，以及交易或事项与记账凭证的关系等方面进行了多角度的研究。这些交易或事项同样可能发生在制造业企业。但此前对企业交易或事项的探讨只是围绕交易或事项的某些方面展开的，不够全面，也不够系统。为此，在研究制造业企业交易或事项的具体账务处理方法之前，应首先从总体上了解一下制造业企业在生产经营过程中可能发生的交易或事项总体内容。根据制造业企业经营管理活动的特点，可以将制造业企业的主要交易或事项分为以下五类：

（1）资金筹集过程的交易或事项。企业在产品生产的准备过程中发生的交易或事项，包括企业吸收投资者投资和向债权人借款等交易或事项。

（2）供应过程的交易或事项。企业在产品生产的准备过程中发生的交易或事项，包括企业购买生产经营所需要的材料物资、购买设备和建造房屋等固定资产等交易或事项。

（3）生产过程的交易或事项。企业在产品的生产过程中发生的交易或事项，包括利用筹集的资金、储备的材料和购置的设备等具体组织产品生产等交易或事项。

（4）销售过程的交易或事项。企业在将生产出来的产品进行销售过程中所发生的交易或事项。包括与客户结算货款、结转产品的销售成本等交易或事项。

（5）利润形成与分配过程的交易或事项。企业在计算一定会计期间的经营成果以及进行这些成果的分配过程中所发生的交易或事项。包括确定企业的经营成果、计算和交纳所得税费用和按规定进行经营成果的分配等交易或事项。

这些交易或事项是制造业企业在其他日常基本业务活动中大量发生的。此外，还可能发生一些其他交易或事项，如对外投资、处置闲置不用的资产等。另外，还可能会偶尔发生一些与其日常经营活动没有直接关系的事项，如由于自然灾害或人为因素产生对企业资产的损害等。但这些一般就不属于企业主要的交易或事项了。

对制造业企业主要交易或事项的内容，可结合图6-1加深理解。

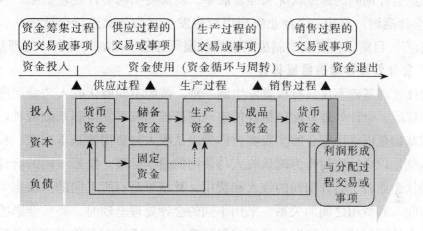

图6-1 制造业企业主要交易或事项内容

从图6-1可以看出，制造业企业的资金运动与企业所发生的交易或事项有着密切联系。交易或事项的发生是企业经营资金运动的根本原因，或者说企业资金的运动就是由这些交易或事项的发生所引起的。由于这些交易或事项的发生，才会使企业的经营资金不断而有序地从一种资金形态转化为另外一种资金形态，从而使企业的各种会计要素在交易或事项的持续发生中呈现出纷繁多样的变化，并最终为企业带来经济利益的流入。

在所有的会计主体中，制造业企业的交易或事项的内容最为复杂，也是最为丰富多彩的。而运用会计核算的方法对这些交易或事项进行处理，正是企业会计人员的职责所在。

6.2 制造业企业的会计处理基础

6.2.1 会计处理基础的定义与内容

1. 会计处理基础的定义

会计处理基础也称会计基础，是指企业的会计确认、计量和报告应当遵循的共同基础。会计基础主要是用来确认企业一定会计期间的收入和费用，进而确定其经营成果的方法。在实务中，企业交易或事项的发生所引起的收入及费用要素的确认时间与相关货币资金的收支时间并不完全一致。例如，有时企业已经收到与产品销售有关的款项（如预收账款），但并未向购买方提供商品，即销售并未实现；或者款项已经支付，但并不是本期生产经营活动所发生的。对这些收入和费用的确认，有着不同的处理方法。为了更加真实、公允地反映企业特定会计期间的财务状况和经营成果，就需要明确会计处理基础。我国的《企业会计准则》规定："企业应当以权责发生制为基础进行会计确认、计量和报告。"[①] 目前，权责发生制也是世界各国所普遍采用的一种会计处理基础。

2. 会计处理基础的组成内容

会计处理基础不仅只有权责发生制一种。按照不同确认收入与费用所采用的不同标准，会计处理基础包括收付实现制基础和权责发生制基础两种。收付实现制基础是以货币资金的实收实付作为确认收入与费用的基本标准；权责发生制基础是以应收应付作为确认收入与费用的基本标准。按照不同的会计处理基础确认企业各个会计期间的收入和费用，其结果是有所不同的。根据企业的利润与收入和费用之间的关系，采用不同的会计处理基础时，必然会影响企业对各个会计期间的财务状况和经营成果的确认。关于这方面的内容将在后面的有关知识点中详细介绍。为加深理解权责发生制基础，先来了解一下相对比较容易理解收付实现制基础。

6.2.2 收付实现制基础

1. 收付实现制基础的定义

收付实现制也称实收实付制，或现金制，它是以货币资金是否实际收到或付出（即实收实付）作为确认企业一定会计期间的收入和费用标准的一种做法。其中的"实收"用以作为确认收入的标准，而"实付"用以作为确认费用的标准。

📖 **小资料**

收付实现制是与权责发生制相对应的一种会计处理基础，它是以收到或支付现金作为收入和费用等的依据。目前，我国的行政单位会计采用收付实现制，事业单位会计除经营业务可以采用权责发生制外，其他大部分业务采用收付实现制。

[①] 财政部：《企业会计准则》（2006），经济科学出版社 2006 年版，第 1 页。

采用收付实现制基础时，凡是本期实际收到了与收入有关的货币资金，不论其是否应归属于本会计期间，都作为本期的收入处理，即计入本期的收入。凡是本期实际支付了与费用有关的货币资金，不论其是否归属于本会计期间，都作为本期的费用处理，即计入本期的费用。反之，凡是本期没有实际收到货币资金或支付货币资金，即使与收入和费用有关，也不作为本期的收入和费用处理。可见，收付实现制基础完全是以货币资金的实际收付为标准确认收入和费用的。因而，收付实现制也称为现金制。

📋 特别提示

为什么特别强调"收到了与收入有关的货币资金"和"支付了与费用有关的货币资金"这个问题？这是因为会计主体收入和支付的货币资金并不都与企业的收入和费用有关。例如，企业从银行提取现金，也意味着企业收入了现金，即收入了货币资金，但这种货币资金的收入与"收入"要素的确认是风马牛不相及的两码事，不可混为一谈。又如，企业将现金存入银行时，也相当于货币资金（现金）的付出，但这种货币资金的付出于"费用"要素的确认也没有关系。因而，收付实现制以货币资金的实际收付作为标准确认收入和费用时，这里的货币资金收付交易或事项是有所特指的，即必须是与收入和费用的确认有关的交易或事项，而不是指所有的货币资金收付交易或事项。对于这一点应给予特别注意。

---

2. 收付实现制基础确认收入与费用方法举例

【例1】收付实现制基础对收入的确认。企业在 2015 年 12 月销售产品一批，货款 3 000 元暂未收到；在 2016 年 1 月实际收到了购货方支付的货款。这项销售产品的交易会给企业带来收入，但实际收到货币资金并不是在销售产品的当月，而是在其以后的会计期间。因而产生了交易的发生时间与实际收款时间的不一致。那么，所产生的收入应计入哪个月份呢？按照收付实现制的"实收"标准确认收入，应将这笔收入确认为实际收到货币资金的 2016 年 1 月的收入，而不是确认为 2015 年 12 月的收入。收付实现制确认收入的方法见图 6 - 2 中"收入"部分的举例。

【例2】收付实现制基础对费用的确认。企业在 2015 年 12 月用银行存款 2 400 元支付经营租入固定资产改良支出（长期待摊费用）。这笔支出既会使企业长期受益，也会使企业产生费用。但货币资金的支付期间（2015 年 12 月）和实际受益期间（假定为 2016 年、2017 年）并不一致。那么，这些费用要计入到哪个期间的费用中去呢？按照收付实现制的"实付"标准确认费用，应将这笔费用确认为实际支付货币资金的 2015 年 12 月的费用，而不计入 2016 年、2017年的费用。收付实现制确认费用的方法见图 6－2 中"费用"部分的举例。

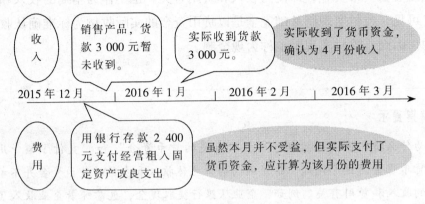

图 6－2　收付实现制基础确认收入与费用的方法

6.2.3　权责发生制基础

1. 权责发生制基础的定义

权责发生制也称应收应付制，或应计制。它是以应收应付作为确认企业一定会计期间收入和费用的标准，或者说以收入的权利已经形成或费用的义务已经发生为标准确认收入和费用的一种做法。其中的"应收"用以作为确认收入的标准，而"应付"用以作为确认费用的标准。

权责发生制基础要求，凡是当期已经实现的收入，无论是否实际收到了货币资金，均作为本期的收入处理，即确认为本期的收入。例如，企业在当期销售产品后有时会产生应收账款，虽然在当期没有实际收到货币资金，但仍然要确认为当期收入。凡是当期已经发生或应当负担的费用，无论是否实际支付了货币资金，均作为本期的费用处理，即确认为本期的费用。例如，在本期摊销以前会计期间已经付款的长期待摊费用等。这些收入和费用都应列入企业当期的利润表。反之，凡是不属于当期的收入，即使在本期实际收到了货币资金，也不能确认为本期的收入。例如，当期向客户预收了货款，但本期并未向客户提供商品，不能确认为本期收入。凡是不属于当期的费用，即使在本期已经支付了货币资金，也不能确认为本期的费用。例如，本期付款但需要由后续会计期间负担的长期待摊费用等。可见，权责发生制与收付实现制是完全不同的一种会计处理基础。主要区别在于，权责发生制不是以货币资金的实际收付作为确认收入和费用的标准，而是看是否已经实际获得了收款权利，即收入是否已经实际获得；是否确认为本期费用，主要看本期是否有负担的义务，即是否有分摊的责任。

2. 权责发生制基础确认收入与费用方法举例

（1）对应计未收收入与应计预付费用的确认

【例3】权责发生制基础对应计未收收入的确认。企业在2015年12月份销售产品一批，货款3 000元在2016年1月收到。这项销售产品的交易会给企业带来收入，虽然是在2016年1月实际收到货款，但赚取这些收入的交易是在2015年12月发生的，即企业在2015年12月已经实际上获得了向购货方收取货款的权利。按照权责发生制的"应收"标准确认收入，应将其确认为收款权利已经实现的2015年12月的收入，而不应确认为2016年1月的收入。权责发生制确认应计未收收入的方法见图6-3中"收入"部分的举例。

【例4】权责发生制基础对应计预付费用的确认。企业在2015年12月用银行存款2 400元支付应由2016年、2017年两个年度分摊的经营租入固定资产改良支出。这笔支出既会使企业受益，也会使企业发生费用。虽然货币资金是在2015年12月支付的，但2015年并不受益，也没有负担费用的义务，按照权责发生制确认费用的"应付"标准，不应确认为2015年12月的费用。该项货币资金支出的实际受益期间为2016年、2017年两个年度。按照权责发生制确认费用的"应付"标准，所产生的费用应由2016年、2017年两个年度分别负担，即应分别确认为2016年、2017年两个年度24个月份的费用（每月应计入100元）。这种确认费用的方法被称为待摊方式。权责发生制确认应计预付费用的方法见图6-3中"费用"部分的举例。

图6-3 权责发生制确认应计未收收入与应计预付费用的方法

（2）对应计预收收入与应计未付费用的确认

【例5】权责发生制基础对应计预收收入的确认。企业在2015年6月预收客户购买产品货款4 680元。其中货款4 000元，增值税680元。根据销售合同规定，在本年7月、8月分两批向客户供货，每批供货价格为2 000元。这项销售产品的交易会给企业带来收入。虽然企业是在6月份实际收到了货款，但并未向客户供货，即还没有实际获取向客户收款的权利。按照权责发生制的"应收"标准确认收入，应将预收账款实现的收入分别确认为收款权利已经实现的7月、8月份的收入，而不应确认为6月份的收入。权责发生制确认应计预收收入的方法见图6-4中"收入"部分的举例。

【例6】权责发生制基础对应计未付费用的确认。企业在2015年6月1日从银行借入短期借款200 000元，借款期限为两个月，即借款的使用时间为6、7月份，每月利息假定为1 000元。借款本金和利息于8月1日一并偿还。使用短期借款所发生的利息支出是企业的一种费用。但在本例中，借款利息并不需要按月支付，而是在8月初一次性支付。那么，所产生的利息费用应确认在哪些月份呢？按照权责发生制确认费用的"应付"标准，短期借款的利息费用应由受益期（即借款的使用期间）负担，即分别确认为6、7月份的费用（每月应计入1 000元），而不应将其确认为实际支付借款利息的8月份的费用。这种确认费用的方法被称为预提费用。权责发生制确认应计未付费用的方法见图6-4中"费用"部分的举例。

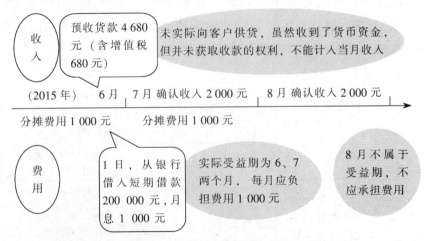

图6-4 权责发生制确认应计预收收入与应计未付费用的方法

6.2.4 两种会计处理基础确认收入和费用方法的结果比较

前面只就单项收入与费用的确认对两种会计处理基础的做法进行了简单比较，实际上，从一定的会计期间来看，采用哪一种会计处理基础确认收入和费用，不仅关系到当期收入金额或费用金额的多少，更关系到当期经营成果的计算。因为，企业的利润乃是一定会计期间实现的收入与发生的费用比较的结果。采用不同的会计处理基础所确认的一定会计期间的收入与费用发生额不同，依据其所计算出来的利润数额也会有较大差别。现假定某一企业在本年的第一季度发生了如下与收入和费用有关的交易或事项。

【例7】1月：①销售产品500元，货款尚未收到。②由于使用借款发生短期借款利息200元，暂未支付款项。

【例8】2月：①销售产品500元，货款尚未收到。②由于使用借款发生短期借款利息200元，暂未支付款项。

【例9】3月：①销售产品500元，货款尚未收到。②由于使用借款发生短期借款利息200元，暂未支付款项。③收到货款1 500元存入银行。④用银行存款支付原来未付的短期借款利息600元。⑤摊销一笔长期待摊费用300元。

现将例7~例9交易或事项列于图6-5，并分别采用权责发生制和收付实现制确认各月的收入、费用和利润（由于收入和费用资料不完整，各月实现的利润额为假定）。

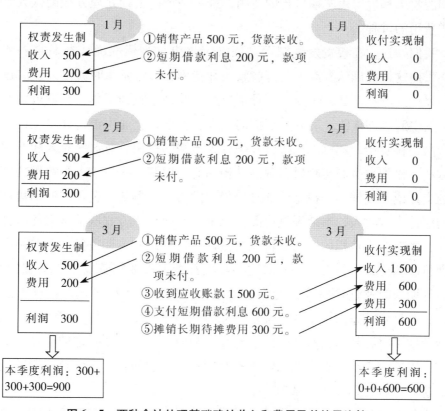

图6-5 两种会计处理基础确认收入和费用及其结果比较

从图 6-5 可以明显看出：由于两种会计处理基础确认收入和费用的标准不同，对于各月份所确认的收入和费用数额是完全不同的，由此而计算出来的各个月份的利润数额差别更大。如在权责发生制下，各月的利润数分别为 300 元，第一季度利润总额为 900 元。而在收付实现制下，1、2 月份的利润都是 0，只有 3 月份有利润 600 元。相比较看，虽然采用权责发生制确认收入和费用方法比较复杂，但各会计期间利润额的确认结果相对比较均衡，所确认的不同会计期间的收入与费用之间也具有可比性，比较符合交易或事项的实际情况。特别是对于在每个月份都要进行经营成果计算的企业类营利组织来讲，采用权责发生制确认收入和费用是比较合理的。而收付实现制虽然确认收入和费用的方法比较简单，但不能正确反映各会计期间的收入和费用和经营成果，所确认的不同会计期间的收入与费用也缺乏可比性。这种方法一般只适用于行政、事业单位等非营利组织。

6.2.5　权责发生制下期末会计账项的调整

期末会计账项的调整是指在权责发生制下，企业于会计期末时将应当属于本期的收入和应当由本期负担的费用，采用一定的会计处理方法确认为本期收入或费用的过程。

我们知道，在权责发生制下，是以应收应付为标准确认本期收入和费用的，采用这样的确认标准，对有些收入和费用在日常发生时就可以及时进行确认，登记入账。例如，企业在本月销售产品并马上收到了货款，就可以在销售业务发生后当即入账，确认为当期的收入。再如，企业用银行存款支付了本月的产品销售费用，就可以直接将其确认为当期的费用。对这些收入和费用的处理方法，权责发生制与收付实现制是相同的。但有一些与收入和费用的确认有关的交易或事项并不是在企业的月份当中发生的，例如，企业本期销售产品产生的应计未收收入，本期提供产品但原来已经向购买方收取了货款的应计预收收入，本期应当负担的原来已付款的应计预付费用和本期应负担但并不需要在本期付款的应计未付费用等。对这些事项都需要按照权责发生制基础的要求，在会计期末时通过调整确认为当期的收入和费用。由此可见，在权责发生制下，企业日常的账簿记录并不能够完整地反映本期的全部收入和费用。因此，在会计期末时，就需要对本月的应计收入和应计费用采用一定的会计方法进行处理，以便完整地反映当期的收入和费用总额，进而合理地计算当期的经营成果，这个过程被称为会计账项调整。

进行会计账项调整的目的是为了将应计入本期的收入和费用全部计入本会计期间，并在此基础上正确计算收入和费用所发生期间的经营成果。当然，在账项调整的过程中，也会涉及企业的资产和负债等要素发生一定变化，因而，按照权责发生制的要求进行账项调整，也有利于正确确认企业在一定会计期末的财务状况。另外，需要指出的是，进行期末会计账项的调整也是会计主体在期末时结账的主要内容。

> **小思考**
>
> 在收付实现制下存在期末会计账项调整问题吗？不存在。因为收付实现制是以实收实付作为确认收入与费用标准的，凡是本期实际收到了与收入有关的货币资金，不论其是否归属于本会计期间，都作为本期的收入处理，在业务发生后就及时登记入账，将其计算为当期收入。凡是本期实际支付了与费用有关的货币资金，不论其是否归属于本会计期间，都作为本期的费用处理，当即将其计算为本期的费用。因此，在日常的会计核算中可随时对收入和费用进行确认。而对于应计收入和应计费用问题，收付实现制是不予考虑的，因而在收付实现制下也就不存在期末会计账项调整的问题。

1. 权责发生制确认收入与费用的内容及基本方法

为便于从总体上把握企业在权责发生制下日常和期末需要确认的收入与费用的内容，现将可能涉及的事项及其确认方法一并列于图6-6。

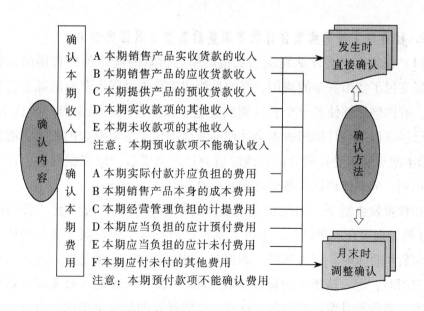

图6-6 权责发生制确认收入与费用的内容及基本方法

图 6-6 中所提到的"本期销售产品本身的成本费用"具体是指已经在销售掉的产品的成本，即主营业务成本，该部分费用与当期确认的产品销售收入之间具有直接的因果关系。在确认收入的同时，应将这部分成本转为当期的费用。在这样的业务中，企业并未实际支付货币资金；"本期经营管理负担的计提费用"是指采用计算提取的办法计入本期，但并不需要在本期支付货币资金的费用，例如，根据规定的折旧方法计算提取的当期应负担的固定资产折旧费等。

> **特别提示**
>
> 在权责发生制下确认的收入与费用内容各分为平时发生时直接确认和需要月末时调整确认两类。其中，在月末时调整确认收入与费用是权责发生制的一个重要特点。至于在发生时直接确认收入与费用的做法，与收付实现制的做法存在着一些共同之处。比如，本期销售产品并实际收到了购货方以货币资金支付的货款，在两种会计处理基础下，都是作为本期的收入确认。又如，对用货币资金实际支付了属于本期应负担的费用，在两种会计处理基础下，也都是作为本期的费用确认。可见，虽然权责发生制和收付实现制确认收入和费用的标准不同，但在确认某些收入或费用的做法上还是存在一定的共同之处的。

2. 权责发生制下期末会计账项调整的类型及具体调整方法

（1）企业在本会计期间应当负担的原已付款的应计预付费用的调整。企业已经支付了货币资金的费用，有的只能使实际支付货币资金的那个会计期间受益，有的则能够使若干个会计期间受益。如经营租入固定资产改良支出等。这些已经在以前会计期间或本会计期间实际支付了货币资金的支出，能使本期（如果本期也属于受益期的话）或以后会计期间受益，应根据受益会计期间的受益比例，分别摊销计入各受益期间的费用。

在权责发生制下，为进行这类费用的核算和调整，应设置"长期待摊费用"（摊销期限在 1 年以上，不含 1 年）账户。这个账户属于资产类账户。实际支付货币资金时，记入该账户的借方（表示增加）；在受益期内摊销确认为各期费用时，记入该账户的贷方（表示减少），并同时记入有关成本费用账户的借方，表示当月费用的增加。这样，就将受益期间应负担的部分计入了当期费用。将应当负担的应计预付费用计入受益期的过程是在会计期末进行的，这个过程就是期末会计账项调整的过程。

【例10】企业在2015年12月支付应由2016年、2017年分摊的经营租入固定资产改良支出24 000元。每个月份的受益额为1 000元（即24 000元/24）。

◆ 2015年12月份支付款项时，应填制付款凭证，编制的会计分录为：

借：在建工程　　　　　　　　　　　　　　　　24 000

　　贷：银行存款　　　　　　　　　　　　　　　　　24 000

◆ 按规定结转入"长期待摊费用"账户时，应填制转账凭证，编制的会计分录为：

借：长期待摊费用　　　　　　　　　　　　　　24 000

　　贷：在建工程　　　　　　　　　　　　　　　　　24 000

◆ 2016年、2017年各月在每月末将应摊销的部分计入当月费用时，应编制转账凭证登记入账，确认为本期费用（本例假定计入管理费用）。编制的会计分录为：

借：管理费用　　　　　　　　　　　　　　　　1 000

　　贷：长期待摊费用　　　　　　　　　　　　　　　1 000

企业支付的保险费按规定在"管理费用"账户核算。"管理费用"账户属于费用类账户。记入该账户的借方，表示当期费用的增加。经过全年12个月的处理，年初发生的待摊费用就被全部摊销完毕，均衡的计算为每个月份的费用。

权责发生制下调整本会计期间应当负担的原已付款的应计费用的具体做法见图6-7。

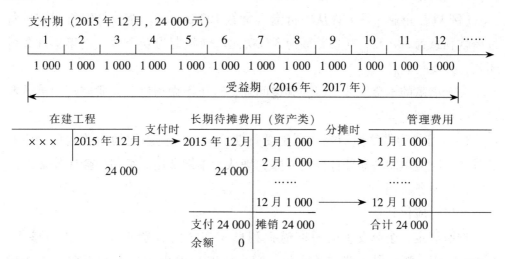

图6-7　权责发生制下调整本会计期间应当负担的应计预付费用

各月份将本期应摊销的部分计入当月费用的过程就是这种费用的调整过

程。经过这样的调整，就能正确反映本期的费用发生情况。当然，如果不进行这样的调整，将会产生一定的不良后果：①虚增当期资产，即属于资产性质的"待摊费用"账户会由于未进行摊销而得不到冲减，从而虚增资产；②虚减当期费用，即应当计入当期的费用由于未进行调整而未能记入有关费用账户，造成费用虚减；③虚增当期利润，在收入不变的情况下，虚减了费用也就会虚增利润。

（2）企业在本会计期间已经发生但尚未付款的应计未付费用的调整。本会计期间已经发生但尚未付款的应计未付费用是指本期已经耗费，或应由本期负担，但尚未实际支付货币资金的费用。对于这些本期已经发生或应由本期负担但尚未支付货币资金的费用，可能需要在若干个受益会计期间进行积累，并在未来的某个会计期间一并予以支付。比如短期借款利息在规定的付息期间到来之前，是不需要企业实际付款的，只有在未来某个会计期间实际支付借款利息时，才需要企业实际支付货币资金。但是，为了正确确认受益会计期间（如借款的使用期间）的费用，必须在各个受益期间的期末将应当负担的费用调整入账，计算为相关受益期间的费用。

在权责发生制下，为进行短期借款利息等费用的核算，应设置"应付利息"等账户。"应付利息"账户是一个负债类账户。预先将有关费用计入各个受益会计期间时，记入该账户的贷方（表示增加），相应的计入有关费用类账户的借方（表示费用增加）。这样，就将受益期间应负担的部分确认为了当期费用。这个过程是在会计期末进行的，也是期末会计账项调整的过程。在实际支付预提的款项时，记入该账户的借方（表示减少）。

【例11】企业3月1日从银行借入贷款100 000元。企业与银行约定：每月借款利息为500元，利息总额为3 000元。借款期为6个月，当年9月2日还款，并支付利息。

关于借款的本金不涉及账项调整问题，这里不做探讨。只研究短期借款利息的核算与调整问题。

3~8月份为借款使用期，也是受益期。对各月应负担的借款利息，应在各月月末时应填制转账凭证登记入账，确认为本期费用。编制的会计分录为：

借：财务费用   500

    贷：应付利息   500

按照规定，企业发生的短期借款利息应在"财务费用"账户进行核算。"财务费用"账户属于费用类账户，记入该账户的借方，表示当期费用的增加。经过3~8月份的处理，就将应负担的费用均衡地计入了各个月份。

9月2日归还借款利息时，应填制转账凭证，编制的会计分录为：

借：应付利息 3 000

    贷：银行存款 3 000

权责发生制下调整本会计期间已经发生但尚未付款的应计未付费用的具体做法见图6-8。

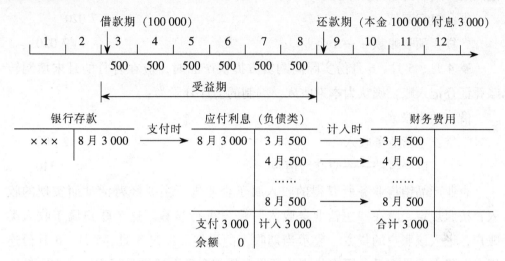

图6-8 权责发生制下调整本会计期间已经发生但尚未付款的应计未付费用

如果不进行上述的调整，将会产生一定的不良后果：①虚减当期负债，即属于负债性质的"应付利息"账户会由于未进行调整而得不到确认，从而虚减负债；②虚减当期费用，即应当计入当期的费用由于未进行预提而未能记入有关费用账户，造成费用虚减；③虚增当期利润。在收入不变的情况下，虚减了费用也就会虚增利润。

（3）企业在本会计期间已提供产品的预收货款应计预收收入的调整。在某些情况下，企业在向其他单位提供产品或劳务之前，可以按照协议预先向对方收取货款。按照权责发生制的要求，这种预先收取的款项在收到时不能直接确认为企业的收入，因为销售产品的交易尚未实际发生，对预收账款只能先作为负债处理。只有企业陆续为购货单位提供产品或劳务时，才能根据实际提供产品的情况逐渐地将预收货款确认为企业提供产品会计期间的收入。

在权责发生制下，为进行这类收入的核算和调整，应设置"预收账款"账户。这是一个负债类账户。预先收取有关款项时，记入该账户的贷方（表示增加）。实际向预付款方提供产品或劳务时，记入该账户的借方（表示减少，即对预收账款的扣抵），同时记入提供产品或劳务期间的收入类账户等。这样，就将预收账款按照其实现期记入了当期收入。这个过程是在会计期末进行的，也是期末会计账项调整的过程。

【例12】企业于3月份预收A企业第二季度购货款7 020元（其中货款

6 000元；对方按规定应交增值税 1 020 元），按双方约定从 4 月份开始每月提供 2 000 元货款的产品，每月应抵扣应交增值税为 340 元。

◆ 企业在 3 月份向 A 企业预收货款时，应在收到款项时填制收款凭证登记入账。编制的会计分录为：

借：银行存款　　　　　　　　　　　　　　　　　　　 7 020

　　贷：预收账款——A 企业　　　　　　　　　　　　　 7 020

◆ 4 月、5 月、6 月份实际向购货方提供产品时，应在各月的月末填制转账凭证登记入账，确认为本期收入。编制的会计分录为：

借：预收账款　　　　　　　　　　　　　　　　　　　 2 340

　　贷：主营业务收入　　　　　　　　　　　　　　　　 2 000

　　　　应交税费——应交增值税　　　　　　　　　　　　 340

企业产品销售业务所获得的收入属于企业进行主要经营活动而实现的收入，按照规定，应在"主营业务收入"账户进行核算。这个账户属于收入类账户，记入该账户的贷方，表示当期收入的增加。经过 4 月、5 月、6 月份连续向购货方提供产品，原来收到的预收账款就会逐渐地被扣抵完，一方面等于企业逐渐地了结了与预付款企业的债务；另一方面也将各月实现的收入均衡地计入了 4 月、5 月、6 月份。

权责发生制下调整本会计期间已提供产品的预收货款应计预收收入的具体做法见图 6 - 9。

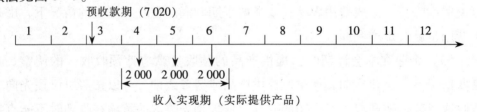

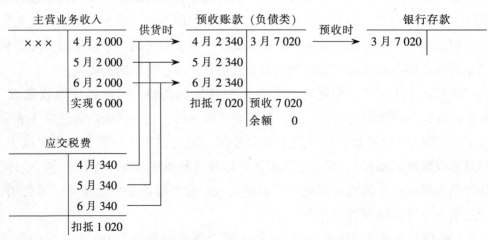

　　　　图 6 - 9　权责发生制下调整本会计期间已提供产品的应计预收收入

特别提示

　　企业由于销售产品而按照规定应缴纳的增值税实际上是由产品的购买方负担的。当企业向购买方收取这部分税金后，应上交给税务部门，不能确认为企业的收入。应在"应交税费"账户单独核算。"应交税费"账户是一个负债类账户，企业计算出来的（也是向产品的购买方收取的）应当上交的税金，记入该账户的贷方（表示负债增加）；实际上交税金时，记入该账户的借方（表示负债减少）。

　　如果不进行上述调整，也将会产生一定的不良后果：①虚减当期收入。即属于收入性质的"主营业务收入"账户会由于未进行调整而得不到确认，从而虚减当期收入。②虚增当期负债。即应当冲减的"预收账款"这种负债由于未进行调整而未能进行冲减，造成负债虚增。③虚减当期负债。"应交税费"账户是负债类账户，其贷方登记的"应交增值税"既是向购货方的收取数，也是销售企业按规定应向国家交纳数，相当于对国家的负债，在不进行预收账款调整的情况下，该账户的贷方就不能进行登记，也就虚减了负债。④虚减当期利润。由于不进行预收账款的调整，相关的收入就不能得以确认，在费用不变的情况下，利润也会减少。

　　（4）企业在本会计期间已经实现但尚未收到款项的应计未收收入的调整。应计未收收入是指企业在本会计期间已经实际对外提供了产品或劳务，但是在会计期末尚未收到货币资金的收入。由于这种收入是在本会计期间赚取的，企业实际上已经获得了向对方收取货款的权利，因而也应确认为当期收入。

　　在权责发生制下，为进行这类收入的核算和调整，应设置"应收账款"账户。这是一个资产类账户。产生应收账款时，记入该账户的借方（表示增加），同时记入实际提供产品期间的收入类账户等。这样，就将应收账款按照其实现期记入了当期收入。这个过程是在会计期末进行的，也是期末会计账项调整的过程。实际收到购货方支付的货款时，记入该账户的贷方（表示减少，即应收账款的收回）。

　　【例13】企业在3月销售产品4 000元，按规定购货方应交增值税680元。月末时货款尚未收到。

　　◆ 企业在3月末时，应在确认款项确实在本月不能收回时填制转账凭证登记入账，确认为本期收入。编制的会计分录为：

　　　　借：应收账款　　　　　　　　　　　　　　　4 680

　　贷：主营业务收入 4 000

　　　　应交税费——应交增值税 680

　　企业销售产品应获得的收入属于企业进行主要经营活动而实现的收入，按照规定，应在"主营业务收入"账户进行核算。这个账户属于收入类账户，记入该账户的贷方，表示当期收入的增加。经过这样的调整，就将应确认为本会计期间的收入计入了本期。

　　◆ 实际收到购货方支付的应收账款时，应填制收款凭证，编制会计分录为：

　　借：银行存款 4 680

　　　贷：应收账款 4 680

　　权责发生制下调整本会计期间已经实现但尚未收到款项的应计未收收入的具体做法见图 6 – 10。

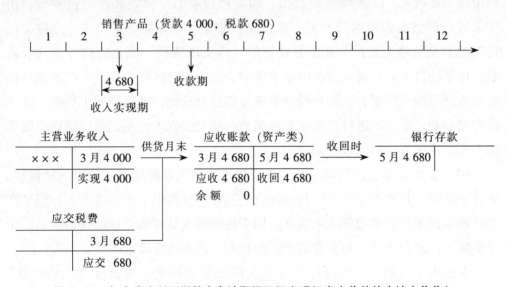

图 6 – 10　权责发生制下调整本会计期间已经实现但尚未收款的应计未收收入

　　将各月份已经实现但尚未收到款项的应计收入计入当月收入的过程就是这种应计收入的调整过程。经过这样的调整，就能正确反映本期收入的实现情况。当然，如果不进行上述调整，也将会产生一定的不良后果：①虚减当期资产。即属于资产性质的"应收账款"账户会由于未进行调整而得不到确认，从而虚减当期资产（债权）；②虚减当期收入。即属于收入性质的"主营业务收入"账户会由于未进行调整而得不到确认，从而虚减当期收入；③虚减当期负债。"应交税费"账户是负债类账户，其贷方登记的"应交增值税"既是向购货方的收取数，也是销售产品企业按规定应向国家缴纳数，相当于对国家的负债，在不进行应收账款调整的情况下，该账户的贷方就不能进行登记，也就虚减了负债。④虚减当期利润。由于不进行应收账款的调整，相关的收入就不能得以确认，在费用不变的情况下，利润也会减少。

需要强调的是，企业进行期末会计账项的调整，不仅会使各个会计期间的应计收入和应计费用能够得以正确确认，而且有利于真实、公允地反映企业的财务状况。由此可见，企业做好期末会计账项的调整是十分必要的。

6.3　资金筹集过程交易或事项的核算

6.3.1　实收资本（股本）的核算

企业为进行生产经营活动，必须以拥有一定数量的资金作为基础。在市场经济条件下，企业筹集资金的渠道主要有由投资者投入、从银行或其他金融机构借入和通过企业发行债券获取等。

实收资本是指投资者投入企业的资本金。吸引投资者向企业投资是企业筹集生产经营所需资金的主要渠道。当投资者将其资金投入企业以后，对企业的资产就具有了一定的要求权，包括分享企业利润的经济权利和参与企业经营管理的法定权利等。这些权利在会计上称为所有者权益。所有者权益包括实收资本（投资者投入的资本金）、资本公积、盈余公积和未分配利润等。在本知识点中主要探讨实收资本的核算方法，关于资本公积、盈余公积和未分配利润等的核算方法将在本章后续内容中讲述。

投资者投入企业的资本按其投资形式不同，可分为货币资金投资、实物资产投资和无形资产投资等。其中第一种投资也称现金资产投资，其他投资形式也称为非现金资产投资；按投资主体不同，可分为国家资本金、法人资本金、个人资本金和外商资本金四种，分别是指由国家、法人单位、个人和国外（境外）商人以投资者身份向企业的投资。资本金实行保全制度，投入企业后，投资者一般不得随意抽回。

📑 **小知识**

我国的《公司法》第二十七条规定：股东可以用货币出资，也可以用实物、知识产权、土地使用权等可以用货币估价并可以依法转让的非货币财产作价出资。但是，法律、行政法规规定不得作为出资的财产除外。

---

1. 账户设置

为进行实收资本（股本）等所有者权益内容的核算，应设置"实收资本"和"资本公积"等总分类账户。

（1）"实收资本"账户，在股份制企业为"股本"账户。属于所有者权益类账户。用以核算企业接受投资者投入的实收资本。经股东大会或类似机构决议，用资本公积转增资本，也在本账户核算。该账户贷方登记按投资者在企业的注册资本或股本中所占份额确定的投入企业资本和按规定由资本公积转增的资本金（增加数）；借方登记企业按法定程序报经批准减少注册的资本和归还投资者的投资等（减少数）。该账户期末为贷方余额，反映企业实有资本或股本总额。该账户可按投资者设置明细账户，进行明细分类核算。

企业收到投资者投资，应按其实际投资数额，或按其在企业的注册资本或股本中所占份额确定的数额入账。其中，以货币资金投资的，应以企业实际收到或者存入企业开户银行的金额，借记"银行存款"账户，贷记本账户；收到投资者投入的非货币资金投资时，应以经协商确认的价值作为投资额入账；收到投资者投入的无形资产形式的投资时，应按照经评估确定的价值作为投资额入账。企业收到投资者的投资超过其在注册资本中所占份额的部分，作为资本溢价或股本溢价，在"资本公积"账户核算，不记入本账户。

（2）"资本公积"账户，属于所有者权益类账户。用以核算企业取得的各种资本公积金。该账户贷方登记企业取得的资本公积数额（增加数），如资本（或股本）溢价等；借方登记资本公积的使用数（减少数），如转增资本金等。该账户期末为贷方余额，反映企业资本公积金的实际结存数。该账户应按资本公积形成的类别设置明细账户，进行明细分类核算。

📑 **小知识**

我国的《公司法》第一百六十七条规定：股份有限公司以超过股票票面金额的发行价格发行股份所得的溢价款以及国务院财政部门规定列入资本公积金的其他收入，应当列为公司资本公积金。

第一百六十八条规定：公司的公积金用于弥补公司的亏损、扩大公司生产经营或者转为增加公司资本。但是，资本公积金不得用于弥补公司的亏损。

法定公积金转为资本时，所留存的该项公积金不得少于转增前公司注册资本的百分之二十五。

企业收到投资者投入的投资，按实际收到的金额或协商确定的价值，借记"银行存款"等资产类账户，贷记"实收资本"账户，按投资者投入企业的资金超过其在注册资本中所占的份额的差额贷记本账户。

2. 关于账户的运用应注意的问题

在处理制造业企业主要交易或事项的过程中，经常会用到相关的账户。因此，在讲述某类交易或事项的核算方法时，都要首先介绍与所核算的内容密切相关的一些重要账户。对这些账户，学习者对每一个账户都应特别注意从以下五个方面重点把握，深刻理解。

（1）账户的经济性质。账户的经济性质是指账户所反映的会计要素内容的性质，即该账户反映的是哪一会计要素的内容。在借贷记账法下，每一类账户都是根据其反映会计要素增减变动的需要而设置的，反映了会计要素某些方面的特定内容。因而，所谓账户的经济性质也就是该账户所反映的某类会计要素的经济性质。例如，"实收资本"账户是用来核算所有者权益会计要素中实收资本这部分内容的，那么，"实收资本"账户的经济性质就属于所有者权益类。可见，账户的经济性质与其所反映的会计要素的经济性质是一致的。明确会计账户的经济性质，对于掌握账户的基本结构，正确的使用账户具有重要意义。

（2）账户的核算内容。即该账户所核算的具体内容。例如，"实收资本"账户就是用来核算实收资本的增减变化及其结果等内容的专门账户。企业发生的实收资本交易或事项，只能在"实收资本"账户中进行核算，而不能记入其他账户。当然，与"实收资本"账户核算无关的其他交易或事项内容也不能记入"实收资本"账户。可见，只有了解了每一个账户的具体核算内容，才能将发生的有关交易或事项登记到应予登记的账户中去，而不至于记错账户。

（3）账户的基本结构。账户的基本结构即发生的增加额和减少额以及余额在账户中的具体登记方法。在借贷记账法下，对每一类账户都设计了特定的结构形式，即在账户的借贷两方中，用哪一方登记增加数，用哪一方登记减少数，有余额应登记在哪一方都有特别规定。只有准确地把握了各类账户的基本结构，才不至于搞错记账方向，才可能正确地使用账户。

（4）明细账户的设置。根据会计核算的要求，大多数总分类账户下需设置明细账户，进行明细分类核算，以便更加详细地反映会计要素的内容。当然，并不是每个总分类账户下都要设置明细账户。但根据会计核算的要求和提供会计信息的需要，某些总分类账户下设置明细账户又是必不可少的。应重点掌握在部分总分类账户下设置明细账户的基本要求，以便于正确设置明细账户，组织会计要素的明细分类核算。

（5）与其他账户之间的对应关系：对交易或事项处理时，一项重要的工作是编制记账凭证上的会计分录，而编制会计分录必然要用到有关的账户，即在分录中写出交易或事项所应登记的账户名称等。编制一笔交易或事项的会计分录时，起码要用到存在对应关系的两个账户。在一定的交易或事项中，账户的对应关系是固定的，不可随意"拉郎配"。因而，应注意把握所接触的每一个账户与其他账户之间可能存在的对应关系，以便于正确利用账户编制记账凭证。

实收资本交易或事项总分类核算的账户设置及有关账户之间的对应关系见图6-11。图6-11也称为会计核算流程图。该图用比较形象直观的形式描述了在交易或事项发生后所涉及的有关总分类账户之间的对应关系，图中的"→"是表示账户之间对应关系的连线；"×××"表示账户的余额或发生额。利用这种流程图方式描述账户的结构及其对应关系，便于对账户内容的直观理解和扎实记忆。

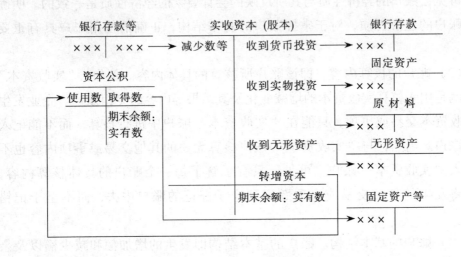

图6-11　实收资本（股本）总分类核算的账户设置及有关账户之间的对应关系

3. 账务处理

账务处理就是根据设置的账户、利用会计凭证，采用复式记账和登记账簿等方法，对发生的交易或事项进行会计处理的过程。

在实务中，当交易或事项发生以后，首先应根据有关原始凭证填制记账凭证，然后再根据记账凭证上编制的会计分录登记有关总账和明细账。为简便起见，在以下的举例中，只说明各项交易或事项应填制记账凭证的名称，列示记账凭证上的会计分录内容。而在会计分录中，一般只写出总分类账户的名称（即总分类科目），明细分类账户的名称只是在必要的情况下写出。在编制记账凭证（会计分录）的基础上，还要将发生的交易或事项登记到有关账户中去，本章主要介绍总分类账户的登记方法，这样的做法称为总分类核算。关于明细分类账户的登记问题，在本章中不做深入探讨，只在必要的情况下加以重点介绍。

现假定长城公司发生如下有关交易或事项：

【例14】企业收到国家（投资者）以货币资金投入的资本金1 000 000元，已存入在银行开立的存款户。

应填制收款凭证，编制的会计分录为：

借：银行存款   1 000 000

 贷：实收资本   1 000 000

【例15】企业收到某单位作为投资投入企业的全新设备一台，确认其价值为150 000元。

应填制转账凭证，编制的会计分录为：

借：固定资产   150 000

 贷：实收资本   150 000

【例16】企业收到某公司一项专利技术投资，经评估确认其价值为50 000元。

应填制转账凭证，编制的会计分录为：

借：无形资产   50 000

 贷：实收资本   50 000

【例17】企业与某外商合作经营，注册资本金为10 000 000元，合同规定双方投资比例各占50%（即各为5 000 000元）。外商以3台设备向企业投资，经评估确认总价值为5 100 000元。

应填制转账凭证，编制的会计分录为：

借：固定资产   5 100 000

 贷：实收资本   5 000 000

  资本公积   100 000

说明：分录中的100 000元是投资者投入企业的投资超过其在企业的注册资本中按投资比例计算的所占份额部分（5 000 000元）的差额（5 100 000 – 5 000 000），按规定应记入"资本公积"账户。

【例18】企业根据合同规定在合作期间归还投资者投资80 000元，已用银行存款支付。

应填制付款凭证，编制的会计分录为：

借：实收资本   80 000

 贷：银行存款   80 000

例14~18中交易或事项总分类核算的账户登记情况见图6–12。

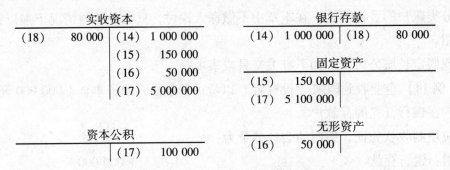

实收资本			银行存款			
(18)	80 000	(14)	1 000 000	(14)	1 000 000	(18)	80 000
		(15)	150 000				
		(16)	50 000	固定资产		
		(17)	5 000 000	(15)	150 000	
				(17)	5 100 000	

资本公积			无形资产	
		(17)	100 000	(16)	50 000

图 6-12　实收资本（股本）总分类核算的账户登记情况

6.3.2　负债的核算

企业的负债交易或事项的种类繁多，包括企业借款的借入与偿还，企业与供应商之间货款的拖欠及偿付，企业与内部职工之间的薪酬计算与支付等。从企业资金筹集的角度看，负债主要体现为企业从银行或其他金融机构借入与偿还借款，企业债券的发行与偿还等。负债是企业筹集生产经营资金的另一条主要渠道。当债权人（银行或其他金融机构和企业发行债券的购买者）将其资金借给企业以后，就对企业具有了按期归还本金和利息的索偿权，这种权利也称债权人权益。对这部分权益，企业必须以资产和劳务等偿还，或用新的负债偿还（即用新的借款偿还原来的借款）。在本部分中，主要探讨与企业的资金筹集有关的负债交易或事项的核算问题，包括短期借款、长期借款和应付债券的核算方法。负债核算的其他一些内容将结合其他相关交易或事项的核算过程予以介绍。

1. 账户设置

为进行短期借款、长期借款和应付债券的核算，应设置"短期借款"、"长期借款"和"应付债券"总分类账户。

（1）"短期借款"账户，属于负债类账户。用以核算企业借入的偿还期在1年或1年以下的各种借款（减少数）。该账户贷方登记企业借入的各种短期借款（增加数）；借方登记企业已经归还的借款。该账户期末为贷方余额，反映企业尚未归还的短期借款本金。该账户应按债权人设置明细账户，进行明细分类核算。

（2）"长期借款"账户，属于负债类账户。用以核算企业借入的偿还期在1年以上的各种借款。该账户贷方登记企业借入的各种长期借款（增加数）；借方登记长期借款的偿还数（减少数）。该账户期末为贷方余额，反映企业尚未归还的长期借款数。该账户应按贷款单位和借款的种类等设置明细账户，进行明细分类核算。对于使用长期借款发生的利息支出，也在本账户核算。

特别提示

对于使用短期借款发生的利息支出，不在"短期借款"账户核算。在实务中，由于企业发生的借款利息一般不是按月支付的，而是在借款期满后随同本金一并偿还，因而，企业对于在借款使用期间应当负担的利息费用，可按权责发生制确认费用的要求，于使用借款的各个月末，按应当负担的利息费用数额采用一定的方式进行账务处理，借记"财务费用"账户，贷记"应付利息"账户。

小知识

由于长期借款还款期限比较长（超过1年），形成的借款利息数额比较大。从其用途来看，也主要是为满足企业进行固定资产购置或建造的需要，如用于购置设备、建造厂房等。因此，发生的利息支出处理应计入所购建固定资产的成本。另外，企业使用长期借款发生的借款利息一般要按期支付，而进行固定资产购建在短期内往往不能形成经济效益，因而，企业对在项目的建设期间应支付的长期借款利息，只能采取用借款还利息的办法，即借入长期借款支付利息。当用借入的借款支付利息后，应借记"在建工程"账户，贷记本账户。

（3）"应付债券"账户，属于负债类账户。用以核算企业为筹集长期经营资金而发行的债券本金和利息。该账户贷方登记企业发行债券的本金及应付利息等（负债增加数。企业发行债券时，一方面会筹集到经营所需资金；另一方面也相应地形成了应向债券的购买者还本付息的义务。债券本金是企业在债券发行期满时必须偿还的一种负债；应付债券利息一般采用分期支付或到期一次性支付的办法，企业在债券发行期间应按利息支付方式计算的各期应负担数，也是企业必须偿还的一种负债；借方登记企业到期归还的债券本息等（负债减少数）。该账户期末为贷方余额，反映企业尚未归还的应付债券本息数。该账户应按"面值"、"应计利息"等设置明细账户，进行明细分类核算。

短期借款、长期借款和应付债券的总分类核算及有关账户之间的对应关系见图6-13。

2. 账务处理

现假定长城公司发生如下有关交易或事项：

【例19】企业取得为期6个月的短期借款 200 000 元，已存入在银行开立

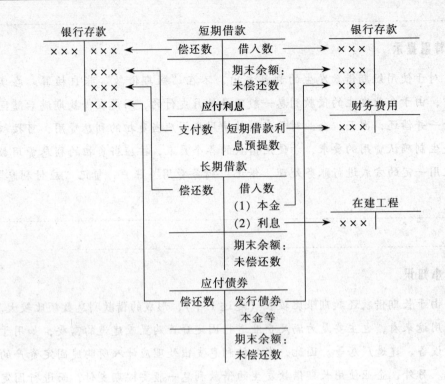

图 6 - 13　短期借款等负债总分类核算的账户设置及
有关账户之间的对应关系

的存款户。

应填制收款凭证，编制的会计分录为：

借：银行存款　　　　　　　　　　　　　　　　　　200 000

　　贷：短期借款　　　　　　　　　　　　　　　　　　　200 000

【**例 20**】企业从银行借入长期借款 100 000 元，用于固定资产的扩建工程。已存入在银行开立的存款户。

应填制收款凭证，编制的会计分录为：

借：银行存款　　　　　　　　　　　　　　　　　　100 000

　　贷：长期借款　　　　　　　　　　　　　　　　　　　100 000

【**例 21**】企业按面值 50 元发行为期 2 年，年利率为 10% 的债券 10 000 张，共获得资金 500 000 元。已存入在银行开立的存款户。

应填制收款凭证，编制的会计分录为：

借：银行存款　　　　　　　　　　　　　　　　　　500 000

　　贷：应付债券　　　　　　　　　　　　　　　　　　　500 000

【**例 22**】企业接到银行通知，用于固定资产扩建工程的长期借款利息为 12 000 元。

应填制转账凭证，编制的会计分录为：

借：在建工程   12 000

    贷：长期借款   12 000

【例23】企业长期借款到期，用银行存款偿还借款本金100 000元，支付利息12 000元。

应填制付款凭证，编制的会计分录为：

借：长期借款   112 000

    贷：银行存款   112 000

例19~例23中交易或事项总分类核算的账户登记情况见图6-14。

短期借款		银行存款	
	（19）　200 000	（19）　200 000	（23）　112 000
长期借款		（20）　100 000	
（23）　112 000	（20）　100 000	（21）　500 000	
	（22）　12 000		
应付债券		在建工程	
	（21）　500 000	（22）　12 000	

表6-14　负债交易或事项总分类核算的账户登记情况

6.4　供应过程交易或事项的核算

6.4.1　供应过程交易或事项的核算——材料采购按实际成本法的核算

供应过程是产品生产企业为进行产品生产所进行的必要准备过程，因此也称生产准备过程。在这个过程中，制造业企业的主要交易或事项是用货币资金购买各种材料物资，为生产经营进行必要的材料物资储备；用货币资金购置设备、购建房屋等，为生产经营提供动力或服务等方面的条件。

材料是制造业企业在产品生产过程中必不可少的物质要素。其特点是：一经投入产品生产或被其他方面耗用，材料就会改变其原有的实物形态，并构成产品实体转化为产品的成本或直接转化为某些方面的费用。其中用于产品生产的材料，其价值会一次全部转移到产品的价值中去，构成产品生产成本的重要组成部分。企业储备的材料也有多种来源方式，如从其他企业购入、自制、由投资者投入和接受其他单位捐赠等。在这部分内容中主要探讨企业购入材料交易或事项的核算方法。

企业购入的材料应由材料管理部门设置专职人员保管。当收入和发出材料时，应办理严格的收发手续，并及时计算材料的成本。企业在材料的日常收发核算中所采用的方法主要有两种：实际成本法和计划成本法。这里先学习实际成本法的内容。所谓实际成本法，是指企业在收入材料和发出材料两个环节上均采用实际成本对所收发的材料进行计价。

1. 材料采购实际成本的构成

无论是采用实际成本法，还是采用计划成本法进行材料收发的日常核算，都需要以材料的实际采购成本为基础。为此，应当了解企业材料采购实际成本的构成。

材料采购实际成本就是为采购一定种类和数量的材料而发生的各种耗费之和。制造业企业材料采购实际成本是由以下两个部分组成的：

（1）买价。材料的买价是指由销货方（供应企业）开给购货方的发票上所开列的货款金额。是购货企业为取得材料而发生的支出中重要的组成部分。

（2）采购费用。材料的采购费用是指企业在将购入材料运达企业，办理验收入库手续的过程中发生的有关费用。包括运输费、装卸费、包装费、保险费、运输途中的合理损耗，以及入库前的挑选和整理费用等。

关于材料采购实际成本的组成内容，可见图 6-15。

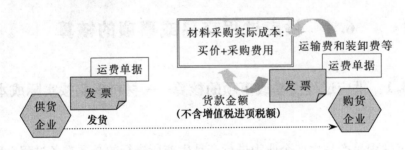

图 6-15　材料采购实际成本的组成内容

2. 账户设置

为进行材料采购交易或事项按实际成本法的核算，应设置"在途物资"、"应交税费"、"原材料"、"预付账款"和"应付账款"等总分类账户。

（1）"在途物资"账户，属于资产类账户，也是材料采购成本的计算账户。用以核算企业外购各种材料的买价和采购费用，确定材料的采购成本。该账户的借方登记外购材料的实际成本（包括买价和采购费用，增加数）；贷方登记已经验收入库的材料的实际成本（减少数）。该账户期末为借方余额，反映企业期末时尚未验收入库的在途材料的实际成本。该账户应按材料的种类等分别设置明细账户，进行明细分类核算。

（2）"应交税费"账户，属于负债类账户。该账户的核算内容比较复杂，在物资采购过程中，企业按照有关规定随同材料买价一并支付给供应企业的增值税（应交增值税——进项税额）是"应交税费"账户核算的重要内容之一。该账户的贷方主要登记企业计算出来的应交税费（增加数）；借方登记的主要是企业已经实际缴纳的税费（减少数）。该账户期末余额方向具有不确定性，为贷方余额时，反映企业欠交的税费；为借方余额时，反映企业多交纳的税费。该账户应按税费的种类等设置明细账户，进行明细分类核算。该账户的其他核算内容，将在后续部分予以介绍。

📝 特别提示

　　进项税额是指纳税人购进货物或者接受应税劳务所支付或者负担的增值税额，进项税额可按有关规定从销项税额中抵扣。销项税额是指纳税人销售货物或者应税劳务，按照销售额和规定的税率计算并向购买方收取的增值税额。销项税额计算公式：销项税额 = 销售额 × 税率，销项税额的税率一般为17%。企业在采购材料过程中所支付的进项税额正是材料销售方所收取的销项税额。

（3）"原材料"账户，属于资产类账户。在采用实际成本法时，用以核算企业库存各种材料实际成本的增减变动及其结余情况。该账户的借方登记外购材料的实际成本（增加数）；贷方登记发出材料的实际成本（减少数）。该账户期末为借方余额，反映企业期末时库存各种材料的实际成本。该账户应按材料的种类及品种、规格等设置明细账户，进行明细分类核算。

（4）"预付账款"账户，属于资产类账户。用以核算企业按照购货合同规定预先付给供应企业的款项。该账户的借方登记预先支付给供应企业的货款和补付的货款等（增加数）；贷方登记收到所购货物的货款抵扣数和收到的供货方退回的多预付款项（减少数）。该账户期末一般为借方余额，反映企业期末时预付账款的结存数。如为贷方余额，反映企业期末时尚未补付的款项。该账户应按供货企业等设置明细账户，进行明细分类核算。在有些预付款项不多的企业，也可以不设该账户，发生预付款项的业务时，直接记入"应付账款"账户的借方。

（5）"应付账款"账户，属于负债类账户。用以核算企业因购买材料、设备和接受劳务等而应付给供货或提供劳务企业的款项。该账户的贷方登记应付而暂时未付的款项（增加数）；借方登记已经支付，或用开出的商业汇票抵付的应付款项（减少数）。该账户期末一般为贷方余额，反映企业期末时尚未偿还的应付款项。该账户应按供应企业的名称设置明细账户，进行明细分类核算。

（6）"应付票据"账户，属于负债类账户。用以核算企业因购买材料、设备和接受劳务等而开出、承兑的商业汇票（具体包括商业承兑汇票和银行承兑汇票两种，都有一定的承付期限）。该账户的贷方登记企业已经开出、承兑的商业汇票（应付数，增加数）或以商业汇票抵付的应付账款；借方登记汇票到期实际支付的款项（减少数）。该账户期末一般为贷方余额，反映企业期末时尚未到期的应付票据本息。企业应设置"应付票据备查簿"进行明细分类核算。

材料采购交易或事项按实际成本法进行总分类核算的账户设置及有关账户之间的对应关系见图6-16。

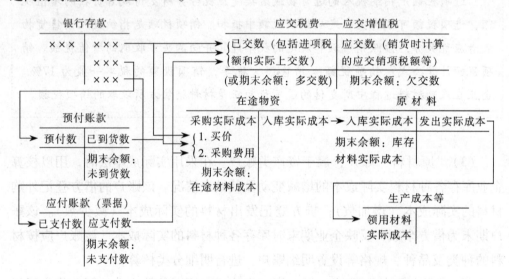

图6-16 材料采购交易或事项按实际成本法进行总分类核算的
账户设置及有关账户之间的对应关系

3. 材料采购实际成本的计算与结转

进行材料采购实际成本的计算与结转，既是确定材料实际成本的过程，也是供应过程交易或事项核算的重要内容。在一定程度上，不进行材料实际成本的计算也就谈不上供应过程交易或事项的会计核算。关于成本计算的具体内容将在第七章中进行全面探讨，这里介绍的只是成本计算中的基本方法。

（1）材料采购实际成本的基本计算方法。由于材料采购成本是由材料的"买价"和"采购费用"两个项目组成的，因而，对材料采购的实际成本可采用下列公式计算：

材料采购实际成本 = 买价 + 采购费用

【例24】企业购买甲材料，买价3 800元，运杂费120元；乙材料买价9 000元，运杂费540元。两种材料的实际成本就可按上述公式计算如下：

甲材料采购实际成本：3 800 + 120 = 3 920（元）

乙材料采购实际成本：9 000 + 540 = 9 540（元）

（2）材料采购实际成本的结转。在计算材料采购实际成本的基础上，办理材料的验收入库手续，将"材料采购"账户归集完整的材料采购成本，结转入"原材料"总分类账户及其明细分类账户，这个过程就是材料采购实际成本的结转过程。

【例25】经计算甲、乙两种材料的实际成本分别为3 920元和9 540元。应从"材料采购"账户结转入"原材料"总分类账户及其明细分类账户。

（3）共同性采购费用的分配方法。在材料采购实际成本计算的过程中，属于为某一种材料所发生的费用应直接计入有关材料的采购成本，例如，在上面的举例中能够明确采购材料对象的各种支出，就应当直接分别计入两种材料的实际成本。但也有例外的情况，有时企业可能会一次性采购多种材料，而且是一起运回企业的。共同性采购费用是指在采购材料过程中，由于同时采购若干种材料而共同发生的运输费、装卸费等。这些费用在发生以后应当由集中采购的各种材料共同负担，需要采用一定的方法将这些费用分配计入各种采购材料的实际成本。

共同性采购费用分配率 = 共同性采购费用 ÷ 分配标准

各种材料应分配的共同性费用 = 分配标准 × 分配率

【例26】企业同时购入甲、乙两种材料，重量分别为2000千克和6000千克。发生共同性运输费480元，要求按重量进行分配。

共同性采购费用分配率 = 480 ÷（2000 + 6000）= 0.06（元/千克）

甲材料应分配共同性运输费 = 0.06 × 2000 = 120（元）

乙材料应分配共同性运输费 = 0.06 × 6000 = 360（元）

4. 账务处理

现假定长城公司发生如下有关交易或事项：

【例27】企业从北方工厂购入甲材料。对方开来的增值税专用发票载明：数量2000千克，单价1.90元，价款3 800元，增值税额为646元，价税款合计为4 446元。已用银行存款支付。

应填制付款凭证，编制的会计分录为：

借：在途物资——甲材料　　　　　　　　　　　　　　　　3 800

　　应交税费——应交增值税　　　　　　　　　　　　　　　646

贷：银行存款　　　　　　　　　　　　　　　　　　　　　4 446

　　【例28】 企业根据合同规定，用银行存款 7 020 元向东方工厂预付购买乙材料价税款。

　　应填制付款凭证，编制的会计分录为：

　　借：预付账款——东方工厂　　　　　　　　　　　　　　　7 020

　　　　贷：银行存款　　　　　　　　　　　　　　　　　　　　　7 020

　　【例29】 企业向东方工厂预付款的乙材料到货。对方开来的增值税专用发票载明：数量6000千克，单价1.00元，价款6 000元，增值税额为1 020元，价税款合计为7 020元。

　　应填制转账凭证，编制的会计分录为：

　　借：在途物资——乙材料　　　　　　　　　　　　　　　　6 000

　　　　应交税费——应交增值税　　　　　　　　　　　　　　1 020

　　　　贷：预付账款——东方工厂　　　　　　　　　　　　　　7 020

📑 小资料

　　供货方开具的增值税专用发票上填列的增值税是购货企业按照有关规定支付给供货企业的一种税金，具体是指增值税中的"进项税额"。"进项税额"是企业以进行产品生产等为目的而购入各种材料物资等时，按照规定应缴纳的一种税金。进项税额的计算方法一般为：材料物资的买价×17%。具体的上交方法是在购买材料物资时，随同材料物资的买价一并先支付给供货企业，再由供货企业计算确定应上交数，并上交税务部门。购货企业在支付"进项税额"以后，应登记在"应交税费——应交增值税"账户的借方，反映已上交的增值税数额。

　　另外，应特别注意：企业缴纳的增值税进项税额属于价外税，即不应计入采购材料的实际成本，而是在"应交税费"账户中单独进行核算。

　　【例30】 企业从东方工厂购入的甲、乙两种材料发生共同性运费480元。按两种材料的重量分配，甲材料应分配120元，乙材料应分配360元（具体计算方法见前面的举例）。

　　应填制付款凭证，编制的会计分录为：

　　借：在途物资——甲材料　　　　　　　　　　　　　　　　120

　　　　　　　——乙材料　　　　　　　　　　　　　　　　　360

贷：银行存款　　　　　　　　　　　　　　　　　　　480

【例31】企业从东方工厂购入乙材料。对方开来的增值税专用发票载明：数量3000千克，单价1.00元，价款3 000元，增值税额为510元，价税款合计为3 510元。另由东方工厂为企业代垫该批材料运输费180元。材料已运达企业，但货款尚未支付。

　　应填制转账凭证，编制的会计分录为：

　　借：在途物资——乙材料　　　　　　　　　　　　　3 180
　　　　应交税费——应交增值税　　　　　　　　　　　　510
　　　贷：应付账款——东方工厂　　　　　　　　　　　　　3 690

　　例31中的代垫运输费，是供应方东方工厂在委托运输部门向长城公司运送材料时为长城公司垫付的，应由长城公司承担的材料运输费，在未支付前，构成长城公司应付给东方公司账款的一部分。

【例32】企业用银行存款3 690元偿还前欠东方工厂货款。

　　应填制付款凭证，编制的会计分录为：

　　借：应付账款——东方工厂　　　　　　　　　　　　3 690
　　　贷：银行存款　　　　　　　　　　　　　　　　　　　3 690

【例33】企业购入的甲、乙两种材料已验收入库。经计算：甲材料实际成本为3 920元（3 800 + 120），乙材料实际成本为9 540元（6 000 + 360 + 3 180）。

　　应填制转账凭证，编制的会计分录为：

　　借：原材料——甲材料　　　　　　　　　　　　　　3 920
　　　　　　——乙材料　　　　　　　　　　　　　　　9 540
　　　贷：在途物资——甲材料　　　　　　　　　　　　　3 920
　　　　　　　　——乙材料　　　　　　　　　　　　　　9 540

　　以上是实际成本法下购入材料的业务处理过程。为了解实际成本法下企业日常材料收发业务的整体情况，也为了与接下来要讲到的计划成本法进行比较，现给出实际成本法下发出材料业务的举例。

【例34】假定企业仓库发出甲材料1000千克用于A产品生产，单价1.96元［购买单价1.90元加运输费每千克0.06元（即用运输费120元除以总重量2000千克）］，实际成本为1 960元（即购入甲材料实际成本3 920元的1/2）。

应填制转账凭证，编制的会计分录为：

借：生产成本——A 产品　　　　　　　　　　　　　　　　1 960

　　贷：原材料——甲材料　　　　　　　　　　　　　　　　　1 960

例27～例34中交易或事项总分类核算的账户登记情况见图6-17。

在会计实务中，对发生的交易或事项既要在有关的总分类账户中登记，又要在这些总账账户所属的明细分类账户中登记，这样的做法叫做平行登记。现将例27～例34中交易或事项发生后登记"在途物资明细分类账"的情况列示如下，见表6-1和表6-2。

银行存款				应付账款		
×××		(27)	4 446	(32) 3 690		(31) 3 690
		(28)	7 020	原　材　料		
		(30)	480	(33) 13 460		(34) 1 960
		(32)	3 690			

预付账款				生产成本	
(28) 7 020		(29)	7 020	(34) 1 960	

在途物资				应交税费——应交增值税	
(27)	3 800	(33)	13 460	(27) 646	
(29)	6 000			(29) 1 020	
(30)	480			(31) 510	
(31)	3 180				

图 6 -17　材料采购交易或事项按实际成本法进行

总分类核算的账户登记情况

表 6 -1　　　　材料采购交易或事项按实际成本法进行明细分类核算的

账户（甲材料）登记情况

在途物资明细分类账

材料名称：甲材料

201×年		凭证号	摘　　要	借　　方			贷　方
月	日			买价	采购费用	合计	
3	5	27	买价（2000 千克）	3 800		3 800	
	8	30	分配运输费		120	120	
	12	33	验收入库				3 920
	31		本期发生额及余额	3 800	120	3 920	3 920

注：日期栏填写的时间为假设；为便于对照和查阅，"凭证号"栏填写的是举例中的业务编号。

表 6 – 2 **材料采购交易或事项按实际成本法进行明细分类核算的**
账户（乙材料）登记情况
在途物资明细分类账

材料名称：乙材料

201×年		凭证号	摘　　要	借　　方			贷　方
月	日			买价	采购费用	合计	
3	5	29	买价（6000 千克）	6 000		6 000	
	8	30	分配运输费		360	360	
	9	31	买价等（3000 千克）	3 000	180	3 180	
	12	33	验收入库				9 540
	31		本期发生额及余额	9 000	540	9 540	9 540

以上购入材料验收入库时"原材料"明细分类核算的账户登记情况见表 6 – 4 和表 6 – 5。

📖 **特别提示**

例 27～例 34 中介绍的是材料采购按实际成本法计价的核算方法之一。在这种方法下，必须设置"材料采购"账户，用以归集各种材料的采购成本。当采购成本归集齐全以后，再结转入"原材料"账户，在"原材料"账户中反映材料的增减变化及其余额。

对材料采购按实际成本法计价核算的另外一种方法是不设置"材料采购"账户，当发生材料采购支出后，直接记入"原材料"账户。在这种方法下，"原材料"账户既要用来归集各种材料的采购成本，又要用来反映材料的增减变化及其余额。

6.4.2 供应过程交易或事项的核算——材料采购按计划成本法的核算

1. 材料采购按计划成本法核算的特点

在实际成本法下，材料的验收入库和材料的发出采用的都是材料的实际成本，实际成本贯穿于材料日常收发核算的全过程。与之相比，计划成本法在核算方法上有两个重要特征。

（1）材料的验收入库和发出均按计划成本计价。材料的计划成本可以理解为是企业在制订材料采购计划时所确定的成本。企业在采购材料前需要制订采购计划，包括采购材料的品种、数量和采购资金需要量等。为确定采购资金的需要量，企业往往要根据历年采购材料的经验，大体先确定所要采购的各种材料的单位成本，并根据材料的采购数量等确定材料采购的全部计划成本。在实务中，企业一般都会根据历年采购材料的经验编制《材料单价目录》，确定每一种材料的单位成本，并作为计算当期采购材料全部计划成本的依据。当企业采用计划成本法时，在材料验收入库和发出材料两个环节的会计核算上就不再采用材料的实际成本，而是采用材料的计划成本。

（2）设置专门账户，核算材料的实际成本与计划成本之间的差异。在采用计划成本法进行材料日常收发交易或事项的核算时，预先确定的计划成本与材料在采购过程中发生的实际成本之间往往会出现一定的差异。在会计上需要专门设置"材料成本差异"账户，对上述差异的结转和分配情况进行核算。

2. 账户设置

为进行材料采购交易或事项按计划成本法的核算，仍应设置"材料采购"、"应交税费"、"原材料"、"预付账款"和"应付账款"等总分类账户，其中大部分账户的结构和用途与采用实际成本法时相同，不再赘述。但个别账户的结构有所变化（如"材料采购"账户）。此外，应增设"材料成本差异"账户。

（1）"材料采购"账户，属于资产类账户，也是材料采购成本的计算账户。在采用计划成本法时，又是计价对比账户。用以核算企业外购各种材料的实际成本（包括买价和采购费用），以及验收入库材料的计划成本。该账户的借方登记外购材料的实际成本（增加数）和结转入"材料成本差异"账户的实际成本小于计划成本的差异（节约差，减少数）；贷方登记已经验收入库材料的计划成本（减少数）和结转入"材料成本差异"账户的实际成本大于计划成本的差异（超支差，减少数）。该账户期末为借方余额，反映企业期末时尚未验收入库的在途材料的实际成本。该账户明细账户的设置方法和明细分类核算方法与实际成本法相同。

（2）"原材料"账户，属于资产类账户。在采用计划成本法时，用以核算企业库存各种材料计划成本的增减变动及其结余情况。该账户的借方登记验收入库材料的计划成本（增加数）；贷方登记发出材料的计划成本（减少数）。该账户期末为借方余额，反映企业期末时库存各种材料的计划成本。该账户明细账户的设置和明细分类核算方法与实际成本法相同。

（3）"材料成本差异"账户，属于资产类账户。用以核算材料的实际成本与计划成本之间的差异。该账户的借方登记从"材料采购"账户结转来的实际成本大于计划成本的超支差（增加数），以及分配计入有关成本、费用的节约差（减少数）；贷方登记从"材料采购"账户结转来的实际成本小于计划成本的节约差（增加数），以及分配计入有关成本、费用的超支差（减少数）。该账户期末余额方向具有不确定性。借方余额反映企业期末时尚未分配的材料成本差异的超支差；贷方余额反映企业期末时尚未分配的材料成本差异的节约差。该账户的明细账户的设置方法和明细分类核算方法与"材料采购""原材料"账户相同。

材料采购交易或事项按计划成本法进行总分类核算的部分账户设置及有关账户之间的对应关系见图 6-18。

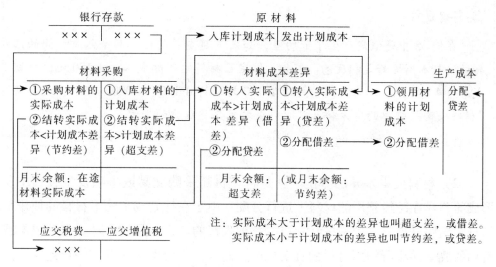

图 6-18 材料采购交易或事项按计划成本法进行总分类核算的部分账户设置及有关账户之间的对应关系

 特别提示

"材料成本差异"账户核算的内容包括超支差和节约差两个方面，具有截然相反的两种性质。即该账户是双重性质账户。

---

3. 材料成本差异的结转与分配

（1）材料成本差异的计算与结转。材料成本差异的计算就是根据"材料采购"账户借方所登记的某种材料的实际成本与其贷方所登记的该种材料的计划成本进行对比，确定二者之间的差异额的过程。材料成本差异的结转是将材料实际成本与计划成本之间的差异从"材料采购"账户结转入"材料成本差异"账户的过程。如果是超支差，应从"材料采购"账户的贷方转入"材料成本差异"账户的借方；如果是节约差，则应从"材料采购"账户的借方转入"材料成本差异"账户的贷方。

【例35】企业购入甲材料实际成本为3 920元，计划成本为4 000元。

在进行账务处理时，其中的实际成本3 920元应登记在"材料采购"账户的借方，而计划成本4 000元（验收入库成本）应登记在该账户的贷方。对比可知，二者之差为节约差80元，即3 920元 – 4 000元 = – 80（元）。应从"材料采购"账户结转入"材料成本差异"账户的贷方。

📑 特别提示

在例35中是假定产生了节约差，如果是超支差的话，两个账户之间的结转做法与本例恰好是相反的。例如，假定乙材料的实际成本为4 150元，计划成本为4 000元，二者之间的差额为150元（即4 150 – 4 000 =150），就应从"材料采购"账户的贷方转入"材料成本差异"账户的借方。

（2）材料成本差异的分配。就是将在材料采购交易或事项发生过程中所形成的差异在已经领用的材料上进行分配。由于在计划成本法下材料的使用部门日常领用材料时，均是按计划成本登记入账的。也就是说，计入有关成本或费用的成本并非所领用材料的真实成本，而与真实成本之间存在一定差异。这样，就有必要在会计期末时采用一定的方法计算和分配领用材料应分摊的材料成本差异，其目的是要将领用材料的计划成本调整为实际成本。

对材料成本差异进行分配时，一般应采用以下两个计算公式：

◆ 材料成本差异率 = [（月初结存材料差异 + 本月收入材料差异）÷

（月初结存材料计划成本 + 本月收入材料计划成本）] × 100%

如果材料成本差异为节约差时，计算出来的差异率应用负号表示，以便同超支差的差异率相区别。

◆ 发出材料应分配差异额 = 某种发出材料计划成本 × 材料成本差异率

【例36】假定上例中的甲材料期初没有余额，在本月也只发生了一项采购甲材料的业务，计划成本为4 000元，形成的材料成本差异为节约差80元。再假定本月发出材料用于产品生产的甲材料的计划成本为2 000元。其成本差异率和应分配差异额可计算如下：

材料成本差异率 = [（ – 80）÷ 4 000] × 100% = – 2%

生产用料应分配差异 = 2 000 × (− 2%) = − 40 （元）

将原来领用材料的计划成本调整为实际成本的基本原理是：

计划成本 ± 材料成本差异 = 实际成本

即在原来领用材料的计划成本基础上，加上或减去其应当负担的材料成本差异（若为超支差时相加；若为节约差时相减）。在会计处理中，对于领用材料应当分配的超支差在有关的成本、费用账户中的借方登记（即与原来领用材料所登记的计划成本方向相同），实际上是在将材料成本差异加到领用材料的计划成本上去，进而达到将原来的计划成本调整为实际成本的目的；对于领用材料应当分配的节约差在有关的成本、费用账户的贷方登记，实际上是在将材料成本差异从领用材料的计划成本中减除，目的也是为了将原来的计划成本调整为实际成本。例如，在例36中，领用甲材料计划成本为2 000元，应分摊的材料成本差异为节约差40元，应从领用材料的计划成本当中减掉。即2 000 − 40 = 1 960 （元）。由此可见，在采用计划成本法时，最终也要将领用材料的计划成本调整为实际成本，结果与实际成本法是殊途同归的。

> **小思考**
>
> 将计划成本法与实际成本法的账务处理程序进行比较可以发现，计划成本法显得更烦琐一些。但为什么企业在原材料的核算上一般都选用这种方法呢？这是由于计划成本法具有如下优点：能够及时组织材料日常收发业务的核算，有利于考核企业材料采购业务的成果，有利于企业进行不同会计期间材料费用支出水平的比较等。因此，在实际工作中，不论大、中、小型企业一般都可采用计划成本法组织材料采购收发业务的核算。由于实际成本法不具备这些优点，一般只被那些规模比较小，日常材料收发业务不多的企业所采用。

4. 账务处理

现假定长城公司发生如下有关交易或事项（注意：其中部分内容与实际成本法的举例相同）：

【例37】企业从北方工厂购入甲材料。对方开来的增值税专用发票载明：数量2 000千克，单价1.90元，价款3 800元，增值税额为646元，价税款合计为4 446元。已用银行存款支付。

应填制付款凭证，编制的会计分录为：

借：材料采购——甲材料　　　　　　　　　　　　　　　3 800

　　应交税费——应交增值税　　　　　　　　　　　　　646

贷：银行存款   4 446

  【例38】 企业以银行存款120元支付甲材料运
输费。

  应填制付款凭证，编制的会计分录为：

  借：材料采购——甲材料   120

   贷：银行存款   120

 特别提示

  例37和例38两项业务的处理方法与实际成本法完全相同。

特别提示

  在计划成本法下，材料验收入库时所编制分录中的金额采用的是计划成本，而不是实际成本。这种做法体现了计划成本法与实际成本法在做法上的根本不同点。

  【例39】 甲材料已验收入库，按计划成本入账。甲材料数量2000千克，每千克计划成本2元，计4 000元。

  应填制转账凭证，编制的会计分录为：

  借：原材料——甲材料   4 000

   贷：材料采购——甲材料   4 000

特别提示

  在计划成本法下，领用材料所编制的会计分录中的金额也是采用计划成本，而不是实际成本。这种做法也不同于实际成本法。

  【例40】 企业仓库发出甲材料1 000千克用于A产品生产，每千克计划成本2元，计划成本为2 000元。

  应填制转账凭证，编制的会计分录为：

  借：生产成本——A产品   2 000

贷：原材料——甲材料　　　　　　　　　　　　　　　　　2 000

【例41】 月末确定材料实际成本与计划成本的差异为节约差 80 元
(4 000 – 3 800 – 120)，予以结转。

应填制转账凭证，编制的会计分录为：

借：材料采购——甲材料　　　　　　　　　　　　　　　　80

　贷：材料成本差异——甲材料　　　　　　　　　　　　　　80

【例42】 月末分配发出材料应负担的成本差异为节约差 40 元。

应填制转账凭证，编制的会计分录为：

借：材料成本差异——甲材料　　　　　　　　　　　　　　40

　贷：生产成本——A 产品　　　　　　　　　　　　　　　40

例 37 ~ 例 42 中交易或事项总分类核算的账户登记情况见图 6 – 19。

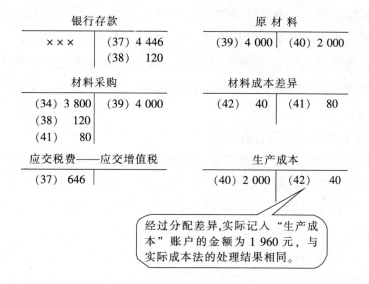

图 6 – 19　材料采购交易或事项按计划成本法进行总分类核算的账户登记情况

6.4.3　供应过程交易或事项的核算——固定资产购置的核算

1. 固定资产的定义

固定资产是指同时具有下列两个特征的有形资产：第一，为生产商品、提供劳务、出租或经营管理而持有。第二，使用寿命超过一个会计期间。

对于从事一定产品生产的企业而言，固定资产是指那些实际应用于产品的生产过程或经营管理的机器设备和房屋、建筑物等。在生产经营过程中，有些固定资产直接用于产品的生产过程，作为劳动资料起着把劳动者的劳动传导到劳动对象上去的作用，如机器设备、生产工具等；有些固定资产起着辅助生产的作用，如运输工具、动力设备等；还有一些固定资产是作为生产过程的必要条件而存在的，如房屋和建筑物等。

固定资产的使用寿命是指企业使用固定资产的预计期间，或者该固定资产所能生产产品或提供劳务的数量。对固定资产的使用寿命可以根据其在企业的生产产品和提供劳务等过程中存续的会计期间来确定，如一栋自行建造的用于产品生产的厂房，可以根据它的建筑质量以及被使用的程度等，预先估计出一个比较合理的使用年限，这个预计的使用年限就是该厂房的预计使用寿命。此外，对某项固定资产的使用寿命，也可以按照该固定资产所能生产产品或提供劳务的数量来预计。如一台用于产品运输的汽车可以行驶多少万公里，一台用于维修服务的设备正常可以使用多少个工时等，都可以作为预计这类固定资产使用寿命的标准。但不论采用什么方法对固定资产的使用寿命进行预计，其预计可使用年限应超过一个会计期间。

将一项资产确认为企业的固定资产，必须符合以上关于固定资产的定义。但要将一项资产确认为企业的固定资产，还必须同时满足以下两个条件。第一，该固定资产包含的经济利益很可能流入企业。第二，该固定资产的成本能够可靠计量。

2. 固定资产的计量与计量属性

（1）固定资产的计量。固定资产的计量是指以货币为计量单位计算固定资产的价值额，是进行固定资产价值核算的重要内容。固定资产的计量包括初始计量和后续计量（固定资产在使用过程中发生的折旧额的计算与确认）两个方面。初始计量是指企业在以不同方式取得固定资产时对固定资产成本的确认和计算。①企业外购固定资产的成本，包括购买价款、进口关税和其他税费，使固定资产达到预定可使用状态前所发生的可归属于该项资产的场地整理费、运输费、装卸费、安装费、专业安装人员的劳务费和测试费等。②企业自行建造固定资产的成本，由建造该项资产达到预定可使用状态前所发生的必要支出构成。包括发生的材料费和人工费等。如果自行建造的固定资产的项目资金来自于银行的长期借款，其在建设期间所发生的应计入固定资产成本的借款费用，也应计入固定资产的成本。③由投资者投入固定资产的成本，应当按照投资合同或协议约定的价值确定。④融资租赁固定资产。融资租赁是指实质上转移了与资产所有权有关的全部风险和报酬的租赁。在租赁期开始日，承租企业应当将租赁开始日租赁资产公允价值与最低租赁付款额现值两者中较低者作为租入资产的入账价值。承租人在租赁谈判和签订租赁合同过程中发生的，可归属于租赁项目的手续费、律师费、差旅费、印花税等初始直接费用，应当计入租入资产价值。此外，由于企业合并、非货币性资产交换和债务重组等也会取得固定资产，它们的成本也应根据具体情况和企业会计准则的规定采用不同的计量方法。

（2）固定资产的计量属性。企业在将符合固定资产定义和确认条件的固定资产登记入账并列报于会计报表时，应当按照规定的会计计量属性进行计量，确定其金额。固定资产的计量属性主要包括历史成本、重置成本、可变现净值、现值和公允价值。

企业为进行产品生产和经营管理等活动，离不开房屋、建筑物和机器设备等固定资产。因此，用筹集的资金购置或建造必要的固定资产，为生产经营提供不可或缺的劳动资料，就构成了企业十分重要的交易或事项。其中购置一般是指企业利用其货币资金直接购买固定资产，如购买生产经营管理上所需用的设备等，建造则是指企业需要兴工动料新建或改扩建固定资产，如产品生产经营管理上所需用的房屋、建筑物等。在本部分中，只探讨固定资产购置交易或事项的核算方法。

3. 账户设置

为进行固定资产购置交易或事项的核算，应设置"固定资产"和"在建工程"等总分类账户。

（1）"固定资产"账户，属于资产类账户。用以核算企业固定资产的原价，即固定资产的实际成本。该账户的借方登记以各种方式形成的固定资产的原始价值（增加数）；贷方登记由于各种原因而减少的固定资产的原始价值（减少数）。该账户期末为借方余额，反映企业期末固定资产的原始价值。该账户应按固定资产类别、使用部门和单项固定资产设置明细账户，进行明细分类核算。对于固定资产在使用过程中发生的价值损耗，即固定资产的折旧额，不在本账户核算，而是专门设置"累计折旧"账户进行核算。

（2）"在建工程"账户，属于资产类账户。用以核算企业进行设备安装工程（包括需要安装设备的购买价值）、自行建造固定资产工程等发生的实际支出。该账户的借方登记进行设备安装或建造工程的施工所发生的全部支出（增加数）；贷方登记安装或建造工程完成后结转入"固定资产"账户的工程实际成本（减少数）。该账户期末为借方余额，反映企业期末尚未完工的在建工程所发生的各项实际支出。该账户应按建筑工程、安装工程等设置明细账户，进行明细分类核算。

（3）"应交税费"账户，属于负债类账户。该账户的核算内容及使用方法在前面已经做了一定介绍。在固定资产购置过程中，企业按规定随同所购置固定资产的买价一并支付给供应企业的增值税（应交增值税——进项税额）也是"应交税费"账户核算的重要内容之一。

> **特别提示**
>
> 2009 年之前，在我国部分试点地区的企业购置固定资产缴纳的进项税额允许计入固定资产购置成本。自 2009 年 1 月 1 日起，根据财政部、国家税务总局《关于全国实施增值税转型改革若干问题的通知》的要求，增值税一般纳税人购进（包括接受捐赠、实物投资）或者自制（包括改扩建、安装）固定资产发生的进项税额，可根据有关规定，从进项税额中抵扣，其进项税额应当记入"应交税费——应交增值税——进项税额"账户。因此，企业购进设备和原材料一样，应按正常办法直接抵扣其进项税额，而不应计入其购置成本。

固定资产购置交易或事项的总分类核算及有关账户之间的对应关系见图6－20。

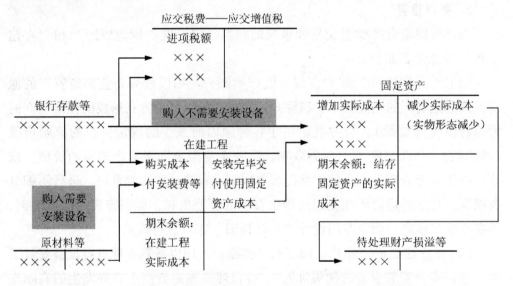

图6－20　固定资产购置业务的总分类核算及有关账户之间的对应关系

4. 账务处理

现假定长城公司发生如下有关交易或事项：

【**例43**】企业购入不需要安装的设备 1 台，买价 18 000 元，运输费 1 500 元，包装费 500 元。增值税进项税额为 3 400 元。全部款项已经用银行存款支付。

应填制付款凭证，编制的会计分录为：

借：固定资产　　　　　　　　　　　　　　　　　　　20 000

　　应交税费——应交增值税　　　　　　　　　　　　 3 400

贷：银行存款　　　　　　　　　　　　　　　　　234 000

　　【例44】企业购入需要安装的设备1台，买价86 000元，包装费和运输费2 400元。增值税进项税额为15 028元。全部款项已经用银行存款支付。在企业组织本企业技术人员对该设备进行安装过程中，耗用原材料4 500元，发生人工费2 100元。

　　分析：这项业务实际上包括了两种性质的内容，一种是用货币资金支付设备买价和运输费的付款业务，另一种是没有支付货币资金，但发生了安装费用的转账业务（应付本企业技术人员工资和发生的材料费）。在实际工作中，如果企业采用的是专用记账凭证应填制两张记账凭证（付款凭证和转账凭证）分别编制会计分录。

　　首先，应填制付款凭证，编制的会计分录为：

　　借：在建工程　　　　　　　　　　　　　　　　　88 400
　　　　应交税费——应交增值税　　　　　　　　　　15 028
　　　　贷：银行存款　　　　　　　　　　　　　　　103 428

　　其次，应填制转账凭证，编制的会计分录为：

　　借：在建工程　　　　　　　　　　　　　　　　　6 600
　　　　贷：原材料　　　　　　　　　　　　　　　　4 500
　　　　　　应付职工薪酬　　　　　　　　　　　　　2 100

📝 特别提示

　　例44中是假定设备的安装是由本企业技术人员进行的，发生的人工费可以通过"应付职工薪酬"账户（负债类）核算，记入贷方表示对本企业职工负债的增加。如果设备的安装是由企业聘请外部的技术人员进行的，发生的人工费则不能通过"应付职工薪酬"账户核算，而应用现金或银行存款向提供劳务的企业或个人支付安装费，支付时应贷记"库存现金"或"银行存款"账户。

　　【例45】例44中的设备安装完毕，经验收合格交付使用，结转其实际成本。

　　应填制转账凭证，编制的会计分录为：

　　借：固定资产　　　　　　　　　　　　　　　　　95 000
　　　　贷：在建工程　　　　　　　　　　　　　　　95 000

　　例43～例45中交易或事项总分类核算的账户登记情况见图6-21。

银行存款		
×××	(43)	23 400
	(44) ①	103 428

固定资产		
(43)	20 000	
(45)	95 000	

原　材　料		
	(44) ②	4 500

在建工程			
(44) ①	88 400	(45)	95 000
(44) ②	6 600		

应付职工薪酬		
	(44) ②	2 100

应交税费——应交增值税		
(43)	3 400	
(44) ①	15 028	

图 6-21　固定资产购置交易或事项总分类核算的账户登记情况

6.5　生产过程交易或事项的核算

6.5.1　生产费用与生产成本的定义

1. 生产费用的定义

生产费用是企业在一定会计期间内为生产产品而发生的用货币表现的生产耗费。

生产过程是制造业企业的生产经营活动最具特色的过程，也是对企业资产的耗费过程。在这一过程中，企业为了取得收入而生产产品或提供劳务，必然会发生各种各样的耗费，包括原材料等劳动对象的耗费和机器设备等劳动资料和劳动力等方面的耗费。这些耗费称为生产费用，发生以后应计入产品的生产成本。除产品生产耗费外，企业在经营活动中还会发生其他方面的耗费。如销售费用、管理费用和财务费用等。这些费用与产品的生产没有直接关系，发生以后不计入产品的生产成本，而是作为期间费用处理，即直接计入发生当期的费用。

> 📝 **特别提示**
>
> 生产费用与会计要素中的费用有着本质上的区别。生产费用只表明产品的生产对企业资产的消耗，但这种费用与企业进行产品的销售而实现的收入之间没有直接的联系。而会计要素中的"费用"则一般是指与企业实现的收入存在直接联系的费用，具体是指企业为取得营业收入进行产品生产和销售、提供劳务等主营业务活动（也称基本业务活动）、其他业务活动以及对外投资活动所发生的耗费。具体包括主营业务成本、营业税金及附加、其他业务成本、投资损失和各种期间费用等。期间费用包括销售费用、管理费用和财务费用，是属于直接计入发生当期费用的一种费用，也是会计要素"费用"范畴的组成内容。

2. 生产成本的定义

企业发生的生产费用按一定种类和数量的产品进行归集，就形成了产品的生产成本，也称制造成本。

企业发生的生产费用，应按照一定的方法计入所生产的产品成本当中去，按照一定的对象进行归集以后，就构成了产品的生产成本。由此可见，生产费用与生产成本既存在着密切联系，又有着严格区别。生产费用是计算产品生产成本的基础，而生产成本则是对象化了的费用。一般认为：生产费用总是同一定的生产期间相联系的，而生产成本却是与一定的产品对象（也称成本计算对象）相联系的。对生产费用与生产成本之间的关系可通过图6-22加深理解。

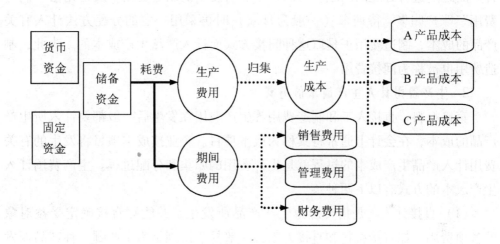

图6-22　生产费用与生产成本之间的关系

6.5.2　生产费用的组成内容及计入生产成本的方式

1. 生产费用的组成内容

企业的生产费用主要由直接材料、直接人工和制造费用三个部分组成：

（1）直接材料。直接材料是指企业在产品生产过程中消耗并构成产品实体的原料、主要材料以及有助于产品形成的辅助材料、设备配件和外购的半成品等。

（2）直接人工。直接人工是指企业支付给直接参加产品生产的工人的工资，以及按生产工人工资总额一定比例计算提取并计入产品生产成本的职工福利费等。

（3）制造费用。制造费用是指直接作用于产品生产，但在发生后不便于直接计入产品成本的费用，以及间接作用于产品生产的各项费用。如企业的生产部门管理人员的工资及职工福利费、生产车间固定资产的折旧费和修理费、物料消耗、办公费、水电费、保险费和劳动保护费等。

直接材料和直接人工两项生产费用一般易于辨别为生产哪一种产品而发生的，因而在发生时就可按照成本计算对象进行归集，直接计入所生产产品的成本。由于这两项生产费用是可以直接计入产品生产成本的，因而，也被称为直接费用。制造费用包含的内容比较复杂，发生的频率也比较高。如生产车间为产品生产发生的机器设备使用费，车间管理人员的工资和办公费等。这些费用虽然也与产品生产有关，最终也要计入产品的生产成本，但每发生一笔就计入一笔显得比较麻烦。特别是在生产多个品种产品的情况下，还涉及这些费用在各产品之间进行分配的问题。因而，企业对发生的制造费用一般是先在"制造费用"账户归集，待期末（一般为月末）时再采用一定的分配方法计入有关产品的成本，制造费用正是以这种间接方式而计入产品生产成本的。为此，制造费用也被称为间接费用。

2. 生产费用计入生产成本的方式

直接材料、直接人工和制造费用等生产费用在发生后一般都要计入所生产产品的成本，在会计上通常将其称为成本项目。企业按成本项目将发生的有关费用计入产品生产成本的过程就是生产费用的归集和分配过程。生产费用计入生产成本的方式有以下两种：

（1）直接计入。是指直接为生产产品所发生，并能够直接确定受益对象的各项费用，如直接材料和直接人工，一般易于辨别是为生产哪一种产品而发生的，因而在发生时就可按照成本计算对象进行归集，直接计入所生产产品的成本。由于这两项生产费用是可以直接计入产品生产成本的，因而，也被称为直接费用。

（2）间接计入，或称分配计入。是指为生产产品所发生的制造费用。制造费用的内容比较复杂，包括产品生产车间为产品生产发生的机器设备使用费，车间管理人员的工资和办公费等。这些费用虽然也与产品生产有关，最终也要计入产品的生产成本，但每发生一笔就计入一笔显得比较麻烦，也不符合会计核算的成本效益原则。因而，企业对发生的制造费用一般是平时先利用"制造费用"账户归集其在当期的发生额，待期末（一般为月末）时再采用一定的分配方法计入有关产品的成本。可见，制造费用正是以这种间接方式而计入产品生产成本的，相对于直接材料和直接人工资等直接费用，制造费用也被称为间接费用。

生产费用的组成内容及其计入产品生产成本的一般程序见图 6-23。

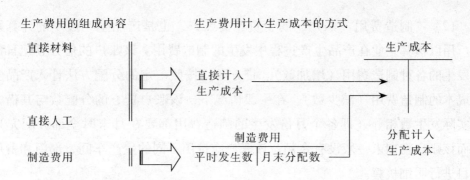

图 6 – 23 生产费用组成内容及其计入生产成本的一般程序

6.5.3 直接材料费用的归集与分配

直接材料费是指企业在产品生产过程中所发生的原材料或其他物料的消耗，是生产费用的重要组成部分。对直接材料费可以在发生时直接计入产品生产成本，也可以在月末时，根据按用途编制的"发出材料汇总表"的汇总结果计入产品生产成本。如果生产车间领用的材料不是用于产品的生产，而是用于车间或设备的维修护理等，应先计入制造费用，而不应直接计入产品生产成本。

1. 账户设置

为进行直接材料费用的归集与分配的核算，应设置"生产成本"和"制造费用"等总分类账户。

（1）"生产成本"账户，属于资产类账户，也是产品生产成本的计算账户。用以核算企业在产品生产过程中发生的各种费用，计算确定产品的生产成本。该账户的借方登记由于进行产品生产而发生的直接材料、直接人工和制造费用（增加数）；贷方登记结转的已生产完工产品的实际成本（减少数）。该账户期末为借方余额，反映企业期末时尚未完工产品（即在产品）的实际成本。该账户应按成本核算对象（如产品的品种、类别、订单、批别、生产阶段等）设置明细账，并按照规定的成本项目设置专栏，进行明细分类核算。

📋 **特别提示**

当"生产成本"账户有期末余额时，说明企业存在在产品，在产品也是企业的资产，并且是流动资产中"存货"的组成内容。

（2）"制造费用"账户，属于资产类账户，也是产品生产成本的计算账户。用以核算企业在产品生产过程中发生的制造费用。该账户的借方登记日常所发生的各种制造费用（增加数）。贷方登记按照一定的分配方法计入产品生产成本的制造费用（减少数）。在一般情况下，该账户贷方的分配数与其借方的实际发生数相等（即各个月份发生的制造费用都要在月末时全部分配完），因而该账户在期末一般没有余额。该账户应按照不同的生产车间、部门和费用项目进行明细核算。

> ### 特别提示
>
> "生产成本"和"制造费用"两个账户，是在生产过程交易或事项核算的整个过程中都要采用的账户。不仅在直接材料费用的归集与分配的核算中要用到，而且在直接人工费用和制造费用的核算中也会用到。关于这两个账户的其他核算内容在下面会陆续介绍。

（3）"原材料"账户，属于资产类账户。用以核算企业库存各种材料的增减变动及其结余情况。该账户的借方登记外购（或自制等）材料的实际成本（或计划成本，增加数）；贷方登记发出材料的实际成本（或计划成本，减少数）。该账户期末为借方余额，反映企业期末时库存各种材料的实际成本（或计划成本）。该账户应按材料的种类、品种和规格等设置明细账户，进行明细分类核算。

> ### 特别提示
>
> "原材料"账户已经在介绍供应过程交易或事项的核算方法时讲到，可参见前面讲过的内容。另外，"原材料"账户不仅在直接材料的归集与分配业务的核算中要用到，而且在制造费用的核算中也会用到。

直接材料费用归集与分配总分类核算的账户设置及有关账户之间的对应关系，见图6-24。

2. 账务处理

现假定长城公司发生如下事项：

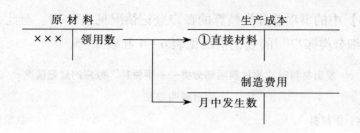

图 6-24　直接材料费用归集与分配总分类
核算的账户设置及其对应关系

【例 46】企业根据当月各种领料凭证编制的"领料汇总表"见表 6-3。

表 6-3　　　　　"领料汇总表"所反映的本月发出材料的用途及金额等情况

领料汇总表

用　　途	甲材料			乙材料			金额合计
	数量	单价	金额	数量	单价	金额	
制造产品耗用							
A 产品	1000	2.00	2 000				2 000
B 产品				4000	1.10	4 400	4 400
制造部门一般耗用				600	1.10	660	660
合　　计	1000	2.00	2 000	4600	1.10	5 060	7 060

📖 **特别提示**

表 6-3 中的"金额"是材料的实际成本。另外，本例中的甲、乙两种材料就是在供应过程中购入的材料。但表中的单价是按加权平均法重新计算的。计算公式为：（月初结存成本＋本月购入成本）÷（月初结存数量＋本月购入数量），这种情况参见下面的原材料明细账。

应填制转账凭证，编制的会计分录为：

借：生产成本——A 产品　　　　　　　　　　　　　　　　2 000
　　　　　　　——B 产品　　　　　　　　　　　　　　　　4 400
　　制造费用　　　　　　　　　　　　　　　　　　　　　660
　　贷：原材料——甲材料　　　　　　　　　　　　　　　2 000
　　　　　　　　——乙材料　　　　　　　　　　　　　　　5 060

【**例46**】中的事项总分类核算的账户登记情况见表6-4。至此，长城公司"原材料明细分类账户"的登记情况见表6-4和表6-5。

表6-4　　　　　发出材料时"原材料明细分类——甲材料"账户的登记情况

原材料明细账

材料名称：甲材料 数量单位：千克

201×年		凭证号	摘　要	借　方			贷　方			余　额		
月	日			数量	单价	金额	数量	单价	金额	数量	单价	金额
3	1		月初余额							2000	2.04	4 080
	20	33	入库	2000	1.96	3 920				4000	2.00	8 000
	24	46	发出				1000	2.00	2 000	3000	2.00	6 000
3	31	—	本月合计	2000	1.96	3 920	1000	2.00	2 000	3000	2.00	6 000

表6-5　　　　　发出材料时"原材料明细分类——乙材料"账户的登记情况

原材料明细账

材料名称：乙材料 数量单位：千克

201×年		凭证号	摘　要	借　方			贷　方			余　额		
月	日			数量	单价	金额	数量	单价	金额	数量	单价	金额
3	1		月初余额							1000	1.46	1 460
	20	33	入库	9000	1.06	9 540				10000	1.10	11 000
	24	46	发出				4600	1.10	5 060	5400	1.10	5 940
3	31	—	本月合计	9000	1.06	9 540	4600	1.10	5 060	5400	1.10	5 940

6.5.4　直接人工费用的归集与分配

直接人工费用是指企业在产品生产过程中所发生的人工方面的消耗，也是生产费用的重要组成部分。直接人工费用包括企业应当支付给企业职工的工资和按工资总额的一定比例提取的职工福利费等。应付职工的工资总额，一般应根据工资的不同计算方法定期进行计算，同时应根据工资的不同用途分配计入成本或有关费用：如产品生产工人的工资应直接计入产品生产成本，车间管理人员的工资应计入制造费用等。职工福利费是企业按照国家的有关规定根据工资总额的一定比例（一般为14%）计算提取形成的。提取后允许计入产品的生产成本，并通过产品的销售收回资金，专门用于职工福利支出，如职工的生活困难补助等。

1. 账户设置

为进行直接人工费用归集与分配的核算，应设置"应付职工薪酬"、"生产成本"和"制造费用"等总分类账户。

（1）"应付职工薪酬"账户，属于负债类账户。用以核算企业应付职工（包括生产工人、生产单位管理人员和企业管理人员等）的薪酬总额。该账户的贷方登记应付职工薪酬总额（增加数），并应按工资的不同用途记入有关的成本、费用账户，即薪酬的分配；借方登记实际支付给职工的薪酬等（减少数）。该账户期末为贷方余额，反映企业应付未付的职工薪酬。该账户可按"工资"、"职工福利"和"工会经费"等设置明细账户，进行明细分类核算。

（2）"生产成本"账户、"制造费用"账户。这两个账户在前面已讲述，可参见"直接材料费用的归集与分配"部分的有关内容。

直接人工费用归集与分配总分类核算的账户设置及有关账户之间的对应关系见图 6 –25。

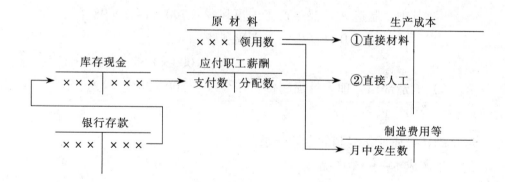

图 6 –25 直接人工费用归集与分配总分类
核算的账户设置及其对应关系

2. 账务处理

现假定长城公司发生如下有关交易或事项：

【例47】企业计算出本月应付职工工资如下：

（1）生产工人工资：	1 700 元
其中：制造 A 产品生产工人工资	700 元
制造 B 产品生产工人工资	1 000 元
（2）制造部门管理人员工资：	300 元
合　　计	2 000 元

应填制转账凭证，编制的会计分录为：

借：生产成本——A 产品   700

   ——B 产品   1 000

 制造费用   300

 贷：应付职工薪酬   2 000

【例 48】 企业从银行提取现金 2 000 元备发工资。

应填制银行付款凭证，编制的会计分录为：

借：库存现金   2 000

 贷：银行存款   2 000

【例 49】 企业用现金 2 000 元支付职工工资。

应填制现金付款凭证，编制的会计分录为：

借：应付职工薪酬   2 000

 贷：库存现金   2 000

【例 50】 企业按工资总额的 14% 计算提取职工福利费如下：

 （1）生产工人福利费：

   其中：制造 A 产品生产工人福利费 $700 \times 14\% = 98$（元）

      制造 B 产品生产工人福利费

           $1\ 000 \times 14\% = 140$（元）

 （2）制造部门管理人员福利费： $300 \times 14\% = 42$（元）

    合 计   280 元

应填制转账凭证，编制的会计分录为：

借：生产成本——A 产品   98

   ——B 产品   140

 制造费用   42

 贷：应付职工薪酬   280

例 47 ~ 例 50 中交易或事项总分类核算的账户登记情况见图 6 - 25。

6.5.5　制造费用的归集与分配

  制造费用是指企业的各生产部门（如生产车间等）为组织和管理生产所发生的各项费用。包括制造部门管理人员的工资和福利费、固定资产的折旧费和办公费等。这些费用在发生时一般不能直接确定受益对象，如企业在同时生产多种产品的情况下，发生的制造部门管理人员的工资就是为组织和管理这些产品的生产而共同发生的，由于当期的产品生产活动尚未结束，究竟每一种产品应当分配多少，就很难直接确定。因此，只能在期末时采用一定的方法进行分配计入各种产品的成本。这样，平时发生的制造费用就需要专门设置账户进行归集，以便于在期末时进行分配。

1. 账户设置

为进行制造费用归集与分配的核算，应设置"制造费用"、"生产成本"、"累计折旧"和"长期待摊费用"等总分类账户。

（1）"制造费用"账户与"生产成本"账户。均为资产类账户，同属于企业用以核算产品生产成本的专门账户。这两个账户在前面已经介绍，不再详述。

（2）"累计折旧"账户，属于资产类账户。用以核算企业的固定资产在使用过程中累计损耗的价值。该账户的贷方登记按月计算提取的固定资产折旧数和盘盈固定资产的已提折旧数等（增加数）；借方登记处置、清理和盘亏固定资产的已提折旧额（减少数）。该账户期末为贷方余额，反映企业期末时累计折旧的实有数额。该账户应按固定资产的类别等分别设置明细账户，进行明细分类核算。

📋 **特别提示**

"累计折旧"账户是一个在基本结构上非常特殊的资产类账户。这种特殊结构是根据会计核算的需要而特别设计的。因为在固定资产的核算中，要求"固定资产"账户应当始终保持有原始价值（实际成本）记录，这样，就需要设置和运用"累计折旧"账户，单独反映固定资产的累计损耗（减少）的价值。从反映的经济内容角度看，它与"固定资产"账户一样，都属于反映资产要素的内容，因此，该账户的经济性质仍属于资产类。但从该账户所反映的具体内容看，它与"固定资产"账户反映的实际成本又有着截然相反的含义，实质上是固定资产实际成本的减少。为体现"累计折旧"账户所反映的这种特殊内容，在结构上就设计成了与正常的资产类账户方向相反的另一种结构。在会计上，利用这两个账户的余额，可以计算出企业固定资产的折余价值，即固定资产净值。由此可见，"累计折旧"账户对"固定资产"账户具有一定的调整作用，为此，"固定资产"在账户按用途和结构分类时也被称为被调整账户，"累计折旧"账户被称为调整账户。

（3）"长期待摊费用"账户。属于资产类账户。该账户是企业在采用权责发生制基础确认费用时，为进行有关费用的调整所设置的专门账户，其结构及

使用方法参见本章"权责发生制下期末会计账项的调整"部分的有关内容，不再详述。

制造费用归集与分配总分类核算的账户设置及有关账户之间的对应关系见图 6-26。

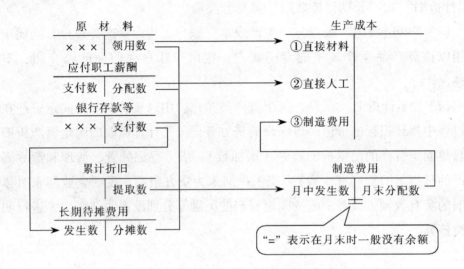

图 6-26 制造费用归集与分配总分类核算的账户

设置及其对应关系

2. 制造费用的分配方法

企业进行制造费用分配时，一般要运用以下两个计算公式，公式中的"分配标准"可以是生产工人工资总额和产品的数量等。

◆ 制造费用分配率＝本月发生制造费用总额÷分配标准

◆ 某种产品应负担的制造费用＝分配标准×制造费用分配率

【例51】企业本月发生制造费用总额为 2 550 元，以生产工人工资总额为标准进行分配。生产 A、B 两种产品的生产工人工资总额为 1 700 元。其中，A 产品生产工人工资总额为 700 元，B 产品生产工人工资总额为 1 000 元。计算如下：

制造费用分配率＝2 550÷1 700＝1.5

以上计算结果说明：每 1 元生产工人工资总额应分配制造费用 1.5 元。

A 产品应分配制造费用＝700×1.5＝1 050（元）

B 产品应分配制造费用＝1 000×1.5＝1 500（元）

采用以上方法，就可将本月发生的制造费用 2 550 元在两种产品上进行了合理分配。之后，在通过账务处理，将分配的制造费用从"制造费用"账户结转入"生产成本"账户后,"制造成本"账户就不再有余额。

3. 账务处理

现假定长城公司发生如下有关交易或事项:

【例52】企业用银行存款支付生产车间本月发生的办公费108元。

应填制付款凭证,编制的会计分录为:

借:制造费用　　　　　　　　　　　　　　　　　　　　　　108
　贷:银行存款　　　　　　　　　　　　　　　　　　　　　　　108

【例53】企业用银行存款支付本月生产车间发生的水电费240元。

应填制付款凭证,编制的会计分录为:

借:制造费用　　　　　　　　　　　　　　　　　　　　　　240
　贷:银行存款　　　　　　　　　　　　　　　　　　　　　　　240

【例54】月末,分摊应由本月负担的长期待摊费用200元。

按照权责发生制会计处理基础要求,应填制转账凭证,编制的会计分录为:

借:制造费用　　　　　　　　　　　　　　　　　　　　　　200
　贷:长期待摊费用　　　　　　　　　　　　　　　　　　　　　200

【例55】企业用银行存款支付生产车间人员差旅费300元。

应填制付款凭证,编制的会计分录为:

借:制造费用　　　　　　　　　　　　　　　　　　　　　　300
　贷:银行存款　　　　　　　　　　　　　　　　　　　　　　　300

【例56】月末,企业计提生产车间固定资产折旧700元。

应填制转账凭证,编制的会计分录为:

借:制造费用　　　　　　　　　　　　　　　　　　　　　　700
　贷:累计折旧　　　　　　　　　　　　　　　　　　　　　　　700

【例57】月末,按生产A、B两种产品生产工人工资总额比例分配制造费用,并计入产品生产成本。本月发生制造费用总额为2 550元,按生产工人工资总额为标准分配,A产品生产工人工资总额为700元,B产品生产工人工资总额为1 000元。经计算,A产品应分配制造费用1 050元,B产品应分配制造费用1 500元。

应填制转账凭证,编制的会计分录为:

借:生产成本——A产品　　　　　　　　　　　　　　　1 050
　　　　　——B产品　　　　　　　　　　　　　　　　1 500
　贷:制造费用　　　　　　　　　　　　　　　　　　　　　2 550

例52～例57中交易或事项总分类核算的账户登记情况见图6-25。

6.5.6 完工产品成本的计算与结转

1. 完工产品成本的计算

完工产品是指已经完成了全部生产工序的产品。在月末时，企业应对本月已经生产完工的产品进行成本计算，并将生产完工产品的实际成本从"生产成本"账户结转入反映产成品成本的"库存商品"账户。可见，完工产品成本的计算是完工产品成本结转的前提。

计算完工产品成本的基本公式为：

$$\text{本月完工产品成本} = \text{该产品月初在产品成本} + \text{本月新发生的费用} - \text{月末在产品成本}$$

该计算公式中的各项均应具体包括直接材料、直接人工费用和制造费用三种费用。所生产的产品如果存在"月初在产品成本"，说明该产品是以前月份投入生产的，"月初在产品成本"即为该产品在以前月份的生产过程中发生的费用；"本月新发生的费用"是指以前月份结转下来的在产品在本月继续生产的过程中又发生的费用。以上两方面的数据资料构成了生产该产品所发生的全部费用，均可从"生产成本明细分类账"中取得。"月末在产品成本"是指在本月末仍然没有完工的那部分在产品所占用的费用，需要采用一定方法计算取得。

以下举例的相关资料见表6-6。

表6-6　　　　　　　　与生产A、B两种产品有关的生产费用资料

有关费用资料	产品名称	直接材料	直接人工	制造费用	合 计
月初在产品成本	A产品	320	114	118	552
	B产品	1 600	684	676	2 960
本月新发生费用	A产品	2 000	798	1 050	3 848
	B产品	4 400	1 140	1 500	7 040
月末在产品成本	A产品	—	—	—	—
	B产品	1 000	160	170	1 330

【例58】企业本月生产B产品100件，月初在产品成本为2 960元，本月新发生的生产费用为7 040元，月末时B产品有在产品20件，估算单件占用的费用为66.50元，月末在产品成本总成本为1 330元。计算完工80件的B产品成本。

$$\text{本月完工B产品80件成本} = 2\,960 + 7\,040 - 1\,330$$

$$= 8\,670\,（元）$$

> **小思考**
>
> 　　在所生产的产品中，如果上述计算公式中没有"月初在产品成本"，只有"本月新发生的费用"和"月末在产品成本"，那么，完工产品的成本应当如何计算呢？另外，如果没有"月初在产品成本"和"月末在产品成本"，只有"本月新发生的费用"时，完工产品的成本又应当如何计算呢？第一种情况表明，该产品是本月投入生产的且没有全部完工，本月完工产品成本＝本月新发生的费用－月末在产品成本；第二种情况表明，该产品也是本月投入生产的，但在月末已经全部完工，完工产品成本＝本月新发生的费用，即当月生产该产品所发生的全部费用就是该完工产品的全部成本。

　　如果某种产品不存在月末在产品（即全部完工），上面完工产品成本的计算公式可简化为：本月完工产品成本＝该产品月初在产品成本＋本月新发生的费用。

　　【例 59】 企业本月生产 A 产品 50 件，月初在产品成本为 552 元，本月新发生的生产费用为 3 848 元，月末时全部完工。计算完工的 A 产品成本。

$$\text{本月完工 A 产品 50 件成本} = 552 + 3\ 848 = 4\ 400\ （元）$$

2. 完工产品成本的结转

　　完工产品成本的结转就是在计算本月完工产品成本的基础上，将完工产品成本从"生产成本"账户结转到"库存商品"账户中去的过程。

　　（1）账户设置。为进行完工产品成本的计算与结转业务的核算，应设置"生产成本""库存商品"等总分类账户。①"生产成本"账户，属于资产类账户。是企业用以核算产品生产成本的专门账户。在产品生产过程中发生的各种费用都要利用这个账户加以记录（借方），以便为计算产品的生产成本提供资料。在月末计算出来的已经完工的产品的实际成本应从这个账户（贷方）结转入"库存商品"账户。该账户的结构等内容已在前面讲述，不再详述。②"库存商品"账户，属于资产类账户。用以核算企业库存各种商品成本的增减变动及其结存情况。该账户的借方登记已经验收入库的完工产品的实际成本（增加数）；贷方登记发出商品（如销售或本企业有关部门领用）的实际成本（减少数）。该账户期末为借方余额，反映企业在期末时库存的各种商品的实际成本。该账户应按商品的种类、品种和规格等设置明细账户，进行明细分类核算。

> 📝 **特别提示**
>
> 　　在每个月末，从"生产成本"账户结转出去的只是本月已经完工的那部分产品的成本，而对尚未完工的那部分产品的成本是不能结转的，尚未完工的产品是企业的在产品，其费用资料仍应保留在"生产成本"账户，形成了"生产成本"账户的余额。

完工产品成本计算与结转总分类核算的账户设置及有关账户之间的对应关系见图 6 - 27。

（2）账务处理。

现假定长城公司发生如下事项：

【例60】企业本月生产 A 产品 50 件、B 产品 100 件。月末时，A 产品全部完工，B 产品完工 80 件，尚有 20 件仍处于生产过程。与两种产品有关的生产费用资料见表 6 - 11，计算并结转两种产品的完工产品成本。

经过计算可知，A 产品完工成本为 4 400 元，B 产品完工成本为 8 670 元（计算过程见例 58 和例 59）。

应填制转账凭证，编制的会计分录为：

借：库存商品——A 产品　　　　　　　　　　　　　　4 400
　　　　　　　——B 产品　　　　　　　　　　　　　　8 670
　贷：生产成本——A 产品　　　　　　　　　　　　　　　　4 400
　　　　　　　——B 产品　　　　　　　　　　　　　　　　8 670

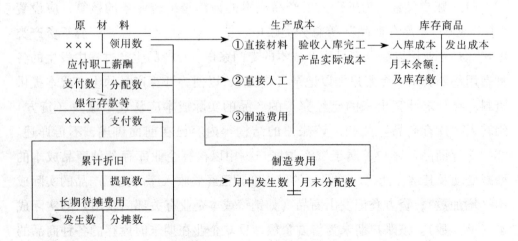

图 6 - 27　完工产品成本结转业务总分类核算的账户设置及其对应关系

例60中事项总分类核算的账户登记情况见表6-15。

3. 生产过程交易或事项在有关账户中的登记情况

从各种生产费用的发生到完工产品成本的结转，形成了企业产品生产交易或事项核算的全过程。为对这一核算过程有一个总体的理解和把握，有必要清晰地了解一下"生产成本"账户登记的整体情况，以利于形成理解生产过程交易或事项核算的总体思路。同时，也有利于对账户设置、复式记账和账簿登记等会计核算方法的结合使用情况进行全面理解和掌握。

"生产成本明细分类账"的登记情况见表6-7和表6-8。

表6-7   "生产成本明细分类账——A产品"的登记情况

生产成本明细分类账

产品名称：A产品

201×年		凭证号	摘　要	借　方			
月	日			直接材料	直接人工	制造费用	合　计
3	1		月初余额	320	114	118	552
	31	46	材料费用	2 000			2 000
		47	生产工人工资		700		700
		50	生产工人福利费		98		98
		57	分配制造费用			1 050	1 050
			本期发生额	2 000	798	1 050	3 848
		60	结转完工产品成本	2 320	912	1 168	4 400

在"结转完工产品成本"一行用红字登记

表6-8   "生产成本明细分类账——B产品"的登记情况

生产成本明细分类账

产品名称：B产品

201×年		凭证号	摘　要	借　方			
月	日			直接材料	直接人工	制造费用	合　计
3	1		月初余额	1 600	684	676	2 960
	31	46	材料费用	4 400			4 400
		47	生产工人工资		1 000		1 000
		50	生产工人福利费		140		140
		57	分配制造费用			1 500	1 500
			本期发生额	4 400	1 140	1 500	7 040
		60	结转完工产品成本	5 000	1 664	2 006	8 670
			月末余额	1 000	160	170	1 330

在"结转完工产品成本"一行用红字登记

"生产成本"总分类账户登记情况见图6-28。

原　材　料			生产成本			库存商品	
×××	(46) 7 060	月初余额 3 512		(60) 13 070	(60) 13 070		
		(46) 6 400					
应付职工薪酬		(47) 1 700			累计折旧		
(49) 2 000	(47) 2 000	(50) 238					(56) 700
	(50) 280	(57) 2 550					
		制造费用			库存现金		
长期待摊费用		(46) 660		(57) 2 550	(48) 2 000	(49) 2 000	
×××	(54) 200	(47) 300					
		(50) 42			银行存款		
		(52) 108			×××	(48) 2 000	
		(53) 240				(52) 108	
		(54) 200				(53) 240	
		(55) 300				(55) 300	
		(56) 700					

图6-28　生产过程交易或事项总分类核算的账户登记情况

6.6　销售过程交易或事项的核算

6.6.1　主营业务收入的核算

销售过程即企业将生产出来的产品推向市场销售给消费者的过程。销售过程的交易或事项主要有对产品销售实现的收入、发生的有关费用进行处理、按规定计算和缴纳税费，以及对已经销售的产品进行销售成本的结转等。其中主营业务收入的核算是销售过程交易或事项核算的重点内容。

1. 主营业务收入的定义

主营业务收入是指企业在其主要的经营活动中获得的经济利益的流入，是企业经济利益总流入的重要组成部分。对于制造业企业而言，主营业务收入就是指其在产品销售过程中实现的收入。

销售过程是企业生产经营活动三个过程的最后一个过程。在这个过程中，企业的主要经营活动内容是将其在生产过程中生产出来的产品通过市场销售出去，收回在生产过程中耗费的资金。作为制造业企业，虽然企业在经营过程中也有可能会获得其他方面的收入，如对外投资以及处理积压材料和不需用设备等，都有可能给企业带来收入，但进行产品的销售是其获取营业收入的主要渠道，产品销售收入在企业整个的收入中占有比较大的比重。因而，进行产品销售而带来的收入是企业的主营业务收入。

2. 销售商品收入的确认

为准确、合理的核算企业销售商品的收入，企业应按照权责发生制会计处理基础的要求，对销售商品产生的收入及时予以确认，以解决将实现的收入在何时入账，按多少金额入账的问题。商品销售收入的确认除应符合收入的定义外，还应同时满足以下五个条件：

（1）企业已经将商品所有权上的主要风险和报酬转移给购货方。所谓风险是指商品由于贬值、损坏和报废等可能造成的损失；报酬是指商品中所包含的经济利益，如商品升值或高价转卖等可以带来更多的经济利益流入等。如果商品所发生的任何损失均不需要本企业承担，带来的经济利益也不归本企业所有，则意味着企业已经将商品所有权上的主要风险和报酬转移给了购货方。

（2）企业既没有保留通常与所有权相联系的继续管理权，也没有对已售出的商品实施有效控制。对商品的管理权与对商品的所有权是相联系的，一般而言，对商品没有继续管理权意味着企业已经失去了对商品的所有权，这时商品的所有权已转移给购货方；同时作为商品的销售方对于已经销售的商品也不具有控制权。

（3）收入的金额能够可靠计量。企业对实现的收入能否可靠的计量，即确定收入的量，是收入能否得以确认的基本前提。所谓能够可靠计量是指必须具有可以用来证明收入已经实现的可靠证据。如商品销售企业在销售商品收到货款后开具的收款单据，或虽未收到货款，但已经与购货方达成的货款支付金额的合同或协议等。收入的金额不能够可靠计量，如提供给购货方的商品的销售价格可能发生变动，在新的售价为确定之前，就不能确认为收入。

（4）相关的经济利益很可能流入企业。相关的经济利益是指在销售商品过程中企业可能收到的商品销售价款。由于多种因素的影响，企业销售商品的价款能否收回（即流入企业）会有多种可能性。只有在销售产品后，该商品的价款有比较大的可能性被企业收回时，才能确认为企业收入。反之，即使确认收入的其他条件均已经满足，但价款的收回的可能性不大，也不能确认为企业收入。

（5）相关的已发生或将发生的成本能够可靠计量。按照配比原则的要求，企业实现的某种收入必须与为赚取这些收入相关的费用相互配比，如企业实现的主营业务收入与发生的主营业务成本等之间就存在着这种配比关系。因而，在要求收入能够可靠计量的同时，与收入相关的成本费用也应能够可靠计量。

应予注意的是：在商品销售过程中如果存在销售折让、商业折扣或发生商品退回时，对销售商品收入的确认都会产生一定的影响。销售折让是指企业因出售的商品质量存在一定问题等原因在售价上而给予购货方的减让；商业折扣是指企业为促进商品销售而从商品标价上给予的价格扣除。实际发生销售折让时，应当直接冲减当期的销售商品收入。对于商业折扣应当在确认销售商品收入时予以扣除。企业已经确认收入的商品发生销售退回时，一般应冲减当期确认的产品销售收入，同时转回相关的成本和税金。

> ### 📝 小知识
>
> 企业在销售商品的过程中还有可能存在现金折扣。现金折扣是指债权人为鼓励债务人在规定的期限内付款，而向债务人提供的债务扣除。在销售产品时，销售企业（债权人）为鼓励购货方（债务人）在一定期限内尽快付款，往往规定一个短于应付款期限的折扣期限，如果购货方能在折扣期限内付款，就能得到一定的现金折扣，即从应支付的货款总额中扣除一定比例的金额。例如，某企业销售商品一批，付款条件为 2/10，n/30，也就是说，如果购货方能在 10 天内支付全部货款，就可以从发票金额中得到 2% 的现金折扣，发票金额如为 100 000 元，现金折扣就是 2 000 元，付款时只付 98 000 元即可。如果超过 30 天付款，则没有现金折扣。根据《企业会计准则》的规定，在企业确认销售产品收入时，可不考虑现金折扣因素，现金折扣实际发生时将其计入当期损益（财务费用）。

3. 账户设置

为进行主营业务收入的核算，应设置"主营业务收入"、"应交税费"、"应收账款"、"应收票据"和"预收账款"等总分类账户。

（1）"主营业务收入"账户，属于收入类账户。用以核算企业在销售商品和提供劳务等主营业务的收入。该账户的贷方登记企业所实现的主营业务收入（增加数）；借方登记发生的销售退回和在会计期末时转入"本年利润"账户的收入数（减少数）。该账户期末应为贷方余额，反映企业在当期实现的收入数。但在会计期末将本账户的余额结转入"本年利润"账户后，该账户应无余额。该账户应按主营业务收入的种类设置明细账户，进行明细分类核算。

（2）"应交税费"账户，属于负债类账户。用以核算企业按照税法等的规定计算的应交纳的各种税费。包括增值税、消费税、营业税、所得税费用、城市维护建设税、土地使用税、教育费附加和矿产资源补偿费等。该账户的贷方登记按规定计算出来的各种应交纳税费（增加数）；借方登记已经交纳的各种税费（减少数，包括在购买材料和设备过程中已经交纳的进项税额）。该账户期末贷方余额时，反映企业未交纳的税费；如果为借方余额，反映企业多交或尚未抵扣的税费。该账户应按税费的项目设置明细账户，进行明细分类核算。

> **特别提示**
>
> 在供应过程的交易或事项核算中用到"应交税费"账户，主要是核算企业随同购买材料等一并支付的，即已经交纳的增值税中"进项税额"。与这种情况不同，在销售过程交易或事项的核算过程中用到这个账户，主要是核算企业应当交纳的增值税中"销项税额"。销项税额是销售企业在销售商品时随同货款一并向购货方收取的，收取后应上交国家。因而，企业在收到销项税额时，不能确认为企业的收入，而应记入"应交税费"账户的贷方，反映对国家负债的增加，实际交纳时，记入该账户的借方，反映应交税金的减少。但应予注意的是：企业这时所交纳的税额是根据"销项税额"（应交数）与"进项税额"（已交数）的差额确定的，这种做法称为增值税税金的抵扣。因而，当"应交税费"账户有贷方余额时，就可能是尚未与增值税的"进项税额"相抵扣的"销项税额"。

（3）"应收账款"账户，属于资产类账户。用以核算企业因销售商品、提供劳务等经营活动应收取的款项。该账户的借方登记所发生的各种应收款项（增加数）；贷方登记实际收回的各种应收款项（减少数）。该账户期末为借方余额，反映企业应收但尚未收回的款项。该账户应按购货单位的名称等设置明细账户，进行明细分类核算。

> **特别提示**
>
> "应收账款"账户主要用于企业在其主营业务（如销售商品、提供劳务等）中所产生的应收款项。其他业务所产生的应收款项，应在"其他应收款"等账户核算；另外，在不单独设置"预收账款"账户的企业，预收到的账款以及预收账款的结算可以在本账户核算。预收账款是企业的一种负债，如果将预收账款在属于资产类账户的"应收账款"账户中核算时，"应收账款"账户的核算内容也就具有了双重性质。在这种情况下，该账户的期末余额方向也会具有不确定性，可能是借方余额（应收账款），也可能是贷方余额（预收账款），从而使该账户具有了双重性账户的特征。

（4）"应收票据"账户，属于资产类账户。用以核算企业因销售商品等而收到的商业汇票，包括银行承兑汇票和商业承兑汇票、该账户的借方登记企业收到的应收票据、贷方登记票据到期收回的票面金额等。该账户期末为借方余额，反映企业尚未到期的暂未收回的应收票据金额。该账户应按开出、承兑商业汇票的单位设置明细账户，进行明细核算。企业还应设置"应收票据备查簿"，逐笔登记商业汇票的种类、号数、出票日期、票面金额、交易合同号、付款人、承兑人的姓名或单位名称和到期日等内容。商业汇票到期结清票款或退票后，应在备查簿中注销。

（5）"预收账款"账户，属于负债类账户。用以核算企业按照合同等的规定向购货方预收的款项。该账户的贷方登记预收购货单位的款项等；借方登记向购货单位发出商品时扣除的预收货款等。该账户期末一般为贷方余额，反映预收购货单位的款项。该账户应按购货单位的名称等设置明细账户，进行明细分类核算。

主营业务收入总分类核算的账户设置及有关账户之间的对应关系见图6-29。

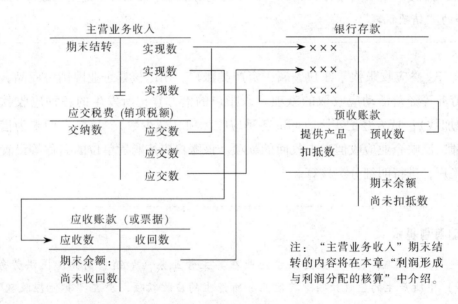

图6-29　主营业务收入总分类核算的账户设置及其对应关系

4. 账务处理

现假定长城公司发生如下有关交易：

【例61】企业销售A产品20件，每件售价300元，按规定计算应交增值税1 020元。价税款合计7 020元已收到，并已存入银行。

应填制收款凭证，编制的会计分录为：

借：银行存款　　　　　　　　　　　　　　　　　　7 020

　　贷：主营业务收入——A 产品　　　　　　　　　　6 000

　　　　应交税费——应交增值税　　　　　　　　　1 020

【例62】企业采用托收承付结算方式向盛华公司销售 B 产品 40 件，每件售价 250 元，按规定计算应交增值税 1 700 元。商品已经发出，为对方代垫运输费 200 元，以银行存款支付。根据发票、运输费单据等凭证，已在银行办妥托收手续，款项暂未收到。

按照权责发生制会计处理基础的要求，对应收账款在月末仍未收到款项时应进行调整，现假定在交易发生时直接进行账务处理。对其中应收货款和计算出来的应收税金，应填制转账凭证，编制的会计分录为：

借：应收账款——盛华公司　　　　　　　　　　　11 700

　　贷：主营业务收入——B 产品　　　　　　　　　10 000

　　　　应交税费——应交增值税　　　　　　　　　1 700

为对方代垫的运输费 200 元，应填制付款凭证，编制的会计分录为：

借：应收账款——盛华公司　　　　　　　　　　　　200

　　贷：银行存款　　　　　　　　　　　　　　　　　200

📑 **小知识**

托收承付结算方式是银行结算方式之一。是收款单位根据经济合同发货后，委托银行向付款单位收取款项，付款单位按合同规定核对结算单证或验货后，向银行承认付款的一种结算方式。具体包括托收和承付两个过程。采用这种结算方式时，由于有一个委托开户银行向购货企业收款的过程，销售企业不能马上收到款项。因此，在与银行办妥托收手续后应记入"应收账款"账户的借方，反映应收账款的增加。托收承付结算方式的基本程序见图 6-30。

📑 **特别提示**

在不考虑填制记账凭证的情况下，对该项交易也可以编制如下复合分录：

借：应收账款——盛华公司　　　　　　　　　　　11 900

　　贷：主营业务收入——B 产品　　　　　　　　　10 000

　　　　应交税费——应交增值税　　　　　　　　　1 700

　　　　银行存款　　　　　　　　　　　　　　　　200

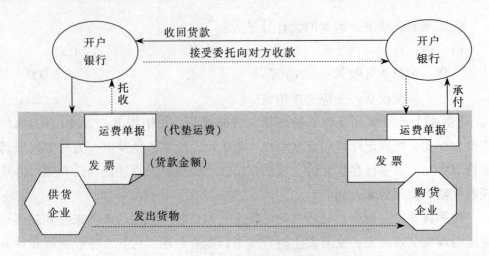

图6-30　托收承付结算方式的基本程序

【**例63**】企业采用商业汇票结算方式销售 A 产品 30 件，每件售价 300 元，按规定计算应交增值税 1 530 元。商品已经发出，收到购货单位开出并承兑的商业汇票一张，金额为 10 530 元。款项暂未收到。

应填制转账凭证，编制的会计分录为：

借：应收票据　　　　　　　　　　　　　　　　　　　10 530

　贷：主营业务收入——A 产品　　　　　　　　　　　　9 000

　　　应交税费——应交增值税　　　　　　　　　　　　1 530

📝 **小知识**

商业汇票结算也是银行结算方式之一。简单地说，商业汇票是由收款人或付款人签发，由承兑人（付款人或银行）承兑，并于到期日向收款人支付款项的票据。按其承兑人不同，商业汇票又分为商业承兑汇票和银行承兑汇票两种。按其性质又可以分为应收票据和应付票据两种。采用这种结算方式时，销售企业在销货后收到的是购货方开出的商业汇票，由于汇票都具有一定的支付期限，也就决定了销售企业不能马上收到款项，只有在汇票到期后才能到银行办理收款手续。因此，企业在收到汇票时，应记入"应收票据"账户的借方，反映应收票据的增加。商业汇票结算方式的基本程序见图6-31。

【**例64**】根据合同规定，企业预收鸿达公司购买 B 产品 20 件的价税款合计 5 850 元，已存入银行。

应填制银行收款凭证，编制的会计分录为：

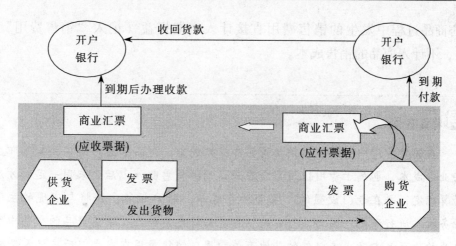

图 6 - 31　商业汇票结算方式的基本程序

借：银行存款　　　　　　　　　　　　　　　　　　　　5 850

　　贷：预收账款——鸿达公司　　　　　　　　　　　　　　5 850

【例 65】 企业根据合同规定，向鸿达公司发出 B 产品 10 件，每件售价 250 元。按规定计算应交增值税 425 元。价税款合计 2 925 元。

应填制转账凭证，编制的会计分录为：

借：预收账款——鸿达公司　　　　　　　　　　　　　　2 925

　　贷：主营业务收入——B 产品　　　　　　　　　　　　　2 500

　　　　应交税费——应交增值税　　　　　　　　　　　　　　425

【例 66】 企业接银行通知，委托其向盛华公司收取的应收款项 11 900 元，已收妥入账。

应填制收款凭证，编制的会计分录为：

借：银行存款　　　　　　　　　　　　　　　　　　　11 900

　　贷：应收账款——盛华公司　　　　　　　　　　　　　11 900

例 61 ~ 例 66 中主营业务收入总分类核算的账户登记情况见图 6 - 29。

6. 6. 2　销售费用的核算

1. 销售费用的定义

销售费用是指企业在销售商品和材料、提供劳务过程中发生的各种费用。包括保险费、包装费、展览费和广告费、商品维修费、预计产品质量保证损失、运输费和装卸费等，以及为销售本企业商品而专设的销售机构（含销售网点、售后服务网点等）的职工薪酬、业务费和折旧费等经营费用。

企业进行商品销售，既会给企业带来一定的收入，也会发生一定的销售费用，这些费用是企业在销售商品过程中发生的必要支出。根据有关规定，企业销售商品过程中发生的销售费用直接计入当期损益（记入"销售费用"账户），不计入商品的销售成本。

📋 **特别提示**

在销售费用中不应包括销售商品本身的成本，商品本身的销售成本（即主营业务成本，也属于费用性质）是在确认商品销售收入以后，采用一定的方法计算确定，并在专门设置的"主营业务成本"账户核算，并将与实现的主营业务收入进行配比。因此，可以将销售费用规定为企业在销售产品的交易中所发生的除商品本身成本以外的其他有关费用，销售费用在发生以后应记入"销售费用"账户，即直接确认为当期的期间费用。

---

2. 账户设置

为进行销售产品过程中发生的销售费用的核算，应设置"销售费用"总分类账户。

"销售费用"账户，属于费用类账户。用以核算企业因销售商品而发生的各种费用。该账户的借方登记各种销售费用的发生数（增加数）；贷方登记在会计期末时结转入"本年利润"账户的销售费用数（减少数）。期末结转后该账户应无余额。该账户应按费用项目设置明细账户，进行明细分类核算。

销售费用总分类核算的账户设置及有关账户之间的对应关系见图 6-32。

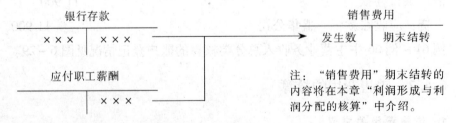

注："销售费用"期末结转的内容将在本章"利润形成与利润分配的核算"中介绍。

图 6-32　销售费用总分类核算的账户设置及其对应关系

3. 账务处理

现假定长城公司发生如下有关交易：

【例 67】企业用银行存款支付销售产品的广告费 300 元，产品装卸费 200 元。

应填制银行付款凭证，编制的会计分录为：

借：销售费用　　　　　　　　　　　　　　　　　　　　　500

　贷：银行存款　　　　　　　　　　　　　　　　　　　　　500

例67中销售费用总分类核算的账户登记情况见图6-32。

6.6.3　税金及附加的核算

1. 税金及附加的定义

税金及附加是指企业在日常经营活动中发生的税金及附加费。包括消费税、城市维护建设税和教育费附加等相关税费。

 小知识

　　消费税是指政府对一些不鼓励消费的产品（如烟酒和高档化妆品等）而向产品生产企业收取的税金；城市维护建设税是政府为进行城市公共设施的维护和建设而向企业收取的税金；教育费附加是政府为发展教育事业而向企业征收的一种附加费。税金及附加一般是根据企业当月的销售额，按照规定的税率计算，于下月初交纳的。应交消费税＝应税消费品的销售额×消费税税率；应交城市维护建设税＝（当期的营业税＋消费税＋增值税）×城市维护建设税税率；教育费附加的计算方法与城市维护建设税计算方法相同，只是税率有所不同。

　　按照税法的规定，企业在经营活动中应当承担纳税义务。与企业交纳的增值税是作为采购物资和商品销售的价外税单独处理的情况不同，企业计算并应交纳的税金及附加属于发生当期的费用，发生后直接计入当期损益。

2. 账户设置

　　为进行营业税金及附加的核算，应设置"营业税金及附加"总分类账户。

　　"税金及附加"账户，属于费用类账户。用以核算企业日常经营活动中发生的税金和有关附加费用。该账户的借方登记按照规定计算出来的应由企业负担的各种税金及附加费数（增加数）；贷方登记在会计期末时结转入"本年利润"账户的税金及附加费数。期末结转后该账户应无余额。该账户应按费用项目设置明细账户，进行明细分类核算。

　　税金及附加总分类核算的账户设置及有关账户之间的对应关系见图6-33。

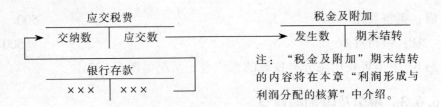

注："税金及附加"期末结转的内容将在本章"利润形成与利润分配的核算"中介绍。

图 6－33　税金及附加总分类核算的账户设置及其对应关系

　特别提示

"税金及附加"账户反映的内容，就其经济性质来看属于企业的费用，而不是企业的负债。对于计算出来的企业应交而暂时未交纳的税金及附加所引起的负债的增加，应登记在"应交税费"账户（贷方），反映债务的形成；企业实际上交应交税费时，借记"应交税费"账户，贷记"银行存款"等账户，反映债务的了结。

3. 账务处理

现假定长城公司发生如下有关事项：

【例 68】 假设企业销售的 A、B 两种产品属于消费税征收范围。实现主营业务收入 27 500 元，即（6 000 ＋ 10 000 ＋ 9 000 ＋ 2 500）× 40%，税率为40%。按规定计算出来的应交消费税为 11 000 元，暂未交纳。

应填制转账凭证，编制的会计分录为：

借：税金及附加　　　　　　　　　　　　　　　　　　11 000

　　贷：应交税费——应交消费税　　　　　　　　　　　　　11 000

例 68 中税金及附加总分类核算的账户登记情况见图 6－33。

6.6.4　主营业务成本的核算

1. 主营业务成本的定义

主营业务成本是指企业确认销售商品、提供劳务等主营业务收入时应结转的成本。

对制造业企业而言，主营业务成本就是指企业被销售掉的商品本身的成本。企业销售的各种商品都是其通过生产过程制造出来的，在生产这些产品的过程中，会发生材料、设备和人工等各方面的消耗，将这些消耗产生的费用按照一定的成本计算对象进行归集，就是所生产出来的产品的生产成本。因而，主营业务成本实质上就是指这些产品在生产过程中所发生的制造成本。我国的

《企业会计准则》规定，企业为生产产品、提供劳务等发生的可归属于产品成本、劳务成本等的费用，应当在确认产品销售收入、劳务收入等时，将已销售产品、已提供劳务的成本等计入当期损益，具体地说就是计入当期的费用。主营业务成本这种费用已经不是简单意义上的费用，而是一种与一定的收入有着密切关联的费用。在确认主营业务收入时相应的结转与其有关的成本（费用），其目的是为了将其与实现的主营业务收入相配比，借以计算确定企业主营业务成果。

2. 主营业务成本的计算与结转

（1）主营业务成本的计算。主营业务成本即本期销售产品成本，可采用下列公式计算，即：

$$本期主营业务成本 = 单位成本 \times 销售数量$$

公式中的"销售数量"可以根据销售产品的统计资料获取；"单位成本"应根据具体情况确定：如果企业在本期所销售的产品是同一批次生产出来的，或虽然是不同一批次生产，但单位生产成本相同，可直接根据这个相同的成本计算；如果企业本期销售的产品是多批次生产出来的，且各批次的单位生产成本又各不相同，所销售产品的单位成本就应采用一定的方法计算求得。

【例69】企业本月销售 A、B 两种产品各 50 件，这些产品既有以前月份生产的，也有本月新生产出来的。其中，A 产品月初库存 30 件，单位生产成本为 120 元。本月生产完工 50 件，单位生产成本为 88 元；B 产品月初库存 30 件，单位生产成本为 101 元；本月生产完工 100 件，单位生产成本为 86.70 元。（有关资料分别见表 6 – 15 和表 6 – 16）

既然 A、B 两种产品各批次的单位生产成本各不相同，那么，主营业务成本计算中所需要的"单位成本"应当如何确定呢？可以根据某种产品不同批次的成本之和与其数量之间的关系计算确定。根据这种方法计算的 A、B 两种产品的单位成本如下：

A 产品单位成本 = （120 × 30 + 88 × 50）÷ （30 + 50）= 100 （元/件）

B 产品单位成本 = （101 × 30 + 86.70 × 100）÷ （30 + 100）= 90 （元/件）

确定了产品的销售数量单位成本，主营业务成本的计算就变得很容易了。本例中，A、B 两种产品的本月销售成本计算如下：

A 产品本月销售成本 = 100 × 50 = 5 000 （元）

B 产品本月销售成本 = 90 × 50 = 4 500 （元）

以上用到的是计算销售产品的单位成本和总成本可采用的方法之一，称为加权平均法。此外，还有先进先出法和个别计价法等，这些计算方法将在第八章"财产清查"中予以详细介绍。

（2）主营业务成本的结转。主营业务成本的结转就是将计算出来的已经销售掉的产品的成本从"库存商品"账户结转入"主营业务成本"账户的过程。进行结转的目的是为了便于将该账户反映的销售成本与"主营业务收入"账户反映的销售收入进行比较，借以确定主营业务成果。

3. 账户设置

为进行主营业务成本的核算，应设置"主营业务成本"总分类账户。

"主营业务成本"账户，属于费用类账户。用以核算企业在确认销售商品、提供劳务等主营业务收入时应结转的成本。对销售商品而言，所结转的就是商品的销售成本。该账户的借方登记在确认销售商品、提供劳务等主营业务收入时结转入的成本（增加数）；贷方登记发生退回的商品成本，以及在会计期末时结转入"本年利润"账户的商品成本等（减少数）。期末结转后该账户应无余额。该账户应按主营业务种类设置明细账户，进行明细分类核算。

主营业务成本总分类核算的账户设置及有关账户之间的对应关系见图6-34。

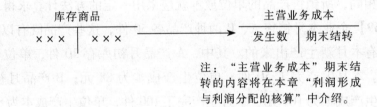

图6-34　主营业务成本总分类核算的账户设置及其对应关系

4. 账务处理

现假定长城公司发生如下有关事项：

【例70】 企业本月销售 A、B 两种产品各 50 件。A 产品单位成本为 100元，销售成本为 5 000 元；B 产品单位成本为 90 元，销售成本为 4 500 元。结转已销售产品成本。

应填制转账凭证，编制的会计分录为：

```
借：主营业务成本——A产品            5 000
            ——B产品            4 500
    贷：库存商品——A产品                 5 000
            ——B产品                 4 500
```

例70中主营业务成本总分类核算的账户登记情况见图6-34。

为清晰地把握销售过程业务核算的整体情况，理解账户设置、复式记账和账簿登记等会计核算方法在销售过程业务处理中结合使用的相互配合关系，现将例70在有关总分类账户和"库存商品明细分类账"中的登记情况列示如下。"库存商品明细分类账"的登记情况见表6-9和表6-10。

表6-9　　　　　　　　"库存商品明细账——A产品"登记情况

库存商品明细账

产品名称：A产品　　　　　　　　　　　　　　　　　　　　　　　　数量单位：件

201×年		凭证号	摘要	借方			贷方			余额		
月	日			数量	单价	金额	数量	单价	金额	数量	单价	金额
3	1		月初余额							30	120	3 600
	31	60	完工入库	50	88	4 400				80	100	8 000
		70	本月销售				50	100	5 000	30	100	3 000
3	31	—	本月合计	50	88	4 400	50	100	5 000	30	100	3 000

表6-10　　　　　　　　　"库存商品明细账——B产品"登记情况

库存商品明细账

产品名称：B产品　　　　　　　　　　　　　　　　　　　　　　　　数量单位：件

201×年		凭证号	摘要	借方			贷方			余额		
月	日			数量	单价	金额	数量	单价	金额	数量	单价	金额
3	1		月初余额							30	101	3 030
	31	60	完工入库	100	86.7	8 670				130	90	11 700
		70	本月销售				50	90	4 500	80	90	7 200
3	31	—	本月合计	100	86.7	8 670	50	90	4 500	80	90	7 200

以上在销售过程中发生的交易或事项在有关总分类账户登记的总体情况见图6-35。

应收账款				主营业务收入			预收账款			
(62) ①	11 700	(66)	11 900		(61)	6 000	(65)	2 925	(64)	5 850
(62) ②	200				(62) ①	10 000				
					(63)	9 000				
					(65)	2 500		库存商品		

应收票据	
(63)	10 530

库存商品			
×××		(70)	9 500

应交税费	
(61)	1 020
(62) ①	1 700
(63)	1 530
(65)	425
(68)	11 000

税金及附加	
(68)	11 000

银行存款				
(61)	7 020	(62) ②	200
(64)	5 850	(67)	500
(66)	11 900		

销售费用	
(67)	500

主营业务成本	
(70)	9 500

图 6-35　销售过程交易或事项总分类核算的账户登记情况

6.7　其他业务收支与投资收益的核算

6.7.1　其他业务收支的核算

1. 其他业务收支的定义与内容

其他业务收支是指企业在其日常经营活动中发生的主营业务活动以外的其他交易或事项所取得的收入和发生的成本。

（1）其他业务收入。是指企业确认的主营业务活动以外的其他经营活动实现的收入。包括处置多余积压材料、出租固定资产、无形资产和包装物等给企业带来的经济利益流入。

（2）其他业务成本。是指企业确认的主营业务活动以外的其他经营活动所发生的成本。包括处置多余积压材料、出租固定资产的折旧额、出租无形资产的摊销额和出租包装物的摊销额等。

其他交易或事项与制造业企业在供应过程、生产过程和销售过程发生的交易或事项不同。企业在供、产、销过程中发生的交易或事项是其日常活动所发生的，具有经常性和连续性等特点。而其他交易或事项并不是每个企业都可能发生，一般而言，即使存在其他交易或事项的企业，也不像主营业务发生的交易或事项那样占有主导地位。但是，主营业务与其他业务统称为企业的营业业务。无论主营业务活动中发生的交易或事项，还是在其他业务活动中发生的交易或事项，都属于企业在日常经营活动发生的。其他交易或事项的发生，也能够为企业带来一定的经济利益流入。因此，在会计上也应加强对其他业务收支的核算。

从其他业务收入和其他业务成本的组成内容可以看出，其他业务的内容范围是有所界定的。其他业务与主营业务一样，属于企业在日常的生产经营过程中发生的业务，是相对于企业的主营业务而言的。也就是说，其他业务并不是除主营业务以外的所有业务。例如，在前面所提到的能使企业产生营业外收入和发生营业外支出的业务就不能称为其他业务，这类业务属于在企业正常营业活动以外偶尔发生的一些事项，发生以后应专门核算，而不作为其他业务核算。

2. 账户设置

为进行其他业务收支的核算，应设置"其他业务收入"和"其他业务成本"等总分类账户。

（1）"其他业务收入"账户，属于收入类账户。用以核算企业确认的除主营业务活动以外的其他经营活动实现的收入。该账户的贷方登记企业获得的各项其他业务收入（增加数）；借方登记在会计期末时结转入"本年利润"账户的已经实现的其他业务收入（减少数）。期末结转后，该账户应无余额。该账户应按其他业务的种类设置明细账户，进行明细分类核算。

（2）"其他业务成本"账户，属于费用类账户。用以核算企业确认的除主营业务活动以外的其他经营活动所发生的支出。该账户的借方登记企业为获得各项其他业务收入而发生的相关成本（增加数）；贷方登记在会计期末时结转入"本年利润"账户的已经产生的其他业务成本（减少数）。期末结转后，该账户应无余额。该账户应按其他业务的种类设置明细账户，进行明细分类核算。

其他业务收支总分类核算的账户设置及有关账户之间的对应关系见图6-36。

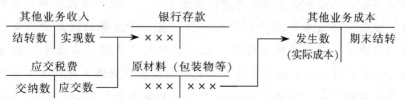

注："其他业务收入""其他业务成本"的期末结转内容将在本章"利润形成与利润分配的核算"中介绍。

图6-36 其他业务收支总分类核算的账户设置及其对应关系

3. 账务处理

现假定长城公司发生如下有关交易或事项：

【例71】 企业处置积压的甲材料一批，价款 10 000 元，增值税 1 700 元。价税款合计 11 700 元已收到并已存入银行。

应填制收款凭证，编制的会计分录为：

借：银行存款　　　　　　　　　　　　　　　　11 700

　　贷：其他业务收入　　　　　　　　　　　　　10 000

　　　　应交税费——应交增值税　　　　　　　　 1 700

【例72】 确认并结转企业出售甲材料的成本 9 000 元。

应填制转账凭证，编制的会计分录为：

借：其他业务成本　　　　　　　　　　　　　　　9 000

　　贷：原材料——甲材料　　　　　　　　　　　　9 000

【例73】 企业出租包装物，收到租用方支付的租金 20 000 元，增值税款 3 400元。款项已存入银行。

应填制收款凭证，编制的会计分录为：

借：银行存款　　　　　　　　　　　　　　　　23 400

　　贷：其他业务收入　　　　　　　　　　　　　20 000

　　　　应交税费——应交增值税　　　　　　　　 3 400

【例74】 确认并结转上述出租包装物本月应摊销成本额为 12 000 元。

应填制转账凭证，编制的会计分录为：

借：其他业务成本　　　　　　　　　　　　　　12 000

　　贷：包装物　　　　　　　　　　　　　　　　12 000

> **➡️ 小思考**
>
> 　　已销售材料的成本为什么要结转入"其他业务成本"账户？在其他业务的核算中，"其他业务成本"账户相当于是一个用以核算销售材料实际成本的专用账户。在其他业务收支的核算中设置这个账户，就如同在主营业务的核算中设置"主营业务成本"账户的作用一样。在主营业务的核算中，企业对已经销售的产品成本应从"库存商品"账户结转入"主营业务成本"账户，目的是便于与已经确认的主营业务收入之间的比较。企业销售材料业务属于其他业务，产生的销售成本当然不能转入"主营业务成本"账户，而应当专门设置核算材料销售成本等的"其他业务成本"账户，这样处理，以便于进行其他业务成本与其他业务收入之间的配比。

> **📖 特别提示**
>
> 　　包装物是指企业为了包装本企业商品而储备的各种包装容器，如桶、箱、瓶、坛、袋等。"包装物"账户属于资产类账户。用以核算企业各种包装物的实际成本或计划成本。该账户借方登记包装物的增加数；贷方登记包装物的减少数。期末余额在借方，反映企业库存包装物的实际成本或计划成本。包装物数量不大的企业，可以不设本账户，将包装物并入"原材料"账户核算。
>
> 　　出租包装物本身的成本相当于为获得租金收入而发生的成本。在各月确认其他业务收入时，应按一定的摊销方法确认相应的其他业务成本，并记入"其他业务成本"账户，以便于与"其他业务收入"账户反映的相关收入进行配比，进而确定其他业务成果。

　　例71～例74中交易或事项总分类核算的账户登记情况见图6－37。

其他业务收入		银行存款		其他业务成本	
	（71）10 000	（71）11 700		（72）9 000	
	（73）20 000	（73）23 400		（74）12 000	

应交税费		原　材　料		包　装　物	
	（71）1 700	×××	（72）9 000	×××	（74）12 000
	（73）34 000				

图6－37　总分类核算账户登记情况

6.7.2　投资收益的核算

1. 投资收益的概念及基本内容

　　投资收益是指企业确认的对外投资活动所取得的收益或发生的损失等。当企业对外投资从被投资方分得了利润或股利等时，即为企业获得的投资收益；当处置对外投资收回数小于实际投资数时，即为企业发生的投资损失。投资收益包括企业购买债券的利息收入、购买股票的股利收入以及其他投资时获得的收入或发生的损失。

2. 账户设置

　　为进行投资收益的核算，应设置"投资收益"和"应收股利"（或"应收利润"）等总分类账户。

　　（1）"投资收益"账户，属于收入类账户。用以核算企业确认的对外投资取得的收益或发生的损失。该账户的贷方登记取得的投资收益（增加数）或期末时结转入"本年利润"账户的净损失（减少数）；借方登记发生的投资损失（增加数）和期末时转入"本年利润"账户的投资净收益（减少数）。期末结转后该账户应无余额。该账户应按投资收益种类设置明细账户，进行明细分类核算。

（2）"应收股利"账户，属于资产类账户。用以核算企业应收取的现金股利和应收取其他单位分配的利润。被投资单位宣告发放现金股利或利润，按应归本企业享有的金额，借记本账户，贷记"投资收益"等账户；收到现金股利或利润，借记"银行存款"等账户，贷记本账户。该账户期末借方余额，反映企业尚未收回的现金股利或利润。该账户应按被投资单位进行明细核算。

📋 **特别提示**

"投资收益"账户核算的内容具有双重质，既包含收益，又包含损失。从这一点来看，"投资收益"账户与"材料成本差异"等账户具有共同点。因而，这个账户也是一个双重性质账户。

（3）"交易性金融资产"账户，属于资产表账户。用以核算企业持有的以公允价值计量且其变动计入当期损益的金融资产。企业取得交易性金融资产时，按交易性金融资产的公允价值，借记本账户（成本），按发生的交易费用，借记"投资收益"账户，按实际支付的金额，贷记"银行存款"等账户；在处置交易性金融资产时，按实际收到款项借记"银行存款"账户，贷记本账户（公允价值）；对于实际收到的款项与该账户公允价值之间的差额，贷记或借记"投资收益"账户。该账户期末一般为借方余额，反映企业交易性金融资产的公允价值。

投资收益总分类核算的账户设置及有关账户之间的对应关系参见图6-38。

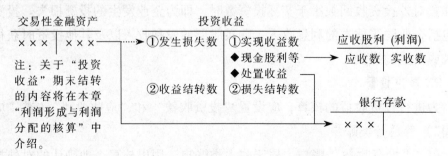

图6-38 投资收益总分类核算的账户设置及其对应关系

3. 账务处理

现假定长城公司发生如下有关交易：

【例75】企业所投资的单位宣告分配本年的现金股利，其中本公司应得6 000元。暂未收到。

应填制转账凭证，编制的会计分录为：

借：应收股利　　　　　　　　　　　　　　　　　　　　　　6 000

　　贷：投资收益　　　　　　　　　　　　　　　　　　　　　6 000

例75 总分类核算的账户登记情况见图6－39。

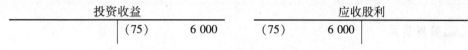

投资收益				应收股利	
	(75)	6 000		(75)	6 000

图6－39　投资收益总分类核算的账户登记情况

6.8　期间费用与营业外收支的核算

6.8.1　期间费用的核算

1. 期间费用的定义

期间费用是指企业在生产经营过程中发生的与产品的生产没有直接关系或关系不密切的费用。期间费用在发生后不能计入有关产品等的成本，而是直接确认为发生当期的费用，即计入当期损益。

前已叙及，企业的费用按照其是否计入产品生产成本划分可分为两类：一类是与产品的生产直接有关的费用，如直接材料、直接人工和制造费用，这些费用发生以后，应直接或间接计入产品的生产成本；另一类是与产品的生产没有直接关系或关系不密切的费用，如企业为组织和管理生产经营活动所发生的管理费用，为进行产品销售而发生的销售费用，为进行资金筹集而发生的财务费用等，这些费用在发生以后不计入产品生产成本，而是直接计入当期损益（确认为当期的费用）。由于这些费用发生以后是直接确认为所发生会计期间费用的，因而被称为期间费用。

2. 期间费用的内容

（1）销售费用。前已叙及，销售费用是指企业在销售商品和材料、提供劳务过程中发生的各种费用。包括保险费、包装费、展览费和广告费、商品维修费、预计产品质量保证损失、运输费和装卸费等，以及为销售本企业商品而专设的销售机构（含销售网点、售后服务网点等）的职工薪酬、业务费、折旧费等经营费用。

（2）管理费用。是指企业为组织和管理企业生产经营所发生的管理费用。包括企业在筹建期间发生的开办费、董事会和行政管理部门在企业的经营管理中发生的或应由企业统一负担的公司经费（包括行政管理部门职工工资及福利费、物料消耗、低值易耗品摊销、办公费和差旅费等）、工会经费、董事会费（包括董事会成员津贴、会议费和差旅费等）、聘请中介机构费、咨询费（含顾问费）、诉讼费、业务招待费、技术转让费、矿产资源补偿费、研究费用和排污费等。

> **📝 特别提示**
>
> 　　管理费用与制造费用在账务处理上应注意的问题：管理费用与制造费用都属于企业发生的具有管理性质的费用，并且它们的组成内容也有相同之处，例如，都包括相关部门发生的办公费和差旅费，使用固定资产发生的折旧费，以及相关管理人员的工资和福利费等。处理这些业务时，一定要注意分清费用所发生的部门与这些部门在企业经营中的管理层次，这样才不至于造成混淆。概言之，管理费用一般是指企业管理层（如公司的董事会和行政管理部门）为组织和管理企业生产经营活动所发生的费用，不计入产品生产成本；而制造费用一般是指企业的生产车间为生产产品而发生的各项间接费用，应计入产品生产成本。管理费用与制造费用在发生层次上的差别见图6-40。

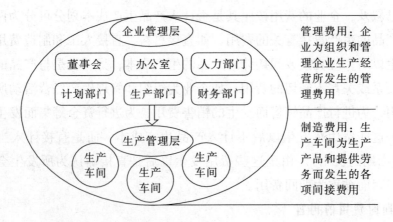

图6-40　对管理费用与制造费用在发生层次上的差别的理解

（3）财务费用。是指企业为筹集生产经营所需资金等而发生的筹资费用。包括利息支出（减利息收入）、汇兑损益以及相关的手续费、企业发生的现金折扣或收到的现金折扣等。

3. 账户设置

为进行期间费用业务的核算，应设置"销售费用"、"管理费用"和"财务费用"等总分类账户。

（1）"销售费用"账户，属于费用类账户。用以核算企业在销售商品和材料、提供劳务过程中发生的各种费用。该账户的借方登记各种销售费用的发生数（增加数）；贷方登记在会计期末时结转入"本年利润"账户的销售费用数（减少数）。期末结转后该账户应无余额。该账户应按费用项目设置明细账户，进行明细分类核算。

（2）"管理费用"账户，属于费用类账户。用以核算企业为组织和管理企业生产经营所发生的管理费用。该账户的借方登记企业发生的各种管理费用（增加数）；贷方登记在会计期末时结转入"本年利润"账户的管理费用（减少数）。期末结转后，该账户应无余额。该账户应按费用项目设置明细账户，进行明细分类核算。

（3）"财务费用"账户，属于费用类账户。用以核算企业为筹集生产经营所需资金等而发生的筹资费用。该账户的借方登记企业发生的各种财务费用（增加数）；贷方登记在会计期末时结转入"本年利润"账户的财务费用（减少数）。期末结转后，该账户应无余额。该账户应按费用项目设置明细账户，进行明细分类核算。

期间费用总分类核算的账户设置及有关账户之间的对应关系见图6-41。

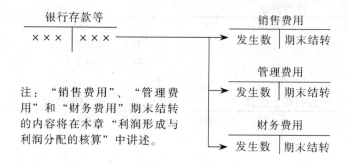

图6-41 期间费用总分类核算的账户设置及其对应关系

4. 账务处理

现假定长城公司发生如下有关交易或事项：

【例76】 用库存现金200元购买企业行政管理部门使用的办公用品。

应填制付款凭证，编制的会计分录为：

借：管理费用   200

  贷：库存现金   200

【例77】 计算出本月应付企业行政管理人员工资 2 500 元，暂未支付。

应填制转账凭证，编制的会计分录为：

借：管理费用　　　　　　　　　　　　　　　　　　2 500

　　贷：应付职工薪酬　　　　　　　　　　　　　　　　　2 500

【例78】 企业用存款支付业务招待费 400 元。

应填制付款凭证，编制的会计分录为：

借：管理费用　　　　　　　　　　　　　　　　　　400

　　贷：银行存款　　　　　　　　　　　　　　　　　　　400

【例79】 企业将本月应负担的短期借款利息 600 元确认为费用。

应填制转账凭证，编制的会计分录为：

借：财务费用　　　　　　　　　　　　　　　　　　600

　　贷：应付利息　　　　　　　　　　　　　　　　　　　600

【例80】 企业用银行存款支付在银行办理业务的手续费 300 元。

应填制付款凭证，编制的会计分录为：

借：财务费用　　　　　　　　　　　　　　　　　　300

　　贷：银行存款　　　　　　　　　　　　　　　　　　　300

注：关于"销售费用"账户的结构及其应用方法见本章销售过程交易或事项核算的举例。

例 76 ~ 例 80 总分类核算的账户登记情况见图 6 - 42。

库存现金				管理费用		
×××	(76)	200		(76)	200	
				(77)	2 500	
				(78)	400	

应付职工薪酬				财务费用		
	(77)	2 500		(79)	600	
				(80)	300	

银行存款				应付利息		
×××	(78)	400			(79)	600
	(80)	300				

图 6 - 42　期间费用总分类核算的账户登记情况

6.8.2　营业外收支的核算

1. 营业外收支的概念及基本内容

营业外收支是营业外收入和营业外支出的统称。营业外收入是指企业的非日常活动产生的经济利益流入，在会计上称为利得。包括非流动资产处置利得（如处理固定资产收益）、政府补助、盘盈利得（如固定资产盘盈收益）和接受捐赠利得等。营业外支出是指企业的非日常活动发生的经济利益的流出，在会计上称为损失。包括非流动资产处置损失（如处理固定资产损失）、盘亏损失（如固定资产盘亏损失）、公益性捐赠支出和非常损失等。

2. 账户设置

为进行营业外收支的核算，应设置"营业外收入"和"营业外支出"等总分类账户。

（1）"营业外收入"账户，属于收入类账户。用以核算与企业非日常活动产生的各种经济利益流入。该账户的贷方登记企业发生的各种营业外收入（增加数）；借方登记期末时结转入"本年利润"账户的营业外收入数（减少数）。期末结转后该账户应无余额。该账户应按营业外收入项目设置明细账户，进行明细分类核算。

（2）"营业外支出"账户，属于费用类账户。用以核算与企业非日常活动发生的各种经济利益流出。该账户的借方登记企业发生的各种营业外支出（增加数）；贷方登记在会计期末时结转入"本年利润"账户的营业外支出数（减少数）。期末结转后，该账户应无余额。该账户应按营业外支出项目设置明细账户，进行明细分类核算。

营业外收入和营业外支出总分类核算的账户设置及有关账户之间的对应关系见图6-43。

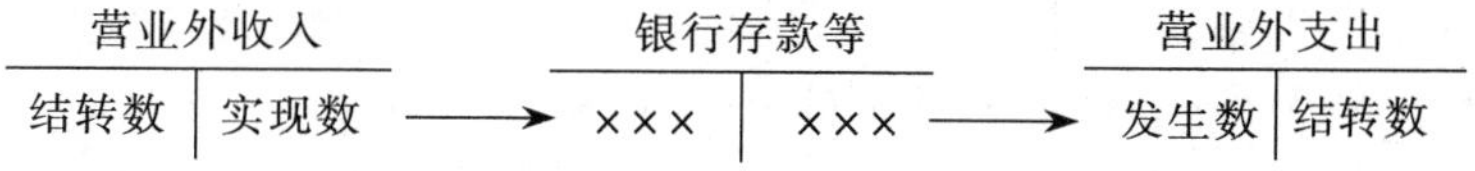

营业外收入		银行存款等		营业外支出	
结转数	实现数 →	×××	××× →	发生数	结转数

注：关于"营业外收入"和"营业外支出"期末结转的内容将在本章"利润形成与利润分配的核算"中介绍。

图6-43 营业外收支总分类核算的账户设置及其对应关系

3. 账务处理

现假定长城公司发生如下有关事项：

【例81】企业接受捐赠9 000元，已存入银行，转作营业外收入。

应填制收款凭证，编制的会计分录为：

借：银行存款   9 000

    贷：营业外收入   9 000

【例82】企业进行公益性捐赠，支付现金1 500元。

应填制付款凭证，编制的会计分录为：

借：营业外支出   1 500

  贷：库存现金   1 500

例81～例82营业外收支总分类核算的账户登记情况见图6-44。

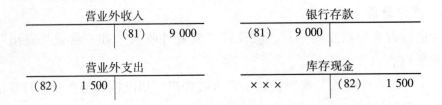

图6-44　营业外收支总分类核算的账户登记情况

6.9　利润形成与利润分配的核算

6.9.1　利润形成的核算

1. 利润的定义

利润是指企业在一定会计期间的经营成果。利润包括收入减去费用后的净额（即营业利润）、直接计入当期利润的利得和损失等。企业在一定会计期间的经营成果应主要根据该期间实现的收入和发生的费用而定，如果收入大于费用，企业的经营成果就是利润，反之则为亏损。根据我国《企业会计准则》的规定，企业的实现的利得（营业外收入）和发生的损失（营业外支出）应直接计入所发生会计期间的利润。

利润是企业通过经营活动的组织和管理而创造的。但究竟实现了多少利润，需要在会计上采用一定的方法进行计算确认。企业确认的最终利润指标是企业的净利润。因而，掌握净利润的计算方法和核算方法应是学习利润知识重点掌握的内容。

2. 净利润的计算方法

企业净利润的计算是一个十分复杂的过程，也有多种计算方法。这里要探讨的是净利润的基本计算方法。关于在实务中利用"利润表"计算净利润的方法，将在第九章"财务会计报告"中进行探讨。

企业一定会计期间的净利润是以营业利润和利润总额为基础计算出来的，只有掌握了营业利润和利润总额的计算方法，确定了营业利润额和利润总额，才能最终计算出企业的净利润。

（1）营业利润的计算方法及应用举例。营业利润是指企业组织日常营业活动所获得的利润。其基本的计算方法见图6－45。

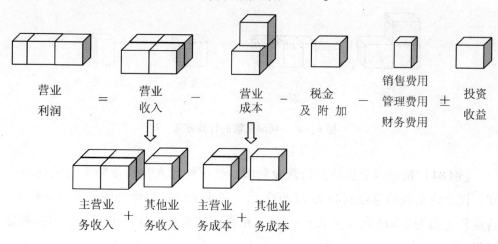

图6－45 营业利润的计算方法

📝 **特别提示**

计算公式中的"营业收入"项目的金额应为"主营业务收入"与"其他业务收入"两项金额之和；"营业成本"项目的金额应为"主营业务成本"与"其他业务成本"两项金额之和。

"投资收益"项如果为投资净收益应相加，如果为投资净损失应相减。此外，如果企业有资产减值损失时，也应作为减项列于该计算公式。

【**例83**】在长城公司销售过程交易或事项和期间费用与其他业务收支的核算举例中，有关资料显示：该企业实现的主营业务收入为27 500元（见图6－35）；其他业务收入为30 000元（见图6－37）；主营业务成本为9 500元（见图6－35）；其他业务成本为21 000元（见图6－37）；税金及附加为11 000元（见图6－35）；销售费用为500元（见图6－35）；管理费用为3 100元（见图6－42）；财务费用为900元（见图6－44）；投资收益为净收益6 000元（见图6－39）。根据这些资料可以计算出该企业的营业利润为：

27 500＋30 000－9 500－21 000－11 000－500－3 100－900＋6 000＝17 500（元）

（2）利润总额的计算方法及应用举例。利润总额是在营业利润的基础上加营业外收入，减营业外支出而求得的。有了以上营业利润和营业外收入、营业外支出的相关资料，就可以计算利润总额指标了。

关于利润总额的基本计算方法见图 6-46。

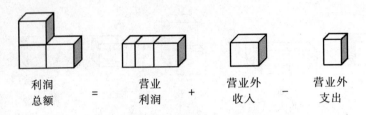

图 6-46　利润总额的计算方法

【例84】根据以上长城公司营业利润、营业外收入和营业外支出的资料可知：该企业实现的营业利润为 17 500 元（见例83）；营业外收入为 9 000 元，营业外支出为 1 500 元（见表6-21）。根据这些资料可计算出该企业的利润总额为：

$$17\ 500 + 9\ 000 - 1\ 500 = 25\ 000（元）$$

（3）净利润的计算方法及应用举例。净利润是在利润总额的基础上减去所得税费用计算求得的。关于净利润的基本计算方法见图 6-47。

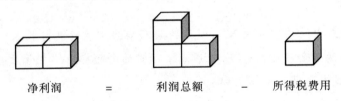

图 6-47　净利润的计算方法

从净利润计算公式的构成内容可见，为计算企业的净利润，还需要了解所得税费用的内容及其核算方法。

① 所得税费用的基本内容。所得税费用是指企业按照税法的规定，根据其经营所得而计算出来的应当上交给国家的一种税金。企业应交纳的所得税费用额应按下列公式计算：

应交纳所得税费用额 = 应纳税所得额 × 适用税率

公式中的"应纳税所得额"是计算企业应交纳所得税费用额的基数，这个数据一般是在企业按照会计的方法计算出来的"利润总额"的基础上，按照税法的有关规定进行一定的调整而得到的。为研究问题简便起见，在本教材中假定对应纳税所得额不需要进行调整，而是以企业的利润总额为基数直接计算应交纳所得税费用额。适用的税率假定为 25%。

② 账户设置。为进行所得税费用的核算，应设置"所得税费用"等总分类账户。

"所得税费用"账户,属于费用类账户。用以核算企业确认的应从当期利润总额中扣除的所得税费用。该账户的借方登记企业按照税法规定应交纳所得税费用额(增加数);贷方登记期末时结转入"本年利润"账户的所得税费用数(减少数)。期末结转后该账户应无余额。

此外,在所得税费用的核算过程中,还要用到"应交税费""银行存款"等账户,这些账户在前面已经进行过介绍,不再重述。

所得税费用总分类核算的账户设置及有关账户之间的对应关系见图6-48。

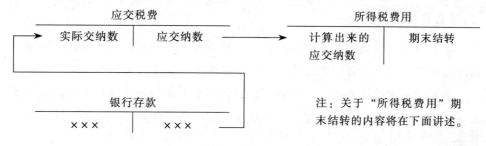

图6-48 所得税费用总分类核算的账户设置及其对应关系

③账务处理。现假定长城公司发生如下有关交易或事项:

【**例85**】企业实现的利润总额为25 000元(见例84,假定不再进行调整),按规定的税率25%计算应纳税所得额。应交纳所得税费用额为:

25 000元×25% = 6 250(元)

应填制转账凭证,编制的会计分录为:

借:所得税费用 6 250

 贷:应交税费——应交所得税 6 250

【**例86**】企业用银行存款6 250元交纳所得税。

应填制付款凭证,编制的会计分录为:

借:应交税费——应交所得税 6 250

 贷:银行存款 6 250

例85~例86中所得税费用总分类核算的账户登记情况见图6-49。

	应交税费				所得税费用	
(86)	6 250	(85)	6 250	(85)	6 250	

	银行存款		
×××		(86)	6 250

图6-49 所得税费用总分类核算的账户登记情况

④ 净利润的计算举例。具备了以上利润总额和所得税费用资料，就可以计算企业的净利润了。

【例87】根据以上长城公司利润总额和所得税费用资料可知：该企业实现的利润总额为 25 000 元（见例84），所得税费用为 6 250 元（见图6-49）。根据这些资料可计算出该企业的净利润为：

$$25\ 000 - 6\ 250 = 18\ 750（元）$$

📑 特别提示

综合以上净利润的计算过程，如果将所有与计算净利润有关的收入和费用因素综合予以考虑的话，其计算过程一般可用下面的公式表示：

净利润 = 主营业务收入 - 主营业务成本 - 税金及附加 + 其他业务收入 - 其他业务成本 - 销售费用 - 管理费用 - 财务费用 ± 投资收益 + 营业外收入 - 营业外支出 - 所得税费用

---

3. 利润形成的核算方法

利润形成的核算就是企业在会计期末通过将当期实现的收入和发生的相关的费用进行有关账户之间的结转，最终确定企业一定会计期间经营成果的过程。在实际工作中，这个过程是企业在会计期末时通过将有关收入类账户和费用类账户的发生额，以及"营业外收入"和"营业外支出"账户的发生额向"本年利润"账户进行结转并经过有关数据的对比而完成的。

（1）账户设置。为进行本年利润的核算，应设置"本年利润"等总分类账户。①"本年利润"账户，属于利润类账户。用以核算企业实现的净利润（或发生的净亏损，对这方面的内容不做深入探讨）。该账户的贷方登记期末时从有关收入类账户结转过来的数额（增加数）；借方登记期末时从有关费用类账户结转过来的数额（减少数），以及在年度终了时结转入"利润分配——未分配利润"账户净利润（减少数）。年终结转后该账户应无余额。②有关收入类账户和费用类账户，进行本年利润的核算，还必须用到前面已经学习过的有关收入账户和费用账户。企业的净利润就是主要通过将这些账户的当期发生额向"本年利润"账户进行结转，并经过配合比较而确定的。

在会计期末时，能够将其发生额结转入"本年利润"账户的费用类账户和收入类账户统称为"损益类"账户。其中，"损"具有耗损、损失的意思，"损"类账户是指费用类账户；"益"具有收益、收入的意思，"益"类账户是指收入类账户。另外，在会计期末时，并不是所有费用类账户的发生额都结转入"本年利润"账户，需要结转的只是与当期的利润计算有关的费用类账户。有的账户反映的内容虽然也具有"费用"的含义，但与当期实现的收入之间不存在配比关系，因而是不能结转入"本年利润"账户的。例如，"生产成本"账户和"制造费用"账户反映的内容虽然也具有费用的含义（生产费用），但这些账户的发生额在期末时就不结转入"本年利润"账户。

利润形成总分类核算的账户设置及有关账户之间的对应关系见图6-50。

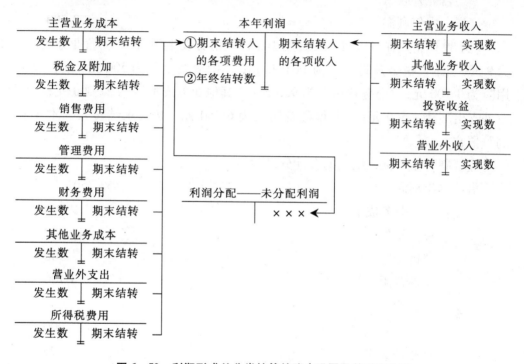

图6-50 利润形成总分类核算的账户设置及其对应关系

根据结转时间的不同，有关收入类账户和费用类账户的数据结转入"本年利润"账户的方法可分为两种：账结法和表结法。所谓账结法就是企业在年中每个月的月末进行结转。通过结转在"本年利润"账户中确定当月实现的利润额。采用这种方法进行结转时，收入类账户和费用类账户在月末应无余额。所谓表结法就是企业在年中每个月的月末不进行结转，而是在年末一次性进行结转。每月实现的利润是通过编制"利润表"计算的。采用这种方法进行利润计算时，收入类账户和费用类账户各月的发生额无需向"本年利润"账户结转，只需要将它们的发生额抄入"利润表"的有关项目下即可。这两类账户在每年1~11月各月末应有余额，年终结转后这两类账户应无余额。

（2）账务处理。现假定长城公司发生如下有关事项：

【例88】企业在月末时有关收入类账户的贷方发生额为："主营业务收入"为27 500元；"其他业务收入"为30 000元；"投资收益"为6 000元；"营业外收入"为9 000元。按要求结转入"本年利润"账户。

应填制转账凭证，编制的会计分录为：

借：主营业务收入 　　　　　　　　　　　　　　　　　27 500
　　其他业务收入 　　　　　　　　　　　　　　　　　30 000
　　投资收益 　　　　　　　　　　　　　　　　　　　 6 000
　　营业外收入 　　　　　　　　　　　　　　　　　　 9 000
　　贷：本年利润 　　　　　　　　　　　　　　　　　72 500

【例89】企业在月末时有关费用类账户的借方发生额为："主营业务成本"为9 500元；"税金及附加"为11 000元；"销售费用"为500元；"管理费用"为3 100元；"财务费用"为900元；"其他业务成本"为21 000元；"营业外支出"为1 500元；"所得税费用"为6 250元。按要求结转入"本年利润"账户。

应填制转账凭证，编制的会计分录为：

借：本年利润 　　　　　　　　　　　　　　　　　　53 750
　　贷：主营业务成本 　　　　　　　　　　　　　　　 9 500
　　　　税金及附加 　　　　　　　　　　　　　　　　11 000
　　　　销售费用 　　　　　　　　　　　　　　　　　　 500
　　　　管理费用 　　　　　　　　　　　　　　　　　 3 100
　　　　财务费用 　　　　　　　　　　　　　　　　　　 900
　　　　其他业务成本 　　　　　　　　　　　　　　　21 000
　　　　营业外支出 　　　　　　　　　　　　　　　　 1 500
　　　　所得税费用 　　　　　　　　　　　　　　　　 6 250

例88～例89中利润形成总分类核算的账户登记情况见图6-51。

📑 **特别提示**

在会计期末时，收入类账户和费用类账户的发生额如何向"本年利润"账户结转？这与收入类账户和费用类账户的结构有着直接关系。所有收入类账户平时是在贷方登记实现数（增加数），在会计期末向"本年利润"账户结转时（减少数），应从这些账户的借方结转入"本年利润"账户的贷方；而所有的费用类账户平时是在借方登记发生数（增加数），在会计期末向"本年利润"账户结转时（减少数），应从这些账户的贷方结转入"本年利润"账户的借方。

主营业务成本			本年利润			主营业务收入		
(70)	9 500	(89) 9 500	(89)	53 750	(88) 72 500	(88)	27 500	(61~65) 27 500

税金及附加						其他业务收入		
(68)	11 000	(89) 11 000				(88)	30 000	(71、73) 30 000

销售费用						投资收益		
(67)	500	(89) 500				(88)	6 000	(75) 6 000

管理费用						营业外收入		
(76~78)	3 100	(89) 3 100				(88)	9 000	(81) 9 000

财务费用		
(79~80)	900	(89) 900

注：经过以上步骤的结转以后，通过"本年利润"账户借、贷双方发生额的比较，也可以计算出企业当月的净利润，其结果与前面采用公式计算出来的结果是一致的。即：

72 500 – 53 750 = 18 750（元）

此外，企业实现的利润也可以通过编制"利润表"进行计算。具体方法将在第九章中介绍。

其他业务成本		
(71、73)	21 000	(89) 21 000

营业外支出		
(82)	1 500	(89) 1 500

所得税费用		
(85)	6 250	(89) 6 250

图 6–51 利润形成总分类核算的账户登记情况

4. 进行收入与费用的比较应遵循的原则

企业的利润主要是通过收入和费用之间的比较而最终确定的企业的经营成果，为合理地进行收入与费用之间的比较，应注意遵循以下原则：

（1）配比原则。所谓配比即配合比较。配比原则是对企业将一定会计期间的收入与其费用之间进行配合比较的基本要求。该原则要求，企业进行会计核算时，收入与其成本、费用应当相互配比，同一会计期间的各项收入和与其相关的成本、费用，应当在该会计期间内确认。应注意两点：一是收入与费用在时间关系上的配比，即同一会计期间的各项收入和与其相关的成本、费用，应当在该会计期间内确认。如企业在确认"主营业务收入"的同时，也应当确认与其相关的"主营业务成本"，在确认"其他业务收入"的同时，也应当确认与其相关的"其他业务成本"等。这样就使同期确认的收入与相关的费用在同一会计期间都得到了及时确认，并便于进行合理的配比。而不同会计期间所确认的"主营业务收入"与"主营业务成本"之间是不能进行配比的，因为它们不属于在同一会计期间发生的；二是因果关系的配比，即一定的收入必须与其之相关的费用进行配比。例如，一定会计期间的主营业务成本的发生与主营业务收入的实现之间存在着必然的因果关系，就可以将主营业务收入与主营业务成本相互配比，借以确认企业主营业务的成果。而不能将主营业务收入与其他业务成本进行配比，因为二者之间不存在因果关系。反之也是一样。对配比原则的理解见图 6 - 52。

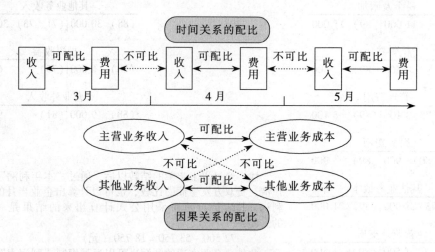

图 6 - 52　配比原则

（2）划分收益性支出与资本性支出的原则。该原则要求，企业的会计核算应当合理划分收益性支出与资本性支出的界限。凡支出的效益仅及于本年度（或一个营业周期）的，应当作为收益性支出；凡支出的效益及于几个会计年度（或几个营业周期）的，应当作为资本性支出。

企业在生产经营过程中会发生各种各样的支出，但这些支出在生产经营过程中发挥效益的期限是有差别的。如企业采购的材料一般在购入后很快就被用于产品生产等，发挥效益的期间一般不会超过一年。这种支出即为收益性支出，对收益性支出在发生后会形成企业的费用，如购入材料会形成材料采购费用，材料被消耗后即转化为产品的生产费用，经过归集构成了产品的生产成本，产品生产完工后，其中的材料费用又转化为库存商品成本，当产品被销售以后，其中的材料费用又随之转化为产品销售成本的一个组成部分，但随着产品的被销售，就会给企业带来经济利益；购入的设备则不同，它往往会在企业生产经营的多个年度内被使用，在多个会计年度发挥其效益。企业发生为购买设备发生的支出为资本性支出。在正常情况下，企业购入的设备能够在多个会计期间使用，能够在多个会计期间用于产品的生产，并且在每个会计期间都会给企业带来经济利益的流入。因而，这样的支出在发生以后就应按照其实际使用情况等，计入多个会计期间的费用当中去，在设备使用的每个会计期间都应负担相应的设备使用费用，即提取固定资产折旧。可见，将企业发生的所有支出划分为收益性支出与资本性支出两类，其目的是为了合理地确认各个会计期间的费用，进而合理地计算各个会计期间的经营成果。在会计上，对以上两类支出应采用不同的方法进行核算，以便将这些支出合理地计入有关的会计期间。对划分收益性支出与资本性支出原则的理解见图6-53举例。

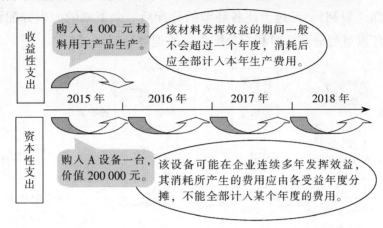

图6-53 划分收益性支出与资本性支出的原则

6.9.2 利润分配的核算

1. 利润分配的定义

利润分配是指企业将实现的净利润按照规定的程序和办法在有关方面所进行的分配。利润分配的内容包括企业按规定提取公积金留存企业和向投资者分配等。

可供企业当年分配的利润主要由两部分组成：一部分是本年度所实现的净利润；另一部分是企业在以前年度实现但并未在以前年度分配完，留待接续年度分配的利润。对本年度而言，就是年初未分配利润。因此，可供企业本年分配的利润应为：

$$本年可供\atop分配的利润 = 本年实现\atop 的净利润 + 年初未\atop 分配利润$$

📑 **小知识**

《公司法》第一百六十六条规定：公司分配当年税后利润时，应当提取利润的百分之十列入公司法定公积金。公司法定公积金累计额为公司注册资本的百分之五十以上的，可以不再提取。公司的法定公积金不足以弥补以前年度亏损的，在依照前款规定提取法定公积金之前，应当先用当年利润弥补亏损。

公司从税后利润中提取法定公积金后，经股东会或者股东大会决议，还可以从税后利润中提取任意公积金。

2. 利润分配的程序

企业实现的净利润一般应按下列顺序进行分配：①按法律规定提取法定盈余公积金；②按股东大会决议等提取任意盈余公积金；③按规定的办法向投资者分配利润（股利）。经过上述各环节的分配后，余下来的为未分配利润，可留待以后年度进行分配。对利润分配程序的理解见图6－54。

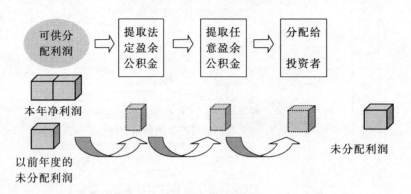

图6－54 利润分配程序

3. 账户设置

为进行利润分配的核算，应设置"利润分配"、"盈余公积"和"应付股利"（非股份制企业为"应付利润"）等总分类账户。

（1）"利润分配"账户，属于利润类账户。用以核算企业实现利润的分配等。该账户的借方登记按规定实际分配的利润数额（实现利润的减少数），以及在年终时结转入"利润分配——未分配利润"账户借方的已分配利润数。贷方登记年终时从"本年利润"账户结转过来的全年实现的净利润（实现利润增加数），以及在年终时从"利润分配——提取法定盈余公积"、"利润分配——提取任意盈余公积"和"利润分配——应付现金股利（或利润）"等明细分类账户结转入"利润分配——未分配利润"明细分类账户借方的已分配利润数。期末结转后该账户如为贷方余额，则为历年积存的未分配利润。该账户应按"提取法定盈余公积"、"提取任意盈余公积"、"应付现金股利或利润"和"未分配利润"等设置明细账户，进行明细分类核算。

"利润分配"总分类账户所属的明细账户的核算内容和结构都比较复杂。为了加深对"利润分配"总分类账户的理解，还应注意掌握该总账账户所设置的以下几个主要明细分类账户的核算内容及结构。

①"利润分配——提取法定盈余公积"。该明细分类账户用以核算企业法定盈余公积金的提取与年末结转情况。借方登记年度当中按规定提取的法定盈余公积数额；贷方登记年终时结转入"利润分配——未分配利润"明细分类账户的已提取的法定盈余公积数额。该明细分类账户平时应为借方余额，反映

企业已经提取的法定盈余公积金数。年终结转后，该账户应无余额。

②"利润分配——应付现金股利"（在非股份制企业可设置为"利润分配——应付利润"）。该明细分类账户用以核算企业应付现金股利（或利润）的分配与年末结转情况。借方登记按规定在年度当中已分配给投资者的现金股利（或利润）数额；贷方登记年终时结转入"利润分配——未分配利润"明细分类账户的已经分配给投资者的现金股利（或利润）数额。该明细分类账户平时应为借方余额，反映企业已经分配给投资者的现金股利（或利润）数。年终结转后，该账户应无余额。

③"利润分配——未分配利润"。该明细分类账户用以核算企业未分配利润情况。这个明细账户只是在年终时登记。贷方登记从"本年利润"账户结转来的本年实现的净利润数；借方登记从"利润分配——提取法定盈余公积"和"利润分配——应付现金股利"等明细分类账户结转过来的数额。年终结转后，该账户为贷方余额，反映企业历年积存的未分配利润。

📑 特别提示

"利润分配"总分类账户所属的明细分类账户，其核算内容和账户结构是有所不同的，可分为两类：一类如"提取法定盈余公积"和"应付现金股利"等明细分类账户，用以核算利润的具体分配情况，借方登记利润的分配数（相当于利润分配的增加数），贷方登记年终结转数（相当于利润分配的减少数）；另一类如"未分配利润"明细分类账户，用以登记企业利润的实现和分配及其结果情况，贷方登记净利润的实现数（相当于利润的增加数），借方登记年终时从其他的明细分类账户结转过来的已经分配的利润数（相当于利润的减少数）。应特别注意"利润分配"总分类账户所属的这两类明细分类账户之间的差别。另外，在年终进行"利润分配"有关明细账户的发生额相互结转时，会出现同一事项但却在"利润分配"这个总分类账户的借贷双方同时进行登记的情况（见图6-54中"利润分配"总分类账户）。这种登记情况是由于该账户所设置的明细账户的结构不同所引起的，并不奇怪。

（2）"盈余公积"账户，属于所有者权益类账户。用以核算企业从净利润中提取的盈余公积。该账户贷方登记企业从净利润中提取的盈余公积金（增加数）；借方登记盈余公积金的减少数，如转增资本和弥补亏损等。该账户期末为贷方余额，反映企业提取的盈余公积金的实际结存数。该账户应分别"法定盈余公积"和"任意盈余公积"进行明细分类核算。

（3）"应付股利"账户，属于负债类账户。在非股份制企业设置为"应付利润"。用以核算企业分配的现金股利或利润。该账户的贷方登记根据股东大会或类似机构审议批准的利润分配方案，企业应支付的现金股利或利润（增加数）；借方登记实际支付的现金股利或利润数（减少数）。该账户期末为贷方余额，反映企业应付未付的现金股利或利润。该账户应按投资者设置明细账户，进行明细分类核算。

利润分配总分类核算及明细分类核算的账户设置及有关账户之间的对应关系见图6-55。

4. 账务处理

现假定长城公司发生如下有关交易或事项：

【例90】 企业本年实现净利润18 750元。根据规定按净利润的10%提取法定盈余公积1 875元。

应填制转账凭证，编制的会计分录为：

借：利润分配——提取法定盈余公积　　　　　　　　　　　　1 875
　贷：盈余公积　　　　　　　　　　　　　　　　　　　　　　1 875

【例91】 企业按照批准的利润分配方案，向投资者分配股利5 000元。

应填制转账凭证，编制的会计分录为：

借：利润分配——应付现金股利　　　　　　　　　　　　　　5 000
　贷：应付股利　　　　　　　　　　　　　　　　　　　　　　5 000

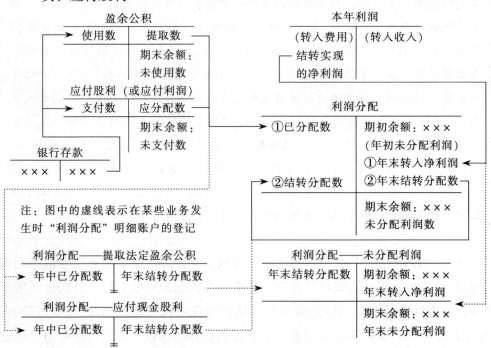

图6-55　利润分配业务总分类核算及明细分类核算的账户设置及其对应关系

【例92】年终，企业将本年实现的净利润 18 750 元从"本年利润"账户结转入"利润分配"账户所属的"未分配利润"明细账户。

应填制转账凭证，编制的会计分录为：

借：本年利润 18 750

　　贷：利润分配——未分配利润 18 750

【例93】年终，企业将已经提取的法定盈余公积金 1 875 元、已经分配的应付现金股利 5 000 元，分别从"利润分配——提取法定盈余公积"和"利润分配——应付普通股股利"明细账户结转入"未分配利润"明细账户。

应填制转账凭证，编制的会计分录为：

借：利润分配——未分配利润 6 875

　　贷：利润分配——提取法定盈余公积 1 875

　　　　　　——应付现金股利 5 000

例 90～例 93 中利润分配总分类核算及明细分类核算的账户登记情况见图6-56。

图6-56 利润分配总分类核算及明细分类核算的账户登记情况

本 章 小 结

1. 制造业企业是以生产和销售一定的产品为主要经营活动内容的经济组织。其主要交易或事项包括：①资金筹集过程交易或事项；②供应过程交易或事项；③生产过程交易或事项；④销售过程交易或事项；⑤利润的形成与分配交易或事项等。

2. 会计处理基础也称会计基础，是指企业会计的确认、计量和报告应当遵循的共同基础。会计基础主要是用来确认一定会计期间的收入和费用，进而确定其经营成果的做法。包括权责发生制和收付实现制两种。权责发生制是以应收应付为标准确认本期收入和费用的一种做法。收付实现制是以实收实付为标准确认本期收入和费用的一种方法。企业会计核算以权责发生制为处理基础。

3. 期末会计账项调整是指在权责发生制下，企业于会计期末时将应当属于本期的收入和应当由本期负担的费用，采用一定的会计处理方法确认为本期收入或费用的过程。包括：①对企业在本会计期间应当负担的原已付款的应计预付费用的调整；②企业在本会计期间已经发生但尚未付款的应计未付费用的调整；③企业在本会计期间已提供产品的预收货款应计预收收入的调整；④企业在本会计期间已经实现但尚未收到款项的应计未收收入的调整。

4. 实收资本是指企业收到的由投资者投入企业的资本金。进行实收资本等所有者权益的核算，应设置"实收资本"（股本）和"资本公积"等总分类账户。

5. 企业通过借入资金和发行企业债券等获得的资金称为负债。进行负债的核算，应设置"短期借款"、"长期借款"和"应付债券"等总分类账户。

6. 供应过程是产品生产过程的准备过程。企业在材料的日常收发核算中所采用的方法主要有两种：实际成本法和计划成本法。材料采购实际成本由买价和采购费用两个部分组成。按实际成本法进行材料采购交易或事项的核算，应设置"材料采购"、"应交税费"、"原材料"、"预付账款"和"应付账款"等总分类账户。按计划成本法进行材料采购的核算时，还应增设"材料成本差异"账户。

7. 固定资产是指同时具有下列两个特征的有形资产：第一，为生产商品、提供劳务、出租或经营管理而持有。第二，使用寿命超过一个会计期间。固定资产包括房屋、建筑物、机器、设备和运输工具等。将一项资产确认为企业的固定资产，还必须同时满足以下两个条件。第一，该固定资产包含的经济利益很可能流入企业。第二，该固定资产的成本能够可靠计量。进行固定资产购置的核算，应设置"固定资产"和"在建工程"等总分类账户。

8. 生产过程是制造业企业具体组织产品生产的过程，也是对企业资产的耗费过程。生产费用是企业在一定会计期间内为生产产品而发生的用货币表现的生产耗费，包括直接材料、直接人工和制造费用三个部分。其中：直接材料和直接人工称为直接费用，制造费用称为间接费用。企业发生的生产费用按一定种类和数量的产品进行归集，就形成了产品的生产成本，也称制造成本。

9. 直接材料、直接人工和制造费用，在会计上称为产品成本项目。企业按成本项目将发生的有关费用计入产品成本的过程就是生产费用的归集和分配过程。生产费用计入产品生产成本的方式包括以下两种：直接计入和间接（分配）计入。

10. 进行生产过程交易或事项的核算，应设置"生产成本"、"制造费用"、"应付职工薪酬"、"累计折旧"、"待摊费用"和"预提费用"等总分类账户。

11. 商品销售收入的确认应同时满足以下五个条件：①企业已经将商品所有权上的主要风险和报酬转移给购货方。②企业既没有保留通常与所有权相联系的继续管理权，也没有对已售出的商品实施有效控制。③收入的金额能够可靠计量。④相关的经济利益很可能流入企业。⑤相关的已发生或将发生的成本能够可靠计量。

12. 销售过程是企业生产经营活动的最后一个过程，企业的主要交易或事项是将其生产出来的产品销售出去。为进行销售过程交易或事项的核算，应设置"主营业务收入"、"主营业务成本"、"销售费用"、"税金及附加"、"应收账款"、"应收票据"和"预收账款"等总分类账户。

13. 其他业务收支是指企业除主营业务以外的其他业务取得的收入和发生的成本。进行其他业务收支的核算，应设置"其他业务收入""其他业务成本"等总分类账户。

14. 投资收益是指企业确认的对外投资取得的收益或发生的损失。进行投资收益业务的核算，应设置"投资收益"等总分类账户。

15. 期间费用是指企业在生产经营过程中发生的与产品的生产没有直接关系或关系不密切的费用。进行期间费用的核算，应设置"管理费用"、"财务费用"和"销售费用"等总分类账户。

16. 营业外收支是营业外收入和营业外支出的统称。营业外收入是指企业发生的与其日常经营活动没有直接关系的各种收入。营业外支出是指企业发生的与其日常经营活动没有直接关系的各种支出。进行营业外收支的核算，应设置"营业外收入"和"营业外支出"等总分类账户。

17. 利润是指企业在一定会计期间的经营成果。利润包括收入减去费用后的净额、直接计入当期利润的利得和损失等。企业在一定会计期间的经营成果应主要根据该期间实现的收入和发生的费用而定，如果收入大于费用，企业的经营成果就是利润，反之则为亏损。有关利润指标的计算方法为：①营业利润：营业收入－营业成本－税金及附加－销售费用－管理费用－财务费用±投资收益。②利润总额：营业利润加营业外收入减营业外支出。③净利润：利润总额减所得税费用。进行本年利润的核算，应设置"本年利润"总分类账户，并需要收入类账户和费用类账户所提供的资料。

18. 利润分配是企业实现的净利润按照规定的程序和办法在有关方面所进行的分配。利润分配的内容包括：企业按规定提取公积金留存企业和向投资者分配等。进行利润分配的核算，应设置"利润分配"和"应付股利"等总分类账户。

思 考 题

1. 制造业企业主要交易或事项的内容包括哪些？

2. 会计处理基础主要包括哪些？权责发生制基础确认收入和费用的标准是什么？

3. 在权责发生制下怎样进行期末会计账项的调整？进行期末会计账项的调整的意义是什么？

4. 进行资金筹集过程交易或事项的核算应设置哪些账户？如何应用这些账户？

5. 材料采购按实际成本法核算时应设置哪些账户？如何应用这些账户？

6. 材料采购实际成本的计算与结转的基本方法是怎样的？

7. 材料采购按计划成本法核算的特点有哪些？

8. 什么叫固定资产？进行固定资产购置的核算应设置哪些账户？

9. 什么叫生产费用与生产成本？二者的关系是怎样的？

10. 生产费用的内容及其计入产品生产成本的方式是怎样的？

11. 什么叫直接材料？怎样进行直接材料费用的归集与分配？

12. 什么叫直接人工？怎样进行直接人工费用的归集与分配？

13. 什么叫制造费用？怎样进行制造费用的归集与分配？

14. 什么叫完工产品？怎样进行完工产品成本的计算与结转？

15. 什么叫主营业务收入、怎样进行主营业务收入的核算？

16. 什么叫主营业务成本？怎样进行主营业务成本的核算？

17. 销售费用的内容包括哪些？怎样进行销售费用的核算？

18. 什么叫营业利润？营业利润的计算方法是怎样的？

19. 什么叫其他业务收支？怎样进行其他业务收支的核算？

20. 什么叫期间费用？如何进行核算？

21. 怎样计算利润总额和净利润？

22. 什么叫营业外收支？怎样进行营业外收支的核算？

23. 什么叫所得税费用？怎样进行所得税费用的核算？

24. 什么叫利润分配？利润分配的程序是怎样的？如何进行利润分配的核算？

第七章　成本计算

学习目标

　　在第二章至第五章学习账户设置、会计凭证、复式记账和账簿登记等核算方法，以及第六章探讨这些方法在制造业企业主要交易或事项核算中应用问题的基础上，本章接续学习的是会计核算的另外一种方法——成本计算。通过本章学习，应了解制造业企业成本计算的含义、意义、原理和要求；掌握利用会计账簿提供的资料对制造业企业在供应过程、生产过程和销售过程三个过程中所存在的各种计算对象的成本计算方法。这一章的内容与上一章的内容有着密切联系，在成本计算的举例中还将用到上一章有关的会计数据资料。

关键名词

　　成本　成本计算　直接受益直接分配原理　共同受益间接分配原理
重要性原理　成本计算程序　成本项目　材料采购成本　产品生产成本
主营业务成本　成本计算表

7.1　成本计算的意义与原理

7.1.1　成本计算的定义及其作用

1. 成本的定义

　　成本是指在特定的成本计算对象上所发生的耗费。成本计算对象包括企业采购的材料、生产的产品和销售的产品等。这些资产的形成都需要企业付出相应的代价，企业为取得这些资产而发生的耗费即构成这些资产的成本。发生在这些成本计算对象上的耗费的具体内容是有所不同的。如采购材料的成本主要是指支付的买价和运输费等采购费用；产品的生产成本主要包括所发生的直接材料、直接人工和制造费用等。

2. 成本计算的定义

成本计算是企业采用一定的方法归集一定成本计算对象发生的全部费用，借以确定各计算对象的总成本和单位成本的一种专门方法。

在第六章中，通过对企业供、产、销有关交易或事项的账务处理实例的学习我们已经看到：企业发生的材料采购费用和产品生产费用等，可以通过账户设置、会计凭证的填制和取得、复式记账和账簿登记等核算方法的综合运用，记入有关的总分类账户和明细分类账户。例如，发生的材料采购方面的费用记入"材料采购"账户，进行产品生产发生的费用记入"生产成本"账户等。成本计算就是在有关费用进行会计核算的基础上，采用一定的方法对相关费用在有关的成本计算对象上进行归集和分配。通过归集和分配就可以计算出各成本计算对象的总成本。在此基础上，根据某一特定成本计算对象的总成本与其数量之间的关系，还可以计算出该计算对象的每一单位成本，如每单位重量或每件的成本等。对成本计算定义的理解见图7-1。

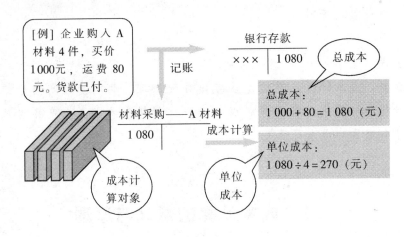

图7-1　对成本计算的定义的理解

3. 成本的作用

（1）成本是计量经营耗费和确定补偿尺度的重要工具。费用是发生在成本对象上的耗费，这种耗费往往是对企业资产的消耗，成本是已经对象化了的费用。因而，成本的实质是企业进行生产经营活动发生的耗费，经过成本计算可以确定在一定的成本计算对象上消耗企业资产的量，即耗费了多少资产。为保证企业能够持续经营，在成本计算对象上发生的耗费必须以产品销售以后收回的货币资金进行补偿。而成本计算对象对资产的耗费量是确定补偿量的一种重要依据，因而，成本计算也是确定经营耗费补偿尺度的重要工具。

（2）成本是决定商品价格的基础和产品竞争能力的重要条件。企业在销售其制造出来的产品之前，需要采用一定的方法确定产品的销售价格。产品的销售价格一般是在产品生产成本的基础上加上根据一定比例计算出来的利润额而确定的，即要高于产品的生产成本出售，这样，企业才会有收益。可见，产品价格的高低取决于经过成本计算确定的产品成本的高低。从另一方面看，产品价格的高低又是决定企业在市场上竞争能力的重要条件，如果企业确定的产品生产成本低于同类商品的社会平均生产成本，制定的销售价格就可能低于同类商品的社会平均销售价格，就会大大提高企业在销售市场上的竞争能力。

（3）成本是企业进行经营决策，核算经济效益的重要因素。在组织生产经营的过程中，企业的管理者经常需要对关系企业发展前景的一些重大问题进行决策，这些决策尽管涉及很多方面，但都应以提高企业的经济效益为出发点和落脚点。而产品成本的高低直接关系到企业经济效益的好坏，企业在对经营管理的各种备选方案进行遴选和经营决策时，必须把产品生产成本水平的降低作为一个重要因素加以考虑，从产品生产成本的角度对各种备选方案进行评价和选择，只有这样才有可能为企业带来比较好的经济效益。

（4）成本是评价企业管理水平和各方面工作的重要指标。企业的生产经营管理涉及诸多环节，大到企业治理结构的设置，企业经营方针的确立，小到对每一个管理环节的精心设计。就产品生产而言，产品的技术设计是否科学，产品的生产工艺是否先进，产品生产的物料消耗水平是否正常，供产销各个环节是否衔接等，这些因素都会影响企业产品生产成本的水平。就产品生产企业来讲，其产品生产成本的高低、产品在市场上竞争能力的高低，是衡量企业管理水平的一个重要指标。对成本的作用可结合图 7-2 加以理解。

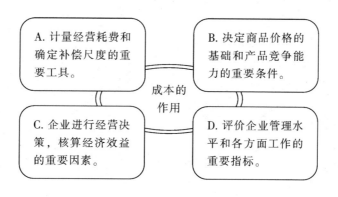

图 7-2　对成本的作用的理解

7.1.2 成本计算的意义与要求

1. 成本计算的意义

（1）考核企业成本计划的完成情况。通过成本计算可以取得企业各种计算对象的实际成本资料，并据以确定各计算对象的实际发生成本与其计划成本之间的差异，考核成本计划的完成情况，据以分析成本降低或超支的原因，进而总结在成本管理上创造的经验，及时发现成本管理上存在的问题，进一步挖掘降低成本的潜力，以利于取得更好的经济效益。

（2）反映和控制企业成本支出水平。通过成本计算可以反映企业一定会计期间发生的各种计算对象的成本支出情况，将这些数据与以往会计期间的成本支出水平进行对比，可以反映企业成本变动的趋势，查找成本变动的原因，以便及时采取有效措施，对成本进行有效的控制，借以改善企业的成本管理工作，最大限度的降低企业成本支出。

（3）为企业进行成本预测等提供依据。通过成本计算获得的各种计算对象的实际成本资料，可以作为预测后续各个会计期间成本升降趋势的依据，也可以作为企业制订后续各个会计期间成本计划的参考数据，借以使成本计划的制定建立在更加科学、更加合理的基础上。

（4）真实反映企业的财务状况和经营成果。成本计算主要是围绕企业的原材料、库存商品和产品销售成本的计算而进行的。其计算结果直接反映了企业的资产、费用等会计要素增减变动情况及其期末余额，而资产、费用在反映企业的财务状况和经营成果方面又占有重要位置，因而，成本计算直接影响到企业财务状况和经营成果的确定。对成本计算的意义可结合图7-3进行加以理解。

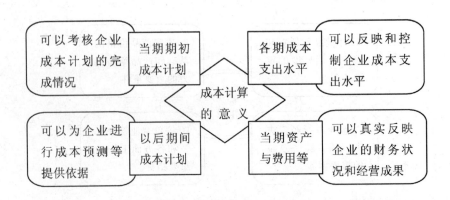

图7-3 对成本计算意义的理解

2. 成本计算的基本要求

（1）严格遵守成本列支的范围。成本列支范围是对成本计算对象所包含的成本内容的规定，是指按照有关规定哪些费用允许列入一定计算对象的成本，哪些费用不允许列入一定计算对象的成本。例如，制造业企业所发生的直接材料、直接人工和制造费用，按照规定允许计入所生产产品的生产成本。而发生的销售费用、管理费用和财务费用等，按规定就不得列入产品生产成本。

（2）严格区分费用与成本的界限。这里所说的费用是指企业在材料采购、产品生产等过程中发生的各种消耗，而不是会计要素中的费用；成本则是指已经归集到一定计算对象上去的费用。例如，企业在产品生产中发生的直接材料、直接人工等的消耗被称之为生产费用，只有采用一定的方式将其归集计入某些的产品成本以后才称之为生产成本，这两个概念不应混淆。此外，还应严格区分不同受益对象的成本界限，例如，应严格区分企业的在产品成本与产成品成本的界限。

（3）严格遵循权责发生制的要求。企业在成本计算中应严格遵循权责发生制会计处理基础的要求，根据权责发生制的要求进行成本计算，主要是解决跨期费用的合理摊配问题。对可以在多个会计期间发挥效益的与成本有关的费用支出，应采取摊销、预提或计提的方式合理的计入受益期间成本计算对象的成本。例如，企业用于产品生产的各种设备，虽然多为以前会计期间购置的，在产品生产会计期间无需再为购置设备而支付货币资金，但应按照企业所选择的折旧方法，将设备的消耗计入所生产产品的成本。

（4）认真做好成本计算的基础工作。成本计算的基础工作是指与成本计算直接有关的方面。包括成本计划的制订，成本定额的制定与管理，有关财产物资的计量和收发制度的制定与执行，各种成本资料的原始记录等。做好这些基础性工作，对于准确、及时地进行成本计算，保证成本计算的质量是非常重要的。

（5）选择适当的成本计算方法。成本计算的具体对象不同，各种成本计算对象的成本项目组成不同，决定了各种成本计算对象的成本计算的方法也不尽相同。因而，在成本计算过程中，应根据不同的成本计算对象，相应选择适用的成本计算方法，借以提高成本计算工作的效率和质量。

7.1.3 成本计算的原理

1. 成本计算原理的定义

成本计算原理是企业在计算不同生产经营阶段的各种成本对象的成本时应当共同遵守的原理，也是对成本计算的共同性要求。以制造业企业为例，在其供应过程需要计算材料采购成本，在生产过程需要计算产品生产成本，在销售过程需要计算产品销售成本等。尽管各个阶段上的成本计算对象并不相同，各计算对象的成本组成项目也各异，但在进行各种对象的成本计算过程中，都应当遵循共同的成本计算原理。

2. 成本计算原理的内容

成本计算原理可概括为以下三点：

（1）直接受益直接分配原理。企业在生产经营过程中发生的各种费用性支出，其目的性往往是很强的。例如，企业支付材料采购费用的目的是为了获取材料物资，支付生产费用的目的是为了取得产成品等。可见，费用的发生可以为企业带来一定的业务成果，即形成企业的新的资产，这些业务成果就是企业所支出费用的受益对象。某些费用是发生在特定的受益对象上的，如在生产某一种产品过程中所发生的直接材料和直接人工，受益的对象就是所生产的该种产品，发生的费用就应当由所生产的该产品这个受益对象承担。在会计处理中，应将发生的与该受益对象直接有关的费用直接计入到其成本当中去。这种做法体现的就是直接受益直接分配原理。

（2）共同受益间接分配原理。企业在生产经营过程中发生的有些费用有时是为若干个受益对象而共同发生的。例如，企业在同一供应商处一次采购的若干种材料在运回企业过程中发生的共同性运费，为生产多种产品而共同发生的制造费用等，都分别属于为若干个受益对象而共同发生的费用。这样的费用在会计上称为共同性费用。共同性费用应由所受益的若干个成本计算对象共同承担，应当采用比较客观、公允的标准将共同性费用在各受益对象之间进行合理分配。这种做法体现的就是共同受益间接分配原理。

（3）重要性原理。企业在生产经营过程中发生的某些费用支出虽然与一定的成本计算对象有关，但这些费用不易确定客观的分配方法，或者即使能够进行分配但计算起来比较烦琐，并且是否计入受益对象的成本对受益对象成本计算的影响也不是很大，对这样的费用支出可不计入受益对象的成本，而作为当期的期间费用处理。例如，企业供应部门或材料仓库所发生的经常性费用、采购人员的差旅费，以及市内零星运输费等，由于发生额比较小，对材料成本的计算影响不大，分配起来又比较麻烦，因而对这类费用支出就不宜按照上述两种方法计入受益对象的成本，可以作为期间费用处理，计入当期的管理费用。这种做法体现的就是重要性原理。

对成本计算原理的内容可结合图7-4加深理解。

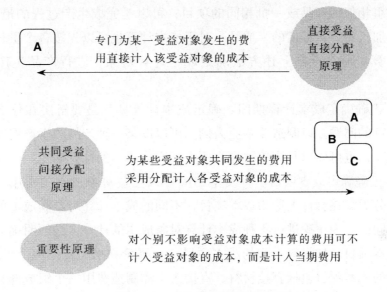

图7-4 对成本计算原理的理解

7.2 成本计算的一般程序

7.2.1 成本计算一般程序的定义

成本计算一般程序是指企业确定成本计算对象的总成本，进而确定成本计算对象单位成本的过程。

成本的计算不是一蹴而就的，必须经过一定的步骤程序才能够完成。成本计算的一般程序包括收集和整理成本计算资料，确定成本计算对象，确定成本计算期，确定成本项目，设置和登记成本计算账户，正确归集和分配各种费用和编制成本计算表等。

7.2.2 成本计算一般程序的内容

成本计算的一般程序包括以下几个方面：

（1）收集和整理成本计算资料。成本计算资料的收集和整理是进行成本计算的前提和基础。因此，对企业购入和领用的各种材料、发生的工时和动力等方面的消耗和产成品的入库和出库等，应分别填制相应的原始凭证。这些原始凭证提供的是企业进行成本计算所需要的原始记录。

（2）正确确定成本计算对象。成本计算对象就是承担和归集费用的对象，即各种费用的受益对象。对于制造业企业而言，一个成本计算对象可以只包括一种产品，也可以包括若干种不同的产品；可以是一个独立的产品或项目，也可以是一组相似的产品或一批相同的项目；可以是完成生产过程的最终产品，也可以是加工到一定程度的半成品。对于成本计算也可以先按各个责任环节确定成本计算中心，再按上述方法确定成本计算对象，进行产品生产成本的计算。

（3）正确确定成本计算期间。确定成本计算期就是要解决在什么时候进行成本计算的问题。以制造业企业为例，可以以某一种产品的生产周期作为成本计算期间，也可以以月为单位作为所生产产品成本的计算期间。

（4）正确确定成本项目。将发生的应计入受益对象成本的费用，按照其用途进行分类，在会计上称为成本项目，不同的成本计算对象其成本的构成内容也是不同的。为正确进行各种成本计算对象成本的计算，必须明确成本计算对象的成本项目。如材料采购的成本项目包括买价和采购费用两个组成部分，产品生产的成本项目包括直接材料、直接人工和制造费用三个组成部分等。在成本计算过程中，必须按照规定的成本项目进行有关费用的归集。

（5）设置和登记明细分类账户。在成本计算过程中，为全面、系统的归集和分配各种应计入各种成本计算对象的费用，应按成本计算对象和成本项目设置有关总分类账户和明细分类账户，对发生的费用和成本进行登记，以便为进行相关计算对象的成本提供数据资料。

（6）正确归集和分配各种费用。正确的归集和分配各种费用是进行成本计算的前提。在费用的归集和分配中，要遵守国家规定的成本开支范围和费用开支标准，遵循配比原则和权责发生制原则的要求，正确的确定各种费用的受益期限，正确的确定在产品和产成品的成本界限等。

（7）编制成本计算表。成本计算表是用来计算各种成本计算对象的总成本和单位成本时所采用的表格，编制成本计算表是进行成本计算的重要手段。应根据账户所提供的资料，按照一定的成本计算对象编制相应的成本计算表，借以确定各种成本计算对象的总成本和单位成本。

对成本计算一般程序的内容可结合图7-5加深理解。

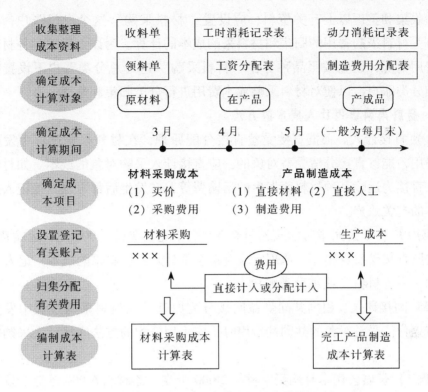

图 7 – 5 对成本计算一般程序的理解

7.3 制造业企业的成本计算

7.3.1 材料采购成本的计算

1. 材料采购成本的基本计算方法

材料采购成本的基本计算方法是将采购材料的买价加上在材料采购过程中发生的有关采购费用。计算公式为：

$$材料采购成本 = 买价 + 采购费用$$

买价、采购费用是进行材料采购成本计算时确定的成本项目。为进行材料采购成本的计算，就需要加强对材料在采购过程中发生的各种费用的核算，注意按照材料采购的成本项目收集和整理有关的成本核算资料，如采购材料的发票、运费单据和材料的验收入库单等提供的数据，这些凭证反映了材料的买价和采购费用等内容，是进行材料采购成本计算的最原始资料，也是进行材料采购成本计算的重要依据。

企业对于购入的材料，应按一定的材料品种进行成本计算。这样便于分清受益对象，便于进行成本计算。材料采购的成本一般在每月末进行一次。

为收集和整理以上有关资料，应设置"材料采购"这个专门账户，用以进行有关材料采购费用的归集和材料采购成本的计算。为详细反映各种材料的成本费用情况，还应按照品种等在"材料采购"这个总分类账户下设置有关的明细分类账户，以便对材料采购成本费用进行分类归集和整理。

2. 材料采购费用计入成本的方法

（1）直接计入。根据直接受益直接分配原理，在材料采购过程中发生的各种费用，能够直接分清受益对象的，应直接计入采购对象的成本。如材料的买价、直接为运输某种材料而发生的运输费等，在发生后都可以直接记入反映其成本的有关账户。

【例1】 长城公司本月购买乙材料 3 000 千克，买价 3 000 元，运输费 180元。按照直接受益直接计入原理，应直接全部计入乙材料采购成本，记入"材料采购——乙材料"明细分类账户。

（2）间接计入。根据共同受益间接分配原理，在材料采购过程中发生不能够直接分清受益对象的共同性费用时，应采用分配的方法间接计入采购材料的成本。

【例2】 长城公司本月购买甲材料 2 000 千克、乙材料 6 000 千克，发生共同性运输费 480 元。按照共同受益间接分配原理，应按受益情况，按买价、重量等为基础分配计入其各自成本。假定按其重量进行分配，甲材料应分摊120 元，乙材料应分摊 360 元。应分别记入"材料采购——甲材料"和"材料采购——乙材料"两个明细分类账户。

例 1 和例 2 的明细账户登记情况见表 7 - 1 和表 7 - 2。

表 7 - 1　　　　　　　**"材料采购——甲材料"账户的记录**

材料采购明细分类账

材料名称：甲材料

201×年		凭证号	摘　　要	借　　方			贷方
月	日			买价	采购费用	合计	
3	5	2	买价（2 000 千克）	3 800		3 800	
	8	2	分配运输费		120	120	

表 7 – 2 　　　　　　"材料采购——乙材料" 账户的记录

材料采购明细分类账

材料名称：乙材料

| 201×年 | | 凭证号 | 摘　要 | 借　方 | | | 贷方 |
月	日			买价	采购费用	合计	
3	5	1	买价等（3 000 千克）	3 000	180	3 180	
	8	2	买价（6 000 千克）	6 000		6 000	
	9	2	分配运输费		360	360	

📑特别提示

　　为对照方便起见，以上两个明细账户中的"凭证号"栏填写的是业务编号，在实务中，应填写记账凭证的种类和编号。

3. 材料采购成本计算举例

　　在实务中，材料采购成本是根据"材料采购明细分类账"所记录的有关资料进行计算的。

　　资料：见表 7 – 1 和表 7 – 2，两个明细分类账户所登记的是甲材料和乙材料在采购过程中发生的各种采购费用资料。根据这些资料，运用材料采购成本的计算方法，既可以计算出它们的总成本，又可以计算出它们的单位成本。

　　【例 3】长城公司本月购入甲材料 2 000 千克，买价 3 800 元，发生运输费 120 元。购入乙材料 9 000 千克，买价 9 000 元，发生运输费 540 元。计算两种材料的采购成本如下。

　　◆ 两种材料的总成本：

　　　　甲材料 = 3 800 + 120 = 3 920（元）

　　　　乙材料 = 9 000 + 540 = 9 540（元）

　　◆ 两种材料的单位成本：

　　　　甲材料 = 3 920 ÷ 2 000 = 1.96（元）

　　　　乙材料 = 9 540 ÷ 9 000 = 1.06（元）

4. "材料采购成本计算表"的编制方法

　　在实务中，材料采购成本的计算是通过编制"材料采购成本计算表"而完成的，通过该表的编制可以分别计算出计算对象的总成本和单位成本。"材料采购成本计算表"的基本格式及编制方法见表7-3。

表7-3　　　　　"材料采购成本计算表"的基本格式及编制方法

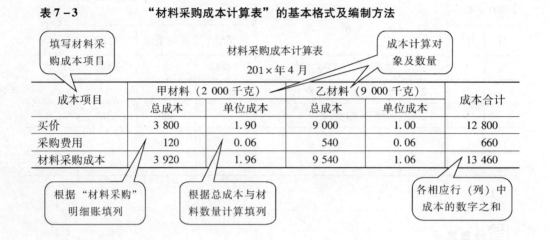

成本项目	甲材料（2 000 千克）		乙材料（9 000 千克）		成本合计
	总成本	单位成本	总成本	单位成本	
买价	3 800	1.90	9 000	1.00	12 800
采购费用	120	0.06	540	0.06	660
材料采购成本	3 920	1.96	9 540	1.06	13 460

7.3.2　完工产品成本的计算

1. 完工产品成本的基本计算方法

完工产品成本的基本计算方法与材料采购成本的计算方法类似，不过是将与产品生产有关的费用在一定的产品上进行归集。与完工产品生产有关的费用包括直接材料、直接人工和制造费用，这些费用项目也是产品成本计算中所设立的成本项目，完工产品成本的计算过程就是根据这些成本项目对相关费用进行归集和汇总的过程。在实务中，完工产品成本的计算一般是于月末时进行的，其计算公式为：

$$本月完工产品成本 = 直接材料 + 直接人工 + 制造费用$$

除此之外，还应特别注意考虑完工产品的投产时间和完工时间等因素。这对于全面归集完工产品所发生的费用，正确计算完工产品的成本是十分重要的。在考虑上述因素的情况下，完工产品成本的计算公式一般也可表示为：

$$本月完工产品成本 = 该产品月初在产品成本 + 本月新发生的费用 - 月末在产品成本$$

在该计算公式的各个项目中都应包含直接材料、直接人工和制造费用等费用内容，在应用中根据实际情况灵活掌握。因为在完工产品的投产时间和实际完工时间不一致的情况下，会存在以下几种情况：有些产品是在本月投产于本月就全部生产完工的，即月末时没在产品成本；有些产品是在本月投产但本月并没有全部生产完工，即月末时有在产品成本；有些产品是在以前月份投产而于本月全部完工的，即月初有在产品成本，月末时没有在产品成本；有些产品则是在以前月份投产于本月份部分完工的，即月初有在产品成本，月末也有在产品成本。投产与完工的时间不同，完工产品成本的计算方法也有所不同。应根据不同情况分别加以处理：

（1）本月投产本月全部完工。本月所发生的全部费用就是该产品的全部成本，其计算公式应为：

$$本月完工产品成本 = 本月新发生的费用$$

（2）本月投产本月部分完工。产品本月发生的生产费用不能全部由完工产品承担，必须将月末在产品所占用的那部分费用从全部费用中扣除，余下的部分才是完工产品应当负担的成本，其计算公式应为：

$$本月完工产品成本 = 本月新发生的费用 - 月末在产品成本$$

（3）以前月份投产本月全部完工。当产品有月初在产品成本（即该产品在以前月份生产过程中发生的部分），在本月的接续生产过程中，也会有新的生产费用发生。当产品全部生产完工，说明不存在在产品成本。其计算公式为：

$$本月完工产品成本 = 该产品月初在产品成本 + 本月新发生的费用$$

（4）以前月份投产本月部分完工。当产品既有月初在产品成本，在本月接续生产过程中也有新的生产费用发生，并且月末还存在在产品成本。那么，其公式即为：

$$本月完工产品成本 = 月初在产品成本 + 本月新发生的费用 - 月末在产品成本$$

直接材料、直接人工和制造费用是进行完工产品制造成本计算的成本项目。为进行完工产品制造成本的计算，应按照产品的成本项目收集和整理有关的成本资料，如领料单、限额领料单、工资分配汇总表、职工福利费计算表和制造费用分配表等所提供的数据，这些是进行完工产品成本计算的原始资料，也是进行完工产品成本计算的重要依据。

对生产完工的产品应按一定的品种进行成本计算。这样便于分清受益对象，便于进行成本计算。完工产品成本的计算一般在每月末进行，个别生产周期比较长的产品，也可以按照产品的生产周期计算完工产品成本。

为收集和整理有关成本资料，应设置"生产成本"和"制造费用"等专门账户，用以归集有关产品发生的生产费用，借以计算完工产品的成本。为详细反映各种产品的成本费用情况，还应按照所生产的产品品种等在"生产成本"这个总分类账户下设置有关明细分类账户进行明细核算，以便对产品的成本费用进行分类归集和整理。

2. 完工产品成本计入成本的方法

（1）直接计入。根据直接受益直接分配原理，在产品生产过程中发生的直接材料和直接人工，在发生时一般都能够直接分清受益对象，应直接计入所生产产品的成本，在发生后都可以直接记入反映其成本的有关账户。

【例4】长城公司本月生产A产品发生材料费2 000元，发生生产工人工资700元，根据生产工人工资总额提取福利费98元；生产B产品发生材料费4 400元，发生生产工人工资1 000元，根据生产工人工资总额提取福利费140元。按照直接受益直接计入原理，应将以上发生的费用分别计入A、B两种产品的生产成本，记入"生产成本——A产品"和"生产成本——B产品"两个明细分类账户。

（2）间接计入。根据共同受益间接分配原理，在产品生产过程中发生的，不能够直接分清受益对象的有关费用，应采用分配的方法间接计入产品生产成本。

【例5】长城公司本月生产A、B两种产品发生共同性制造费用2 550元。按照共同受益间接分配原理，应按受益情况，按生产工人工资总额或产品数量等为基础分配计入其各自成本。假定按生产工人工资总额（见上例，A产品生产工人工资总额为700元，B产品生产工人工资总额为1 000元）进行分配，A产品应分摊1 050元，B产品应分摊1 500元。应分别记入"生产成本——A产品"和"生产成本——B产品"两个明细分类账户。

例4和例5的明细账户登记情况见表7-4和表7-5。

表7-4   "生产成本——A产品"账户的记录

生产成本明细分类账

产品名称：A产品

201×年		凭证号	摘 要	借 方			
月	日			直接材料	直接人工	制造费用	合计
3	1		月初余额	320	114	118	552
	31	4	材料费用	2 000			2 000
		4	生产工人工资		700		700
		4	生产工人福利费		98		98
		5	分配制造费用			1 050	1 050

表 7 – 5　　　　　　　　 "生产成本——B 产品"账户的记录

生产成本明细分类账

产品名称：B 产品

201×年		凭证号	摘　要	借　方			
月	日			直接材料	直接人工	制造费用	合计
3	1		月初余额	1 600	684	676	2 960
	31	4	材料费用	4 400			4 400
		4	生产工人工资		1 000		1 000
		4	生产工人福利费		140		140
		5	分配制造费用			1 500	1 500

3. 完工产品成本计算举例

在实际工作中，完工产品制造成本是根据"生产成本明细分类账"所记录的有关资料，并考虑产品的投产和完工时间等因素进行计算的。

资料：见表 7 – 4 和表 7 – 5，两个明细分类账户所登记的就是 A 产品和 B 产品两种产品在生产过程中发生的各种费用资料。根据这些资料，具体考虑完工产品的投产和完工时间，运用完工产品成本的计算公式，就能够比较容易地计算出它们的总成本和单位成本了。

特别提示

从表 7 – 4 和表 7 – 5 两个明细分类账户的登记情况可以看出：A、B 两种产品都属于在以前月份投产，在本月份接续生产的产品，关于这一点可以从两个明细分类账户都有月初余额上得以确认。如果到月末时，这两种产品全部生产完工，那么，两种产品的完工成本就分别是将其月初在产品成本加本月新发生的费用即可；如果到月末时，某一种产品仍有在产品，就需要考虑在产品的成本有多少，并应将在产品的成本从该产品在生产过程中发生的全部费用中扣除，只有这样才能计算出已经完工的那部分产品的成本，这种情况参见下面的举例。

【例 6】长城公司本月生产 A 产品 50 件，到月末时全部完工；生产 B 产品120 件，到月末时完工 100 件，尚有 20 件仍处于生产过程之中，根据完工程

度,每一件 B 产品占用的各种费用为:直接材料 50 元,直接人工 8 元,制造费用 8.5 元。两种产品的月初在产品成本和本月发生的生产费用资料见"生产成本"有关明细分类账户的登记。计算两种完工产品的制造成本。

①完工 A 产品成本。由于该企业本月生产的 50 件 A 产品到月末时全部完工,其完工产品的成本可根据"生产成本——A 产品"明细分类账户所提供的资料,采用"本月完工产品成本 = 该产品月初在产品成本 + 本月新发生的费用"公式直接计算。计算结果为:

完工 A 产品制造成本:

直接材料:320 + 2 000 = 2 320 (元)

直接人工:100 + 14 + 700 + 98 = 912 (元)

制造费用:118 + 1 050 = 1 168 (元)

$$\text{合 计} \qquad 4\ 400\ (元)$$

②完工 B 产品成本。由于该企业本月生产的 120 件 B 产品到月末时没有全部完工,因而需要先计算确定月末在产品的成本,然后才能利用账户所提供的资料,计算完工的 B 产品的成本。即已经完工的那部分 B 产品的成本要利用"本月完工产品成本 = 该产品月初在产品成本 + 本月新发生的费用 - 月末在产品成本"公式进行计算,应将"生产成本——B 产品"明细分类账户中的月初在产品成本资料与本月新发生的各种费用相加,再减掉月末在产品成本。B 产品的在产品成本和完工产品成本分别计算如下:

◆ B 产品月末在产品成本的计算:

直接材料:50 × 20 = 1 000 (元)

直接人工:8 × 20 = 160 (元)

制造费用:8.5 × 20 = 170 (元)

$$\text{合 计} \qquad 1\ 330\ (元)$$

◆ 月末完工 B 产品成本的计算:

直接材料:1 600 + 4 400 - 1 000 = 5 000 (元)

直接人工:684 + 1 140 - 160 = 1 664 (元)

制造费用:676 + 1 500 - 170 = 2 006 (元)

$$\text{合 计} \qquad 8\ 670\ (元)$$

4. "完工产品成本计算表" 的编制方法

在实务中,完工产品成本的计算是通过编制"完工产品成本计算表"而完成的。该表的基本格式及编制方法见表 7 - 6。

表7-6　　　　　　"完工产品成本计算表"的基本格式及编制方法

填列成本项目具体内容

完工产品成本计算表

201×年×月

成本项目	A产品（50件）		B产品（100件）		成本合计
	总成本	单位成本	总成本	单位成本	
直接材料	2 320	46.40	5 000	50.00	7 320
直接人工	912	18.24	1 664	16.64	2 576
制造费用	1 168	23.36	2 006	20.06	3 174
产品生产成本	4 400	88.00	8 670	86.70	13 070

根据"生产成本"明细账填列

根据发生的总成本与产品的数量计算填列

各相应行（列）中总成本的合计数

📋 特别提示

　　编制"完工产品成本计算表"的目的是为了计算出完工产品的总成本和单位成本。表7-6中的"总成本"资料可以从有关的明细分类账户中直接抄列；"单位成本"应当根据实际情况进行计算。例中"单位成本"一栏的数字是用"总成本"一栏的数字除以相应的产品数量而得到的。

7.3.3　主营业务成本的计算

1. 主营业务成本的基本计算方法

　　主营业务成本对于销售产品的企业而言是指其商品的销售成本，基本的计算方法是用销售商品的单价乘以销售商品的数量。用公式表示为：

　　　　主营业务成本 = 销售商品单位成本 × 销售数量

　　商品销售成本实质上就是被销售商品的生产成本，是指这些商品在生产过程中所发生的成本支出。为进行销售商品成本的计算，就需要按照商品的种类等收集和整理有关的成本核算资料，如商品的验收入库单和出库单等，这些凭证反映了库存商品的生产成本，是进行销售商品成本计算的最原始资料，也是进行销售商品成本计算的重要依据。

　　企业对于销售的商品，应按一定的种类进行主营业务成本计算。这样便于分清受益对象，便于进行主营业务成本计算。主营业务成本计算一般在每月末进行一次，也可在月中确认商品销售收入时同步进行。

　　企业用于主营业务成本计算的有关资料，可通过"库存商品"账户的记录获取。为详细反映各种商品的成本情况，还应参照"库存商品"总分类账户下设置有关的明细分类账户的记录情况。

2. 主营业务成本计入成本的方法

由于商品的销售对象可以根据平时的销售记录明确地加以认定，根据直接受益直接分配原理，主营业务成本一般采用直接计入的方法。即具体销售的是哪一种商品，就可以直接根据该商品的单位生产成本和销售数量计算其销售成本，并直接记入反映其成本的有关账户。在会计上，对计算出来的商品销售成本，一方面要登记在"主营业务成本"账户，反映主营业务成本的增加，又要登记在"库存商品"总分类账户及其所属的明细账户，反映库存商品的减少。

【例7】长城公司本月销售 A、B 两种产品各 50 件，其中 A 产品的单位成本为 100 元，B 产品的单位成本为 90 元。那么，A 产品的销售成本就应按单位成本 100 元计算，而 B 产品的销售成本就应按单位成本 90 元计算。按照这样的计算方法，两种产品的销售成本应分别为：

A 产品销售成本 = 100 × 50 = 5 000（元）

B 产品销售成本 = 90 × 50 = 4 500（元）

可见，在销售产品的单位成本和数量都确定的情况下，主营业务成本的计算是比较容易的。但在实务中，对某一种产品来说，由于产品生产的批次不同，其单位成本也会有所不同，这就给单位成本的确定带来了一定的困难。这种比较复杂的情况及其计算方法参见下面的举例。

3. 主营业务成本计算举例

资料：长城公司本月销售 A、B 两种产品的情况见表 7 – 7 和表 7 – 8。

表 7 – 7　　　　　　　　"库存商品——A 产品"账户的记录

库存商品明细账

产品名称：A 产品　　　　　　　　　　　　　　　　　　　单位：件

201×年		凭证号	摘　要	收入			发出			结存		
月	日			数量	单价	金额	数量	单价	金额	数量	单价	金额
3	1		月初余额							30	120	3 600
	31	60	完工入库	50	88	4 400				80	100	8 000
		8	本月销售				50	100	5 000	30	100	3 000

表7-8 "库存商品——B产品"账户的记录

库存商品明细账

产品名称：B产品 单位：件

201×年		凭证号	摘 要	收入			发出			结存		
月	日			数量	单价	金额	数量	单价	金额	数量	单价	金额
3	1		月初余额							30	101	3 030
	31	60	完工入库	100	86.7	8 670				130	90	11 700
		8	本月销售				50	90	4 500	80	90	7 200

表7-7和表7-8两个明细分类账户所登记的就是A产品和B产品两种产品的验收入库及其销售情况，验收入库的成本就是这些商品在生产过程中发生的生产成本。而销售商品的成本就是以这些商品的生产成本为基础计算的。

从上述两表可见，该企业的库存商品是多批次入库的，其单位成本也各异。例如，A产品月初余额为30件，单位成本为120元；B产品月初余额为30件，单位成本为101元。显然，两种产品的月初余额是企业在本月之前生产出来并验收入库的。资料还显示：本月生产出来并已入库的A产品为50件，单位成本为88元；B产品为100件，单位成本为86.70元。由此可以看出，即使是同一种库存商品，其单位成本一般也是不一样的。那么，计算销售商品成本时，应以哪一个单位成本为准呢？在实务中，对于这种情况企业都有一定的确定方法。确认销售产品单位成本的一些具体方法将在下一章中详细介绍。在下面的举例中应用的是这些具体方法中的一种比较简单的方法——全月一次加权平均法。这种做法是企业在月末时根据某产品的月初结存成本和本月入库该产品成本与其月初结存数量和本月入库数量的关系，先计算出该产品的单位成本，进而计算该产品销售成本的一种方法。

【例8】现假定长城公司是按全月一次加权平均法确定销售商品单位成本的。A、B两种商品各销售50件。销售A、B两种商品的单位成本和总成本分别计算如下：

①全月一次加权平均单位成本。

A产品 = (3 600 + 4 400) ÷ (30 + 50) = 100（元）

B产品 = (3 030 + 8 670) ÷ (30 + 100) = 90（元）

②全月销售商品成本。

A产品 = 100 × 50 = 5 000（元）

B产品 = 90 × 50 = 4 500（元）

4. "主营业务成本计算表"的编制方法

在实务中，主营业务成本的计算是通过编制"主营业务成本计算表"而完成的。该表的基本格式及编制方法见表7-9。

表7-9 **"主营业务成本计算表"的基本格式及编制方法**

本月销售产品

根据单位成本与销售数量计算填列

主营业务成本计算表
201×年×月

产品名称	本月销售数量（件）	单位成本	总成本
A产品	50（20＋30）	100.00	5 000
B产品	50（40＋10）	90.00	4 500
合　计	—	—	9 500

可从"主营业务收入"账户等获取

可直接或根据发出存货计价方法计算确定

以上各行的合计数

本 章 小 结

1. 成本是指在特定的成本计算对象上所发生的耗费。成本计算是企业归集一定计算对象的全部费用，借以确定各计算对象的总成本和单位成本的一种专门方法。

2. 成本的重要作用在于：①成本是计量经营耗费和确定补偿尺度的重要工具；②成本是决定商品价格的基础和产品竞争能力的重要条件；③成本是企业进行经营决策，核算经济效益的重要因素；④成本是衡量企业管理水平和各方面工作的重要指标。

3. 进行成本计算的意义有：可以考核企业成本计划的完成情况；可以反映和控制企业成本支出水平；可以为企业进行成本预测等提供依据；可以真实反映企业的财务状况和经营成果。

4. 成本计算的基本要求包括：①应严格遵守成本列支的范围；②应严格区分费用与成本的界限；③应严格遵循权责发生制的要求；④应认真做好成本计算基础工作；⑤应选择适当的成本计算方法。

5. 成本计算原理是企业在计算不同成本对象的成本时应当共同遵守的原理。包括：①直接受益直接分配原理；②共同受益间接分配原理；③重要性原理。

6. 成本计算一般程序是指企业确定成本计算对象的总成本，进而确定成本计算对象单位成本的过程。包括以下几个方面：①收集和整理成本计算资料；②

正确确定成本计算对象；③正确确定成本计算期；④正确确定成本项目；⑤正确归集和分配各种费用；⑥设置和登记明细分类账户；⑦编制成本计算表。

7. 材料采购成本的基本计算方法是将采购材料的买价加上在材料采购过程中发生的有关采购费用。对发生的共同性采购费用，应采用一定的分配标准在有关的成本对象之间进行合理分摊。在实务中，材料采购成本的计算是通过编制"材料采购成本计算表"而完成的，通过该表的编制可以计算求得计算对象的总成本和单位成本。

8. 完工成品成本的计算方法一般是将完工产品在生产过程中发生的直接材料、直接人工和制造费用相加。但应考虑完工产品投产时间与完工时间因素。"本月完工产品成本＝该产品月初在产品成本＋本月新发生的费用－月末在产品成本"是计算企业本月完工产品成本的基本公式。在实务中，完工产品制造成本的计算是通过编制"完工产品制造成本计算表"而完成的，通过该表的编制可以求得计算对象的总成本和单位成本。

9. 主营业务成本的基本计算方法是用销售商品的单位成本乘以销售商品的数量。对于制造业企业而言，主营业务成本即已销售商品的成本，销售商品的成本实质上就是被销售商品的制造成本。如果销售的某种产品是多批次生产出来的，且单位成本又各不相同，应采用一定的方法重新确定销售产品的单位成本。在实务中，主营业务成本的计算是通过编制"主营业务成本计算表"而完成的，通过该表的编制可以求得计算对象的总成本。

思　考　题

1. 什么叫成本？什么叫成本计算？

2. 成本的作用有哪些？

3. 进行成本计算有什么意义？

4. 对成本计算有哪些基本要求？

5. 成本计算的基本原理包括哪些内容？怎样理解这些原理？

6. 什么叫成本计算的一般程序？成本计算一般程序包括哪些内容？

7. 材料采购成本的基本计算方法是怎样的？怎样编制"材料采购成本计算表"？

8. 完工产品制造成本的基本计算方法是怎样的？怎样编制"完工产品成本计算表"？

9. 主营业务成本的基本计算方法是怎样的？怎样编制"主营业务成本计算表"？

第八章 财产清查

学习目标

在本章中，将学习会计核算的另外一种方法——财产清查。通过这一章的学习，应了解财产清查的定义、意义和种类；理解存货盘存制度的实地盘存制和永续盘存制，特别是永续盘存制的定义及其具体做法；掌握在以上两种存货盘存制度下确定期末存货数量、计算本期发出存货成本和期末存货成本的具体方法；了解两种存货盘存制度的优点与缺点及其适用性；掌握货币资金的清查内容及账务处理方法，掌握"银行存款余额调节表"的编制方法；掌握实物财产与往来款项的清查内容及账务处理方法；重点掌握财产清查结果的账务处理方法。

关键名词

财产清查　存货盘存制度　永续盘存制　先进先出法　全月一次加权平均法　个别计价法　实地盘存制　未达账项　银行存款余额调节表　盘盈　盘亏　待处理财产损溢　坏账损失　备抵法

8.1 财产清查的意义与种类

8.1.1 财产清查的定义与意义

1. 财产清查的定义

财产清查就是根据账簿记录，对企业的货币资金、实物资产和债权债务等进行盘点或核对，查明各项财产的实际结存数与其账面结存数以及债权、债务的实际状况是否相符的一种专门方法。

在实务中，企业对发生的所有交易或事项都要采用专门的核算方法进行账务处理，并登记到有关的账簿（账户）中去。特别是对发生的货币资金、原材料和设备等实物资产的增减变动，以及债权债务的产生与结算等重要会计事项，更要采用严密的方法及时进行会计处理，以确保账簿记录能够正确地反映以上这些事项增减变动和余额的真实情况。要使账簿记录情况与实物资产的管理情况相一致，就需要定期或不定期的对各种财产进行清查，并与账簿的记录情况进行核对，以查明账实是否相符。另外，从财会部门内部来看，为确认其所管理的货币资金与账面记录情况是否相符，也需要与所开户的银行之间以及部门内部进行核对。企业为确认债权、债务情况，也应定期或不定期的与债务人和债权人核对，以确保债权、债务的实际情况与账面的记录相符。

对财产清查的定义可结合图8-1加深理解。

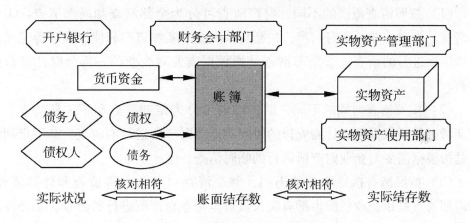

图8-1　对财产清查定义的理解

2. 财产清查的意义

（1）保证账簿记录的真实准确，确保账实相符。从理论上讲，会计账簿上所记载的各种企业财产物资以及债权债务等的增减变动和结存情况应当与其实际发生情况完全相符。但在实务中，由于诸多因素的影响，会使账面的记录情况与其实际状况双方之间出现差异。如发生自然损耗，在收发过程中计量工具不准，受自然灾害侵蚀，管理制度不健全，被贪污或盗窃等，都会引起资产的流失和短缺，致使各种财产物资的实际情况与账簿的记录情况产生不符，即账实不符。而企业的债权债务由于债务人或债权人清偿能力的欠缺，或清算、破产等原因，也有可能不能按预期收回或结算。因此，为了保证账簿记录的真实准确，确保账实相符，为了不断地健全和完善企业财产物资的管理制度，确保企业财产物资的安全完整，就必须采用财产清查这一行之有效的方法，对企业的各种财产进行定期或不定期的清查。

（2）真实反映企业的财务状况，保证财务报告质量。进行财产清查的根本目的在于切实反映企业的资产状况，企业通过对其财产进行清查，剔除那些确已不存在的资产内容，切实确认清楚企业的债权债务，并经过会计处理，使企业的财产物资和债权债务等与其账面记录达到完全一致，使账实之间完全相符，这样就可以真实的反映企业的资产、负债情况。进一步分析可见，企业的资产、负债状况是企业财务状况的主要构成内容，也是企业向财务报告的使用者提供的会计信息内容的重要组成部分。因而，进行财产清查，夯实企业的资产真实结存数额等，也是保证财务报告质量的基础和前提。

8.1.2 财产清查的种类及清查准备

1. 财产清查的种类

（1）按照清查范围的不同，财产清查可分为全部清查和局部清查。①全部清查是指对企业的所有财产，包括货币资金、实物资产和债权债务等毫无遗漏地逐项进行的清查。②局部清查是指根据需要对企业的一部分财产进行的清查。

（2）按照清查时间的不同，财产清查可分为定期清查和不定期清查。①定期清查是指根据预先计划安排的时间对企业财产所进行的清查。②不定期清查是指根据需要对企业财产所进行的临时清查。

（3）按照清查执行单位的不同，财产清查可分为内部清查和外部清查。①内部清查是指企业组织内部有关人员对本企业财产所进行的清查。②外部清查是指由企业外部的有关部门或人员根据有关规定对本企业财产所进行的清查。

对财产清查种类的理解见图 8-2。

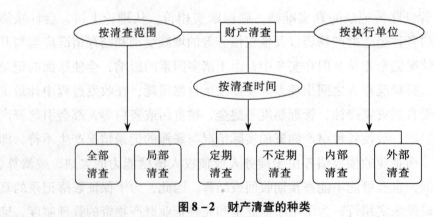

图 8-2 财产清查的种类

2. 财产清查前的准备工作

（1）组织准备。组织准备是财产清查的组织保证。在进行财产清查之前，应根据清查范围和要求等，建立清查组织。在单位负责人和会计部门负责人的领导下，成立由财会、技术、实物保管和生产等有关部门人员参加的清查领导小组。其主要任务是：①制订清查计划，明确清查范围，安排清查步骤，配备有能力的清查人员。②检查和督促财产清查工作，及时解决清查中出现的问题。③在财产清查结束后作出清查总结，提出对财产清查结果的处理意见。

（2）业务准备。业务准备是进行财产清查的必要条件。有关业务部门应做好如下准备：①会计部门的账簿资料准备。会计部门应在财产清查前，将所有的交易或事项登记入账，做到账证相符，账账相符，为财产清查提供可靠依据。②物资保管部门的物资整理准备。财产物资的保管或使用部门应在财产清查前，检查财产物资收发和保管的凭证手续是否齐全，并与会计部门有关财产物资的账簿记录核对相符。对各种实物资产应进行必要的整理，以便于进行实物盘点。③清查量具等的准备。财产清查人员应准备好必要的计量器具，以便于对在清查中需要计量的资产实地进行计量。还要准备好必要的登记表格，以便于对财产清查中应当记录的事项及时进行登记。

8.2 存货盘存制度

8.2.1 存货盘存制度的定义与基本内容

存货盘存制度是指企业在财产清查中确定其财产物资等在一定时点上的实际结存数量的方法。

对货币资金、各种实物资产和债权债务进行清查是财产清查的重要内容，而对各种实物资产进行清查是财产清查的重要组成部分。实物资产是由原材料、在产品和库存商品和固定资产等资产所组成的。其中的原材料、在产品和库存商品等在会计上称为存货。所谓存货盘存制度就是指企业在对实物资产进行清查盘点过程中确认其结存数量所采用的基本方法。企业存货的数量品种较多，在企业的生产经营活动中收发频繁，由于各种因素的影响也极易流失。因而，应采用科学的方法对存货在会计期末的结存数量进行合理确定。而要合理确定存货的结存数量，就有必要探讨确定存货结存数量的方法。

在财产清查中，既需要确认清查对象的实物量，也需要确认清查对象的价值量。而确定清查对象的实存数量，既是财产清查工作不可缺少的内容，也是确认清查对象价值量的基础环节。因而，企业应建立科学而又适用的确认存货实物量的方法，即存货盘存制度。在实务中，存货的盘存制度主要有永续盘存制和实地盘存制两种。下面将结合制造业企业的实例对这两种存货盘存制度进行深入探讨。

8.2.2 永续盘存制

1. 永续盘存制的定义

永续盘存制也称账面盘存制。这是一种通过设置存货明细账，逐笔登记存货的收入数和发出数，并可随时结出存货结存数量的方法。这种做法的主要特点是：通过账面记录反映和控制存货的结存数量。采用这种方法时，对存货的收入（增加）或发出（减少），平时都要在账簿中连续的加以记录，因而，根据记录可以随时计算出各类存货的账面结存数。对永续盘存制的做法可结合表 8-1 甲材料这种存货的实物量（数量）在明细账户中的记录情况加深理解。

表 8-1　　　　永续盘存制下有关存货明细账账户登记的基本做法
原材料明细账

材料名称：甲材料　　　　　　　　　　　　　　　　　　　　数量单位：千克

201×年		凭证号	摘　要	借方			贷方			余额		
月	日			数量	单价	金额	数量	单价	金额	数量	单价	金额
3	1		月初余额							4 000		
	7	转 10		1 000						5 000		
	10	转 25					2 000			3 000		
	18	转 30		1 000						4 000		
	20	转 32					500			3 500		
	31	—	本月合计	2 000			2 500			3 500		

可随时结出存货的结存数量

期末存货结存数量=账面期初结存数量+本期增加合计数－本期减少合计数

在永续盘存制下，对各种存货的结存数量不仅在平时可以随时在账户中结出，在会计期末时也很容易计算出来，因此，在财产清查中要了解存货的账面结存数是十分容易的。当然，由于各种因素的影响，账面上计算出来的结存数与实际结存数也有不符的情况。所以，即使采用永续盘存制，也需要对各种存货进行定期或不定期的清查盘点，以查明账实不符的原因，并按照规定的方法进行处理，使账实之间达到完全相符。

2. 永续盘存制下期末存货成本的确定

在会计上对存货进行实物数量的核算，对某些资产而言是十分重要的。但是，会计管理活动的基本特征决定了对存货还需要进行价值量的核算。企业在会计期末确定了存货结存数量的基础上，还应采用一定的方法确认存货的实际成本。在实务中，期末结存存货实际成本的计算应分清以下两种情况进行。

（1）同一种存货各入库批次的单位成本一致。例如，购入的某一种原材料，或生产出来的某一种库存商品，虽然其验收入库的时间有先有后，但各批次的单位成本，如该种材料各批次的采购成本，或该种库存商品各批次的单位生产成本是一样的。在这种情况下，不论是本期发出的存货，还是期末结存的存货，在单位成本上是没有差异的。因此，期末结存存货的实际成本就可以按照下列公式计算：

$$期末存货成本 = 存货单位成本 \times 存货数量$$

（2）各批存货单位成本不一致。例如，同样是采购甲材料，但由于采购的时间、地点和运输方式不同等原因，各批甲材料之间的单位成本也可能会有差别。比如在材料的市场价格浮动攀高的时期，前后各批次购入的甲材料的单位成本就会有上升趋势，反之则相反。在这种情况下，由于各批入库存货的单位成本各异，就产生了如何选定发出存货的单位成本问题。根据《企业会计准则》的规定，可供企业选择使用的确定发出存货单位成本的方法有多种，这些方法统称为发出存货的计价方法。在不同的计价方法下，所计算出来的本期发出存货的成本是各不相同的。因而，期末存货的结存成本的多少应取决于发出存货时所采用的计价方法。也就是说，在计算期末结存存货的实际成本之前，应根据企业所采用的发出存货的计价方法先计算出在当期发出存货的成本，在此基础上，才可能计算出期末结存存货的实际成本。在同一种存货各批次的单位成本不一致时，计算其期末结存成本的基本方法见图8-3。

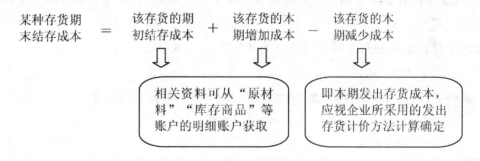

图8-3 同一种存货各批次单位成本不一致时

计算其期末结存成本的基本方法

3. 发出存货计价方法

发出存货计价方法是指企业在平时发出存货时确定发出存货的单位成本，并以此为依据计算发出存货实际成本的方法。在实务中，企业发出存货的计价方法主要有以下三种：

（1）先进先出法。①先进先出法是假设某一种存货其先入库的部分尽先被发出，并按先入库存货的单位成本作为计算发出存货的单位成本，据以计算发出存货的全部成本和期末时该存货结存成本的一种方法。采用先进先出法时，可以将发出存货的成本计算工作分散在平时进行，也可以放在月末一次性进行。

对先进先出法的定义可结合图8－4加深理解。

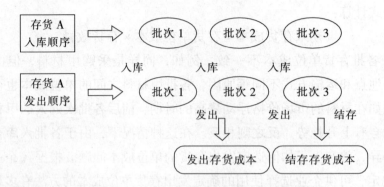

图8－4　对先进先出法定义的理解

②先进先出法发出存货成本的计算方法。采用先进先出法计算发出存货的成本，首先要确定在库存的多批次存货中，哪一批存货是最先入库的，发出存货的成本就先按最先入库的那批存货的单位成本计算，当这批存货假定已经全部发完时，再接续按次一批存货的单位成本计算发出存货成本。

【例1】 假定甲材料本月初结存4 000千克，单价1.50元。本月购入1 000千克，单价1.35元。本月发出两批，共计4 500千克。按先进先出法计算本月发出甲材料成本和月末结存成本。有关资料见表8－2。

表8－2　　　　先进先出法下发出存货成本计算有关资料的账户登记情况

原材料明细账

材料名称：甲材料　　　　　　　　　　　　　　　　　　　　　　单位：千克

201×年		凭证号	摘　要	借　方			贷　方			余　额		
月	日			数量	单价	金额	数量	单价	金额	数量	单价	金额
2	1	（略）	月初余额							4 000	1.50	6 000
	10		购入	1 000	1.35	1 350				4 000 1 000	1.50 1.35	6 000 1 350
	18		发出				2 000					
	25		发出				2 500					

从"原材料"明细账的登记情况可以看出：本月库存的甲材料有两批，

从入库的时间看，月初结存的甲材料应当是在上个月购入的，与本月购入的甲材料相比，应当是属于先入库的批次，而本月购入的材料则是后入库的批次。按照先进先出法的要求，在本月18日第一次发出甲材料2 000千克的单位成本就应按月初结存（第一批次入库）的甲材料的单位成本1.50元确定；而在25日第二次发出甲材料2 500千克时，由于月初结存的甲材料还有结余2 000千克，因而其中的2 000千克的单位成本仍应按1.50元确定。至此，第一批次入库的甲材料被全部发完；其余500千克的单位成本应按本月第二入库批次（即本月购入批次）甲材料的单位成本1.35元确定。进而即可计算出本月发出甲材料的全部成本。计算过程及结果如下：

$$1.50 \times 2\,000 + 1.50 \times 2\,000 + 1.35 \times 500 = 6\,675（元）$$

③先进先出法期末存货成本计算方法。采用先进先出法计算出发出存货的实际成本以后，就可以根据某一种存货的月初余额（月初结存成本）、本月增加额（本月入库成本）和本月减少额（本月发出成本）之间的关系计算出存货的期末结存成本了。在先进先出法，期末存货成本可采用下列公式计算：

期末存货结存成本 = 期初结存成本 + 本期增加成本 − 本期减少成本

利用该公式计算出来的甲材料月末结存成本如下：

$$6\,000 + 1\,350 - 6\,675 = 675（元）$$

在先进先出法下，甲材料本月发出成本及其月末结存成本的账户登记情况见表8 − 3。

表8 − 3　　　　　先进先出法下发出存货成本及月末结存成本的账户登记情况

原材料明细账

材料名称：甲材料　　　　　　　　　　　　　　　　　　　　　　单位：千克

201×年		凭证号	摘　要	借　方			贷　方			余　额		
月	日			数量	单价	金额	数量	单价	金额	数量	单价	金额
7	1	略	月初余额							4 000	1.50	6 000
	10		购入	1 000	1.35	1 350				4 000 1 000	1.50 1.35	6 000 1 350
	18		发出				2 000	1.50	3 000	2 000 1 000	1.50 1.35	3 000 1 350
	25		发出				2 500	1.50 1.35	3 000 675	500	1.35	675
	31		本月合计	1 000	1.35	1 350	2 000	—	4 500	500	135	675

📝 **特别提示**

　　先进先出法主要解决发出存货的单位成本确定问题，至于实际发出的存货究竟是哪一个批次的并不重要。另外，由于先进先出法假定先入库的存货被先发出，因而在期末时，后入库的存货就会被结存下来，期末结存存货的成本应当是后入库存货的成本。

　　（2）全月一次加权平均法。①全月一次加权平均法是企业常用的一种发出存货的计价方法。这种加权平均法是在月末时一次性计算当月发出存货的成本和期末结存存货的成本，所以称为全月一次加权平均法。当企业同一种存货各批次入库的单位成本不一致时，月末先根据该存货的月初结存成本和本月入库成本与该存货的月初结存数量和本月入库数量的关系，计算出该存货的全月加权平均单价，企业根据加权平均单价计算本月发出存货的成本，进而计算出月末结存存货成本。全月一次加权平均法计算比较简单，计算出来的本月发出存货成本和期末结存存货的成本比较均衡。但在这种方法对存货的计价工作集中在月末进行，成本计算的工作量较大，平时在存货的明细账户中也不能及时反映各种存货的数量和成本，不便于对存货的日常管理和控制。但从另一个角度看，无论是计算发出存货成本，还是计算期末结存存货的成本，在全月一次加权平均法下都采用统一的单价，而不必像先进先出法那样需要考虑各入库批次存货的单位成本，又可以在一定程度上减少存货成本计算的工作量。对全月一次加权平均法的定义可结合图 8-5 加深理解。

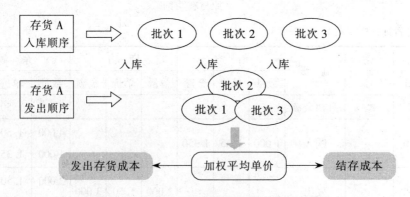

图 8-5　对全月一次加权平均法定义的理解

　　②全月一次加权平均法下发出存货成本计算方法。采用全月一次加权平均法计算本期发出存货和期末存货成本有其独特做法：月末时，首先应根据分批

入库而且单位成本又各不相同的某一种存货的库存总成本和库存数量计算出一个加权平均单价，之后再根据加权平均单价计算本月发出存货的成本和月末结存存货的成本。其基本计算公式为：

$$某一存货全月一次加权平均单价 = \frac{该存货月初结存成本 + 该存货本月入库成本}{该存货月初结存数量 + 该存货本月入库数量}$$

某一存货本月发出存货成本 = 加权平均单价 × 该存货本月发出数量

某一存货月末结存成本 = 该存货本月全部成本 - 该存货本月发出成本

【例2】假定甲材料本月初结存 4 000 千克，单价 1.50 元。本月购入 1 000 千克，单价 1.35 元。本月发出 4 500 千克。按全月一次加权平均法计算本月发出甲材料成本和月末结存成本。有关资料见表 8 - 4。

表 8 - 4　　全月一次加权平均法下发出存货成本计算有关资料的账户登记情况

原材料明细账

材料名称：甲材料　　　　　　　　　　　　　　　　　　　　　　　　单位：千克

201×年		凭证号	摘要	借方			贷方			余额		
月	日			数量	单价	金额	数量	单价	金额	数量	单价	金额
7	1	（略）	月初余额							4 000	1.50	6 000
	10		购入	1 000	1.35	1 350				4 000	1.50	6 000
										1 000	1.35	1 350
	18		发出				2 000					
	25		发出				2 500					

从明细账的登记可以看出：本月入库的甲材料有两批，即月初结存一批，本月购入一批。采用全月一次加权平均法时，应在月末首先计算出两批甲材料的加权平均单价，计算过程及结果为：

（6 000 + 1 350）÷（4 000 + 1 000）= 1.47（元）

本月两次发出甲材料的成本可根据加权平均单价和发出的数量计算求得，发出甲材料的成本为：

18 日发出甲材料的成本：1.47 × 2 000 = 2 940（元）

25 日发出甲材料的成本：1.47 × 2 500 = 3 675（元）

对甲材料的本月发出成本也可以采用下面的方法计算：

1.47 ×（2 000 + 2 500）= 6 615（元）

> **小知识**
>
> 在实务中还有一种与全月一次加权平均法在做法上不同的加权平均法，称为移动加权平均法。这种加权平均法是在某种库存存货每有一次入库，且同该批入库前的存货单位成本又不相同时，都要根据该库存存货与新入库存货的成本及数量重新计算确定一个新的单位成本，作为在其之后发出存货时计算发出存货成本的依据。在移动加权平均法下，发出存货的成本可在发出存货时随时计算，这样，在存货的明细账户上可随时计算其结存数量和结存成本，有利于对存货进行数量和金额上的日常控制。但这种加权平均法比较烦琐，会增加成本计算的工作量，在实际工作中较少采用。

③全月一次加权平均法下期末存货成本计算方法。采用全月一次加权平均法时，无论是本月发出存货成本的计算，还是月末结存存货的成本计算，所采用的单位成本是相同的，即在计算发出存货成本之前已经计算确定的加权平均单价。因而，期末结存存货的实际成本也可以根据加权平均单价和存货结存的数量计算求得。例2中甲材料月末结存成本为：

$$1.47 \times 500 = 735（元）$$

对甲材料的月末结存成本也可以采用下面的方法计算：

$$6\ 000 + 1\ 350 - 6\ 615 = 735（元）$$

在全月一次加权平均法下，甲材料本月发出成本及其月末结存成本的账户登记情况见表8-5。

表8-5　　　全月一次加权平均法下发出存货成本及月末结存成本的账户登记情况

原材料明细账

材料名称：甲材料　　　　　　　　　　　　　　　　　　　　单位：千克

201×年		凭证号	摘要	借方			贷方			余额		
月	日			数量	单价	金额	数量	单价	金额	数量	单价	金额
7	1	(略)	月初余额							4 000	1.50	6 000
	10		购入	1 000	1.35	1 350				4 000 1 000	1.50 1.35	6 000 1 350
	18		发出				2 000	1.47	2 940	3 000	1.47	4 410
	25		发出				2 500	1.47	3 675	500	1.47	735
	31		本月合计	1 000	1.35	1 350	4 500	1.47	6 615	500	1.47	735

（3）个别计价法。个别计价法也称个别认定法。当库存的某一种存货各批次的单位成本不一致时，发出存货的单位成本是通过个别认定来确定的。即在计算本期发出存货成本前，需要逐一确认所发出存货的入库批次及其单位成本，并以此作为依据计算本期发出存货成本和期末结存成本的一种方法。这种方法的优点是成本计算准确，符合实际情况。存货的计价工作可以放在平时进行，可减轻月末时成本计算的工作量。

【例3】假定甲材料本月初余额4 000千克，单价1.50元。本月购入1 000千克，单价1.35元。本月发出4 500千克。根据发出该材料的有关凭证确认，在发出的该材料4 500千克中，有3 700千克为上月结存的甲材料（假定为18日发出），另800千克是本月购入的甲材料（假定为25日发出）。

根据资料，按照个别计价法计算本月发出甲材料的成本和月末结存成本如下：

本月发出甲材料的成本：

$$1.50 \times 3\ 700 + 1.35 \times 800 = 6\ 630（元）$$

月末结存甲材料的成本：

$$6\ 000 + 1\ 350 - 6\ 630 = 720（元）$$

在采用个别计价法下，甲材料本月发出成本及其月末结存成本的账户登记情况见表8-6。

表8-6　　　个别计价法下发出存货成本及月末结存成本的账户登记情况

原材料明细账

材料名称：甲材料　　　　　　　　　　　　　　　　　　　数量单位：千克

201×年		凭证号	摘　要	借　方			贷　方			余　额		
月	日			数量	单价	金额	数量	单价	金额	数量	单价	金额
7	1	（略）	月初余额							4 000	1.50	6 000
	10		购入	1 000	1.35	1 350				4 000 1 000	1.50 1.35	6 000 1 350
	18		发出				3 700	1.50	5 500	300 1 000	1.50 1.35	450 1 350
	25		发出				800	1.35	1 080	300 200	1.50 1.35	450 270
	31		本月合计	1 000	1.35	1 350	4 500	—	6 630	300 200	1.50 1.35	450 270

需要强调指出的是：企业在选用发出存货的计价方法时，应遵循可比性的要求。计价方法的选用属于对会计政策的抉择，当企业选定了某一种计价方法后，就应当在一定的会计期间内连续使用，不得随意变更。这是因为采用不同的发出存货计价方法时，无论是当期发出存货的成本，还是期末结存存货的成本的计算结果是有较大差别的。不同的计算结果对企业当期的成本费用以及资产的确认等都会产生直接的影响。一方面，发出存货的成本应计入当期的费用或成本，当期发出存货成本的高低决定了当期成本费用水平的高低，而成本费用水平的高低又会对企业当期的利润计算产生直接影响。另一方面，期末结存存货成本是企业存货资产的价值体现，从发出存货成本与期末结存存货成本之间的关系来看，前者对后者的计量又有着直接影响。采用不同的发出存货计价方法，期末结存存货的成本也会有较大差异，关系到企业的资产状况能否得到真实反映。有鉴于此，企业在发出存货计价方法的选择使用上应当严格遵守会计准则的相关要求，以便真实的反映企业的财务状况和经营成果。

4. 永续盘存制的优点与缺点及适用范围

永续盘存制的优点是：①便于随时掌握财产的占用情况及其动态。在存货明细账中可以随时反映出各种存货的收入、发出和结存情况，并能进行数量和金额的双重控制。②有利于企业加强对财产物资的管理。明细账上的结存数量可以与实际盘存数进行核对，如发现差异可以及时查明原因并进行纠正。③有利于实施会计监督。明细账上的结存数量还可以随时与预定的库存限额进行比较，反映库存不足或积压的信息，便于及时采取相应对策。其缺点是存货明细分类核算工作量较大，需要较多的人力和费用。由于永续盘存制对于控制和保护企业的财产物资具有明显的长处，因而为绝大多数企业所采用。

8.2.3　实地盘存制

1. 实地盘存制的定义

实地盘存制是在期末时通过盘点实物确定存货数量的一种方法。

采用实地盘存制时，也要设置有关存货的明细账，但只在月初时登记月初结存数，平时只登记存货的增加数，不登记存货的发出数，月末时先通过实地盘点确定存货的实存数，再采用倒推的办法，计算出本月存货的发出数。对实地盘存制的定义可结合表8-7加深理解。

表8-7 实地盘存制下有关存货明细账账户登记的基本做法

原材料明细账

材料名称：甲材料 　　　　　　　　　　　　　　　　　　数量单位：千克

201×年		凭证号	摘 要	借方			贷方			余额		
月	日			数量	单价	金额	数量	单价	金额	数量	单价	金额
8	1	（略）	月初余额							5 000		
	8		购入	2 000						7 000		
	12		发出				6 000			1 000		

A.平时只登记增加（入库）数，不登记减少（发出）数

C.月末，利用倒推的方法计算并确定本月发出数

B.月末，先通过实地盘点确定实际结存数

📖 **特别提示**

　　显然，采用实地盘存制时，存货的结存数并不是通过账簿的记录计算取得的，只有到月末实地进行盘点后才能够确定。另外，存货的发出数也不是通过账簿的记录及时反映的，而是在月末时根据月初结存数、账户中登记的本月入库数（增加数）减掉经过实地盘点所得到的结存数倒推出来的。以上这些特殊的做法是实地盘存制与永续盘存制之间的重要区别。

2. 实地盘存制下发出存货成本的计算方法

　　由于在实地盘存制下各种存货的结存数和当月发出数只能在月末时才能够得以确认，因而发出存货的成本只能在月末时进行计算，发出存货成本的计算同样也取决于企业所采用的发出存货的计价方法。

　　【例4】 假定甲材料本月初余额4 000千克，单价1.50元。本月购入两批，每批各为1 000千克，单位成本分别为1.35元和1.65元。月末时经过实地盘点确认，甲材料还剩余1 500千克。按先进先出法计算发出存货成本。有关资料见表8-8。

　　从明细账的登记可以看出：本月库存的甲材料有三批，从入库的时间上分析，月初结存的甲材料应当是最先入库的。而本月7日购入的甲材料为第二批入库，18日购入的为第三批入库。按照先进先出法，本月发出材料5 500千克

中的 4 000 千克的单位成本应先按月初结存该种材料的单位成本 1.50 元计算，另外 1 000 千克的单位成本应按 7 日入库甲材料的单位成本 1.35 元计算，还有 500 千克的单位成本应按 18 日入库甲材料的单位成本 1.65 元计算。本月发出甲材料的实际成本可计算如下：

本月发出甲材料的成本：$1.50 \times 4\,000 + 1.35 \times 1\,000 + 1.65 \times 500 = 8\,175$（元）

当然发出材料的实际成本也可以按照下面讲到的方法计算：即在确定期末该材料的结存成本的基础上倒推出来本月发出材料的实际成本。

表 8-8　　　　　　　实地盘存制下确定期末存货结存数量的基本做法举例

原材料明细账

材料名称：甲材料　　　　　　　　　　　　　　　　　　　数量单位：千克

201×年		凭证号	摘要	借方			贷方			余额		
月	日			数量	单价	金额	数量	单价	金额	数量	单价	金额
9	1		月初余额							4 000	1.50	6 000
	7		购入	1 000	1.35	1 350				4 000 1 000	1.50 1.35	6 000 1 350
	18		购入	1 000	1.65	1 650				4 000 1 000 1 000	1.50 1.35 1.65	6 000 1 350 1 650
	24	转25	发出				5 500			500		

平时只登记增加数

月末利用倒推的方法确定，并记入账户

月末通过实地盘点确定，并记入账户

3. 实地盘存制下期末存货结存成本的计算方法

在实地盘存制下计算期末存货成本，其基本方法与企业发出存货的计价方法也有着直接关系。例如，采用先进先出法计算出发出存货的实际成本(8 175 元)以后，就可以利用月初余额（月初结存成本）、本月增加额（本月入库成本）和本月减少额（本月发出成本）之间的关系计算出期末结存存货的实际成本。月末结存甲材料的成本可计算如下：

$$6\,000 + 1\,350 + 1\,650 - 8\,175 = 825$$（元）

月末时，甲材料的本月发出成本和结存成本的账户登记情况见表 8-9。

由于在实地盘存制下是在月末时先通过盘点确定期末存货数量，也可以首先计算期末存货成本，然后再计算发出存货成本。例如，在采用先进先出法计算发出存货成本时，假定是先入库的存货尽先发出，因而在期末时，后入库的存货就会被结存下来了。根据这个道理，就可以按照后入库，并且在期末被结存下来的存货计算其实际成本。从本例看，月末结存的甲材料500千克就是本月最后一批购入的甲材料成本。月末结存甲材料的成本为：

$$1.65 \times 500 = 825（元）$$

表8－9　　　　　实地盘存制下计算期末存货结存成本及本期
发出存货成本举例的账户登记情况

原材料明细账

材料名称：甲材料　　　　　　　　　　　　　　　　　　　单位：千克

201×年		凭证号	摘　要	借　方			贷　方			余　额		
月	日			数量	单价	金额	数量	单价	金额	数量	单价	金额
3	1	（略）	月初余额							4 000	1.50	6 000
	7		购入	1 000	1.35	1 350				4 000	1.50	6 000
										1 000	1.35	1 350
	18		购入	1 000	1.65	1 650				4 000	1.50	6 000
										1 000	1.35	1 350
										1 000	1.65	1 650
	24		发出				4 000	1.50	6 000	0	1.35	0
							1 000	1.35	1 350	0	1.65	0
							500	1.65	825	500	1.65	825
	31		本月合计	2 000	—	3 000	4 500	—	8 175	500	—	825

> **小思考**
>
> 如果在实地盘存制下，若采用全月一次加权平均法计算甲材料月末结存的成本，其结果将是怎样的呢？同学们不妨自己动手计算一下。

然后再按下面的公式计算发出存货的成本：

发出存货成本 = 月初存货成本 + 本月增加成本 − 期末存货成本

$$6\,000 + 3\,000 - 825 = 8\,175（元）$$

4. 实地盘存制的优点与缺点及适用范围

实地盘存制的优点是平时可以减轻平时登记账簿的工作量，会计核算工作量相对较小，计算方法也比较简单。缺点是不能随时反映存货的增减变动情况和结存成本，对财产物资的减少数缺乏严密手续；倒推出来的各项财产的减少数中可能存在一些非正常因素，不利于加强对存货资产的管理与控制。由于实地盘存制存在以上弊端，其使用范围也受到了一定限制。一般只对那些品种多、价值低、收发比较频繁，数量不稳定、损耗大且难以控制的存货进行盘点时才予以采用。

8.3 财产清查的内容与方法

8.3.1 货币资金的清查

货币资金包括库存现金和银行存款等，对货币资金进行清查具体包括对库存现金和银行存款的清查两个重要方面。

1. 库存现金的清查

库存现金是指企业存放于财会部门可随时用于日常交易或事项支付的货币资金。

（1）清查方法。对库存现金清查的基本方法是实地盘点法。即每日终了，应当在"库存现金日记账"上计算当日的现金收入合计额、现金支出合计额和结余额；通过对库存现金进行盘点确定其实有数，并将"库存现金日记账"上的结余额与库存现金实有额进行核对，做到账实相符。

（2）清查手续。经对库存现金进行盘点并核对后，如果账实不符，应根据核对结果填写"库存现金盘点报告表"，并由盘点人员和出纳员共同签名或盖章。"库存现金盘点报告表"是进行库存现金清查结果处理的重要的原始凭证。其格式及反映的内容见表 8 – 10。

表 8 – 10　　　　　"库存现金盘点报告表"的格式及内容

库存现金盘点报告表

年　月　日

实存金额	账存金额	实存金额与账存金额对比		备　注
		盘盈（长款）	盘亏（短款）	
盘点后得到的实际结存数	企业库存现金日记账余额	实存金额多于账存金额	实存金额少于账存金额	

对库存现金清查中发现的盘盈（长款）、盘亏（短款）金额，必须认真查明原因，及时报请有关部门负责人批准，并按规定进行相关的账务处理。具体的账务处理方法参见"8.4.2 财产清查结果的账务处理"的相关内容。

库存现金长、短款应视不同的原因采取不同的方法进行处理。一般来说，对于无法查明原因的库存现金长款，其批准后的账务处理是记入"营业外收

298

入"账户；对于已经查明原因应付其他单位或个人的盘盈，应记入"其他应付款"账户；对于库存现金的盘亏，如果是应由责任人（一般为出纳员）赔偿的，应记入"其他应收款"账户。

2. 银行存款的清查

银行存款是企业存放在银行存款户的货币资金。

（1）清查方法。对银行存款的清查采用的基本方法是将企业开设的"银行存款日记账"的登记情况与银行转来的"对账单"逐笔进行核对，进而确定双方的记录是否相符。

（2）清查手续。经过核对，如果企业"银行存款日记账"与银行"对账单"双方记录一致，说明不存在问题。但是如果双方记录不一致，则应注意查明原因。双方记录不一致的原因主要有以下两个方面：一是可能在银行或企业的某一方存在错账，如方向记错或金额写错等，对这种情况应及时加以纠正；二是可能存在"未达账项"。若存在"未达账项"时，应编制"银行存款余额调节表"（见图8-8）进行调节，借以确认双方的记录是否相符。

（3）关于"未达账项"。①未达账项的定义。未达账项是指企业与其开户的银行之间，由于结算凭证传递上的时间差，导致双方记账时间不一致，对于同一项业务，一方已经登记入账，另一方由于没有接到有关结算凭证而尚未记账的款项。

> **📑 小资料**
>
> 银行"对账单"实际上是企业的开户银行对企业存放在银行的货币资金收支和结余情况在其为企业开设的账户的详细记录，"对账单"应由银行定期或不定期的传给企业，以便于企业核对。在正常情况下，银行"对账单"与企业开设的"银行存款日记账"的登记情况应当是一致的。即对于企业在银行存放的货币资金的每一项收入或支出，双方都应毫无遗漏地进行登记，反映的收支事项相同，增加变动的金额应当相等，增减变动的结果——余额也应当是相等的。这样，企业就可能将其所登记的"银行存款日记账"记录与银行转来的"对账单"的记录逐一进行核对，借以确认双方对企业银行收支事项记录的完整性和准确性。

【例5】企业的开户银行已经将企业委托其向购货方收取的货款收回，并存入了企业开立的存款户。银行开给企业的收款通知也已发出，但尚未到达企业。这时就会产生银行已收款记账，而企业由于没有收到"收款通知"而尚未登记"银行存款日记账"的情况，从而形成了"银行已收款记账，企业未收款记账"这种未达账项。对这种未达账项的理解见图8-6。

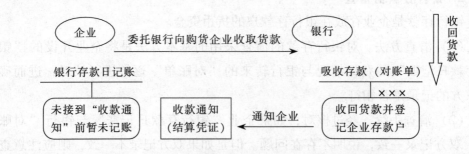

图8-6　银行已收款记账，企业未收款记账的未达账项

②未达账项的类型。如果分别从企业和银行双方来看，未达账项可分为以下两类：一类是企业已经入账而银行尚未入账的款项；另一类是银行已经入账而企业尚未入账的款项。具体来说，又有四种情况：

第一种，企业已收，银行未收。企业已收款入账，而银行尚未收款入账的款项。

📝 **小资料**

"吸收存款"账户是银行所开设的账户，用以核算存款户存款的存入与支付情况。银行吸收企业存款既是银行的一种经营资金来源，也相当于是对企业的负债。因此，对银行来说，该账户属于负债类账户。在借贷记账法下，该账户的基本结构是：在贷方登记增加数（企业存入数），在借方登记减少数（企业支用数），该账户期末余额在贷方。

【例6】8月28日，企业收到购货方开出的用于支付货款4 000元的转账支票1张。企业已记银行存款增加，但银行尚未记企业存款增加。

第二种，企业已付，银行未付。企业已付款入账，而银行尚未付款入账的款项。

【例7】8月29日，企业开出转账支票36 000元支付购料款，持票人尚未到银行办理转账手续。企业已记银行存款减少，但银行尚未记企业存款减少。

第三种，银行已收，企业未收。银行已收款入账，而企业尚未收款入账的款项。

【例8】8月29日，银行代企业收到某购货企业汇来的购货款20 000元。银行已记企业存款增加，但企业尚未记银行存款增加。

第四种，银行已付，企业未付。银行已付款入账，而企业尚未付款入账的款项。

【例9】8月30日，银行从企业的存款中代支付企业的水电费16 000元给水电管理部门。银行已记企业存款减少，但企业尚未记银行存款减少。

以上未达账项的四种情况见图8-7（假定其他账项的登记在企业与银行双方是相同的，也没有存在其他方面的错账）。

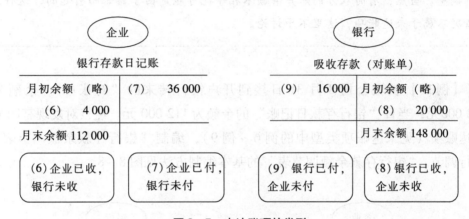

图8-7　未达账项的类型

（4）"银行存款余额调节表"的编制方法。在进行银行存款的清查时，如果存在未达账项，应编制"银行存款余额调节表"进行调节，以确认在消除未达账项这一因素影响之后，双方的记录结果是否相符。"银行存款余额调节表"的格式见图8-8。

"银行存款余额调节表"的基本编制方法是：在该表中先抄列出企业银行存款日记账和银行"对账单"双方的月末余额。在此基础上，加上对方已收款入账，本方尚未入账的款项；减去对方已付款入账，本方尚未入账的款项。经过调节以后得到双方记录的新的余额。这两个余额就是假定在消除了未达账项因素影响以后所得到的余额。在不存在其他问题的情况下，这两个余额应当是相等的，则一般说明银行存款收支的记录在银行和企业双方都是不存在问题的。

> **小思考**
>
> 在企业与银行双方都存在未达账项的情况下，企业的"银行存款日记账"与银行"对账单"的记录显然都是不完整的，通过对双方记录情况的核对，就可发现哪些事项在其中一方已经登记入账，而在另一方尚未登记入账，这样的事项就属于未达账项。另外，在存在未达账项的情况下，双方账户的月末余额也肯定是不相等的。例如，在图8-8中，企业"银行存款日记账"的余额为112 000元，银行"对账单"的余额为148 000元，之所以不相等，就是由未达账项而引起的。对存在的未达账项，需编制"银行存款余额调节表"进行调整。当然，有时双方的账户余额不相等也可能是由于错账而引起的，这种情况不属于未达账项，这里不予讨论。

【**例10**】长城公司8月31日接到开户银行转来的"对账单"，余额为148 000元；当日"银行存款日记账"的余额为112 000元。经核对发现有四笔未达账项（见未达账项类型中的例6~例9），编制"银行存款余额调节表"进行调节。"银行存款余额调节表"的基本编制方法见图8-8。

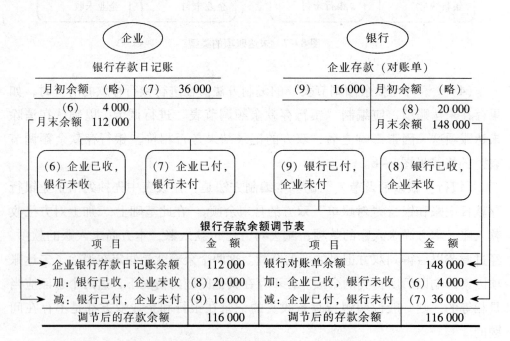

图8-8 "银行存款余额调节表"的基本编制方法

"银行存款余额调节表"不能作为调整账户记录的原始凭证。编制"银行存款余额调节表"只是企业与银行进行存款记录核对的一种技术方法，仅仅能够起到对账的作用，不能作为调整账户记录的原始凭证。对核对中发现的未达账项，不能根据调节表调整企业"银行存款日记账"的账面记录。而应在以后收到有关结算凭证时，再在"银行存款日记账"中登记。

调节后的存款余额是企业可以使用银行存款的最高额度。在"银行存款余额调节表"上尽管有几个余额指标。但未经过调节前的两个余额都不是企业的银行存款的真实数据，只有经过调节后的存款余额才是企业在银行存款的真实数字，是企业可以动用的存款数，也是企业可以使用银行存款的最高额度限制。

8.3.2 实物资产与往来款项的清查

1. 实物资产的清查

实物资产是指企业所拥有的具有实物形态的各种资产。包括原材料、包装物、在产品、产成品和固定资产等。

（1）清查方法。进行实物资产的清查所采用的基本方法是实地盘点法。即先通过对各种实物资产进行盘点确定其实有数，并将实有数与记录这些实物资产的账户的余额进行核对，进而查明账实是否相符。但实物资产的实物形态和存放或使用方式等各不相同，所采用的清查方法也不尽一样。常用的清查方法有：①实地盘点法。就是对实物资产通过点数、过磅和丈量等方法确定实有数。这种方法一般适用于原材料、包装物、在产品、库存商品和设备等资产的清查。②技术推算法。是指利用技术方法对实物资产的实有数进行推算确定的一种方法。这种方法一般适用于零散堆放的大宗材料等资产的清查。③抽样盘存法。是指采用抽取一定数量样品的方式对实物资产的实有数进行估算确定的一种方法。这种方法一般适用于数量比较多、重量和体积等比较均衡的实物资产的清查。④函证核对法。是指利用向对方发函方式对实物资产的实有数进行确定的一种方法。这种方法一般适用于委托外单位加工或保管的实物资产的清查。

（2）清查手续。进行实物资产的清查应填写"盘存单"和"实存账存对比表"。"盘存单"是在对实物资产进行清查的过程中填写的单据，反映的是实物资产的实存数量，填写的目的是为与各种实物资产的账面数量进行核对提供依据。"实存账存对比表"是在将"盘存单"上的实存数量与账面数量核对以后，对存在的账实不符情况填制的单据。"盘存单"和"实存账存对比表"的一般格式及内容见表8-11和表8-12。

表8-11   "盘存单"的基本格式及内容

盘 存 单

单位名称：   盘点时间：   编号：

财产类别：   存放地点：

序号	名　称	规格型号	计量单位	实存数量	单价	金额	备　注
根据盘点后的实际情况填写							

盘点人签章：   保管人员签章：

表8-12   "实存账存对比表"的基本格式及内容

实存账存对比表

单位名称：   年 月 日

财产名称	实存金额	账存金额	实存与账存对比		备　注
			盘　盈	盘　亏	
	盘点后确认的实际余额	账面现有余额	实际余额大于账面余额数	实际余额小于账面余额数	

盘点人签章：   保管人员签章：

特别提示

    "盘存单"反映的只是实物资产的实存数量，不能作为调整账面记录的依据。而"账存实存对比表"反映了实物资产在清查过程中发现的问题，因而是进行实物资产清查结果处理的重要的原始凭证，可作为调整账面记录的依据。

2. 往来款项的清查

往来款项是指企业的各种应收款项和应付款项。

（1）清查方法。对各种应收和应付款一般应采用询证核对法。应由企业在对各种往来款项准确记录的基础上，开具"往来款项对账单"，寄发或派人送交对方，与债务人或债权人进行账目核对，借以确定账面记录与实际情况是否相符。

（2）清查手续。对各种应收和应付款进行清查时，应根据企业的债权和债务情况，填写"往来款项对账单"，寄发或派人送交债务人或债权人。以便对方进行核对，并提出确认或不确认的意见。"往来款项对账单"的基本格式及内容见表8－13。

表8－13 "往来款项对账单"的基本格式及内容

往来款项对账单

G公司：

　　你单位 2008 年 8 月购入我单位 M 产品 10 件，总货款为 117 000 元，已付货款 87 000 元，尚有 30 000 元未付，请核对后将回联单寄回。

核查单位：H公司（盖章）
2015 年 12 月 10 日

沿此虚线裁开，将以下回联单寄回。

- -

往来款项对账单（回联）

H公司：

　　你单位寄来的往来款项对账单已收到，经核对无误。

G公司（盖章）
2015 年 12 月 20 日

8.4　财产清查的结果与处理

8.4.1　财产清查结果处理的原则与步骤

1. 财产清查结果的基本含义

　　财产清查结果一般是指企业在经过清查以后所确认的各类财产物资的账面结存数与其实际结存数之间比较的结果。包括以下两种：一种是账实相符；另一种是账实不符。财产清查结果处理是指从会计核算的角度对后一种清查结果所进行的处理。在财产清查中发现的账实不符具体包括盘盈和盘亏两种情况：盘盈是指财产物资的实际结存数大于其账面结存数；盘亏是指财产物资的实际结存数小于其账面结存数。对财产清查结果定义的理解见图8-9。

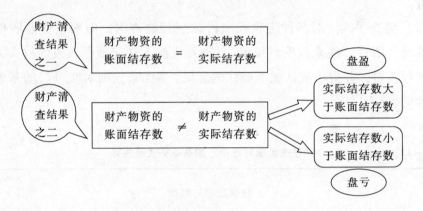

图8-9 对财产清查结果定义的理解

以上财产清查的结果主要是指企业库存的库存现金、库存材料和库存商品等财产的清查结果。对于债权和债务的清查结果而言，则是指企业在财产清查过程中确认的债务人所拖欠的应收账款发生的坏账，以及在这一过程中所确认的企业应当支付，但由于收款方已不存在等原因而无法向债权人支付的应付款项。这是与库存现金和库存材料等资产所不同的清查结果，在会计核算上也采用不同的方法进行账务处理。

2. 对财产清查结果的处理原则

对在财产清查中发现的盘盈或盘亏，应按照有关的规定进行处理。

（1）对财产清查中盘盈的处理原则。对于流动资产的盘盈，应冲减清查当期的管理费用；对于固定资产的盘盈，应作为前期差错进行以前年度损益调整；对于确实无法支付给债权人的应付款项，应转作企业的营业外收入。

（2）对财产清查中盘亏的处理原则。对于流动资产的盘亏，属于自然损耗产生的定额内合理损耗，应计入企业本期的管理费用；属于超定额短缺的，能确定过失人的应由过失人赔偿。属于保险责任范围的应向保险公司索赔。扣除过失人赔偿、保险公司赔款和残料价值后的部分，应计入企业本期的管理费用；属于非常损失造成的实物资产的毁损，扣除保险公司赔款和残料价值后的部分，计入企业本期的营业外支出。对于固定资产的盘亏应计入企业本期的营业外支出。对于确实无法收回的应收账款应冲减已经提取的坏账准备金。

3. 财产清查结果处理的主要步骤

对在财产清查中发现的盘盈和盘亏，应按以下步骤进行处理：

（1）核准盈亏金额，提出处理意见。清查人员要核准盈亏金额，查明盈亏的性质和原因，据实提出处理意见。

（2）调整账簿记录，做到账实相符。会计人员要根据财产清查的有关原始凭证调整账簿记录，做到账实相符。同时，将发生的盘盈和盘亏在专门的账户中加以记录，以待处理。

（3）报经批准以后，核销盘盈、盘亏。会计人员应根据单位负责人或有关部门的批准意见，分清不同情况编制记账凭证登记入账，将待处理的盘盈和盘亏予以核销。

8.4.2　财产清查结果的账务处理

1. 库存现金清查结果的账务处理

（1）账户设置。进行库存现金清查结果的核算，主要采用"待处理财产损溢"账户，这个账户在库存材料和库存商品以及固定资产等清查结果的核算中也要用到，是进行财产清查结果核算要采用的一个非常重要的账户。此外，库存现金清查结果的核算还要涉及"库存现金"和"其他应收款"等总分类账户，这里重点介绍"待处理财产损溢"账户。

"待处理财产损溢"账户，属于资产类账户。用以核算企业在财产清查过程中查明的各种财产的盘盈、盘亏和毁损的价值。该账户借方登记各项财产的盘亏或毁损数额和各项盘盈财产报经批准后的转销数；贷方登记各项财产（除固定资产以外的其他资产）的盘盈数和各项盘亏或毁损报经批准后的转销数。按照我国《企业会计准则——应用指南》的要求，企业的财产损益，应查明原因，在期末结账前处理完毕，处理后本账户应无余额。该账户应分别按盘盈、盘亏资产的种类和项目设置明细账户，进行明细分类核算。

库存现金清查结果账务处理的总分类核算账户设置及有关账户之间的对应关系见图 8－10。

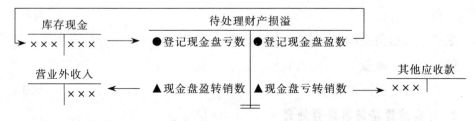

图 8－10　库存现金清查结果财务处理的账户设置及其对应关系

> 📑 **特别提示**
>
> 　　就"待处理财产损溢"账户核算的内容来看，具有盘盈和盘亏两种截然不同的经济性质，这种核算内容上的双重性决定了该账户是一个双重性质账户。
>
> 　　在进行财产清查结果处理的核算过程中，绝大部分清查结果的账务处理都要用到"待处理财产损溢"账户，为理解和掌握上的方便，在探讨某种财产清查结果的处理过程中，只介绍与该账户有关的部分内容。待所有财产清查结果处理的内容都学习完毕以后，应当对"待处理财产损溢"账户有一个总体上的把握。

（2）账务处理。

【例11】长城公司在库存现金清查中发现长款（盘盈）150元。经反复核查未查明原因，经批准转作企业的营业外收入。

①对发现的库存现金盘盈首先应调整账簿记录，做到账实相符。应填制收款凭证，编制的会计分录为：

　　借：库存现金　　　　　　　　　　　　　　　　　　150
　　　　贷：待处理财产损溢　　　　　　　　　　　　　　　　150

②经批准后转作企业的营业外收入，对盘盈进行转销。应填制转账凭证，编制的会计分录为：

　　借：待处理财产损溢　　　　　　　　　　　　　　　150
　　　　贷：营业外收入　　　　　　　　　　　　　　　　　150

【例12】长城公司在库存现金清查中发现短款（盘亏）500元。经查明属于出纳员的保管责任，应由出纳员赔偿。

①对发现的库存现金盘亏首先应调整账簿记录，做到账实相符。应填制付款凭证，编制的会计分录为：

　　借：待处理财产损溢　　　　　　　　　　　　　　　500
　　　　贷：库存现金　　　　　　　　　　　　　　　　　500

②经批准后由出纳员赔偿。应填制转账凭证，编制的会计分录为：

　　借：其他应收款　　　　　　　　　　　　　　　　　500
　　　　贷：待处理财产损溢　　　　　　　　　　　　　　500

2. 存货清查结果的账务处理

存货的清查主要是指企业对其库存材料和库存商品进行的清查。需要处理的清查结果包括在财产清查中发现的库存材料和库存商品等的盘盈和盘亏。

（1）账户设置。进行存货清查结果的核算，也主要是应用"待处理财产损溢"账户进行。此外，还要涉及"原材料"和"库存商品"等账户。存货清查结果账务处理的总分类核算的账户设置及有关账户之间的对应关系见图8-11。

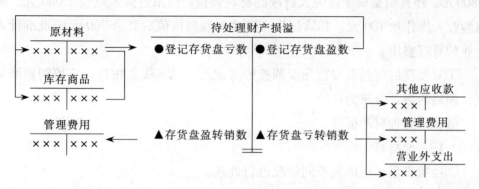

图8-11　存货清查结果账务处理的账户设置及其对应关系

（2）账务处理。

【例13】长城公司在对存货的清查中发现盘盈钢材2000千克。经查明是由于收发材料时量具不准确造成的，按每千克4元入账，经批准冲减企业的管理费用。

①对发现的材料盘盈首先应调整账簿记录，做到账实相符。应填制转账凭证，编制的会计分录为：

借：原材料　　　　　　　　　　　　　　　　　　8 000
　　贷：待处理财产损溢　　　　　　　　　　　　　　　　8 000

②经批准冲减企业的管理费用。应填制转账凭证，编制的会计分录为：

借：待处理财产损溢　　　　　　　　　　　　　　8 000
　　贷：管理费用　　　　　　　　　　　　　　　　　　8 000

【例14】长城公司在对存货的清查中发现盘亏A产品100千克，实际成本为10 000元。经查明属于定额内的合理损耗。经批准增加企业的管理费用。

①对发现的产品盘亏首先应调整账簿记录，做到账实相符。应填制转账凭证，编制的会计分录为：

借：待处理财产损溢　　　　　　　　　　　　　10 000
　　贷：库存商品　　　　　　　　　　　　　　　　　10 000

②经批准增加企业的管理费用。应填制转账凭证，编制的会计分录为：

借：管理费用　　　　　　　　　　　　　　　　10 000

贷：待处理财产损溢　　　　　　　　　　　　　　　　　　10 000

　　在对存货盘亏清查结果的账务处理中，还涉及对存货已计提的存货跌价准备和应交增值税进项税额转出的处理。为研究问题简便起见，在相关业务的处理中都不涉及对这两方面的内容。

　　【例15】 长城公司在对存货的清查中发现盘亏甲材料一批，实际成本为1 800元。经查明是属于过失人造成的材料毁损，应由过失人赔偿1 000元，残料验收入库作价100元。扣除过失人赔偿和残料价值后其余700元经批准计入企业的管理费用。

　　①对发现的材料盘亏首先应调整账簿记录，做到账实相符。应填制转账凭证，编制的会计分录为：

　　　　借：待处理财产损溢　　　　　　　　　　　　　　　　　　1 800
　　　　　　贷：原材料　　　　　　　　　　　　　　　　　　　　1 800

　　②经批准后，应区别不同情况进行处理。

　　对应由过失人赔偿1 000元。应填制转账凭证，编制的会计分录为：

　　　　借：其他应收款　　　　　　　　　　　　　　　　　　　　1 000
　　　　　　贷：待处理财产损溢　　　　　　　　　　　　　　　　1 000

　　对残料验收入库作价100元。应填制转账凭证，编制的会计分录为：

　　　　借：原材料　　　　　　　　　　　　　　　　　　　　　　100
　　　　　　贷：待处理财产损溢　　　　　　　　　　　　　　　　100

　　将净损失700元（1 800 - 1 100）记入企业的管理费用。应填制转账凭证，编制的会计分录为：

　　　　借：管理费用　　　　　　　　　　　　　　　　　　　　　700
　　　　　　贷：待处理财产损溢　　　　　　　　　　　　　　　　700

　　【例16】 长城公司在对存货的清查中发现盘亏B材料一批，实际成本为7 000元。经查明是属于非常事故造成的材料毁损。经批准计入企业的营业外支出。

　　①对发现的材料盘亏首先应调整账簿记录，做到账实相符。应填制转账凭证，编制的会计分录为：

　　　　借：待处理财产损溢　　　　　　　　　　　　　　　　　　7 000
　　　　　　贷：原材料　　　　　　　　　　　　　　　　　　　　7 000

　　②经批准后，计入企业的营业外支出。应填制转账凭证，编制的会计分录为：

　　　　借：营业外支出　　　　　　　　　　　　　　　　　　　　7 000
　　　　　　贷：待处理财产损溢　　　　　　　　　　　　　　　　7 000

3. 固定资产清查结果的账务处理

固定资产的清查主要是指企业对其在生产经营过程中所使用的房屋、设备等进行的清查。需要处理的清查结果包括在财产清查中发现的固定资产盘盈和盘亏。

（1）账户设置。进行固定资产清查结果的核算，主要应用"待处理财产损溢"账户。但我国的《企业会计准则——应用指南》中特别规定：固定资产的盘盈，应作为前期差错记入"以前年度损益调整"账户。这样，固定资产清查结果的处理内容在"待处理财产损溢"账户中只核算固定资产的盘亏。

"以前年度损益调整"账户，该账户属于费用类账户，核算企业本年度发生的调整以前年度损益的事项，以及本年度发现的重要前期差错更正，涉及调整以前年度损益的事项。企业调整增加以前年度利润或减少以前年度亏损，借记有关账户，贷记本账户；调整减少以前年度利润或增加以前年度亏损，借记本账户，贷记有关账户。例如，固定资产盘盈作为前期差错时，应记入"固定资产"账户（增加数），记入该账户的贷方（减少数），是对前期费用所进行的一种冲减调整。当然，冲减了前期费用，会引起前期利润额和所得税额等方面的变动，也需要进行调整，对这些方面的内容在这里不做展开探讨。

在固定资产盘亏结果业务的处理中，还会涉及盘亏固定资产已提折旧的处理问题，即在进行有关账户的账面调整时，一方面要按盘亏固定资产的原价记入"固定资产"账户的贷方（减少数），也要按该固定资产已经提取的折旧额记入"累计折旧"账户的借方（减少数），以转销已经在企业中消失的盘亏固定资产的所有账面记录资料。

固定资产清查结果账务处理的账户设置及有关账户之间的对应关系见图 8 – 12。

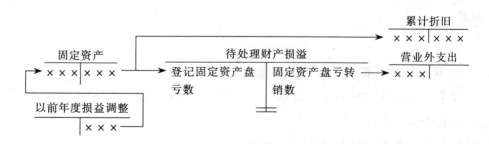

图 8 – 12　固定资产清查结果账务处理的账户设置及其对应关系

（2）账务处理。

【例17】长城公司在对固定资产的清查中发现账外设备一台（盘盈），其市场价格为80 000元，估计为八成新，估计净值为64 000元。按规定应作为前期差错处理。应填制转账凭证，编制的会计分录为：

借：固定资产   64 000

  贷：以前年度损益调整   64 000

【例18】长城公司在对固定资产的清查中发现盘亏设备1台，其账面原价为200 000元，累计折旧为50 000元。经批准转作企业的营业外支出。

①对发现的固定资产盘亏首先应调整账簿记录，做到账实相符。应填制转账凭证，编制的会计分录为：

借：待处理财产损溢   150 000

  累计折旧   50 000

  贷：固定资产   200 000

②经批准转作企业的营业外支出。应填制转账凭证，编制的会计分录为：

借：营业外支出   150 000

  贷：待处理财产损溢   150 000

📋 **特别提示**

提取固定资产折旧时是贷记"累计折旧"账户，属于折旧额的增加。当固定资产盘亏或已达到使用寿命进行清理时，一方面应将固定资产原值从"固定资产"账户转销掉，另一方面对该固定资产的已提折旧额也应一并转销，借记"累计折旧"账户，正是对固定资产已提折旧额的转销。

另外，在对盘亏固定资产的清查结果进行账务处理时，也涉及对固定资产减值准备的处理等内容。为简便起见，举例中假定不涉及固定资产减值准备的处理。

---

4. 往来款项清查结果的账务处理

往来款项清查结果的账务处理包括应收账款清查结果和应付账款清查结果的账务处理两个方面。

（1）应收账款清查结果的账务处理。

①应收账款清查结果需要处理的内容。与货币资金和实物资产的清查结果不同，应收账款的清查结果主要在与债务方对账以后，对方不承认所欠款项，或对方单位已破产清算，根本就不存在了。在这种情况下，对方所欠的款项就

有可能部分收不回来，或全部收不回来，由此而会给企业造成损失。企业的应收账款因某种原因收不回来而给企业造成的损失，在会计上称为坏账损失。对于在财产清查中已经确认的坏账损失，需要进行账务处理。

按有关规定，企业对发生的坏账损失应采用备抵法进行处理。所谓备抵法是按期（一般在每年年末）估计可能发生的坏账损失，按照应收账款的一定比例提取坏账准备金，当在提取坏账准备的接续年度发生坏账时，根据坏账金额冲减坏账准备金的一种做法。估计坏账损失的方法有应收账款余额百分比法和账龄分析法等。

②账户设置。采用备抵法对企业发生的坏账损失进行处理时，应设置"坏账准备"账户。"坏账准备"账户属于资产类账户。用以核算企业坏账准备金的提取和转销情况。该账户贷方登记按照规定的办法提取的坏账准备金（增加数），借方登记已经确认的坏账损失冲销坏账准备金数（减少数，即转销数）。该账户期末余额具有不确定性。在年度中（1～11月）如为借方余额，反映企业多冲销的坏账准备金数，表明上一年度提取的坏账准备金不足，没有满足需要；如为贷方余额，反映企业多提取的坏账准备金数，表明上一年度提取的坏账准备金过多，不仅满足了转销坏账损失的需要，而且还有结余。但在年末经过补提或冲销后，该账户应为贷方余额，反映为下一年度准备的坏账准备金数。

采用备抵法对企业发生的坏账损失进行财务处理时总分类核算的账户设置及有关账户之间的对应关系见图8-13。

应收账款	坏账准备		资产减值损失
×××　|　×××	发生坏账损失时的转销数	按规定的方法在每年末时的提取数	×××　|
	期末余额：少提取的坏账准备金数	[期末余额：已提取但尚未转销数]	

图8-13　采用备抵法处理对坏账损失财务处理的账户设置及其对应关系

📋 **特别提示**

与"累计折旧"账户一样，"坏账准备"账户也是一个结构特殊的账户。它虽然属于资产类账户，但由于核算的内容使然，该账户一般是先有贷方发生额（先提取），后有借方发生额（后转销）。另外。该账户的余额方向在年中的各个月份具有不确定性。

对应收账款清查结果的账务处理不经过"待处理财产损溢"账户，在发现之后暂不做账务处理，经过批准以后，直接在"坏账准备"账户核算。

提取坏账准备的做法是根据会计信息质量的谨慎性要求，针对可能发生的损失而采取的一种对策。采用这种方法处理可能发生的坏账损失，一方面，可以做到未雨绸缪，对可能发生的坏账损失事先有所准备，这样，当坏账损失实际发生时就能从容地进行处理。另一方面，也更为重要的是可以通过在各年末提取坏账准备，将可能由坏账损失而引发的费用比较均衡的计入到各个年度的费用中去，从而避免因实际发生的坏账损失产生费用的多少不同而对各年度的利润计算产生不利影响。

③账务处理。

【例19】 长城公司从 2015 年起，采用应收账款余额百分比法提取坏账准备，提取比例为 5‰。当年年末应收账款余额为 600 000 元。

当年应提取的坏账准备金 = 600 000 × 5‰ = 3 000（元）

对于提取的坏账准备，应填制转账凭证，编制的会计分录为：

借：资产减值损失   3 000

  贷：坏账准备   3 000

【例20】 长城公司 2016 年 5 月在财产清查中确认，有 700 元货款已确实无法收回。经批准作为坏账损失转销。

对转销的坏账损失，应填制转账凭证，编制的会计分录为：

借：坏账准备   700

  贷：应收账款   700

以上是采用备抵法处理坏账损失的基本做法。在实务中，各年末提取坏账准备金时，既要考虑提取的基数和提取的比例等因素，还应考虑"坏账准备"账户年末的结余情况。例如，从例 19 和例 20 的账务处理结果可以分析出：2016 年年末时，该企业"坏账准备"账户有贷方结余额 2 300 元。说明企业在上一年提取的坏账准备未用完。当然，在实务中也可能会出现相反的情况。例如，假定该企业 2016 年实际发生的坏账损失为 3 200 元（即大于原来的提取数 3 000 元）时，"坏账准备"账户在 2016 年年末就会出现借方结余额 200 元（3 000 - 3 200）。这种情况说明企业上年提取的坏账准备未够用。因此，企业在 2016 年年末再提取坏账准备时，应充分考虑"坏账准备"账户余额的不同情况，采用以下公式确定当年应提取的坏账准备数额：

$$当年应提取的坏账准备 = \frac{应收账款}{账户余额} \times \frac{坏账准备}{提取比例} \pm \frac{坏账准备}{账户结余额}$$

在以上公式中，如果"坏账准备"账户为贷方结余额时应相减；如果"坏账准备"账户为借方结余额时应相加。计算结果为正数时，说明坏账准备金结余额不足，应予补提。例如，假定该企业 2016 年年末应收账款余额为 500 000

元，提取比例仍为 5‰，"坏账准备"账户有贷方结余额 2 300 元。应提取的坏账准备金为：

$$500\ 000 \times 5‰ = 2\ 500\ （元）$$

小思考

若根据上面的计算公式所计算的结果为负数时，说明什么问题？又应怎样提取当年的坏账准备？当计算的结果为负数时，说明以前年度提取的坏账准备金有大量剩余，本年不仅不再需要提取，还应将以前年度多提的坏账准备金冲销掉一部分。例如，假定该企业 2016 年年末时"应收账款"账户余额为 400 000 元，提取比例仍为 5‰，"坏账准备"账户有贷方余额 2 300 元。当年应提取的坏账准备金为：400 000 × 5‰ − 2 300 = −300 （元）。这个结果说明，企业在年末时结余的坏账准备已经足以应付现有的应收账款可能发生的坏账损失。不仅如此，还应冲销 300 元。冲销后，"坏账准备"账户的余额为 2 000 元，恰好可以满足应付 400 000 元的应收账款可能发生的坏账损失的需要。冲销多提坏账准备时，应借记"坏账准备"账户（减少），贷记"资产减值损失"账户（减少）。

说明企业的坏账准备的结余已不够用，应再补提 200 元（即 2 500 − 2 300）才能满足应付下一年度可能发生的坏账损失的需要。补提坏账准备金的账务处理方法同例 19。计算结果为正数时，还有一种情况，即年末时"坏账准备"账户为借方结余额，这种情况说明上一年度提取的坏账准备有"欠账"，应按本年应提取数与"坏账准备"账户借方结余额之和提取当年的坏账准备。这样，既弥补了原来坏账准备的不足部分，又提取了用于应付下一年度可能发生的坏账损失的部分，使坏账准备始终处于能够满足需要的状态。

（2）应付账款清查结果的账务处理。①应付账款清查结果需要处理的内容。对于在应付账款的清查中需要进行账务处理的清查结果，主要是指由于企业的债权单位已经撤销等原因，致使企业无法支付给对方的应付款项。按照规定，企业确实无法支付的应付款项，经批准应转作企业的营业外收入，直接借记"应付账款"账户（减少数），贷记"营业外收入"账户（增加数）。

②账务处理。

【例 21】长城公司 2016 年 5 月在财产清查中，确认有 20 000 元应付款确实无法偿还给对方。经批准转作企业的营业外收入。

对无法支付的应付账款转作营业外收入，应填制转账凭证，编制的会计分录为：

借：应付账款   20 000

    贷：营业外收入   20 000

 特别提示

对应付账款清查结果的账务处理与对应收账款清查结果的账务处理一样，也不经过"待处理财产损溢"账户。另外，对在清查中发现的坏账损失和企业无法支付的应付账款，只有在经批准后才进行账务处理，批准前不做任何账务处理，这一点与货币资金以及实物资产清查结果的处理方法是不同的。

本 章 小 结

1. 财产清查就是根据账簿记录，对企业的货币资金、实物资产和债权债务等进行盘点或核对，查明各项财产的实际结存数与其账面结存数以及债权、债务的实际状况是否相符的一种专门方法。

2. 进行财产清查的重要意义在于：①保证账簿记录的真实准确，确保账实相符。②真实反映企业的财务状况，保证财务报告质量。

3. 对财产清查可按以下三种方法分类：按清查范围可分为全部清查和局部清查；按清查时间可分为定期清查和不定期清查；按清查执行单位可分为内部清查和外部清查。

4. 存货盘存制度是在财产清查中确定存货实存数量的方法。包括永续盘存制和实地盘存制两种。永续盘存制是通过设置存货明细账，逐笔登记存货的收入数和发出数，并可随时结出存货结存数量的一种方法。实地盘存制是在期末时通过盘点实物确定存货数量的一种方法。

5. 发出存货计价方法是指企业在发出存货时确定发出存货的单位成本，并以此为依据计算发出存货成本和期末结存成本的方法。主要有以下三种：先进先出法、全月一次加权平均法和个别计价法。先进先出法是假设先入库的存货尽先发出，按先入库存货的单位成本计算发出存货成本和结存成本的一种方法。全月一次加权平均法是在每个月末时，先计算出存货的全月加权平均单价，再据以计算本月发出存货成本和月末结存成本的一种方法。个别计价法是通过个别认定确定发出存货的单位成本，并据以计算发出存货成本和结存成本的一种方法。

6. 财产清查的内容不同，采用的清查方法也有所不同。对库存资金和各种实物资产一般采用实地盘点法进行清查；对银行存款一般采用与银行"对账单"核对的方法进行清查；对往来款项一般采用"询证核对法"进行清查。

7. "银行存款余额调节表"的基本编制方法是：在该表中先抄列出企业"银行存款日记账"和银行"对账单"双方的月末余额。在此基础上，加上对方已收款入账，本方尚未入账的款项；减去对方已付款入账，本方尚未入账的款项。经过调节以后计算出双方账户记录新的余额，经过调节以后得到的两个余额应当是相等的。

8. 对在财产清查中发现的盘盈或盘亏等清查结果的处理步骤是：①核准盈亏金额，查明盈亏的性质和原因，提出处理意见。②调整账簿记录，做到账实相符。同时，将清查结果在专门的账户中加以记录，以待处理。③报经批准后，根据批准意见编制记账凭证登记入账，将待处理的盘盈和盘亏转销。

9. 为进行货币资金和各种实物资产清查结果的核算，应设置"待处理财产损溢"账户，该账户是一个双重性质账户。用以反映企业在财产清查过程中查明的各种财产的盘盈、盘亏或毁损及其批准后的转销数额。但固定资产的盘盈不在该账户核算，各种应收款和应付款清查结果的账务处理不经过该账户。

10. 采用备抵法对企业发生的坏账损失进行处理时，应设置"坏账准备"账户，用以反映企业坏账准备金的提取和转销情况。该账户虽然属于资产类账户，但具有比较特殊的账户结构。采用备抵法处理坏账损失可以使各年度费用的确认、利润的计算等更为均衡合理。

思　考　题

1. 什么叫财产清查？财产清查的意义是什么？

2. 财产清查包括哪几种？

3. 什么叫永续盘存制？在这种方法下怎样确认存货的结存数量？

4. 发出存货的计价方法有哪些？各有什么优点？

5. 在各种发出存货的计价方法下怎样计算当期发出存货的成本和期末结存成本？

6. 永续盘存制的优点、缺点及适用范围是怎样的？

7. 什么叫实地盘存制？这种方法怎样确认存货的结存数量和发出数量？

8. 实地盘存制的优点与缺点及适用范围是怎样的？

9. 对银行存款应采用什么样的方法进行清查？

10. 什么叫未达账项？未达账项包括哪几种情况？

11. 怎样编制"银行存款余额调节表"？

12. 对实物财产应采用什么样的方法进行清查？

13. "待处理财产损溢"账户的结构是怎样的？

14. 财产清查结果处理的步骤是怎样的？

15. 对存货的清查结果应如何进行账务处理？

16. 对固定资产的清查结果应如何进行账务处理？

17. 在备抵法下如何进行坏账损失的账务处理？

18. 对无法支付的应付账款应怎样进行账务处理？

第九章 财务会计报告

学习目标

在这一章中，将重点探讨会计核算方法的最后一种方法——编制财务会计报告。财务报告编制是会计循环的最后一个环节，也是实现企业会计目标的关键环节。企业财务报告的编制是建立在会计记录基础上的，也是对企业交易或事项处理上的延续。通过这一章的学习，应重点了解财务会计报告的定义、作用和种类；重点掌握财务会计报告中会计报表的基本编制方法，特别是资产负债表和利润表的基本结构和内容，以及这两种报表的基本编制方法。

关键名词

财务会计报告　财务报表　财务报表附注　中期财务会计报告　年度财务报告　财务报告列报基础　资产负债表　财务状况　期末余额　年初余额　货币资金　存货　利润表　经营成果　本期金额　上期金额　营业利润　利润总额　净利润

9.1 财务会计报告的作用与种类

9.1.1 财务会计报告的定义与作用

1. 财务会计报告的定义及其构成

（1）财务会计报告的定义。财务会计报告又称财务报告，是指企业对外提供的反映企业某一特定日期的财务状况和某一会计期间的经营成果、现金流量等会计信息的文件。

财务报告至少包括以下几层含义：一是财务报告应当是对外报告其服务对象主要是投资者、债权人等外部使用者，专门为了企业内部管理的需要而形成的报告不属于财务报告的范畴；二是财务报告应当综合反映企业的生产经营状况，包括企业某一时点的财务状况和某一时期的经营成果与现金流量等信息，能够从整体上勾画企业财务状况和经营成果的全貌；三是财务报告必须形成一套系统的文件，应能够提供系统、完整的信息，不应是零星的或者不完整的信息。

（2）财务会计报告的构成。财务会计报告包括财务报表及其附注和其他应当在财务报告中披露的相关信息和资料。财务报表至少应当包括资产负债表、利润表和现金流量表等报表。在有的企业还需要编制所有者权益变动表。①财务报表。财务报表也称会计报表，是财务报告的主要构成部分，是在编制财务报告过程中所使用的一种工具，也是形成财务报告信息的主要载体。上述会计报表中的每一份报表都能够从不同方面提供对信息使用者的决策相关的会计信息。其中资产负债表主要用以提供企业某一特定日期财务状况的会计信息；利润表主要用以提供企业某一会计期间经营成果的会计信息。现金流量表用以提供企业在一定会计期间的现金和现金等价物流入和流出的会计信息。所有者权益变动表主要用以提供到年末时企业的所有者权益增减变动情况的会计信息。②财务报表附注是指每一份财务报表所附的，对在财务报表中列示项目所作的进一步说明，以及对未能在这些报表中列示的项目说明等。附注是会计报表的重要组成部分。③其他应当在财务会计报告中披露的相关信息和资料。如编报企业的名称，资产负债表日或财务报表涵盖的会计期间，货币计量单位等情况。

📋 小知识

从国际范围来看，"财务报告"是一个比较通用的术语，但在我国现行有关法律、行政法规中使用的是"财务会计报告"，为了保持法规体系上的一致性，我国的《企业会计准则》的基本准则中仍沿用了"财务会计报告"的提法，但同时又引入了"财务报告"这一在国际上通用的概念，并指出"财务会计报告"又称"财务报告"，在所有具体准则中统一使用了"财务报告"术语。

以上财务会计报告的定义，实际上是从企业几张主要财务报表反映的基本内容的角度做出的表述。企业类会计主体为定期反映企业的财务状况、经营成果和现金流量等会计信息，及时向会计信息的使用者报告与它们的决策相关的会计信息，需要编制"资产负债表""利润表""现金流量表"等会计报表。其中"资产负债表"所综合反映的企业在某一特定日期的资产、负债和所有

者权益情况在会计上称为财务状况；"利润表"所综合反映的企业某一会计期间的收入、费用和利润（或亏损）情况在会计上称为经营成果。财务会计报告是在会计期末由会计人员根据本会计期间所登记的账簿等提供的数据资料，进行一定的汇总和加工处理编制而成的，是会计工作的定期总结。对财务会计报告的定义可结合图9-1加深理解。

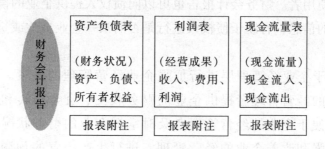

图9-1　财务会计报告的定义

2. 财务会计报告的作用

我国的《企业会计准则——基本准则》规定：企业应当编制财务会计报告。财务会计报告的目标是向财务会计报告使用者提供与企业财务状况、经营成果和现金流量等有关的会计信息，反映企业管理层受托责任履行情况，有助于财务会计报告使用者做出经济决策。这既是对我国企业会计目标的规定，也表明了财务会计报告应当具有的作用。企业编制财务会计报告的主要目的，是利用会计报表等为载体向会计信息的使用者提供对他们的决策有用的会计信息，财务会计报告的作用因使用者的不同而有所不同。

 小知识

我国的《公司法》第一百六十四条规定：公司应当在每一会计年度终了时编制财务报告，并依法经会计师事务所审计。财务报告应当依照法律、行政法规和国务院财政部门的规定制作。第一百六十五条规定：有限责任公司应当依照公司章程规定的期限将财务会计报告送交各股东。

（1）有助于投资者和债权人等进行投资和贷款等经济决策。在现代企业制度下，企业的经营资金主要来自于投资者，投资者作为委托方将其资金投入企业。企业作为受托方负责管理和使用这些资金。这种委托代理关系要求企业管理层既要承担保证投资者投入企业的资本金保值增值的责任，又要承担将资金的使用情况及其结果向投资者报告的义务。企业提供的财务会计报告，可以使投资者了解掌握他们所投资企业的财务状况和经营成果等方面的信息，用以考核企业管理层履行受托责任情况，有助于投资者使用者做出是否向企业投资和是否撤回已投入企业资金等经济决策。在现代企业制度下，投资者是企业会计信息的主要使用者。财务会计报告也可以向债权人提供企业的偿债能力和资信程度等方面的信息，有助于债权人进行是否向某一企业贷款或贷款多少等方面的经济决策。

（2）有助于企业经管理层进行加强企业经营管理的决策。财务会计报告能够为企业的经营管理者提供企业的财务收支、资金周转和经营损益等方面的信息，便于企业的经营管理者及时掌握企业的财务状况和经营成果等情况，为加强和改善企业的经营管理，进行生产经营的预测和决策提供重要依据。

（3）有助于政府有关经济管理部门进行宏观经济调控的决策。财务会计报告能够为政府有关的宏观经济管理部门，如计划、统计部门和税务部门等提供资源分配和税金上缴等方面的重要信息，有助于进行宏观经济的调控，加强宏观经济管理等方面的决策。例如，经过综合汇总的某一区域、某一行业或全国范围内的企业发展状况，可以为政府加强对整个国民经济的宏观经济调控提供重要的参考依据。

对财务会计报告的主要作用可结合图9－2加深理解。

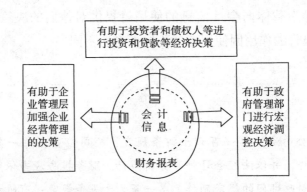

图9－2　财务会计报告的作用

9.1.2　财务会计报告的种类与编制要求

1. 财务会计报告的种类及编报期间的确定

（1）财务会计报告的种类。企业的财务会计报告具体包括月度、季度、半年度和年度财务会计报告四种，分别是企业在月末、季末、半年末和年末编制的财务会计报告。按照财务会计报告编报的时间划分，可将其分为中期财务报告和年度财务报告两类。①中期财务会计报告。中期财务报告是月度、季度和半年度财务会计报告的统称。其中月度和季度财务会计报告是指月度和季度终了时由企业编报的财务会计报告；半年度财务会计报告是指半年度终了时由企业编报的财务会计报告。②年度财务会计报告。年度财务会计报告是指年度终了时由企业编报的财务会计报告。

（2）财务会计报告编报期间的确定。企业编报财务会计报告所涵盖的期间与企业会计期间的划分方法有着直接关系。在通常的情况下，企业年度财务会计报告的会计期间是指每年公历的 1 月 1 日至 12 月 31 日；半年度财务会计报告的会计期间是指每年公历的 1 月 1 日至 6 月 30 日，或 7 月 1 日至 12 月 31日；季度财务会计报告的会计期间是指每年公历各季度中该季度第一个月份的 1 日至该季度结束的最后一个月的最后一日；月度财务会计报告的会计期间是指每公历月的 1 日至该月结束的最后一日。

对财务会计报告的种类及编报期间的确定可参照图 9-3 加以理解。

图 9-3 财务会计报告的种类及编报期间的确定

2. 编制财务会计报告的基本要求

企业的财务会计报告尽管反映的内容各不相同，编制的方法也不尽一致，但在编报过程中都应遵守如下基本要求，即信息真实、计算准确、内容完整、报送及时。

（1）信息真实。保证财务会计报告信息真实是会计信息质量的客观性要求所决定的。企业应当以实际发生的交易或者事项为依据进行会计确认、计量和报告，如实反映符合确认和计量要求的各项会计要素及其他相关信息，保证会计信息真实可靠。即财务会计报告应如实反映企业的财务状况和经营成果，不得弄虚作假。财务会计报告提供的信息对信息使用者的经济决策是至关重要的，如果提供虚假的会计信息，只能对信息使用者的经济决策产生误导，并导致信息使用者的经济决策失灵。为保证财务会计报告的真实性，在编制财务报告之前，应将企业本期发生的交易或事项全部登记入账，不得为编制财务会计报告而提前结账。要认真核对账目，进行财产清查，保证账证相符、账账相符、账实相符。在此基础上，还应编制试算表对账簿的记录进行检验，确保为财务会计报告的编制提供真实可靠的数据资料。

（2）计算准确。编制财务会计报告是在计算技术上要求比较高的一项工作。财务会计报告上的大部分项目的数字虽然是来自于账户所提供的发生额或余额，但要从账户中的数据转化为财务报告上有关项目的数据，并不是简单的照抄照搬，有些数字需要经过计算后才能抄列在财务报告中有关表格的相关项目栏次，还有些数字则是根据从账户中抄列在财务报告上的数字重新计算求得的。经过一定的加工和汇总，某一张会计报表及其附注的有关项目之间，以及会计报表的有关项目之间也会产生一定的勾稽关系。因而，在编制财务会计报告时，在数字的计算上必须要做到准确无误。

（3）内容完整。财务会计报告的各种表格及其附注构成了完整的财务会计报告系统，各个会计报表及其附注中的项目构成了反映企业某一类经济内容的完善的指标体系。因而，企业应当依照法律、行政法规和国务院财政部门等的有关规定，按统一的报表种类、格式和项目内容编制财务会计报告，不应漏编漏报财务会计报告表格及其附注，也不应漏填漏列财务会计报告中的有关项目数据。此外，对外提供的财务报告书面文件还应加具封面，依次编写页码装订成册，并加盖企业公章。封面上应注明企业名称、企业统一代码、组织形式、所在地址、报告所属期间和报出日期等，并应由企业负责人和主管会计工作的负责人，以及会计机构负责人签名并盖章，以示对会计信息的真实性负责，这些内容都是不可缺少的。

（4）报送及时。会计信息的基本质量特征是具有时效性，及时编报财务会计报告是会计信息质量的及时性要求所决定的。财务会计报告是企业编制的对外报告文件，主要作用是向企业外部的信息使用者提供与他们的决策相关的会计信息。财务会计报告的编制和报告能否及时进行，对信息使用者的决策也有比较大的影响，在保证信息真实、内容完整的前提下，提高财务报告的及时性，是会计信息使用者的迫切要求。因而，企业对于财务会计报告应根据信息使用者对会计信息的需求及时编制，及时报送，以便于会计信息的使用者通过财务会计报告及时了解企业的财务状况和经营成果，及时进行有效的经营或投资等方面的经济决策。

对编报财务会计报告的基本要求见图9-4。

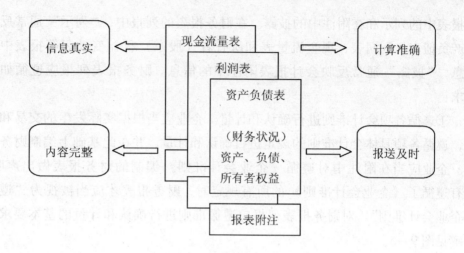

图9-4 编报财务会计报告的基本要求

通过上面的学习可见，财务会计报告主要是由会计报表及其附注所构成的，它们是企业对外报告会计信息的重要载体，而其中的资产负债表和利润表又是用来反映企业财务状况和经营成果的主要会计报表。在初步了解财务会计报告的构成内容、作用和编报要求的基础上，在本章的接续部分将结合企业的以上两张主要报表深入探讨财务会计报告的编制问题。

3. 财务报表的种类与列报要求

（1）财务报表的种类。财务报表也称会计报表，是指企业对外提供的反映企业财务状况和经营成果、现金流量等会计信息的文件的统称。对企业的财务报表可按两种方法分类：①按财务报表编报时间不同，可分为中期财务报表和年度财务报表。中期财务报表有月报、季报和半年报等。中期财务报表至少应包括资产负债表、利润表、现金流量表和附注。其中，中期资产负债表、利润表、现金流量表应当是完整报表，其格式和内容应当与年度财务报表相一致。与年度财务报表相比，中期财务报表中的附注披露可适当简略。年度财务报表是指年度终了时由企业编报的财务报表。年度财务报表应当应包括资产负债表、利润表、现金流量表、所有者（股东）权益变动表和附注。②按财务报表编报主体不同，可分为个别财务报表和合并财务报表两类。个别财务报表是由企业在自身交易或事项的账务处理基础上，对账户记录进行加工和整理而编制的财务报表，主要用以反映企业自身的财务状况、经营成果和现金流量等。合并财务报表是以母公司和子公司组成的企业集团为会计主体，根据母、子公司的财务报表，由母公司编制的综合反映企业集团财务状况、经营成果和现金流量等的财务报表。

（2）财务报表的列报要求。财务报表列报是指将企业发生的交易和事项在报表中的列示和在附注中的披露。在财务报表的列报中，"列示"通常反映资产负债表、利润表、现金流量表和所有者（股东）权益变动表等报表中的信息，"披露"通常反映会计报表附注中的信息。财务报表列报应遵循如下要求：

①遵循各项会计准则进行确认和计量。企业应当根据实际发生的交易和事项，遵循各项具体会计准则的规定进行确认和计量，并在此基础上编制财务报表。企业应当在附注中对遵循《企业会计准则》编制的财务报表做出声明。只有遵循了《企业会计准则》的所有规定时，财务报表才应当被视为"遵循了企业会计准则"。对财务报表列报应遵循准则进行确认和计量的基本要求的理解见图9-5。

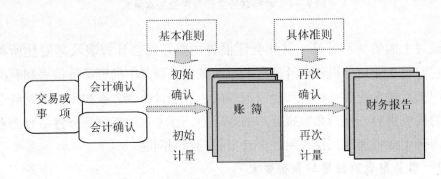

图9-5　遵循准则进行财务报表列报的基本要求

②应以企业的持续经营作为列报基础。持续经营是会计基本前提之一，是会计确认、计量及编制财务报表的基础。我国的《企业会计准则》规范的是企业持续经营基础下的财务报表列报。如果企业出现了非持续经营，致使以持续经营为基础编制财务报表不再合理的，应当采用其他基础编制财务报表。在非持续经营情况下，企业应在附注中声明报表未以持续经营基础列报、披露未以持续经营为基础的原因和财务报表的编制基础。

③应遵循重要性要求进行财务报表项目的列报。财务报表是通过对大量的交易或事项进行处理而生成的，这些交易或事项按其性质或功能汇总归类而形成财务报表中的项目。这些项目在财务报表中是单独列报还是合并列报，应当根据会计信息质量要求的重要性加以判断。具体标准一是应当考虑项目的性质，二是应当考虑金额大小。

④应遵循列报的一致性并列报比较信息。企业财务报表项目的列报应当在各个会计期间保持一致，不得随意变更。不仅列报项目的名称应保持一致，还包括财务报表项目的分类、排列顺序等方面也应保持一致。列报比较信息就是

要求企业在列报当期财务报表时，至少应当提供所有列报项目上一可比会计期间的比较数据，目的是为财务报表使用者提供对比数据，借以反映企业财务状况、经营成果和现金流量的变动趋势，更有利于他们用于经济决策分析。对财务报表列报比较信息的做法见图9-6。

资产负债表

编制单位：　　　　　　　　　年　月　日

资　产	期末余额	年初余额	负债和所有者权益	期末余额	年初余额
流动资产：	本期	上期	流动负债：	本期	上期
货币资金			短期借款		
交易性金融资产	便于比较		应付票据	便于比较	
应收票据			应付账款		
应收账款	报表列报项目		预收账款		
应收股利	应在各个会计		应付职工薪酬		
（略）	期间保持一致		（略）		

图9-6　遵循列报的一致性和列报比较信息的基本要求

⑤应遵循财务报表项目金额间不得相互抵消列报要求。财务报表项目应当以总额列报，资产和负债、收入和费用之间不能相互抵消，即不得以净额列报，这是因为如果以上项目相互抵消列报的话，所提供的信息就不会完整，信息的可比性也就会大大降低，财务报表使用者也难以根据金额间相互抵消后的信息做出正确判断。但《企业会计准则》另有规定的除外。例如，资产项目按扣除减值准备以后的净值列示，以及非日常活动形成的利得和损失按其余额列示等。

⑥应遵循财务报表表首的列报要求。财务报表一般分为表首、正表两部分。在表首部分企业应当概括的说明下列基本信息：如编报企业的名称、报表的列报时限货币名称和单位等。

⑦应遵循报告期间规定的要求。企业至少应当编制年度财务报表。有些企业可能是在年度中间开始设立，会存在年度财务报表涵盖的期间短于一年的情况。在这种情况下，企业应当披露年度财务报表的实际涵盖期间及其短于一年的原因，并应当说明由此而引起的财务报表项目与比较数据不据可比性这一事实。

9.2 资产负债表的编制

9.2.1 资产负债表的定义与作用

1. 资产负债表的定义

资产负债表是反映企业在某一特定日期财务状况的会计报表。

资产负债表的格式是根据"资产＝负债＋所有者权益"会计等式的基本原理设计的，是企业财务会计报告系统中的一张主要报表。对资产负债表定义的理解应特别注意以下两点：

（1）资产负债表反映的主要内容。前已叙及，资产负债表是专门用来反映企业财务状况的会计报表。财务状况即企业的资金状况，具体包括资金的存在形态和资金的来源方式两个方面。在资产负债表上，"资产"部分用以提供企业资产的分布形态等方面的信息；而"负债"和"所有者权益"两个部分则用以提供企业资产的来源渠道方面的信息。资产负债表上列示的资产、负债和所有者权益三方面的数据资料，从资金的两个不同的侧面全面反映了企业的财务状况。

（2）资产负债表特指的时间概念。定义中所强调的"特定日期"是指编制的资产负债表所涵盖的一定会计期间的某一日，一般是指该会计期间（月度、季度和年度等）的最后一天。在定义中特别强调"特定日期"是有其道理的。根据资金运动的基本原理，一个持续经营的企业的资金运动是不会停止的，而资金运动在每一个时点上都会呈现出其不同的存在状态，即反映企业每天都不相同的财务状况。但企业一般并不需要每天都编制资产负债表来反映其财务状况，而是在按要求编制资产负债表时才有了这种必要。因此，所编制的"资产负债表"究竟反映的是该会计期间哪一天的财务状况就必须给予严格界定。具体地说，这个"特定日期"就是指该会计期间的最后一日。如编制某一月度的资产负债表时，这个"特定日期"就是该月的最后一日；而在编制某一年度的资产负债表时，这个"特定日期"就是该年的最后一日，以此类推。为此，这个"特定日期"也被称为"资产负债表日"。因而，为某一会计期间所编制的"资产负债表"应当反映的是该会计期间最后一日的财务状况。

对资产负债表定义反映的内容和特定的时间概念可结合图9－7加深理解。

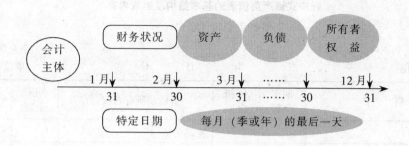

图9-7 对资产负债表定义相关问题的理解

2. 资产负债表的作用

（1）可以提供企业资产总额及其分布信息。通过编制资产负债表，可以提供企业某一日期的资产总额信息，表明企业拥有和控制的经济资源及其分布情况，是会计信息的使用者借以分析企业经营能力的重要资料。

（2）可以提供企业负债总额及其结构信息。通过编制资产负债表，可以反映企业某一日期的负债总额及其结构信息，表明企业未来需要多少资产或劳务清偿债务，是会计信息的使用者借以分析企业的负债状况及债务的清偿能力的重要资料。

（3）可以提供企业所有者权益总额及其结构信息。通过编制资产负债表，提供所有者权益总额及其结构信息，表明投资者投入的资本和盈余公积等在所有者权益中所占的比重，是会计信息的使用者了解企业所有者权益构成情况的重要资料。

（4）可以提供进行财务分析的有关数据资料。通过编制资产负债表，能够利用该表的有关资料计算出资产负债率和资金周转率等指标，借以评价企业负债的合理程度及经营管理的水平。例如，将资产负债表中的负债总额与资产总额进行比较，可以确定企业的资产负债率，借助这一比率可以与该企业其他年度的负债比率相比较，分析企业负债的升降情况，也可以结合企业的资产和负债的总体情况，分析企业用现有的资产清偿债务的能力等。

3. 资产负债表的结构和内容

（1）资产负债表的基本结构。资产负债表的格式主要有账户式和报告式两种。其中账户式资产负债表为企业所常用表。其基本结构及组成内容见表9-1。为阐述问题方便起见，对该表的项目内容做了一定简化。

表 9 –1 账户式资产负债表的基本结构及组成内容

资产负债表（账户式）

企业 01 表

编制单位： 年 月 日 单位：元

资　　产	期末余额	年初余额	负债及所有者权益	期末余额	年初余额
流动资产：			流动负债：		（略）
货币资金			短期借款		
交易性金融资产			交易性金融负债		
应收票据			应付票据		
应收账款			应付账款		
预付账款			预收账款		
应收利息			应付职工薪酬		
应收股利			应交税费		
其他应收款			应付股利		
存货			其他应付款		
一年内到期的非流动资产			一年内到期的非流动负债		
其他流动资产			流动负债合计		
流动资产合计			非流动负债：		
非流动资产：			长期借款		
长期应收款			应付债券		
长期股权投资			非流动负债合计		
固定资产			负债合计		
在建工程			所有者权益：		
固定资产清理			实收资本（或股本）		
无形资本			资本公积		
长期待摊费用			盈余公积		
其他非流动资产			未分配利润		
非流动资产合计			所有者权益合计		
资产总计		×××	负债及所有者权益（或股东权益）总计		×××

双方的总计数必须相等

　　账户式资产负债表因其外表与"T"形账户相似而得名。从表 9 – 1 可以看出：该表由表头和表格两个部分组成。其中表头部分填写编制单位、编制时间，以及表中数据的计量单位等内容；表格部分可分为左、右两方，其中左方用来反映企业的资产状况，右方用来反映企业的负债和所有者权益状况。最后计算出左右双方各自的总计数。由于账户式资产负债表是按照"资产＝负债＋所有者权益"会计等式的基本原理设计的，因而，双方的总计数应当是相等的，这种相等关系体现了"资金存在形态＝资金来源渠道"的平衡关系。

小知识

资产负债表的另外一种格式为报告式。报告式资产负债表的表格不分左右两方，而是在资产负债表上自上而下顺序排列资产、负债和所有者权益项目。这种格式的资产负债表不能体现资产、负债和所有者权益之间的数额相等关系，而只起到将企业的财务状况报告出去的作用。对报告式资产负债表不做深入研究。

（2）资产负债表的基本内容。资产负债表主要反映财务状况中以下三个方面的内容：①资产的结构状况。即企业在一定日期的资产总额及其分布情况。这方面的信息反映在资产负债表的左方，其具体项目分流动资产和非流动资产两个部分顺序排列。②负债的结构状况。即企业在一定日期的负债总额及其构成情况。这方面的信息反映在资产负债表的右方的上半部分，其具体项目分别按流动负债和非流动负债两个部分顺序排列。③所有者权益结构状况。即企业在一定日期的所有者权益的构成情况。这方面的信息反映在资产负债表的右方的下半部分，分别按所有者权益的组成内容实收资本、资本公积、盈余公积和未分配利润顺序排列。

应予以注意的是：账户式资产负债表中需要填列的各个项目都应分别列示"期末余额"和"年初余额"两种数字指标。按照有关规定，企业编报的年度、半年度会计报表至少应当反映两个年度或者相关两个会计期间的比较数据。这样的资产负债表也称为比较资产负债表。编制比较资产负债表的目的是为会计信息的使用者提供更为全面的会计信息，以方便信息使用者进行不同年度有关项目之间的数据比较，为进行经济决策提供更为可靠的依据。

9.2.2 资产负债表的编制方法

1. 资产负债表的基本编制方法

编制资产负债表的主要工作是填列该表中有关项目的数据。包括"期末余额"和"年初余额"两个数字指标。

（1）资产负债表中各项目"年初余额"栏的数字的填列方法。相对于本年度来讲，资产负债表中的"年初余额"也就是上一年的"年末余额"。应根据编制的上年末资产负债表中的"期末余额"栏所列数字填列，即可以将上年末资产负债表中"期末余额"栏的数字按照项目的对应关系直接抄列入本年资产负债表的"年初余额"各相应行次。如果按照有关规定，本年资产负债表的结构及内容有了新的变化，本年度资产负债表中的某些项目名称和内容与上年度不一致时，应对上年度资产负债表有关项目的名称和数字按照本年度的规定进行调整，并按照调整后的数字填入本年资产负债表的"年初余额"栏。

（2）资产负债表中各项目"期末余额"的填列方法。资产负债表中各项目的"期末余额"实质上反映的是资产、负债和所有者权益三类账户在编制资产负债表的会计期间期末的余额。通过观察我们也会发现，资产负债表中的好多项目名称与会计账户的名称是一致的，这表明了二者之间所反映的内容上的一致性。因而，资产负债表中各项目的"期末余额"可以根据编制资产负债表会计期间的期末时有关总账账户或明细账户的余额填列。但有些项目数字可以根据账户的余额直接填列，有些项目数字须经过计算才能确定填列数字。如果账户为反方向余额或计算的结果为负数，应在资产负债表上以"－"号填列。概括起来，资产负债表中各项目"期末余额"的填列方法主要有以下五种：

①根据有关总账账户期末借方余额直接填列。如资产负债表左方的"应收票据"、"应收股利"和"应收利息"等项目的数字，可以分别根据"应收票据"、"应收股利"和"应收利息"总账账户的期末借方余额直接填列。根据有关总账账户期末借方余额直接填列资产负债表中"期末余额"的方法见图9－8。

②根据有关总账账户期末贷方余额直接填列。如资产负债表右方的"短期借款"、"应付票据"、"实收资本"和"资本公积"等项目的数字，可以分别根据反映这些项目的"短期借款"、"应付票据"、"实收资本"和"资本公积"等账户的期末贷方余额直接填列。根据有关总账账户期末贷方余额直接填列资产负债表中"期末余额"的方法见图9－9。

③根据有关总账账户及其所属明细账户期末余额分析计算填列。如资产负债表右方的"长期借款"项目，应根据"长期借款"账户及其所属明细账户的期末余额进行分析，按扣除1年内到期（实际上已变为短期借款）部分以后的差额填列；另外，资产负债表右方的"应付债券"和"长期应付款"等项

资产负债表

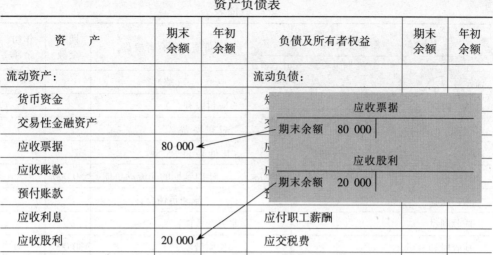

资　　产	期末余额	年初余额	负债及所有者权益	期末余额	年初余额
流动资产:			流动负债:		
货币资金			短		
交易性金融资产					
应收票据	80 000				
应收账款					
预付账款			预		
应收利息			应付职工薪酬		
应收股利	20 000		应交税费		
其他应收款			应付股利		

图 9-8　"期末余额"根据有关总账账户期末借方余额直接填列的方法

资产负债表

资　　产	期末余额	年初余额	负债及所有者权益	期末余额	年初余额
流动资产:			流动负债:		
货币资金			短期借款	60 000	
交易性金融资产			交易性金融负债		
应收票据			应付票据	30 000	
应收账款			应付账款		
预付账款			预收账款		
应收利息			应付职工薪酬		
应收股利			应交税费		
其他应收款			应付股利		

图 9-9　"期末余额"根据有关总账账户期末贷方余额直接填列的方法

目，也应考虑到与长期借款存在的同样情况，根据有关总账账户及其所属明细账户期末余额分析计算填列。根据有关总账账户及其所属明细账户期末余额分析计算填列资产负债表中"期末余额"的方法见图 9-10。

④根据若干有关总账账户期末余额计算填列。与上面的几种情况不同，资产负债表上的有些项目的数字，在总账账户和有关的明细账户中是不能够直接查到的，主要是由于这类项目内容的核算往往是分散在若干个

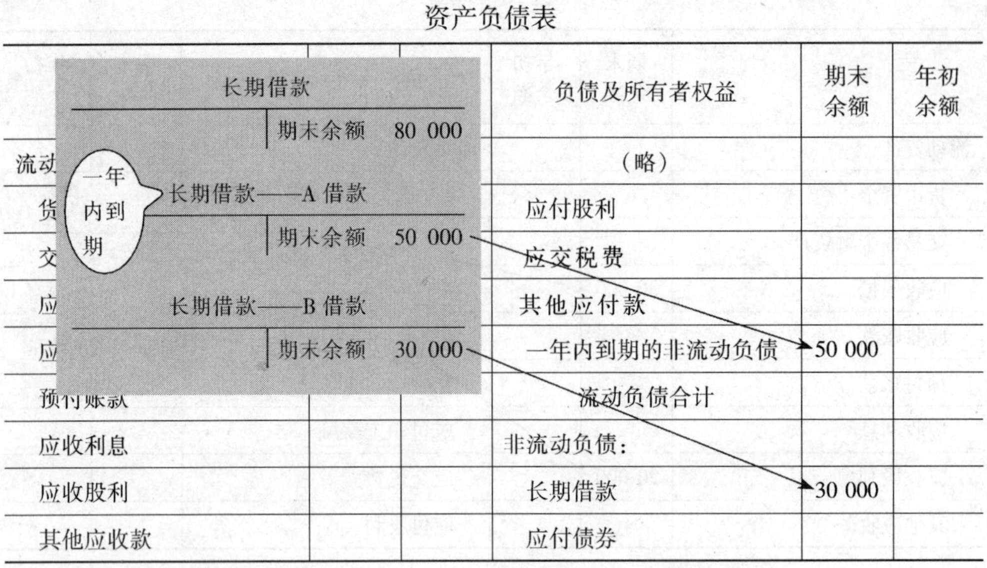

资产负债表

	长期借款		负债及所有者权益	期末余额	年初余额
		期末余额 80 000			
流动	一年内到期	长期借款——A借款	（略）		
货			应付股利		
交		期末余额 50 000	应交税费		
应		长期借款——B借款	其他应付款		
应		期末余额 30 000	一年内到期的非流动负债	50 000	
预付账款			流动负债合计		
应收利息			非流动负债：		
应收股利			长期借款	30 000	
其他应收款			应付债券		

图9-10 "期末余额"根据有关总账账户及其所属明细账户期末余额分析计算填列的方法

总账账户之中。因此，必须根据若干总账账户的余额进行计算后才能填列资产负债表上有关项目数字。例如，资产负债表左方的"货币资金"、"存货"和"固定资产"等项目就是如此。如用来反映企业货币资金的账户有"库存现金"和"银行存款"等，资产负债表上的"货币资金"项目数字应根据这些账户的期末余额合计数填列。又如，用来反映企业存货的账户有"原材料"、"生产成本"（在产品）、"库存商品"等，资产负债表上的"存货"项目数字也应根据这些账户的余额合计数填列。以上两种情况是将有关账户的余额相加而得到填列资产负债表有关项目数字的。而在一些情况下，这个数字是通过有关账户余额相减而得出的。例如，用来反映企业固定资产情况的账户有"固定资产"（原值）、"累计折旧"（消耗价值）和"固定资产减值准备"（企业提取的用以抵补固定资产减值损失的准备金。其性质与企业提取的坏账准备等准备金相同）等，资产负债表上的"固定资产"项目数字也应根据这些账户的余额计算填列，但有关账户之间的数字不是相加，而是相减。根据若干有关总账账户期末余额计算填列资产负债表中"期末余额"的方法见图9-11。

⑤根据有关明细账户的期末余额计算填列。这是填列资产负债表上有些项目数字所采用的一种比较特殊的方法。之所以要采用这种方法，往往是由于填列这些项目所依据的有关总账账户所属的明细账户既有正常方向的余额，也有

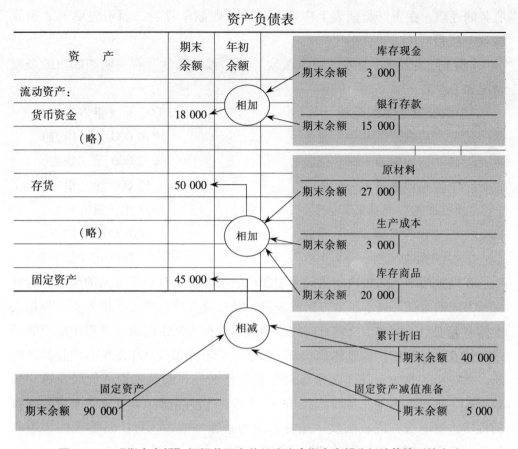

图 9 − 11 "期末余额"根据若干有关总账账户期末余额分析计算填列的方法

相反方向的余额。正常方向的余额体现了其所隶属的总账账户的性质,而反方向余额则使账户性质发生了根本变化。例如,"应收账款"账户所属的有关明细账户,其正常方向的余额应当在借方,表示企业尚未收回的应收货款。但在个别情况下,"应收账款"账户所属的有些明细账户可能会产生贷方余额。比如,产品的销售企业在收到购货方原欠货款的同时,连同货款一起收到了购货方交来的订购下一批产品的货款,这样就会使应收账款的收回数大于原来的应收数,从而使"应收账款"账户的某些明细账户出现贷方余额。这种明细账户的余额就不再具有应收账款的资产性质,而是具有了预收账款的负债性质。这样,就需要根据已经变化了的余额性质,具体确定其在资产负债表上应填列的项目。如对上述"应收账款"账户下在性质上已经改变的明细账户的余额,就应填入资产负债表中的"预收账款"项目,而不应填入"应收账款"项目。同样的道理,如果"预收账款"(负债性质)所属的明细账户出现了借方余额(说明供货数大于预收款数,可能是企业在采用预收货款的方式销售产品时,根据购货方的要求向购货方发出了高于预收款额的货物所致),就会演变为应收款的性质，在资产负债表上应填入"应收账款"项目，而不应填入"预收账款"项目。

【例1】某企业本月末"应收账款"和"预收账款"有关明细账户的余额情况如下：

"应收账款"总账余额   23 000 元（借方）

    "应收账款——A 企业"   10 000 元（借方）

    "应收账款——B 企业"   2 000 元（贷方）

    "应收账款——C 企业"   15 000 元（借方）

"预收账款"总账账户余额   3 000 元（贷方）

    "预收账款——U 企业"   4 000 元（借方）

    "预收账款——V 企业"   7 000 元（贷方）

在以上两个总账账户所属的明细账户的余额中，有正常方向的余额，也有反常方向的余额。属于正常方向的余额，经过计算以后可直接填入资产负债表上的有关项目。而对于反常方向的余额则应根据不同情况确认其应予填列的资产负债表项目。如"应收账款——B 企业"贷方余额 2 000 元具有预收款的性质，就应与"预收账款"正常方向的余额相加在一起填入资产负债表的"预收账款"项目。再如"预收账款——U 企业"借方余额 4 000 元具有应收账款的性质，就应与"应收账款"正常方向的余额一起填入资产负债表的"应收账款"项目。对以上问题的理解见图 9－12。

根据有关明细账户的期末余额计算填列的资产负债表项目还有"应付账款"和"预付账款"。同样的道理，如果"应付账款"账户（负债类）所属的明细账户出现了借方余额，就具有了预付款的资产性质；如果"预付账款"账户（资产类）所属的明细账户出现了贷方余额，就具有了应付款的负债性质。在填列资产负债表的项目数字时，也应按其变化后的余额性质填列相应的资产负债表项目。

【例2】某企业本月末"应付账款"和"预付账款"有关明细账户的余额情况如下：

"应付账款"总账账户余额   38 000 元（贷方）

    "应付账款——F 企业"余额   20 000 元（贷方）

    "应付账款——H 企业"余额   12 000 元（借方）

    "应付账款——W 企业"余额   30 000 元（贷方）

"预付账款"总账账户余额   3 000 元（借方）

    "预付账款——D 企业"余额   4 000 元（借方）

    "预付账款——E 企业"余额   1 000 元（贷方）

资产负债表

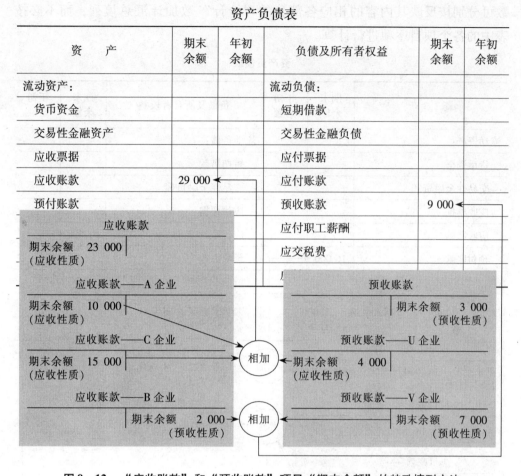

图 9 – 12 **"应收账款"和"预收账款"项目"期末余额"的特殊填列方法**

在以上两个总账账户所属的明细账户的余额中，"应付账款——H企业"借方余额12 000元具有预付账款的性质，就应与"预付账款"正常方向的余额一起填入资产负债表的"预付账款"项目。再如"预付账款——E企业"贷方余额1 000元具有应付账款的性质，就应与"应付账款"正常方向的余额一起填入资产负债表的"应付账款"项目。对以上问题的理解见图 9 – 13。

⑥资产负债表中的"合计"数和"总计"数等的填列方法。资产负债表中的"合计"数是对该表中所反映的某一部分项目的数据所进行的汇总。例如，资产负债表左方的"流动资产合计"就是对该表中流动资产各个项目的余额所进行的汇总，而"非流动资产合计"则是对该表中非流动资产各个项目的余额所进行的汇总。同理，资产负债表右方的"负债合计"和"所有者权益合计"也分别是对该表中相关各个项目的余额所进行的汇总；资产负债表最后一行的双方"总计"数是分别对表中某一方所反映的全部项目数字的汇总，应分别根据资产负债表左右两方的项目数字计算填列。该表中的"总计"

数可分别按反映其内容的相应各部分的"合计"数加计汇总填列，而不必按表中的各个项目逐项进行计算。

资产负债表

资产	期末余额	年初余额	负债及所有者权益	期末余额	年初余额
流动资产：			流动负债：		
货币资金			短期借款		
交易性金融资产			交易性金融负债		
应收票据			应付票据		
应收账款			应付账款	51 000	
预付账款	16 000		预收账款		

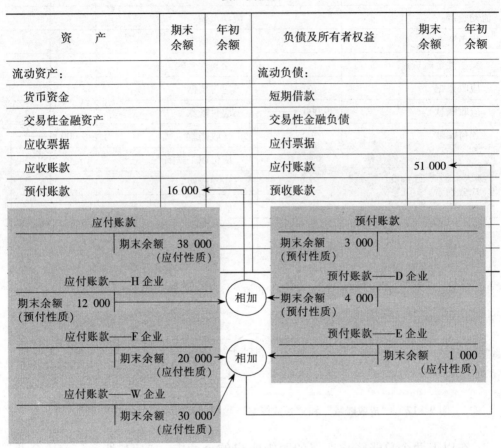

图9-13 "应付账款"和"预付账款"项目"期末余额"的特殊填列方法

2. 资产负债表编制举例

【例3】某企业2016年1月31日全部总账账户和有关明细账户的余额情况如表9-2所示。根据所给资料编制该企业2016年1月31日的资产负债表（只填列资产负债表中"期末余额"栏的有关数据，"年初余额"略）。

表9-2   某企业2016年1月31日有关总账和明细账余额

总账账户	明细账户	借方余额	贷方余额	总账账户	明细账户	借方余额	贷方余额
库存现金		3 000		应收账款		23 000	
银行存款		15 000			A 企业	10 000	
交易性金融资产		25 000			B 企业		2 000

续表

总账账户	明细账户	借方余额	贷方余额	总账账户	明细账户	借方余额	贷方余额
	C 企业	15 000			H 企业	12 000	
预付账款		3 000			W 企业		30 000
	D 企业	4 000		预收账款			3 000
	E 企业		1 000		U 企业	4 000	
其他应收款		5 000			V 企业		7 000
原材料		27 000		应付职工薪酬			3 000
生产成本		3 000		应付股利			20 000
库存商品		20 000		应交税费			6 000
长期股权投资		675 000		其他应付款			1 000
固定资产		188 000		应付利息			8 000
累计折旧			10 000	长期借款			32 000
固定资产减值准备			4 000	实收资本			244 000
无形资产		10 000		盈余公积			45 000
长期待摊费用		7 000		利润分配	未分配利润		520 000
	F 企业		20 000				
短期借款			70 000				
应付账款			38 000				

以上各账户的余额是编制资产负债表所必需的资料。在所给的资料中，各总账账户的余额都属于正常方向的余额。应予注意的是："应收账款"、"预付账款"、"应付账款"和"预收账款"等总账账户所属的各明细账户的余额方向是不一致的，在编制资产负债表时需要采用比较特殊的填列方法。

根据上述资料和"期末余额"的填列方法，所编制的该企业 2016 年 1 月 31 日的资产负债表见表 9-3。

表 9-3　　　　　　　　某企业 2009 年 1 月 31 日的"资产负债表"

资产负债表

企业 01 表

编制单位：××企业　　　　　　　2016 年 1 月 31 日　　　　　　　单位：元

资　　　产	期末余额	年初余额	负债及所有者权益	期末余额	年初余额
流动资产：		（略）	流动负债：		（略）
货币资金	18 000		短期借款	70 000	
交易性金融资产	25 000		交易性金融负债		

续表

资　产	期末余额	年初余额	负债及所有者权益	期末余额	年初余额
应收票据			应付票据		
应收账款	29 000		应付账款	51 000	
预付账款	16 000		预收账款	9 000	
应收利息			应付职工薪酬	3 000	
应收股利			应交税费	6 000	
其他应收款	8 000		应付股利	20 000	
存货	50 000		其他应付款	9 000	
一年内到期的非流动资产			一年内到期的非流动负债		
其他流动资产			流动负债合计	168 000	
流动资产合计	143 000		非流动负债：		
非流动资产：			长期借款	32 000	
长期应收款			应付债券		
长期股权投资	675 000		非流动负债合计	32 000	
固定资产	174 000		负债合计	200 000	
在建工程			所有者权益：		
固定资产清理			实收资本	244 000	
无形资本	10 000		资本公积		
长期待摊费用	7 000		盈余公积	45 000	
其他非流动资产			未分配利润	520 000	
非流动资产合计	866 000		所有者权益合计	809 000	
资产总计	1 009 000		负债及所有者权益总计	1 009 000	

3. 资产负债表附注的编报

资产负债表是由资产负债表的表格及其附注两个部分组成的。前面介绍的是资产负债表的表格部分的内容，下面介绍资产负债表附注的有关内容及其填列方法。

小思考

如果你是财务报告的使用者，根据表9-3提供的资料，你将怎样评价该企业的财务状况？在你看来该企业资产结构的构成合理吗？另外，将该表9-3中的资产总额与负债总额进行对比后，你将怎样评价该企业的偿债能力？

（1）资产负债表附注的内容。资产负债表附注的内容主要包括企业的基本情况、财务报表的编制基础、遵循《企业会计准则》的声明、重要会计政策和会计估计、会计政策和会计估计变更以及差错更正的说明与财务报表重要项目的说明等。企业在资产负债表附注中应当披露的内容包括应收账款的账龄结构和客户类别、存货的种类及其跌价准备、长期股权投资、固定资产和无形资产在本期的变动情况，有些项目只需要列报"期末账面余额"和"年初账面余额"，如应收账款按账龄结构和按客户类别的列报与长期股权投资按被投资单位的列报等；有些项目既需要列报期初账面余额和期末账面余额，还需要具体列报本期增加额和本期减少额，如存货按种类的列报、固定资产按原价、累计折旧和减值准备等项目进行的列报。

（2）资产负债表附注的编报方法。附注的编报方法主要有两种：一是用文字进行说明。对资产负债表附注的大部分内容主要是采用文字叙述的方式，按规定的披露内容进行实事求是的说明。如企业的注册地、组织形式，企业的业务性质和主要经营活动，以及编制的财务报表是否符合会计准则的要求等，都可以用文字叙述的方式说明清楚；二是采用文字叙述和数字描述相结合的方式。这种方式主要应用于附注中所要求的对财务报表重要项目的说明上。如对资产负债表中的"应收账款"项目所反映的内容，可按应收账款的账龄结构和客户类别等设计相应的表格，并分别填列"期末账面余额"和"年初账面余额"等详细数字资料，就可以起到对"应收账款"项目反映的基本内容进行详细说明的作用，便于信息使用者对相关信息的分析与利用。

9.3 利润表的编制

1. 利润表的定义

利润表是反映企业在一定会计期间的经营成果的会计报表。

利润表是根据"收入－费用＝利润"会计等式的基本原理设计的，用以反映企业在一定会计期间的经营成果的会计报表，也是企业财务报告体系中的一张主要报表。对利润表定义的理解应特别注意两点：

（1）利润表反映的主要内容。利润表是专门用来反映企业经营成果的会计报表。经营成果就是指企业在"利润表"上将一定会计期间内所取得的收入与其同一会计期间相关的费用之间进行配合比较的结果。如果收入大于费用即为实现了利润，反之则为发生了亏损。

（2）利润表特指的时间概念。定义中强调的"一定会计期间"应当是指一个时间过程。因为，为进行经营成果计算而在"利润表"中所列示的收入是在一定的会计期间内逐步实现的，所列示的费用也是在一定的会计期间内逐步产生的，收入和费用都是企业在一定的时期内（如1个月份）多次发生额的累积。

对"利润表"的定义可结合图9－14加深理解。

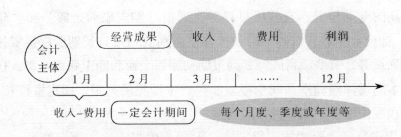

图9－14　对利润表定义相关问题的理解

2. 利润表的作用

（1）可以提供企业一定会计期间的收入和费用信息。在利润表上所确认的企业在一定会计期间的利润，是以该期间所确认的收入和费用为基础而计算出来的。为计算企业在一定会计期间所取得的经营成果，需要将企业在本会计期间的收入和费用资料从有关的账户抄列于利润表上的有关项目栏，这样在利润表上就可以清楚地反映出企业在一定会计期间内收入实现和费用发生的详细情况。

（2）可以提供企业一定会计期间的经营成果信息。计算企业在一定会计期间所取得的经营成果，是编制"利润表"所要达到的主要目的。将抄入本表的有关收入和费用资料进行一定的加工整理，就会计算出企业在一定会计期间所取得的经营成果，并完整地描述出经营成果的计算过程，反映企业利润的构成情况。既提供收入与费用的对比所产生的净额信息，也可以提供由于利得和损失对经营者经营成果的影响。

（3）可以提供分析企业盈利能力的有关数据资料。利用利润表所提供的数据，会计信息的使用者可以将企业在不同会计期间取得的收入、发生的费用和实现的利润之间进行对比，也可以与同行业的其他企业的利润水平进行对比，进而分析和预测企业现实和未来的盈利能力，并借以进行相关的经济决策。

3. 利润表的结构和内容

（1）利润表的结构。利润表的格式主要有多步式和单步式两种，其中多步式利润表为企业所常用，这里主要探讨多步式利润表的基本结构。

多步式利润表的结构是根据"收入－费用＝利润"会计等式基本原理而

设计的，经过环环相扣的多个步骤，通过收入和费用的层层配比，最终计算出企业的净利润。这种结构的利润表虽然编制程序比较复杂，但有关收入和相关费用之间的配比关系体现得非常清晰，有利于会计信息的使用者详细了解企业经营成果的形成过程。因而这种格式的利润表为绝大多数企业所采用。多步式利润表的基本结构见表9－4。为阐述问题方便起见，对该表的项目内容做了一定简化。

表9－4　　　　　　　　　　多步式"利润表"的基本结构及内容

利润表（多步式）

会企02表

编制单位：　　　　　　　　　年　　　月　　　　　　　　　单位：元

项　　目	本期金额	上期金额
一、营业收入		
减：营业成本		
税金及附加		
销售费用		
管理费用		
财务费用		
加：投资收益（损失以"－"填列）		
二、营业利润（亏损以"－"填列）		
加：营业外收入		
减：营业外支出		
三、利润总额（亏损总额以"－"填列）		
减：所得税费用		
四、净利润（净亏损以"－"填列）		

　　（2）利润表的基本内容。多步式利润表主要反映以下三个利润指标内容：①营业利润。营业利润是根据企业一定会计期间的营业收入和营业成本等之间的关系经过计算而确认的。"营业收入"是指企业所确认的一定会计期间的主营业务收入和其他业务收入；"营业成本"是企业确认的与收入相关的各种费用，即主营业务成本和其他业务成本。主营业务、其他业务都属于企业在日常活动中发生的业务，这些业务实现的收入与发生的相关费用之间存在着密切的相互配比关系。从利润表上"营业利润"的计算步骤可以看出：营业利润是以营业收入为基数，减与之相关的营业成本，减税金及附加、营业费用、管理费用和财务费用，再加投资收益（或减投资损失）而最终计算出来的。营业利润是企业利润的主要构成部分。②利润总额。利润总额是在营业利润的

基础上加营业外收入，减营业外支出后的结果。与企业的主营业务和其他业务所实现的收入和发生的费用不同，营业外收入和营业外支出是在其非营业业务中形成的，它们之间也不存在严格的配比关系。按照我国《企业会计准则》的规定，营业外收入和营业外支出直接计入企业的利润。但由此而形成的利润额在利润总额中所占比重并不会很大。③净利润。净利润是从利润总额中减所得税费用以后得到的结果，也称税后利润（与此相对应的，利润总额称为税前利润）。所得税费用也是企业的一种费用，但这种费用是以利润总额为基础，根据企业适用的税率计算确定的，并应在利润总额中减除。

📑 小知识

单步式的利润表是在利润表上将收入与费用项目自上而下集中顺序排列：先列示出企业在当期所有的收入，之后再列示所有的费用，并分别计算出所有收入和所有收入各自的合计数，再从收入总额中减去费用总额，通过一次计算即可求得企业的净利润。这种利润表编制程序比较简单，但收入与费用之间缺乏配比上的清晰性。对这种格式的利润表本教材不做深入探讨。

📑 特别提示

在第六章中，我们已经结合制造业企业交易或事项的账务处理方法探讨了各种利润指标的计算方法，包括"营业利润"、"利润总额"和"净利润"等。"主营业务利润"和"其他业务利润"指标虽然也很重要，但并不在"利润表"上单独列示，而是包含在了"营业利润"之中。这是由于在企业多元化经营的情况下，究竟哪些业务属于企业的主营业务，哪些业务属于企业的其他业务，在实务中已经比较难以区分。为此，现行《企业会计准则》只要求企业提供"营业利润"指标。另外，从"营业利润"的构成内容来看：企业的主营业务、其他业务和对外投资业务都应属于企业的营业业务，由此而形成的利润统称为"营业利润"。

---

4. 利润表的基本编制方法

编制利润表的主要工作是填列该表中有关项目的数字。与资产负债表一样，利润表上的每个项目都需要填列起码两个相互接续的会计期间的数据，即"本期金额"和"上期金额"。

（1）利润表中各项目"上期金额"的填列方法。利润表中利润表中的"上期金额"是相对于"本期金额"的一个概念。"上期金额"一般应根据上一会计期间相同项目所填列的金额抄列。但应特别予以注意的是：对"上期"不能简单理解为"本期"的上一个期间，这里所说的"上期"应视"本期"的含义所定。例如，如果现在所编报的是某一月度的利润表，那么，"本期"即指本月，"上期"则是指上一个年度的同一月度，而不是本月的前一个月度。假定"本期"为 2016 年 3 月，那么"上期"应当是指 2015 年 3 月，而不是指 2016 年 2 月。因此，本月利润表中的"上期金额"应根据 2015 年 3 月编制的利润表中"本期金额"栏内所列金额填列；如果现在所编报的是某一年度的利润表，那么，"本期"即指本年，表中的"上期"就是指上一个年度。在这种情况下，表中的"上期金额"就应根据上个年度年末所编制的利润表的相同项目的数字填列。"上期金额"一般可采用直接抄列的方法。

（2）利润表中各项目"本期金额"的填列方法。利润表中各项目"本期金额"的填列方法主要有以下三种：

①根据当期有关账户的发生额直接填列。利润表中需要填列的"本期金额"即这些项目在本期的发生额。其填列的依据应是与该项目反映的内容相关的账户所提供的本期发生额。内容相关账户具体是指与利润表的编制有关的收入类和费用类账户，而与资产类、费用类和所有者权益类账户无关。观察会发现：利润表中的大多数项目名称与在日常核算中所采用的账户的名称是一样的，如"税金及附加"、"销售费用"、"管理费用"、"财务费用"、"投资收益"、"营业外收入"、"营业外支出"和"所得税费用"等项目就是如此，这表明了利润表项目与有关账户在反映一定经济内容上的一致性。因而，对以上这些项目都可以采用按有关账户的发生额直接填列的方法，将与这些项目相关的账户所反映的本期发生额直接抄列过来即可。相关账户的本期发生额一般是指这些账户的本期增加发生额。反映以上项目内容的相关账户可分为收入类账户和费用类账户两类，这两类账户的结构是完全不同的，收入类账户是在贷方登记增加发生额，在借方登记减少发生额；而费用类账户则是在借方登记增加发生额，在贷方登记减少发生额。如果这些账户在本期只有增加发生额，而没有减少发生额，就可以将这些账户的增加发生额直接抄列于"利润表"中相应项目的"本期金额"栏。如果账户为相反方向的余额时（如没有投资收益，只有投资损失时就是如此），在"利润表"上应以"-"号填列。利润表中"本期金额"根据当期有关账户的发生额直接填列的方法见图 9-15。

应予注意的是：当以上两类账户中的某些账户在本期既有增加发生额，又有减少发生额时，应当进行具体分析才能确定抄列数字。比如正常发生的管理

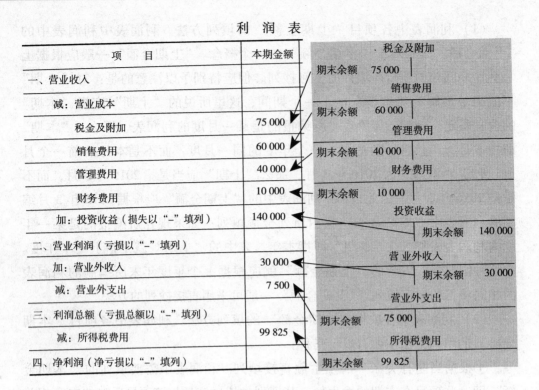

图 9 – 15 "本期金额"根据当期有关账户的发生额直接填列的方法

费用应记在"管理费用"账户的借方，但由于某些原因（如存货盘盈等）而冲减管理费用时，就应记在该账户的贷方。在这种情况下，一个账户的借贷双方在本期都会有发生额。就需要分析确定应抄列数字，根据实际增加额即账户的增加额与减少额二者之差填列"利润表"的有关项目。另外，如果企业有"资产减值损失"时，应作为减项列于利润表中的"财务费用"项下；如有"公允价值变动收益（损失以'－'填列）"应作为加项列于"投资收益"项前。

②根据当期有关账户的发生额计算填列。如"营业收入"和"营业成本"项目在现有的账户中是不能直接查到有关数据的，应根据反映该项目内容的有关账户的发生额相加，求得该项目应填列的金额之后才能填列。如"营业收入"项目填列的金额应为"主营业务收入"账户和"其他业务收入"账户两个账户的发生额之和；"营业成本"项目填列的金额应为"主营业务成本"账户和"其他业务成本"账户两个账户的发生额之和。利润表中"本期金额"根据当期有关账户的发生额计算填列的方法见图 9 – 16。

应予注意的是：根据当期有关账户的发生额计算填列利润表的"本期金额"时，如果某一账户在本会计期间其借贷双方都有发生额，有关项目就不能直接根据该账户的某一方发生额计算合计数了，应考虑在某一方的发生额中相应的扣除已经不属于该项目的内容部分。例如，当企业产品销售收入确认后，

利 润 表

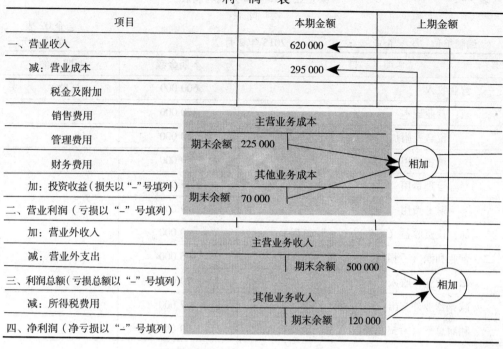

项目	本期金额	上期金额
一、营业收入	620 000	
减：营业成本	295 000	
税金及附加		
销售费用		
管理费用		
财务费用		
加：投资收益（损失以"–"号填列）		
二、营业利润（亏损以"–"号填列）		
加：营业外收入		
减：营业外支出		
三、利润总额（亏损总额以"–"号填列）		
减：所得税费用		
四、净利润（净亏损以"–"号填列）		

图 9 – 16　"本期金额"根据当期有关账户的发生额计算填列的方法

已记入了"主营业务收入"账户的贷方。但后来发生了客户退货的情况，并已从当期实现的收入中扣除，记入了"主营业务收入"账户的借方，当计算"营业收入"时，就应扣除退货部分所减少的收入，根据本期确认收入增加额减退货部分所确认的收入减少额之差填列"营业收入"的项目金额。同理，"主营业务成本"账户的数据采用，也应考虑已经扣除的退货成本等。如果"其他业务收入"和"其他业务成本"账户存在类似情况，也应按相同的方法进行处理。

③根据本表提供的有关数据计算填列。如"营业利润"、"利润总额"和"净利润"等项目数字都是按照一定的计算要求，经过将表中的有关数据相加或相减而计算出来的，所采用的就是根据本表的有关数据计算填列这种方法。计算的结果为盈利时直接填列，不必加任何标示；如果计算的结果为亏损时，在"利润表"上应以"－"号填列。

5. 利润表编制举例

【例4】某企业编制的2015年2月的利润表和2016年2月的收入和费用等情况如下：

（1）该企业编制的2015年2月的利润表见表9－5。

表 9 – 5   **某企业 2015 年 2 月的利润表**

利 润 表

编制单位：××企业   2015 年 2 月   会企 02 表 单位：元

项　目	本期金额	上期金额
一、营业收入	600 000	（略）
减：营业成本	370 000	
税金及附加	20 000	
销售费用	50 000	
管理费用	45 000	
财务费用	9 000	
加：投资收益（损失以"－"填列）	80 000	
二、营业利润（亏损以"－"填列）	196 000	
加：营业外收入	20 000	
减：营业外支出	7 000	
三、利润总额（亏损总额以"－"填列）	199 000	
减：所得税费用	65 670	
四、净利润（净亏损以"－"填列）	133 330	

（2）假定该企业 2016 年 2 月有关收入类账户和费用类账户的发生额资料如下：

主营业务收入   500 000 元（贷方）

主营业务成本   225 000 元（借方）

税金及附加   75 000 元（借方）

其他业务收入   120 000 元（贷方）

其他业务成本   70 000 元（借方）

销售费用   60 000 元（借方）

管理费用   40 000 元（借方）

财务费用   10 000 元（借方）

投资收益   140 000 元（贷方）

营业外收入   30 000 元（贷方）

营业外支出   7 500 元（借方）

所得税费用   99 825 元（借方）

（3）该企业 2016 年所适用的所得税税率为 25%。

要求：根据上述资料编制该企业 2016 年 2 月的利润表。

在上述资料中，该企业 2015 年 2 月的利润表中各项目的"本期金额"是填列 2016 年 2 月的利润表中各项目"上期金额"的依据；而该企业 2016 年 2 月有关收入类账户和费用类账户的发生额，则是填列 2016 年 2 月的利润表各项目"本期金额"的依据。可按照前面介绍的方法填入本月利润表的"本期金额"栏。

根据上述资料编制的该企业 2016 年 2 月的利润表见表 9－6。

表 9－6　　　　　　　　　　　某企业 2016 年 2 月的"利润表"

会企 02 表

编制单位：××企业　　　　　　　　2016 年 2 月　　　　　　　　单位：元

项　目	本期金额	上期金额
一、营业收入	620 000	600 000
减：营业成本	295 000	370 000
税金及附加	75 000	20 000
销售费用	60 000	50 000
管理费用	40 000	45 000
财务费用	10 000	9 000
加：投资收益（损失以"－"填列）	140 000	80 000
二、营业利润（亏损以"－"填列）	280 000	196 000
加：营业外收入	30 000	20 000
减：营业外支出	7 500	7 000
三、利润总额（亏损总额以"－"填列）	302 500	199 000
减：所得税费用	75 625	65 670
四、净利润（净亏损以"－"填列）	226 875	133 330

在表 9－6 中，各项目的"上期金额"是根据 2016 年 2 月的利润表所提供的资料所填列的；大部分项目的"本期金额"是根据账户所给的 2016 年 2 月的收入和费用资料直接填列的；而"营业收入"和"营业成本"两项则是采用计算的方法填列的。其中："营业收入"项目所填列的数字（620 000 元）是"主营业务收入"账户本期发生额（500 000 元）与"其他业务收入"账户本期发生额（120 000 元）之和，"营业成本"项目所填列的数字（295 000 元）是"主营业务成本"账户本期发生额（225 000 元）与"其他业务成本"账户本期发生额（70 000 元）之和；营业利润、利润总额和净利润是根据表中的有关数据按规定的计算方法求得的。

小思考

从表9-6可以看出，与上一年同期相比，该企业本月的净利润有所增加。如果你是财务报告的使用者，你能否分析出该企业本月利润增加的主要原因有哪些？你会怎样评价该企业的盈利能力？

6. 利润表附注的编报

利润表也是由利润表的表格及其附注两个部分组成的。前面介绍的是利润表表格部分的内容，利润表附注的有关内容及其基本填列方法如下：

（1）利润表附注的内容。利润表附注的有些内容与资产负债表是相同的，如企业的基本情况、报表的编制基础、遵循《企业会计准则》的声明等。但需要说明的重要项目的内容与资产负债表有所不同。企业在利润表附注中应当披露的内容包括投资收益的来源、坏账损失的具体项目、营业外收入的具体项目、营业外支出的具体项目，以及所得税费用的组成及其与会计利润的关系等内容。

（2）利润表附注的编报方法。利润表附注的编报方法与资产负债表附注的编报方法相同：一是用文字进行说明；二是采用文字叙述和数字描述相结合的方式，不再重述。

在本章中，我们主要探讨了企业的资产负债表和利润表这两章主要报表的内容和编制方法。严格地说，对资产负债表和利润表的探讨还仅限于个别企业这个空间范围，也仅限于其期末报表的编制。至于中期财务报表、合并财务报表，以及现金流量表和所有者（股东）权益变动表的编制等问题，还有待于同学们在专业会计课程的学习中深入探讨。

本 章 小 结

1. 财务会计报告又称财务报告，是指企业对外提供的反映，企业某一特定日期的财务状况和某一会计期间的经营成果、现金流量等会计信息的文件。财务会计报告包括会计报表及其附注和其他应当在财务会计报告中披露的相关信息和资料。会计报表至少应当包括资产负债表、利润表和现金流量表等报表。有的企业还需要编制所有者权益变动表。

2. 财务报告主要由财务报表和财务报表附注两个部分组成。财务报表也称会计报表，是财务会计报告的主要构成部分，是形成财务会计报告信息的主要载体，每一种报表都能够从不同方面提供对信息使用者的决策相关的会计信息；财务报表附注是指每一份报表所附的，对在报表中列示项目所作的进一步说明等。

3. 财务报告的作用因使用者的不同而有所不同。①有助于投资者和债权人等做出投资和贷款等经济决策；②有助于企业管理层进行加强企业经营管理的决策；③有助于政府有关管理部门进行宏观经济调控的决策。

4. 企业的财务报告具体包括月度、季度、半年度和年度财务会计报告四种。按照财务报告编报的时间划分，可将其分为中期财务报告和年度财务报告两类。企业编报财务报告所涵盖的期间与企业会计期间的划分方法有着直接关系。

5. 企业在编报财务报告过程中应遵守如下基本要求，即信息真实、计算准确、内容完整、报送及时。

6. 对企业的财务报表可按如下两种方法分类：①按财务报表编报时间不同，可分为中期财务报表和年度财务报表；②按财务报表编报主体不同，可分为个别财务报表和合并财务报表两类。

7. 财务报表列报的基本要求包括：①遵循各项会计准则进行确认和计量；②应以企业的持续经营作为列报基础；③应遵循重要性要求进行财务报表项目的列报；④应遵循列报的一致性并列报比较信息；⑤应遵循财务报表项目金额间不得相互抵消列报要求；⑥应遵循财务报表表首的列报要求；⑦应遵循报告期间规定的要求。

8. 资产负债表是反映企业在某一特定日期的财务状况的会计报表。对资产负债表定义的理解应特别注意以下两点：①资产负债表反映的主要内容。②资产负债表特指的时间概念。

9. 资产负债表的作用主要体现在以下四个方面：①可以提供企业资产总额及其分布信息；②可以提供企业负债总额及其结构信息；③可以提供企业所有者权益总额及其结构信息；④可以提供进行财务分析的有关数据资料。

10. 资产负债表的格式主要有账户式和报告式两种。其中账户式资产负债表为企业所常用。资产负债表主要反映财务状况中以下三个方面的内容：①资产的结构状况。②负债的结构状况。③所有者权益的结构状况。

11. 资产负债表中各项目"年初余额"栏的数字一般应根据上年末资产负债表中的"期末余额"栏所列数字填列。各项目"期末余额"的填列方法主要有以下六种：①根据有关总账账户期末借方余额直接填列；②根据有关总账账户期末贷方余额直接填列；③根据有关总账账户及其所属明细账户期末余额分析计算填列；④根据若干有关总账账户期末余额计算填列；⑤根据有关明细账户的期末余额计算填列；⑥"合计"数和"总计"数等应根据本表所提供的数据计算填列。资产负债表附注的编报方法主要有两种：一是用文字进行说明；二是采用文字叙述和数字描述相结合的方式。

12. 利润表是反映企业在一定会计期间的经营成果的会计报表。对利润表定义的理解应特别注意两点：①利润表反映的主要内容；②利润表特指的时间概念。

13. 利润表的作用主要有：①可以提供企业一定会计期间的收入和费用信息；②可以提供企业一定会计期间的经营成果信息；③可以提供分析企业盈利能力的有关数据资料。

14. 利润表的格式主要有多步式和单步式两种，其中多步式利润表为企业所常用。其结构是根据配比原则要求而设计的，经过环环相扣的多个步骤，通过收入和费用的层层配比，最终计算出企业的净利润。主要反映企业的营业利润、利润总额和净利润等指标。

15. 利润表中各项目的"上期金额"一般应根据上一会计期间相同项目所填列的金额抄列。各项目"本期金额"的填列方法主要有三种：①根据当期有关账户的发生额直接填列；②根据有关账户的发生额计算填列；③根据本表提供的有关数据计算填列。

思 考 题

1. 什么叫财务会计报告？包括哪些基本组成内容？

2. 什么叫财务报表？企业的财务报表主要有哪些？

3. 财务报告的作用有哪些？

4. 财务报告按照编报时间分为哪几种？其编报期间怎么确定？

5. 对财务报告的编制有哪些基本要求？

6. 财务报表可按哪两种方法分类？各种分类方法新的基本组成内容是怎样的？

7. 财务报表的列报应遵循哪些基本要求？

8. 什么叫资产负债？资产负债表的主要作用是什么？

9. 资产负债表的结构和内容是怎样的？

10. 填列资产负债表中各项目的"年初余额"和"期末余额"的方法有哪些？

11. 资产负债表附注的编报方法主要有哪些？

12. 什么叫利润表？利润表的主要作用是什么？

13. 利润表的结构和内容是怎样的？

14. 怎样填列利润表中各项目的"上期金额"？

15. 怎样填列利润表中各项目的"本期金额"？

第十章　会计核算组织程序

学习目标

　　会计凭证、会计账簿和会计报表是在会计核算中采用的主要方法。本章主要探讨在手工记账模式下会计凭证、会计账簿和会计报表与记账程序相互结合使用的方式问题。通过本章学习，应了解会计核算组织程序的意义、设计原则和种类，以及在不同会计核算组织程序下需要采用的会计凭证与会计账簿的种类。重点掌握在记账凭证核算组织程序、科目汇总表核算组织程序和汇总记账凭证核算组织程序下的账务处理步骤。熟悉汇总记账凭证和科目汇总表的编制方法。了解不同会计核算组织程序的特点、优缺点及适用范围。

关键名词

　　会计核算组织程序　会计循环　记账程序　记账凭证核算组织程序　汇总记账凭证核算组织程序　汇总收款凭证　汇总付款凭证　汇总转账凭证　科目汇总表核算组织程序　科目汇总表

10.1　会计核算组织程序概述

10.1.1　会计核算组织程序的含义与意义

1. 会计核算组织程序的含义

　　会计核算组织程序也称账务处理程序，或简称会计核算形式，它是指在会计循环过程中，会计主体所采用的会计凭证、会计账簿、会计报表的种类和格式与记账程序有机结合应用的方法和步骤。

　　理解会计核算组织程序的基本概念应重点把握以下两个方面：

　　(1) 会计循环。会计循环是指一个会计主体在一定的会计期间内，从交易或事项发生后取得或填制会计凭证起，到登记账簿，编制会计报表止的一系列处理程序。它是按照划分的会计期间，周而复始进行的会计核算工作的内容。会计循环的过程见图 10 – 1。

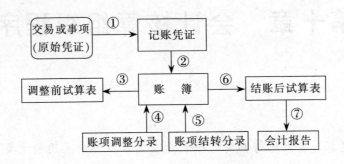

图 10 – 1　会计循环过程示意

　　会计循环的内容可概括为：①交易或事项发生以后，根据原始凭证填制记账凭证，按照复式记账法为交易或事项编制记账凭证（即会计分录）；②根据编制的记账凭证登记有关账户，包括各种日记账、明细分类账和总分类账；③会计期末时，根据分类账户的记录，编制结账（调整）前的试算表，借以检验结账前账户记录的准确性；④按照权责发生制会计处理基础的要求，编制账项调整分录并予以记账；⑤编制结转分录并登记入账，结清损益类账户和利润账户的发生额；⑥根据全部账户数据资料，编制结账后试算表，借以检验结账后账户记录的准确性；⑦根据检验无误的账户数据资料，编制会计报表（主要是编制资产负债表和利润表）等。

　　以上七个环节全面系统地反映了一个会计主体在一定会计期间内财务会计工作的全部内容，构成了一个完整的会计循环过程。其中①②两个环节属于会计主体在某一会计期间内日常进行的会计核算工作内容；③④⑤⑥⑦五个环节属于会计主体在会计期末的会计核算工作内容。

　　从会计循环的过程中可以清楚地看到，任何会计主体要处理所发生的交易或事项，都需要采用适合的会计核算方法，而会计凭证的取得与填制、会计账簿的登记与检验和财务报告（主要是会计报表）的编制与报送，就是会计主体在交易或事项的整个处理过程中常用的三种基本方法。在持续经营的企业，会计循环正是围绕着这三个方面在相互连接的每一个会计期间周而复始地接续进行的，这个过程被称之为会计循环。

　　（2）记账程序。记账程序是指企业在会计循环过程中，采用不同种类和格式的会计凭证、会计账簿和会计报表对发生的交易或事项进行记录和反映的具体做法。

　　会计凭证、会计账簿和会计报表是会计用以记录、储存和汇总会计信息的重要载体。在实务中所使用的会计凭证、会计账簿和会计报表种类繁多，格式也各不相同。一个特定的会计主体应根据其所设计的交易或事项的处理程序和方法，选择一定种类和格式的会计凭证、会计账簿和会计报表。这就决定了在不同的会计主体所采用的会计凭证、会计账簿和会计报表的种类及格式也会有所不同。特别是对会计凭证中的记账凭证的选用，对会计账簿中的各种分类账簿的选用，更是直接影响到交易或事项处理过程的差别。也就是说，即使是对于同样内容的交易或事项进行账务处理，由于所采用的会计凭证、会计账簿等的种类与格式不同，在采用不同记账程序的会计主体也有着截然不同的方法，因而会形成在做法上各不相同的记账程序，进而形成各不相同的会计核算组织程序。

对会计核算组织程序基本含义可结合图 10 – 2 加深理解。

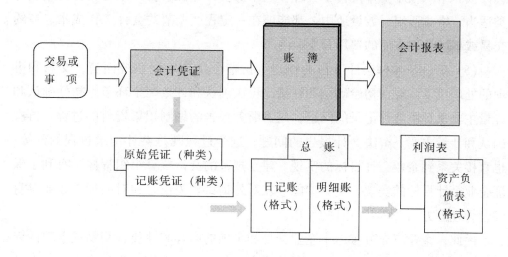

图 10 – 2　对会计核算组织程序基本含义的理解

2. 会计核算组织程序的意义

（1）有利于规范企业的会计工作。企业会计机构和会计人员的设置，以及岗位责任制的建立，决定了交易或事项的处理需要会计机构的各个部门和会计人员之间的密切配合，只有建立起规范的会计核算组织程序，才能使会计机构和会计人员在对交易或事项进行处理的过程中做到有序可循，有据可依，规范操作，有条不紊地按照不同的职责分工，及时做好交易和事项各个环节上的会计处理工作。

（2）有利于保证会计信息的质量。在进行交易或事项的会计处理过程中，保证会计信息质量是最基本的要求。而要达到这一要求，建立科学合理的会计核算组织程序是一种重要的制度保证。这种制度保证能够使会计信息的处理置于严密的组织控制之中，有利于提升会计信息处理的质量，并及时提供可靠、相关的会计信息。

（3）有利于提高会计工作的效率。按照既定的会计核算组织程序进行交易和事项的及时处理，各个处理环节分工明确、责任清楚、约束力强，将会大大提高会计处理工作效率。会计工作效率的高低，关系到会计信息提供上的及时性，提高了会计处理各个环节的工作效率，相应的也为会计信息的及时报告提供了有利保证。

（4）有利于节约会计工作的成本。组织交易和事项的会计处理过程也是对人力、物力和财力的消耗过程，这就要求会计工作本身也要讲求经济效益。会计核算组织程序安排得科学合理，选用的会计凭证、会计账簿和会计报表种类适当、格式适用、数量适中，都能够在一定程度上节约会计工作成本、节约交易或事项处理方面的费用开支。

（5）有利于发挥会计工作的作用。就整个会计处理系统而言，交易和事项的处理主要体现在初始确认和计量与再次确认和计量两个环节。初始确认和计量主要是解决会计记录的问题，是为财务报告的编制积累资料的过程。再次确认和计量主要是解决会计报告的问题，这个过程既是会计记录过程的延续，也直接关系到企业会计目标的实现。建立规范的会计核算组织程序，有利于保证企业会计目标的实现，使会计能够在对外提供相关信息和对内加强企业自身经营管理等方面发挥其应有的作用。

因此，企业应充分考虑本企业交易和事项的内容和性质，交易或事项的繁简，会计机构设置和会计人员素质等因素，以及对外提供会计信息，实现会计目标等方面的需要，建立科学合理而适用的会计核算组织程序。

10.1.2　会计核算组织程序的设计原则与种类

1. 设计会计核算组织程序的原则

（1）应结合实际，满足需要。应从实际出发，充分考虑本企业生产经营活动的具体内容、交易或事项的性质、规模的大小、经营管理的要求，以及会计机构和会计人员的设置等因素，使会计核算组织程序能够满足本企业进行会计核算工作的需要。

（2）应以提高会计信息质量和效率为根本出发点。应选择科学合理的会计核算组织程序，借以保证会计信息质量和效率的提高，保证准确、及时地提供系统而完整的与财务报告使用者的经济决策密切相关的会计信息。

（3）应力求简化，降低成本。在保证会计信息质量，提高会计处理工作效率的前提下，应力求简化会计核算组织程序，借以节省会计核算时间，降低会计核算成本。

2. 会计核算组织程序的种类及其主要区别

（1）会计核算组织程序的种类。在实务中常用的会计核算组织程序主要有以下几种：记账凭证核算组织程序，科目汇总表核算组织程序，汇总记账凭证核算组织程序和日记总账核算组织程序。

（2）各种会计核算组织程序的主要区别。从凭证的取得和填制、账簿的登记和会计报表编制三个环节看，各种会计处理组织程序的主要区别有：①使用的记账凭证不同。记账凭证包括专用记账凭证、通用记账凭证、汇总记账凭证和科目汇总表等。这些记账凭证的种类在某一特定企业中不可能全部采用，只能根据本企业所建立的会计处理组织程序有选择地使用。②账簿的组织系统不同。账簿的组织系统包括用以记录交易和事项的序时账簿和分类账簿。在借贷记账法下设置的以上账簿中，序时账簿、总分类账簿和一部分明细账簿的格式均为借、贷、余三栏式，而部分明细账簿的格式还有数量金额式和多栏式等。企业可根据记录交易和事项核算的需要选择使用。③登记总分类账簿的方法不同。企业设置的分类账簿可以采用逐笔登记，也可采用汇总登记的方法。总分类账户登记方法不同是各种会计核算组织程序的显著区别，也是区分各种会计核算组织程序的主要标志。

10.2 记账凭证核算组织程序

10.2.1 记账凭证核算组织程序的含义及其会计凭证与账簿

1. 记账凭证核算组织程序的基本含义

记账凭证核算组织程序是根据交易或事项发生以后填制的各种记账凭证直接登记总分类账，并定期编制会计报表的一种核算组织程序。记账凭证核算组织程序是会计核算中最基本的一种核算组织程序，其他核算组织程序都是在此基础上演变发展而成的。

2. 记账凭证核算组织程序使用下的会计凭证与会计账簿

在记账凭证核算组织程序下，采用的会计凭证与会计账簿种类很多，其格式也各异，见图10-3。

> 📋 **特别提示**
>
> 　　会计凭证和会计账簿的有关知识内容已经在第四章和第五章中进行了全面学习，应与会计核算组织程序的内容结合起来进行学习。特别是下面要介绍的有关汇总记账凭证和科目汇总表的编制内容，是接续第四章内容的，应注意这两章在内容上的连贯性。
>
> 　　在各种会计核算组织程序下所使用的会计报表种类与格式等内容，已经在第九章中进行了学习，这些报表即一般企业编制的会计报表的格式。由于会计准则等已经对一般企业的会计报表的种类和格式的设计有统一的规范要求，因此不论在什么样的会计核算组织程序下，一般企业的会计报表的种类与格式都没有大的差别。基于这一点，在下面学习会计核算组织程序内容的过程中，对会计报表的种类与格式等问题不再做深入探讨。

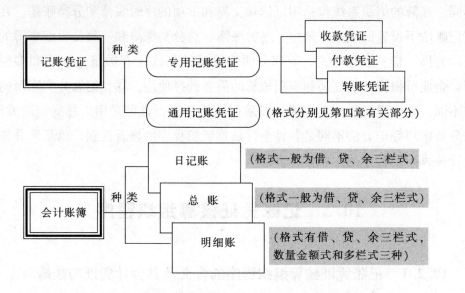

图 10－3　记账凭证核算组织程序使用的会计凭证与会计账簿

10.2.2　记账凭证核算组织程序的基本程序

　　在记账凭证核算组织程序下，对交易或事项进行处理的程序大体要经过以下六个步骤：

　　（1）交易或事项发生以后，根据有关的原始凭证或原始凭证汇总表填制各种专用记账凭证（收款凭证、付款凭证和转账凭证）。

　　（2）根据收款凭证和付款凭证逐笔登记库存现金日记账和银行存款日记账。

（3）根据记账凭证并参考原始凭证或原始凭证汇总表，逐笔登记各种明细分类账。

（4）根据各种记账凭证逐笔登记总分类账。

（5）月末，将日记账、明细分类账的余额与总分类账中相应账户的余额进行核对。

（6）月末，根据总分类账和明细分类账的资料编制会计报表。

记账凭证核算组织程序的账务处理基本程序见图 10 - 4。

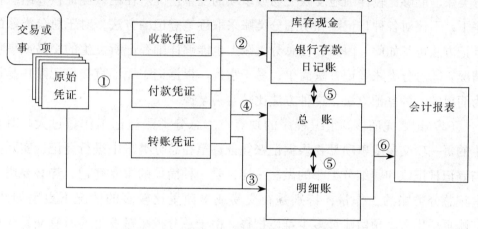

图 10 - 4　记账凭证核算组织程序的基本程序

10.2.3　记账凭证核算组织程序的特点、优缺点及适用范围

1. 记账凭证核算组织程序的特点

记账凭证核算组织程序的特点是：直接根据各种记账凭证逐笔登记总分类账。即在这种核算组织程序下，总分类账与日记账、明细分类账的登记方法相同，都是根据交易或事项发生以后所填制的记账凭证在账簿中逐笔进行记录。在前面有关章节中，对于交易或事项的总分类账户的登记基本是都是采用了这种直接登记的方法。

> **特别提示**
>
> 　各种会计核算组织程序在账务处理上虽然做法各不相同，但也存在共同之处。比如，不论是在记账凭证核算组织程序下，还是在其他核算组织程序下，登记日记账和明细分类账的方法是相同的，即都采用逐笔登记的方法。各种会计核算组织程序的区别主要体现在登记总分类账的做法上。直接根据各种记账凭证逐笔登记总分类账，是记账凭证核算组织程序的独特做法，因而是记账凭证核算组织程序的一个鲜明特点。

2. 记账凭证核算组织程序的优缺点及适用范围

（1）记账凭证核算组织程序的优点。①在记账凭证上能够清晰地反映账户之间的对应关系。在记账凭证核算组织程序下，所采用的是专用记账凭证（或通用记账凭证），当一项交易或事项发生以后，利用一份某一种专用记账凭证就可以编制出该项交易或事项的完整会计分录，涉及几个会计科目就填写几个会计科目。因而，在记账凭证上，账户之间的对应关系一目了然。②在总分类账上能够比较详细地反映交易或事项的发生情况。在记账凭证核算组织程序下，不仅对各种日记账和明细分类账采取逐笔登记的方法，对于总分类账的登记方法也是如此。因而，在总分类账上也能够详细登记所发生的交易或事项情况。③总分类账登记方法简单，易于掌握。根据记账凭证直接登记账户是最为简单的一种登记方法，这种方法比较容易掌握。

（2）记账凭证核算组织程序的缺点。①总分类账登记工作量过大。对发生的每一项交易或事项都要根据记账凭证逐笔在总分类账中进行登记，实际上与登记日记账和明细分类账的做法一样，是一种简单的重复登记，势必要增大登记总分类账的工作量，特别是在交易或事项量比较多的情况下更是如此。②账页耗用多，预留账页多少难以把握。由于总分类账对发生的所有交易或事项要重复登记一遍，势必会耗用更多的账页，造成一定的账页浪费。另外，总分类账簿为订本式账簿，并且在新年度开始时都要更换。当需要在一个账簿上设置多个账户时，由于登记交易或事项数量的多少难以预先确定，应当为每一个账户预留多少账页很难把握，预留过多会造成账页浪费，预留过少又不能满足记录交易或事项的需求，影响账户登记上的连续性。

（3）记账凭证核算组织程序的适用范围。记账凭证核算组织程序一般只适用于规模较小、交易或事项量比较少、记账凭证不多的会计主体。

10.3　汇总记账凭证核算组织程序

10.3.1　汇总记账凭证核算组织程序的含义及其会计凭证与账簿

1. 汇总记账凭证核算组织程序的基本含义

汇总记账凭证核算组织程序是指根据各种记账凭证先定期汇总编制汇总记账凭证，然后根据汇总记账凭证登记总分类账，并定期编制会计报表的一种核算组织程序。汇总记账凭证核算组织程序是记账凭证核算组织程序的演变和发展。

2. 汇总记账凭证核算组织程序下的会计凭证与会计账簿

在汇总记账凭证核算组织程序下，采用的会计凭证与会计账簿种类也很多，除采用专用记账凭证以外，还需要采用汇总记账凭证这种会计凭证，使用的会计账簿与其他核算组织程序基本相同，见图10－5。

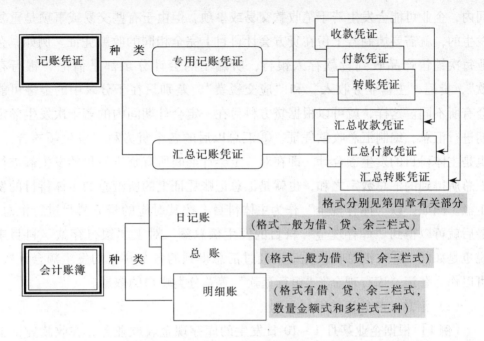

图10－5　汇总记账凭证核算组织程序下采用的会计凭证与会计账簿

10.3.2　汇总记账凭证的编制方法

汇总记账凭证是在填制的各种专用记账凭证的基础上，按照一定的方法进行汇总而成的。汇总记账凭证的种类不同，汇总编制的方法也各不相同。

1. 汇总收款凭证的编制方法

（1）编制汇总收款凭证的基本方法。基本方法是：按收款凭证上会计分录中的借方科目（也称主体科目）设置汇总收款凭证，按借方科目对应的贷方科目定期（如每5天或10天等）汇总，每月编制一张。汇总时计算出每一个贷方科目的发生额合计数，填入汇总收款凭证的"合计"栏。

对编制汇总收款凭证的基本方法应特别注意把握四点：①汇总收款凭证是根据专用记账凭证中的收款凭证汇总编制而成的。在编制汇总收款凭证时，首先应确定是以记账凭证上的哪一个会计科目为主进行汇总。由于收款凭证上反映的是收款业务，因而必须围绕反映货币资金收入的会计科目（即"库存现金"或"银行存款"等）进行汇总。在借贷记账法下，这些科目的增加应在借方登记。因而，编制汇总收款凭证时要求按"借方科目设置"，实际上是要求按"库存现金"或"银行存款"科目设置汇总记账凭证上的主体科目，以其为主进行汇总。②汇总收款凭证是按照收款凭证上借方科目的对应科目进行汇总的，即"按它们相应的贷方科目汇总"。"贷方科目"是指收款凭证上会计分录中的"库存现金"或"银行存款"的对应科目。尽管在一定的会计期间内，企业可能会发生若干笔收款交易或事项，但由于有些交易或事项是重复发生的，就需要填制若干份在贷方会计科目上完全相同的收款凭证。例如，企业每次销售产品收到货款存入银行，所编制的会计分录都是借记"银行存款"，贷记"主营业务收入"和"应交税费"，差别只在于分录中的金额可能会有所不同。这样，就可以根据贷方科目在一定会计期间内的若干次发生额定期进行汇总，编制汇总收款凭证。③汇总以后的各个贷方科目发生额的合计，也是主体科目的发生额合计。即在对一定会计期间所有贷方科目的发生额进行汇总所得到的汇总数字之和，也就是汇总记账凭证上的所汇总的主体科目的发生额。例如，以"库存现金"作为主体科目，按其对应的贷方科目进行汇总，最后就可以得到"库存现金"科目的发生额总额。对于"银行存款"科目来说也是如此。④在汇总收款凭证上经过汇总得到的各个科目的发生额合计数，可以作为登记"库存现金""银行存款"等总分类账户的依据。

（2）汇总收款凭证的编制举例。

【例1】根据企业某月1～10日发生的库存现金收款业务，在收款凭证上编制的分录见图10-6。

图10-6　根据收款业务编制的收款凭证

在以上库存现金收款业务的记账凭证中，会计分录的借方科目均为"库存现金"；对应的贷方科目有三个。其中：涉及"其他应收款"科目的凭证有2份，涉及"其他业务收入"科目的凭证有3份，涉及"应收账款"科目的凭证有1份。

按借方科目设置汇总收款凭证，按贷方科目进行汇总，可以计算出该企业1～10日"库存现金"科目的对应科目的发生额为：

"其他应收款"：150 + 30 = 180（元）

"其他业务收入"：2 000 + 300 + 400 = 2 700（元）

"应收账款"：200 元

根据以上汇总结果编制的汇总收款凭证见图 10 - 7（"1 ～ 10 日凭证"栏）。

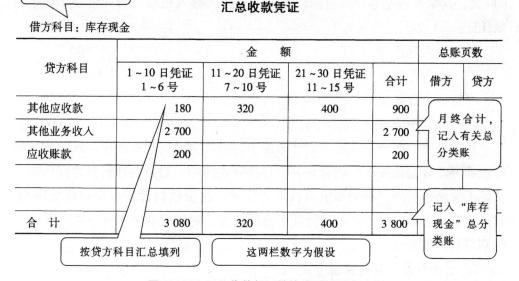

汇总收款凭证

借方科目：库存现金

贷方科目	金 额				总账页数	
	1～10 日凭证 1～6 号	11～20 日凭证 7～10 号	21～30 日凭证 11～15 号	合计	借方	贷方
其他应收款	180	320	400	900		
其他业务收入	2 700			2 700		
应收账款	200			200		
合 计	3 080	320	400	3 800		

按借方科目设置

月终合计，记入有关总分类账

记入"库存现金"总分类账

按贷方科目汇总填列　　这两栏数字为假设

图 10 - 7　汇总收款凭证的格式及编制方法

（3）编制汇总收款凭证应注意的事项。为便于编制汇总收款凭证，在日常编制收款凭证时，会计分录的形式最好是一借一贷、一借多贷，不宜多借一贷或多借多贷。这是由于汇总收款凭证是按借方科目设置的，多借一贷或多借多贷的会计分录都会给编制汇总收款凭证带来一定的不便，并存在以下两个具体问题：

①如果在收款凭证上编制多借一贷分录，在编制汇总收款凭证时，收款凭证会被反复使用，容易出错。

【例 2】企业收回应收账款 3 000 元，其中现金 1 000 元；另外 2 000 元是客户开出的转账支票，并已存入银行。假如编制了如下收款凭证：

借：库存现金　　　　　　　　　　　　　　　　　　　　　1 000
　　银行存款　　　　　　　　　　　　　　　　　　　　　2 000
　　贷：应收账款　　　　　　　　　　　　　　　　　　　　　　3 000

这样，在以"库存现金"为主体科目编制汇总收款凭证时要用到这份收款凭证，在以"银行存款"为主体科目编制汇总收款凭证时，也要用到这份收款凭证，即同一份记账凭证在汇总过程中会被重复使用，一旦遗漏，就可能会出现凭证汇总上的错误。因而，从方便汇总收款凭证汇总的角度，对以上业务最好按简单分录分别编制两张收款凭证。

②如果在收款凭证上编制多借多贷分录，账户之间的对应关系不能够清晰可辨，另外也同样存在编制多借一贷分录的收款凭证被反复使用，容易出错的问题。

【例3】企业收回应收账款2 800元，其他应收款2 000元。其中，现金800元，其余部分是客户开出的转账支票，并已存入银行。假如编制了如下收款凭证：

借：库存现金   800

　　银行存款   4 000

　　贷：应收账款   2 800

　　　　其他应收款   2 000

从以上所编制收款凭证的会计分录中，很难清晰地辨别出应收账款和其他应收款究竟分别是按多少现金和银行存款额收回的，造成会计科目之间的对应关系不清晰；另外，在编制汇总收款凭证时，这份收款凭证也会被反复使用，容易出错。因而，从方便收款凭证汇总的角度，对以上业务最好也按简单分录分别编制收款凭证。

2. 汇总付款凭证的编制方法

（1）编制汇总付款凭证的基本方法。基本方法是：按付款凭证上会计分录中的贷方科目（"库存现金"或"银行存款"等）设置汇总付款凭证，按它们相应的借方科目定期（如每5天或10天等）汇总，每月编制一张。汇总时计算出每一个借方科目发生额合计数，填入汇总付款凭证的相应栏次。

（2）汇总付款凭证的编制举例。

【例4】根据企业某月1～10日发生的银行存款付款业务，在付款凭证上编制的会计分录见图10-8：

银付1—借：应付账款	1 500		银付2—借：应交税费	4 000
贷：银行存款	1 500		贷：银行存款	4 000
银付3—借：固定资产	50 000		银付4—借：库存现金	3 000
贷：银行存款	50 000		贷：银行存款	3 000
银付5—借：应付账款	10 000		银付6—借：固定资产	3 200
贷：银行存款	10 000		贷：银行存款	3 200

图10-8　根据付款业务编制的付款凭证

在以上银行存款付款业务的记账凭证中，会计分录的贷方科目均为"银行存款"；对应的借方科目有四个。其中涉及"应付账款"科目的凭证有 2 份，涉及"应交税费"科目的凭证有 1 份，涉及"固定资产"科目的凭证有 2 份，涉及"库存现金"科目的凭证有 1 份。

按贷方科目设置汇总付款凭证，按借方科目进行汇总，可以计算出该企业 1～10 日对应于"银行存款"科目的其他会计科目的发生额为：

"应付账款"：1 500 + 10 000 = 11 500（元）

"应交税费"：4 000 元

"固定资产"：50 000 + 3 200 = 53 200（元）

"库存现金"：3 000 元

根据以上汇总结果编制的汇总付款凭证见图 10 - 9。

按贷方科目设置

汇总付款凭证

贷方科目：银行存款

借方科目	金　额				总账页数	
	1～10 日凭证 1～6 号	11～20 日凭证 7～9 号	21～30 日凭证 10～14 号	合计	借方	贷方
应付账款	11 500	2 500	6 000	20 000		
应交税费	4 000			4 000		
固定资产	53 200			53 200		
库存现金	3 000			3 000		
合　计	71 700	2 500	6 000	80 200		

月终合计，记入有关总分类账

记入"银行存款"总分类账

按借方科目汇总填列　　这两栏数字为假设

图 10 - 9　汇总付款凭证的格式及编制方法

（3）编制汇总付款凭证应注意的事项。为便于编制汇总付款凭证，在日常编制付款凭证时，会计分录的形式最好是一借一贷、多借一贷，不宜一借多贷或多借多贷。这是由于汇总付款凭证是按贷方科目设置的，一借多贷或多借多贷的会计分录都会给编制汇总付款凭证带来一定的不便，或者会造成付款凭证在汇总过程中由于被多次重复使用而产生汇总错误，或者会造成会计账户之间的对应关系变得模糊难辨等。

对于将现金存入银行，或从银行提取现金的业务，由于统一要求填制银行付款凭证或现金付款凭证，在对收款凭证和付款凭证进行汇总时，应只按付款记账凭证上的科目发生额汇总，以避免重复汇总，重复记账。例如，企业从银行提取现金 1 000 元。应填制银行存款付款凭证，会计分录为：借记"库存现金" 1 000 元，贷记"银行存款" 1 000 元。编制汇总记账凭证时，在按"银行存款"科目的贷方设置的汇总记账凭证上就已包含了对"库存现金"科目的汇总。如果在按"库存现金"科目的借方设置的汇总记账凭证上再予汇总的话，会造成重复汇总，导致重复记账。同理，企业将现金存入银行，应填制现金付款凭证，对于两个账户的发生额只需在按"库存现金"科目的贷方设置的汇总记账凭证上汇总即可，在按"银行存款"科目的借方设置的汇总记账凭证上则不必再予汇总了。

3. 汇总转账凭证的编制方法

（1）编制汇总转账凭证的基本方法。方法是：按转账凭证上会计分录中的贷方科目（如"原材料""固定资产"等）设置汇总转账凭证，按它们相应的借方科目定期（如每 5 天或 10 天等）汇总，每月编制一张。计算出每一个借方科目发生额合计数，填入汇总转账凭证的相应栏次。

汇总转账凭证与汇总付款凭证都是按记账凭证上的贷方科目设置，按借方科目进行汇总的。那么，在编制汇总转账凭证按记账凭证上的贷方科目设置汇总转账凭证时，这里的贷方科目是所有贷方科目吗？不是。因为根据转账业务编制的转账凭证的分录中是不会出现"贷：库存现金"或"贷：银行存款"情况的。因而，编制转账凭证"按记账凭证上的贷方科目设置"中的贷方科目，应当是除"库存现金"和"银行存款"科目以外的在汇总期内有发生额的其他科目。

（2）汇总转账凭证的编制举例。

【例 5】根据企业某月 1～10 日发生的转账业务，在转账凭证上编制的会计分录见图 10－10：

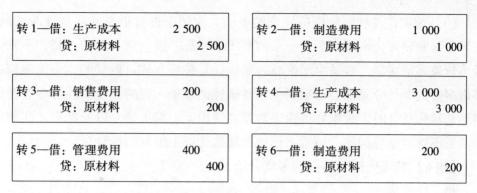

图 10 – 10 根据转账业务编制的转账凭证

在以上转账业务的记账凭证中，会计分录的贷方科目均为"原材料"，对应的借方科目有 4 个。其中涉及"生产成本"科目和"制造费用"科目的分别凭证有 2 份，涉及"销售费用"科目和"管理费用"科目的各有 1 份凭证。

按贷方科目设置汇总转账凭证，按借方科目进行汇总，可以计算出该企业 1 ~ 10 日对应于"原材料"科目的其他会计科目的发生额为：

"生产成本"：2 500 + 3 000 = 5 500（元）

"制造费用"：1 000 + 200 = 1 200（元）

"营业费用"：200 元

"管理费用"：400 元

根据以上汇总结果编制汇总转账凭证见图 10 – 11。

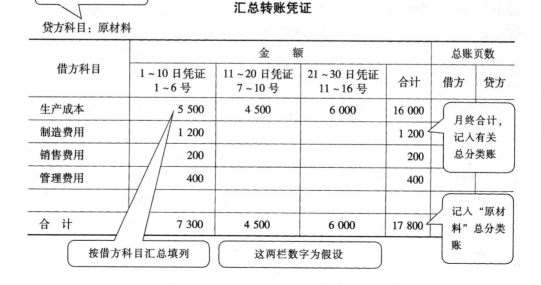

图 10 – 11 汇总转账凭证的格式及编制方法

（3）编制汇总转账凭证应注意的事项。为便于进行汇总转账凭证的编制，在日常编制转账凭证时，会计分录的形式最好是一借一贷、多借一贷，不宜一借多贷或多借多贷。这是由于汇总转账凭证是按贷方科目设置的，一借多贷或多借多贷的会计分录都会给编制汇总转账凭证带来一定的不便。同样会存在编制汇总转账凭证时，转账凭证由于被反复使用而容易出错，以及账户之间的对应关系不够清晰等问题。请看下面两份转账凭证上编制的会计分录：

【例6】转账凭证上的一借多贷分录：

借：生产成本   10 000

  贷：原材料   2 000

    制造费用   8 000

【例7】转账凭证上的多借多贷分录：

借：制造费用   1 000

  生产成本   4 000

  贷：原材料   4 800

    银行存款   200

在以上两份转账凭证上编制的分录中，例6分录中的科目对应关系清晰，但在编制汇总转账凭证时，该转账凭证会被反复使用，容易产生汇总错误；例7分录中的科目对应关系则很不清晰，在编制汇总转账凭证时，该转账凭证也会被反复使用，并容易产生汇总错误。

4. 汇总记账凭证的主要作用及其编号

（1）汇总记账凭证的主要作用。编制汇总记账凭证的主要作用是可以为总分类账（不是明细分类账，更不是日记账）的登记提供依据。根据汇总记账凭证上的汇总数字登记相关的总分类账时，只需要将有关汇总记账凭证中各科目的本期借、贷方发生额合计数，分次或月末一次记入相应总分类账的借方或贷方即可。这样就可以大大地减轻总分类账户的登记工作量，也可以避免记账凭证核算组织程序下存在的对同一笔业务在总账及其所属的明细账中都逐笔登记而造成的重复劳动。

（2）汇总记账凭证的编号。对专用记账凭证的编号方法，在第四章相关部分的内容中已经进行了介绍。但在会计核算中使用汇总记账凭证时，凭证的编号方法有一定变化。应在汇总记账凭证前加"汇"字。如"汇现收字第×号""汇现付字第×号""汇银收字第×号""汇银付字第×号""汇转字第×号"等。

特别提示

　　虽然各种汇总记账凭证的编制方法不同，但每一种汇总记账凭证都分别是依据同类专用记账凭证汇总编制而成的。专用记账凭证有收款凭证、付款凭证和转账凭证三种，经汇总以后形成的汇总记账凭证相应的也有汇总收款凭证、汇总付款凭证和汇总转账凭证三种。在下面还会讲到另外一种经过汇总以后形成的记账凭证，即"科目汇总表"，应注意二者在汇总上所采用的不同方法，以及汇总以后所呈现的不同形式。

10.3.3 汇总记账凭证核算组织程序的基本程序

　　在汇总记账凭证核算组织程序下，对交易或事项进行账务处理的程序大体要经过以下七个步骤：

　　（1）在交易或事项发生以后，根据有关的原始凭证或原始凭证汇总表填制各种专用记账凭证（收款凭证、付款凭证和转账凭证）。

　　（2）根据收款凭证和付款凭证逐笔登记库存现金日记账和银行存款日记账。

　　（3）根据记账凭证并参考原始凭证或原始凭证汇总表，逐笔登记各种明细分类账。

　　（4）根据各种记账凭证分别编制汇总收款凭证、汇总付款凭证和汇总转账凭证。

　　（5）根据各种汇总记账凭证汇总登记总分类账。

　　（6）月末，将日记账、明细分类账的余额与总分类账中相应账户的余额进行核对。

　　（7）月末，根据总分类账和明细分类账的资料编制会计报表。

　　汇总记账凭证核算组织程序的账务处理基本程序见图 10－12。

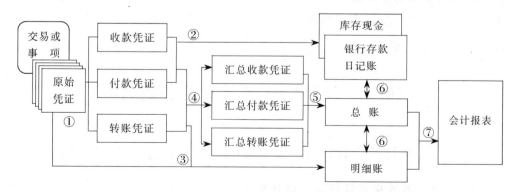

图 10－12　汇总记账凭证核算组织程序的账务处理基本程序

10.3.4 汇总记账凭证核算组织程序的特点及适用范围

1. 汇总记账凭证核算组织程序的特点

汇总记账凭证核算组织程序的特点是：定期将全部记账凭证进行汇总，分别编制汇总收款凭证、汇总付款凭证和汇总转账凭证，根据各种汇总记账凭证上的汇总数字登记总分类账。这种登记总分类账的做法显然不同于账凭证核算组织程序。但在这种核算组织程序下，日记账与明细分类账的登记方法与账凭证核算组织程序是完全相同的。

2. 汇总记账凭证核算组织程序的优缺点及适用范围

（1）汇总记账凭证核算组织程序的优点。①在汇总记账凭证上能够清晰地反映科目之间的对应关系。在汇总记账凭证核算组织程序下，采用的是专用记账凭证和汇总记账凭证。汇总记账凭证是按专用记账凭证上会计分录中的会计科目的对应关系汇总编制的，因而在每一份汇总记账凭证上仍然能够清晰反映出有关会计科目之间的对应关系。②可以大大减少登记总分类账的工作量。在汇总记账凭证核算组织程序下，可以根据汇总记账凭证上有关账户的汇总发生额，在月份当中定期或月末一次性登记总分类账，可以使登记总分类账的工作量大为减少。

（2）汇总记账凭证核算组织程序的缺点。①定期编制汇总记账凭证的工作量比较大。对发生的交易或事项首先要填制专用记账凭证，即收款凭证、付款凭证和转账凭证，在此基础上，还需要定期分类地对专用记账凭证进行分类汇总，编制作为登记总分类账依据的汇总记账凭证，会增加编制汇总记账凭证的工作量。②对汇总过程中可能存在的错误不易发现。编制汇总记账凭证是一项比较复杂的工作，容易产生汇总错误。而且汇总记账凭证本身又不能从整体上体现出全部账户发生额之间的平衡关系，因而，即使存在汇总错误也不易发现。

（3）汇总记账凭证核算组织程序的适用范围。由于汇总记账凭证核算组织程序具有能够清晰地反映账户之间的对应关系和能够减轻登记总分类账的工作量等优点，它一般适用于规模较大、交易或事项量比较多、专用记账凭证也比较多的会计主体。

10.4 科目汇总表核算组织程序

10.4.1 科目汇总表核算组织程序的含义及其会计凭证与账簿

1. 科目汇总表核算组织程序的基本含义

科目汇总表核算组织程序是指根据各种记账凭证先定期（或月末一次）

汇总编制科目汇总表，然后根据科目汇总表登记总分类账，并定期编制会计报表的一种核算组织程序。科目汇总表核算组织程序也是记账凭证核算组织程序的演变和发展。

2. 科目汇总表核算组织程序下的会计凭证与会计账簿

在科目汇总表核算组织程序下，除了采用专用记账凭证（或通用记账凭证）以外，还需要采用科目汇总表这种具有汇总性质的记账凭证，使用的会计账簿与前两种会计核算组织程序基本相同，见图 10－13。

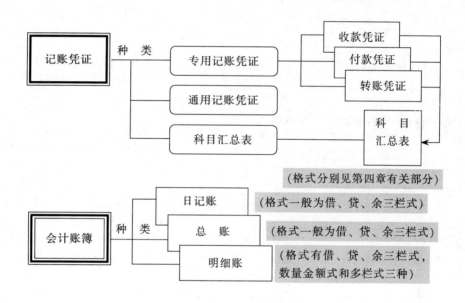

图 10－13　科目汇总表核算组织程序下采用的会计凭证与会计账簿种类

10.4.2　科目汇总表的编制方法

1. 编制科目汇总表的基本方法

科目汇总表也是根据专用记账凭证（或通用记账凭证）汇总编制而成的。基本的编制方法是：根据一定时期内的全部记账凭证，按照相同会计科目进行归类，定期（每 10 天或 15 天，或每月一次）分别汇总每一个科目的借、贷双方的发生额，并将汇总结果填列在科目汇总表的相应栏内，借以反映全部账户的借、贷方发生额。根据科目汇总表登记总分类账时，只需要将该表中汇总起来的各科目的本期借、贷方发生额的合计数，分次或月末一次记入相应总分类账的借方或贷方即可。

2. 科目汇总表的编制举例

【例8】根据某企业在 2016 年 3 月发生的交易或事项所编制的记账凭证见图 10 – 14。

现收 1——借：库存现金　　　　80 　　　　　贷：其他应收款　　　　80	现付 1——借：应付职工薪酬　85 000 　　　　　贷：库存现金　　　85 000
现付 2——借：管理费用　　　813 　　　　　贷：库存现金　　　　813	银付 1——借：材料采购　　73 000 　　　　　应交税费　　12 410 　　　　　贷：银行存款　　85 410
银付 2——借：长期待摊费用　6 000 　　　　　贷：银行存款　　6 000	银付 3——借：在建工程　120 000 　　　　　贷：银行存款　120 000
银付 4——借：材料采购　　7 000 　　　　　贷：银行存款　　7 000	银付 5——借：库存现金　　85 000 　　　　　贷：银行存款　　85 000
银付 6——借：应收账款　　2 400 　　　　　贷：银行存款　　2 400	银付 7——借：制造费用　　3 000 　　　　　管理费用　　2 500 　　　　　贷：银行存款　　5 500
转 1——借：管理费用　　1 420 　　　　贷：其他应收款　1 420	转 2——借：材料采购　　3 200 　　　　贷：应付账款　　3 200
转 3——借：原材料　　83 200 　　　　贷：材料采购　83 200	转 5——借：生产成本　36 200 　　　　在建工程　10 000 　　　　贷：原材料　　46 200
转 4——借：生产成本　　3 000 　　　　贷：制造费用　　3 000	

图 10 – 14　根据某企业 2016 年 3 月的交易或事项编制的记账凭证

在以上记账凭证中，编制的会计分录涉及了很多会计科目，而有些会计科目在记账凭证上是重复出现的，但发生额却有所不同，这样，就为分别将这些会计科目借、贷方发生额进行汇总提供了可能。在实务中，对于各科目的发生额可利用"科目汇总表工作底稿"进行汇总。该汇总表的格式以及本例的汇总情况见图 10 – 15。

科目汇总表工作底稿

2016 年 3 月

库存现金

现收 1	80	现付 1	85 000
银付 5	85 000	现付 2	813
合计	85 080	合计	85 813

材料采购

银付 1	73 000	转 3	83 200
银付 4	7 000		
转 2	3 200		
合计	83 200	合计	83 200

原 材 料

转 3	83 200	转 5	46 200
合计	83 200	合计	46 200

其他应收款

		现收 1	80
		转 1	1 420
合计	0	合计	1 500

管理费用

现付 2	813		
银付 7	2 500		
转 1	1 420		
合计	4 733	合计	0

生产成本

转 4	3 000		
转 5	36 200		
合计	39 200	合计	0

应付账款

转 2	3 200		
合计	3 200	合计	0

银行存款

		银付 1	85 410
		银付 2	6 000
		银付 3	120 000
		银付 4	7 000
		银付 5	85 000
		银付 6	2 400
		银付 7	5 500
合计	0	合计	311 310

应收账款

银付 6	2 400		
合计	2 400	合计	0

长期待摊费用

银付 2	6 000		
合计	6 000	合计	0

在建工程

银付 3	120 000		
转 5	10 000		
合计	130 000	合计	0

制造费用

银付 7	3 000	转 4	3 000
合计	3 000	合计	3 000

应交税费

银付 1	12 410		
合计	12 410	合计	0

应付职工薪酬

现付 1	85 000		
合计	85 000	合计	0

图 10 – 15　科目汇总表工作底稿的格式及汇总举例

📋 特别提示

"科目汇总表工作底稿"采用的汇总形式从外表看酷似"T"形账户，但并不是"T"形账户。运用这种汇总形式的目的是对各个会计科目的发生额进行汇总，以便于编制"科目汇总表"。另外，"科目汇总表"可以每月编制一次，也可以根据会计核算的需要定期分次编制。本例假定是月末时一次编制。

根据以上汇总结果编制的"科目汇总表"见图 10 – 16。

 根据一定会计期间内编制的所有记账凭证按相同的会计科目进行归类

科目汇总表

2016 年 3 月

会计科目	本期发生额		总账页数
	借方金额	贷方金额	
库存现金	85 080	85 813	定期汇总填入该表相应科目栏。根据汇总数字登记总分类账
银行存款	0	311 310	
材料采购	83 200	83 200	
原材料	83 200	46 200	
应收账款	2 400	0	
其他应收款	0	1 500	
长期待摊费用	6 000	0	
在建工程	130 000	0	
管理费用	4 733	0	
生产成本	39 200	0	
制造费用	3 000	3 000	
应交税费	12 410	0	
应付账款	0	3 200	
应付职工薪酬	85 000	0	
合　计	534 223	534 223	

一定会计期间内所有会计科目发生额的借、贷双方的合计数必须相等

图 10 – 16　科目汇总表的基本格式及编制方法

特别提示

　　与汇总记账凭证的编制方法不同，"科目汇总表"是按各个会计科目的发生额分别进行汇总的。汇总形成的是一张表格形式，而不再是三种专用记账凭证形式。

3. 科目汇总表的作用及其编号

（1）科目汇总表的作用。编制科目汇总表的目的与编制汇总记账凭证的目的一样，也可以为总分类账的登记提供依据，进而减轻登记总分类账的工作量，根据科目汇总表登记总分类账时，只需要将科目汇总表中有关各科目的本期借、贷方发生额合计数分次或月末一次记入相应总分类账的借方或贷方即可。

（2）科目汇总表的编号。采用科目汇总表时，凭证的编号方法有一定变

化。应以"科汇字第×号"字样按月连续编号。

10.4.3 科目汇总表核算组织程序的基本程序

在科目汇总表核算组织程序下，对交易或事项进行处理的程序大体要经过以下七个步骤：

（1）交易或事项发生以后，根据有关的原始凭证或原始凭证汇总表填制各种专用记账凭证（收款凭证、付款凭证和转账凭证）；

（2）根据收款凭证和付款凭证逐笔登记库存现金日记账和银行存款日记账；

（3）根据记账凭证并参考原始凭证或原始凭证汇总表，逐笔登记各种明细分类账；

（4）根据各种记账凭证汇总编制科目汇总表；

（5）根据科目汇总表汇总登记总分类账；

（6）月末，将日记账、明细分类账的余额与总分类账中相应账户的余额进行核对；

（7）月末，根据总分类账和明细账的资料编制会计报表。

汇总记账凭证核算组织程序的基本程序见图10－17。

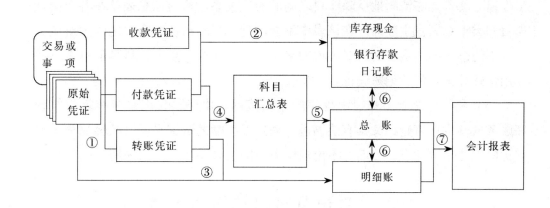

图10－17　科目汇总表核算组织程序的基本程序

10.4.4 科目汇总表核算组织程序的特点及适用范围

1. 科目汇总表核算组织程序的特点

科目汇总表核算组织程序的特点是：定期根据所有记账凭证汇总编制科目汇总表，然后根据科目汇总表登记总分类账。

2. 科目汇总表核算组织程序的优缺点及适用范围

（1）科目汇总表核算组织程序的优点：①可以进行账户发生额的试算平衡。在科目汇总表上的汇总结果体现了一定会计期间内所有账户的借方发生额合计和贷方发生额合计之间的相等关系，利用所有账户发生额的这种相等关系，可以进行全部账户记录的试算平衡。②可以保证总分类账登记的正确性。在科目汇总表核算组织程序下，总分类账是根据科目汇总表上的汇总数字登记的。由于在登记总分类账之前，能够通过科目汇总表的汇总结果检验所填制的记账凭证正确与否，相当于在记账前进行了一次试算平衡，对汇总过程中可能存在的错误也容易发现。在所有账户借、贷双方的发生额合计数相等的基础上再予记账，在一定程度上能够保证总分类账登记的正确性。③可以大大减轻登记总分类账的工作量。在科目汇总表核算组织程序下，可根据科目汇总表上有关账户的汇总发生额，在月中定期或月末一次性登记总分类账，可以使登记总分类账的工作量大为减轻。

（2）科目汇总表核算组织程序的缺点：①编制科目汇总表的工作量比较大。如同汇总记账凭证核算组织程序一样，在科目汇总表核算组织程序下，对发生的交易或事项也首先要填制各种专用记账凭证，在此基础上，还需要定期地对这些专用记账凭证进行汇总，编制科目汇总表，增加了编制科目汇总表的工作量。②不能够清晰地反映账户之间的对应关系。科目汇总表是按各个会计科目归类汇总其发生额的，在该表中不能清楚地显示出各个账户之间的对应关系，不能够清晰地反映交易或事项的来龙去脉。在这一点上，科目汇总表不及专用记账凭证和汇总记账凭证。

（3）科目汇总表核算组织程序的适用范围。由于科目汇总表核算组织程序账务处理程序清楚，又具有能够进行账户发生额的试算平衡，减轻总分类账登记的工作量等优点，因而，不论规模大小的会计主体都可以采用。

10.5 日记总账核算组织程序

10.5.1 日记总账核算组织程序的含义及其会计凭证与账簿

1. 日记总账核算组织程序的基本含义

日记总账核算组织程序是设置日记总账，根据交易或事项发生以后所填制的各种记账凭证直接逐笔登记日记总账，并定期编制会计报表的一种核算组织程序。

2. 日记总账核算组织程序下的会计凭证与会计账簿

在日记总账核算组织程序下采用的会计凭证主要是各种专用记账凭证，即收款凭证、付款凭证和转账凭证，也可采用通用记账凭证。采用的日记账和明细分类账与其他会计核算组织程序基本相同，所不同的是：在这种核算组织程序下需要专门设置日记总账。在日记总账核算组织程序下采用的会计凭证和会计账簿见图10-18。

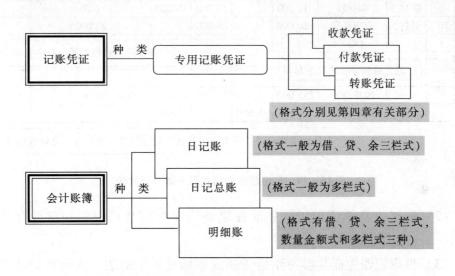

图10-18　日记总账核算组织程序采用的会计凭证与会计账簿

10.5.2　日记总账的格式与登记方法

日记总账是一种兼具序时账簿和分类账簿两种功能的联合账簿。日记总账的账页一般设计为多栏式，即将交易或事项发生以后可能涉及的所有会计账户分设专栏集中列示在同一张账页上，每一账户又具体分设借方和贷方两栏。对所有的交易或事项按发生的时间顺序进行序时记录，并根据交易或事项的性质和账户的对应关系进行总分类记录。对发生的每一笔交易或事项都应分别登记在同一行的有关科目栏的借方栏或贷方栏内，并将发生额总额登记在该行的"发生额"栏内。

日记总账的格式及基本登记方法见图10-19。

10.5.3　日记总账核算组织程序的基本程序

在日记总账核算组织程序下，对交易或事项进行处理的程序大体要经过以下六个步骤：

（1）在交易或事项发生以后，根据有关的原始凭证或原始凭证汇总表填制各种专用记账凭证。

日记总账

按会计科目设置专栏

201×年		记账凭证	摘　要	发生额	银行存款		材料采购		应交税费		（略）
月	日				借方	贷方	借方	贷方	借方	贷方	借方
5	1		月初余额		90 000		50 000			21 700	
	5	银付3	购材料	11 700		11 700	10 000			1 700	
	10	银付5	应交税费	20 000		20 000			20 000		
			（略）								
			本月合计	285 000		35 000	10 000	8 000	20 000		
			月末金额		55 000		52 000			0	

登记交易或事项的发生总额

对发生交易或事项的在相应科目栏的同一行中登记

本月全部账户借、贷方发生额合计应分别同"发生额"合计数相符

图 10 – 19　日记总账的格式及基本登记方法

（2）根据收款凭证和付款凭证逐笔登记库存现金日记账和银行存款日记账。

（3）根据记账凭证并参考原始凭证或原始凭证汇总表，逐笔登记各种明细分类账。

（4）根据各种记账凭证逐笔登记日记总账。

（5）月末，将日记账、明细分类账的余额与日记总账中相应账户的余额进行核对。

（6）月末，根据日记总账和明细分类账的资料编制会计报表。

在日记总账核算组织程序的基本程序见图 10 – 20。

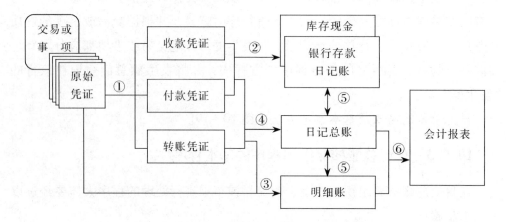

图 10 – 20　日记总账核算组织程序的基本程序

10.5.4 日记总账核算组织程序的特点及适用范围

1. 日记总账核算组织程序的特点

日记总账核算组织程序的特点是：设置日记总账，根据记账凭证逐笔登记日记总账。

这种登记总账的方法类似于记账凭证核算组织程序下登记总分类账的方法。

2. 日记总账核算组织程序的优缺点及适用范围

（1）日记总账核算组织程序的优点。①可以大大简化总账的登记手续。在日记总账核算组织程序下，是将所有可能涉及的会计科目都集中设置在一张账页上，而不是分设在账簿中，根据记账凭证直接登记日记总账，无需经过其他核算组织程序下的汇总过程，因而能够简化日记总账的登记手续。②能够清晰的反映会计账户之间的对应关系。在日记总账核算组织程序下，当交易或事项发生以后，要按照预先设置的会计科目栏，在相应栏次的同一行进行登记，可以集中反映对某项交易或事项的账务处理情况及其全貌，能够清晰地反映会计账户之间的对应关系，便于进行检查和分析。

（2）日记总账核算组织程序的缺点：①增大了登记日记总账的工作量。如同记账凭证核算组织程序一样，在日记总账核算组织程序下，对于发生的每一笔交易或事项都要根据记账凭证逐笔在日记总账中登记，实际上与登记日记账和明细分类账是一种重复登记，势必要增大登记日记总账的工作量。②不便于记账分工和查阅。在使用会计科目比较多的会计主体，日记总账的账页势必要设计得很大，登记时容易发生登记串行等记账错误。另外，也不便于会计人员在记账上的分工。

（3）日记总账核算组织程序的适用范围。日记总账核算组织程序一般只适用于规模小、交易或事项量少、使用会计科目不多的会计主体。

本 章 小 结

1. 会计核算组织程序也称账务处理程序，或会计核算形式，它是指在会计循环中，会计主体采用的会计凭证、会计账簿、会计报表的种类和格式与记账程序有机结合应用的方法与步骤。

2. 会计循环是指一个会计主体在一定的会计期间内，从交易或事项发生后取得或填制会计凭证起，到登记账簿，编制会计报表止的一系列处理程序。

3. 记账程序是指企业在会计循环中，利用不同种类和格式的会计凭证、会计账簿和会计报表对发生的交易或事项进行记录和反映的具体做法。

4. 建立科学合理的会计核算组织程序的意义在于：①有利于规范企业的会计工作；②有利于保证会计信息质量；③有利于提高会计工作的效率；④有利于节约会计工作的成本；⑤有利于发挥会计工作的作用。

5. 记账凭证核算组织程序是根据交易或事项发生以后填制的各种记账凭证直接登记总分类账，并定期编制会计报表的一种核算组织程序。记账凭证核算组织程序是会计核算中采用的最基本的一种核算组织程序。

6. 在记账凭证核算组织程序下采用的会计凭证有专用记账凭证（包括收款凭证、付款凭证和转账凭证）或通用记账凭证。使用账簿种类较多。其中，日记账和总分类账一般为借、贷、余三栏式；明细分类账一般为三栏式、数量金额式和多栏式三种。

7. 记账凭证核算组织程序对交易或事项进行处理大体包括六个步骤：①根据有关的原始凭证或原始凭证汇总表填制各种专用记账凭证；②根据收款凭证和付款凭证逐笔登记日记账；③根据记账凭证等逐笔登记各种明细分类账；④根据各种记账凭证逐笔登记总分类账；⑤月末，将日记账、明细分类账的余额与总分类账进行核对；⑥月末，根据总分类账和明细分类账的资料编制会计报表。

8. 汇总记账凭证核算组织程序是根据各种记账凭证先定期汇总编制汇总记账凭证，然后根据汇总记账凭证登记总分类账，并定期编制会计报表的一种核算组织程序。汇总记账凭证核算组织程序使用的会计账簿与其他核算组织程序基本相同。

9. 汇总收款凭证的编制方法是：按收款凭证上的会计分录中的借方科目（"库存现金"或"银行存款"等）设置汇总收款凭证，按它们相应的贷方科目定期汇总。汇总付款凭证和汇总转账凭证的编制方法是：按付款（或转账）凭证上会计分录中的贷方科目，按它们相应的借方科目定期汇总。

10. 汇总记账凭证核算组织程序对交易或事项进行处理大体包括七个步骤，其特点是：定期将所有记账凭证分别编制汇总收款凭证、汇总付款凭证和汇总转账凭证，根据各种汇总记账凭证上的汇总数字登记总分类账。其优点有：在汇总记账凭证上能够清晰的反映账户之间的对应关系；可以大大减少登记总分类账的工作量。缺点为：定期编制汇总记账凭证的工作量比较大；对汇总过程中可能存在的错误不易发现。这种核算组织程序一般只适用于规模较大、交易或事项量比较多、专用记账凭证也比较多的会计主体。

11. 科目汇总表核算组织程序是根据各种记账凭证先定期汇总编制科目汇总表，然后根据科目汇总表登记总分类账，并定期编制会计报表的一种核算组织程序。

12. 科目汇总表的基本的编制方法是：根据一定时期内的全部记账凭证，按照相同会计科目进行归类汇总。根据科目汇总表登记总分类账时，只需要将该表中汇总起来的各科目的本期借、贷方发生额的合计数，分次或月末一次记入相应总分类账的借方或贷方即可。

13. 科目汇总表核算组织程序对交易或事项的处理程序大体包括七个步骤，其特点是：定期根据所有记账凭证汇总编制科目汇总表，根据科目汇总表上的汇总数字登记总分类账。其优点为：可以利用该表的汇总结果进行账户发生额的试算平衡；可以保证总分类账登记的正确性；可大大减轻登记总账的工作量。其缺点有：编制科目汇总表的工作量比较大；科目汇总表上不能够清晰的反映账户之间的对应关系。会计核算组织程序在不论规模大小的会计主体中都可以采用。

14. 日记总账核算组织程序是指设置日记总账，根据交易或事项发生以后所填制的各种记账凭证直接逐笔登记日记总账，并定期编制会计报表的一种核算组织程序。

思　考　题

1. 会计核算组织程序的含义是什么？

2. 什么叫会计循环？会计循环包括哪些主要内容？

3. 什么叫记账程序？记账程序包括哪些主要内容？

4. 记账凭证核算组织程序下的记账凭证与账簿的种类及格式是怎样的？

5. 在记账凭证核算组织程序下，应按怎样的步骤进行账务处理？

6. 记账凭证核算组织程序的特点、优缺点及适用范围是怎样的？

7. 怎样编制汇总收款凭证、汇总付款凭证和汇总转账凭证？应注意些什么问题？

8. 在汇总记账凭证核算组织程序下应按怎样的步骤进行账务处理？

9. 汇总记账凭证核算组织程序的特点、优缺点及适用范围是怎样的？

10. 怎样编制科目汇总表？

11. 科目汇总表核算组织程序下的账务处理步骤是怎样的？

12. 科目汇总表核算组织程序的特点、优缺点及适用范围是怎样的？

13. 多栏式日记总账的格式是怎样的？如何进行登记？

14. 在日记总账核算组织程序下，应按怎样的步骤进行交易或事项处理？

15. 日记总账核算组织程序的特点、优缺点及适用范围是怎样的？

《基础会计（第五版）》

操作与习题手册

张 捷 编

经济科学出版社

第五版修订说明

《基础会计（第五版）》操作与习题手册（以下简称"手册"）是围绕教材的主干内容而编写的，供学习者在学习教材内容的基础上进行实际操作练习所用，借以深化学习过程，巩固学习成果，加深对会计基本理论和基本方法内容的理解，熟练进行会计基本理论和基本方法的应用，切实将书本知识的学习与财务会计工作实践紧密结合，增强会计技能水平，提高分析问题和解决问题的能力。

鉴于《基础会计》教材已经进行了第五版修订，其内容有了较大变化，本"手册"的内容相应也进行了一次较大更新。主要体现在以下四个方面：一是根据教材内容的更新补充了部分新的习题，如会计确认与会计计量等；二是对原"手册"中过时的内容进行了必要的删改，如待摊费用和预提费用等；三是根据新的账务处理要求对习题参考答案进行了修改，如强调了材料采购实际成本法的内容等；四是对"手册"中原来存在的问题进行了必要的更正，包括文字和数字等方面。使"手册"的内容更新，也更为准确和完善。

此次对"手册"修订保留了以往的一些好做法：一是加强对习题操作训练的指导。在近几年的教学实践中，发现有的同学对所学知识的熟练掌握程度并不十分理想，这与同学们不注重习题的操作训练或未能熟练掌握习题的完成方法有一定关系，也与习题中所提出的要求不够具体有关。为此，我们对完成习题的要求做了更为具体的补充，并对有些难度相对比较大的习题，在习题的"要求"之后增加"操作训练"的具体指导环节，对完成习题的一些关键步骤给予了更为具体的提示，可以为学生完成习题操作训练提供更为有利的帮助。二是对某些题型的答题方法提出新的要求。例如，判断正误选择题题型，在其他试卷上一般是要求学习者根据判断结果划"√"或"×"，在本门课程的考试中对这类试题是要求考生写出"A"或"B"。以便与其他类型的试题答题要求一致，便于进行试卷的批阅。

本"手册"所设计的题型与考试的题型是一致的。因而，熟悉这些题型，按照课程内容的学习进度随时做好这些习题是十分必要的，通过操作训练，学习者可以随时检查自己的学习效果，发现在学习过程中存在的不足，并采取有效措施及时加以弥补，对于提高学习效果是十分有益的。应予注意的是：掌握答题要求是完成操作训练的前提。每次动手做题之前，应认真领会完成操作训练的具体要求以及在操作训练指导环节上所给出的必要提示。为使学习者能够掌握操作训练要领，顺利完成习题，对那些存在一定难度的习题的做法在手册中都给予了必要提示，或给出了怎样完成习题的举例。为方便学习者节省完成习题的时间，在手册中还设计了作业用表格及其他一些必要的内容，同学们在操作训练中应很好地加以利用，可以收到事半功倍之效。

课程的考试通常是每个考生所关心的。为使学习者能够了解本门课程的考试要求和考题题型，在"手册"的附录部分给出了本课程所采用的试卷样本和答题卡样本。试卷样本中包含了本门课程考试的各类题型，在每种题型中都提出了具体答题要求。答题卡是为考生答题而准备的，按照考试要求考生应将试题的所有答案全部填写在答题卡上，而不要写在试卷上。这是由于《基础会计》课程的考题题型与其他课程的考题题型差别较大，即所有考题都设计为给出备选答案的题型。在考试过程中，除计算选择题需要考生动手计算，并将计算结果与所给出的备选答案进行对比之后确定答案外，其余题型只要考生根据备选答案直接选答即可。这种考试题型的设计，充分考虑了现代远程教育学生的特点，有利于减轻学生面对考试的紧张压力，相对地也减轻了考生答题的难度。从近几年的实践情况看，这样的考试题型深受学生欢迎，也在一定程度上提升了考生的整体考试成绩。虽然这些考试题型对考生比较有利，但同学们也不能因此而放松对课程内容的学习。应通过阅读教材、观看课程课件、收看网上课程视频和按时进行习题的操作训练等有效形式，扎实地掌握好本课程的主干内容，以便为课程考试打下坚实基础。在考试过程中，应仔细阅读答题要求，避免出现不必要的失误。应特别提醒注意：试卷中的"业务处理选择题"要求选择记账凭证的种类和会计分录两个答案，并且应当将记账凭证种类备选答案的字母编号写在前面，将会计分录备选答案的字母编号写在后面。但在数次阅卷中都发现，有个别同学只选择了其中一个方面的备选答案，也有的同学将答案编号的先后顺序写反，这些不规范做法都会影响考试成绩，在考试过程中都应注意避免发生。

在操作与习题手册中设计了与课程内容相关的案例，这些案例有些是由老师编写的，有些是在现实生活中实际存在的，为避免引起不必要的麻烦，对后一类案例在选编过程中进行了必要的文字处理。设计案例的目的在于从实践的角度引申教材内容，使学习者加深对所学知识内容的理解，让理论与实际更加紧密地联系起来，在一定程度上，也可以扩大学习者的知识面。需要说明的是：案例不作为本课程的考试内容。

由于我国会计改革的不断深入，以及教材内容的修订，本操作与习题手册的部分内容可能还会有一定的变化，但其主体内容与所用教材内容始终是保持一致的。在本次修订中，对手册中的实训题和案例题又进行了一定的补充和修改，使之更加完善和适用。在每一章习题的后面都附有该章实训题的参考答案，以便于操作训练者核对。由于修订时间仓促，本操作与习题手册可能还会存在一些疏漏，欢迎及时给予批评指正。

张捷

2017 年 2 月

目　　录

第一章　总论 ……………………………………………………………………… 1

　　一、实训题 …………………………………………………………………… 1

　　二、案例题 …………………………………………………………………… 5

　　三、实训题参考答案 ………………………………………………………… 6

第二章　账户设置 ………………………………………………………………… 7

　　一、实训题 …………………………………………………………………… 7

　　二、案例题 …………………………………………………………………… 13

　　三、实训题参考答案 ………………………………………………………… 14

第三章　复式记账 ………………………………………………………………… 17

　　一、实训题 …………………………………………………………………… 17

　　二、案例题 …………………………………………………………………… 23

　　三、实训题参考答案 ………………………………………………………… 24

第四章　会计凭证 ………………………………………………………………… 28

　　一、实训题 …………………………………………………………………… 28

　　二、案例题 …………………………………………………………………… 34

　　三、实训题参考答案 ………………………………………………………… 35

第五章　会计账簿 ………………………………………………………………… 39

　　一、实训题 …………………………………………………………………… 39

　　二、案例题 …………………………………………………………………… 44

　　三、实训题参考答案 ………………………………………………………… 45

第六章　制造业企业主要交易或事项的核算 …………………………………… 49

　　一、实训题 …………………………………………………………………… 49

　　二、案例题 …………………………………………………………………… 60

　　三、实训题参考答案 ………………………………………………………… 62

第七章　成本计算 ………………………………………………………………… 76

　　一、实训题 …………………………………………………………………… 76

　　二、案例题 …………………………………………………………………… 81

　　三、实训题参考答案 ………………………………………………………… 83

第八章　财产清查 ………………………………………………………………… 88

　　一、实训题 …………………………………………………………………… 88

　　二、案例题 …………………………………………………………………… 95

　　三、实训题参考答案 ………………………………………………………… 96

第九章　财务会计报告 …………………………………………………………… 100

　　一、实训题 …………………………………………………………………… 100

二、案例题 ……………………………………………………… 106

三、实训题参考答案 …………………………………………… 108

第十章　会计核算组织程序 …………………………………… 111

一、实训题 ……………………………………………………… 111

二、案例题 ……………………………………………………… 126

三、实训题参考答案 …………………………………………… 128

附录一：试卷样本 ……………………………………………… 144

附录二：答题卡样本 …………………………………………… 154

第一章 总 论

一、实训题

习题一

[目的] 熟悉会计的产生与发展、会计含义与对象的内容。

[要求] 在下列各题所给的备选答案中选出你认为正确的答案，并将答案标号填入题中的括号内。提示：带有 4 个备选答案的题为单项选择题，带有 5 个备选答案的题为多项选择题。

1. 一般认为，会计产生至今已有（ ）。
   A. 一千余年　　　　　B. 两千余年　　　　　C. 三千余年　　　　　D. 四千余年
2. 会计的发展经历了（ ）。
   A. 两个历史阶段　　　B. 三个历史阶段　　　C. 四个历史阶段　　　D. 五个历史阶段
3. 近代会计的显著标志是（ ）。
   A. 单式记账法的使用　　　　　　　　B. 复式记账法的诞生
   C. 会计机构的出现　　　　　　　　　D. 管理会计的产生
4. 对会计的产生和发展具有决定意义的环境有（ ）。
   A. 经济环境　　　　　B. 政治环境　　　　　C. 教育环境
   D. 自然环境　　　　　E. 科技环境
5. 在诸多社会环境中，对会计的产生和发展起决定作用的是（ ）。
   A. 政治环境　　　　　B. 经济环境　　　　　C. 教育环境　　　　　D. 其他环境
6. 在我国，关于会计含义的代表性观点有（ ）。
   A. 管理活动论　　　　B. 决策有用论　　　　C. 委托责任论
   D. 信息系统论　　　　E. 监督活动论
7. 会计管理的主要形式是（ ）。
   A. 价值量形式　　　　B. 实物量形式　　　　C. 劳动量形式　　　　D. 物理量形式
8. 在下列各种职能中，被称为会计基本职能的有（ ）。
   A. 核算职能　　　　　B. 预测职能　　　　　C. 监督职能　　　　　D. 决策职能
   E. 综合职能
9. 会计管理的特点是其具有（ ）。
   A. 连续性　　　　　　B. 系统性　　　　　　C. 全面性　　　　　　D. 综合性
   E. 完整性
10. 在下列各项中，能够概括会计本质特征的有（ ）。
    A. 具有核算和监督两种基本职能　　　　　B. 主要以价值形式进行管理

C. 具有连续性、系统性、全面性和综合性　　D. 主要以实物形式进行管理

E. 具有自然和社会双重属性

11. 一般说来，会计对象是社会再生产过程中的（　　　）。

　　A. 资金分配　　　　B. 资金筹集　　　　C. 资金运动　　　　D. 生产关系

12. 下列各项中，属于企业会计对象基本内容的有（　　　）。

　　A. 资产　　　　　　B. 负债　　　　　　C. 所有者权益

　　D. 收入　　　　　　E. 支出

13. 企业资金运动的特点主要有（　　　）。

　　A. 循环与周转方式　B. 具有并存性　　　C. 具有继起性

　　D. 具有补偿性　　　E. 具有增值性

14. 企业用货币资金购买材料，货币资金形态就会转化为（　　　）。

　　A. 储备资金形态　　　　　　　　　　　B. 固定资金形态

　　C. 生产资金形态　　　　　　　　　　　D. 成品资金形态

15. 在以下各种资金形态中，有可能转化为企业生产资金形态的有（　　　）。

　　A. 货币资金　　　　B. 储备资金　　　　C. 固定资金

　　D. 成品资金　　　　E. 结算资金

习题二

［目的］熟悉会计目标和会计假设的内容。

［要求］在下列各题所给的备选答案中选出你认为正确的答案，并将答案标号填入题中的括号内。提示：带有 4 个备选答案的题为单项选择题，带有 5 个备选答案的题为多项选择题。

1. 会计管理活动所要达到的目的和要求被称为（　　　）。

　　A. 会计对象　　　　B. 会计职能　　　　C. 会计目标　　　　D. 会计含义

2. 根据我国《企业会计准则》的规定，财务会计报告应向会计信息的使用者提供的信息有（　　　）。

　　A. 与企业财务状况有关的会计信息　　　B. 与企业经营成果有关的会计信息

　　C. 企业管理层受托责任履行情况　　　　D. 与企业现金流量有关的会计信息

　　E. 财务会计报告使用者做出经济决策情况

3. 企业编制财务报告的目的是（　　　）。

　　A. 报告企业财务状况信息

　　B. 报告企业经营成果信息

　　C. 反映企业管理层受托责任履行情况

　　D. 有助于财务会计报告使用者做出经济决策

4. 在我国，关于会计目标的代表性观点有（　　　）。

　　A. 管理活动论　　　B. 决策有用论　　　C. 受托责任论　　　D. 信息系统论

　　E. 管理工具论

5. 会计假设也称会计的（　　　）。

　　A. 基本职能　　　　B. 基本前提　　　　C. 基本理论　　　　D. 基本方法

6. 会计假设所明确的会计核算的有关问题有（　　）。
   A. 空间范围　　　　B. 时间范围　　　　C. 基本程序
   D. 计量单位　　　　E. 基本职能

7. 会计主体假设的确立明确了会计核算的（　　）。
   A. 时间范围　　B. 空间范围　　C. 业务范围　　D. 职能范围

8. 持续经营假设的确立明确了会计核算的（　　）。
   A. 空间范围　　B. 业务范围　　C. 职能范围　　D. 时间范围

9. 会计分期假设建立的直接基础是（　　）。
   A. 持续经营假设　　B. 会计主体假设　　C. 货币计量假设　　D. 会计期间假设

10. 会计分期假设明确了会计核算的（　　）。
   A. 时间范围　　B. 空间范围　　C. 基本程序　　D. 计量单位

11. 货币计量基本假设明确了会计核算的（　　）。
   A. 时间范围　　B. 计量单位　　C. 空间范围　　D. 业务范围

12. 下列说法中，关于会计主体假设的准确的说法有（　　）。
   A. 以一定经济组织发生的各项交易或事项为对象
   B. 明确了会计所服务的对象
   C. 明确了会计核算的空间范围
   D. 便于分期结算账目和编制财务会计报告
   E. 是持续经营假设和会计分期假设等建立的基础

13. 进行会计分期的主要目的有（　　）。
   A. 进行账户设置　　B. 分期结算账目　　C. 确定会计核算空间范围
   D. 编制财务会计报告　　　　E. 确定会计核算时间范围

14. 在下列各项中，属于会计基本假设的内容有（　　）。
   A. 会计主体　　B. 持续经营　　C. 会计对象
   D. 会计分期　　E. 货币计量

习题三

[目的] 熟悉会计信息质量要求和会计核算方法的内容。

[要求] 在下列各题所给的备选答案中选出你认为正确的答案，并将答案标号填入题中的括号内。提示：带有4个备选答案的题为单项选择题，带有5个备选答案的题为多项选择题。

1. 在下列各种说法中，关于会计信息质量要求的正确的说法有（　　）。
   A. 是对企业财务会计报告信息的基本规范
   B. 会计核算所确立的会计主体假设
   C. 会计核算的主要内容和基本程序
   D. 是财务报告信息应具备的质量特征
   E. 会计核算所确立的持续经营假设

2. 下列各项中，也可称为会计信息质量真实性要求的是（　　）。
   A. 相关性　　B. 可比性　　C. 可靠性　　D. 谨慎性

3. 我国国务院前总理朱镕基为会计的题词是（　　　）。

　　A. 诚信为本，操守为重，遵守准则，不做假账

　　B. 诚信为本，遵守准则，操守为重，不做假账

　　C. 诚信为本，操守为重，遵守原则，不做假账

　　D. 诚信为本，信用为重，遵守准则，不做假账

4. 下列各项中，也可称为会计信息质量有用性要求的是（　　　）。

　　A. 可比性　　　　　　B. 相关性　　　　　　C. 重要性　　　　　　D. 实质重于形式

5. 与其经济决策需要相关的会计信息使用者是指（　　　）。

　　A. 财务会计报告的编制者　　　　　　B. 财务会计报告的审核者

　　C. 财务会计报告的传递者　　　　　　D. 财务会计报告的使用者

6. 会计信息质量的可理解性的基本要求有（　　　）。

　　A. 企业提供的会计信息应当清晰明了　　　　　　B. 企业提供的会计信息应当真实可靠

　　C. 企业提供的会计信息应当主次分明　　　　　　D. 有助于信息的使用者进行经济决策

　　E. 便于财务会计报告使用者理解和使用

7. 会计信息质量的可比性要求（　　　）。

　　A. 同一企业在不同时期采用一致的会计政策

　　B. 同一企业在同一时期采用一致的会计政策

　　C. 不同企业在不同时期采用一致的会计政策

　　D. 不同企业发生的相同事项应当采用规定的会计政策

　　E. 不同企业发生的不同事项应当采用规定的会计政策

8. 企业对融资租入固定资产按自有资产进行核算，体现的会计信息质量要求是（　　　）。

　　A. 客观性　　　　　　B. 相关性　　　　　　C. 重要性　　　　　　D. 实质重于形式

9. 企业提供的会计信息应当反映有关所有重要交易或者事项，体现的会计信息质量要求是（　　　）。

　　A. 客观性　　　　　　B. 相关性　　　　　　C. 重要性　　　　　　D. 可理解性

10. 不应高估资产或者收益、低估负债或者费用，体现的会计信息质量要求是（　　　）。

　　A. 客观性　　　　　　B. 相关性　　　　　　C. 重要性　　　　　　D. 谨慎性

11. 企业对于已经发生的交易或者事项进行会计确认、计量和报告，不得提前或者延后，体现的会计信息质量要求是（　　　）。

　　A. 相关性　　　　　　B. 及时性　　　　　　C. 重要性　　　　　　D. 可理解性

12. 下列各项中，属于对会计信息质量要求的内容有（　　　）。

　　A. 可比性　　　　　　B. 谨慎性　　　　　　C. 配比性

　　D. 重要性　　　　　　E. 实质重于形式

13. 在下列各种方法中，对会计对象的具体内容进行分类核算和监督的专门方法是（　　　）。

　　A. 设置账户　　　　　　B. 复式记账　　　　　　C. 登记账簿　　　　　　D. 成本计算

14. 在下列各种方法中，对发生的每一项交易或事项都要利用起码两个账户进行记录的专门方法是（　　　）。

　　A. 成本计算　　　　　　B. 财产清查　　　　　　C. 复式记账　　　　　　D. 登记账簿

15. 在会计上登记账簿的主要依据是（　　　）。

  A. 会计凭证   B. 会计报表   C. 会计方法   D. 会计职能

16. 在下列各种方法中，归集一定计算对象所发生的全部费用的专门方法是（　　　）。

  A. 设置账户   B. 成本计算   C. 财产清查   D. 登记账簿

17. 在下列各种方法中，用以查明财产物资的实际结存数与账面结存数是否相符的专门方法是（　　　）。

  A. 复式记账   B. 设置账户   C. 登记账簿   D. 财产清查

18. 在下列各种方法中，定期总括反映企业的财务状况和经营成果的专门方法是（　　　）。

  A. 财产清查   B. 登记账簿

  C. 编制财务报告   D. 填制和审核会计凭证

习题四

[目的] 熟悉和掌握会计假设、会计信息质量要求和会计方法等内容。

[要求] 根据所给资料判断正误，你认为是正确的在题后的括号中写"A"，你认为是错误的在题后的括号中写"B"。

1. 会计主体假设解决了会计核算的空间范围问题。   （　　　）

2. 货币计量是会计核算上采用的主要计量手段。   （　　　）

3. 复式记账是对会计对象具体内容分类核算监督的一种专门方法。 （　　　）

4. 根据谨慎性要求，企业可以低估损失和费用。   （　　　）

5. 为准时报告会计信息，企业可以提前结账。   （　　　）

6. 会计核算是以企业的经营活动可以分期为前提。   （　　　）

7. 实质重于形式要求应当按照交易或事项的法律实质进行会计核算。 （　　　）

8. 会计核算方法也就是会计的方法。   （　　　）

9. 企业资金运动的基本特点是体现为循环与周转的方式。   （　　　）

10. 企业用货币资金购买材料，货币资金就转化为了储备资金。   （　　　）

11. 企业用货币资金购入设备所占用的资金称为固定资金。   （　　　）

12. 企业完成了生产过程，生产资金就转化为了货币资金。   （　　　）

二、案例题

案例 1-1   **会计仅仅是记账算账吗？**

  小张大学毕业后在某公司做会计工作已有三年时间，他工作努力，业务能力有了很大提高，但一直没有处理终身大事。自从小张来单位以后，来自农村的同事小王就注意到了这位不仅长得十分帅气，而且心地善良的小伙子。小张对小王的印象也很好。在热心同事的撮合下，小张与小王确立了恋爱关系。

  这年春节，小张作为未来的女婿来到了小王的农村老家。小王的父母打量着帅气的小张，高兴得合不拢嘴。还一个劲地打听小张的家庭人口、工作职业和工资收入等情况。当听到小张是做会计工作时，小王的父亲心里犯起了嘀咕：会计不就是整天摆弄账本、算盘，天天记账、算账的人吗？一个大学毕业生，当会计是不是有点"大材小用"了。再说了，当会计能有多大出息？俺闺女他姑夫才初中文化，已经在农村干了20多年会计工作了。他把这些话说给老伴听，老伴也有同感。但小王却不这样看。

你能结合学习过的会计知识，就小王父亲对会计的认识谈谈自己的看法吗？

[分析提示] 小王的父亲对会计的认识显然比较片面。可以从会计的职能、会计手段的进步，以及会计目标等角度进行思考。

案例1-2　　　　擅自改变折旧方法　虚减本月生产费用

黎明公司生产用固定资产采用年限平均法提取折旧，每月应提取的折旧额为25 000元，由于提取固定资产折旧而计入各月的生产费用也应为25 000元。本月进入产品生产的淡季，产品生产数量减少，为了减少本期的生产费用，企业改用工作量法提取折旧，按这种方法计算出来的本月折旧额仅为8 000元，并按8 000元计入了本期生产费用。对以上情况，该企业也未在有关会计报表的附注中加以说明。

请你利用所学习的会计知识分析：该公司本月对固定资产折旧方法的变更违背了会计信息质量的哪个方面的要求？对企业当期生产费用会产生怎样的影响？对企业当月的利润计算会产生怎样的影响？

[分析提示] 可以从会计信息质量的可比性要求，固定资产折旧的提取与当期费用之间的关系，以及费用与利润之间的关系等角度进行思考。

三、实训题参考答案

习题一

1. C	2. B	3. B	4. ABCE	5. B	6. AD
7. A	8. AC	9. ABCD	10. ABCE	11. C	12. ABCD
13. ABCDE	14. A	15. ABC			

习题二

1. C	2. ABD	3. D	4. BC	5. B	6. ABCD
7. B	8. D	9. A	10. C	11. B	12. ABCE
13. BD	14. ABDE				

习题三

1. AD	2. C	3. A	4. B	5. D	6. AE
7. AD	8. D	9. C	10. D	11. B	12. ABDE
13. A	14. C	15. A	16. B	17. D	18. C

习题四

1. A	2. A	3. B	4. B	5. B	6. A
7. B	8. B	9. A	10. A	11. A	12. B

第二章 账户设置

一、实训题

习题一

[目的] 熟悉会计要素、会计确认和会计计量内容。

[要求] 在下列各题所给的备选答案中选出你认为正确的答案，并将答案标号填入题中的括号内。提示：带有 4 个备选答案的题为单项选择题，带有 5 个备选答案的题为多项选择题。

1. 会计要素是对（　　　）。
   A. 会计职能的基本分类所形成
   B. 会计方法的基本分类所形成
   C. 会计对象的基本分类所形成
   D. 会计等式的基本分类所形成

2. 下列会计要素中被称为静态会计要素的有（　　　）。
   A. 资产
   B. 负债
   C. 所有者权益
   D. 收入
   E. 费用

3. 下列会计要素中被称为动态会计要素的有（　　　）。
   A. 资产
   B. 负债
   C. 收入
   D. 费用
   E. 利润

4. 利用收入、费用和利润会计要素可以综合说明企业在一定会计期间的（　　　）。
   A. 财务状况
   B. 经营成果
   C. 资产的分布及其结构
   D. 负债的总额及其构成

5. 资产、负债和所有者权益三项要素可以综合说明企业在一定时点上的（　　　）。
   A. 收入的实现数
   B. 经营成果
   C. 财务状况
   D. 费用的发生数

6. 在下列各种说法中，能够体现企业资产要素特征的有（　　　）。
   A. 预期会给企业带来经济效益
   B. 是企业的一种现实义务
   C. 是投资者对企业净资产的所有权
   D. 由企业过去的交易或事项形成
   E. 为企业拥有或控制

7. 在以下各项中，属于企业资产要素内容的有（　　　）。
   A. 银行存款
   B. 固定资产
   C. 应收账款
   D. 预付账款
   E. 预收账款

8. 在下列各种说法中，能够体现企业负债要素特征的有（　　　）。
   A. 会导致经济利益流出企业
   B. 是投资者对企业净资产的所有权
   C. 预期会给企业带来经济效益
   D. 意味着投资者有权分享企业利润

E. 由企业过去的交易或事项形成

9. 在以下各项中，属于企业负债要素的有（　　）。

    A. 应付账款　　　　　　B. 短期借款　　　　　C. 应交税费

    D. 预收账款　　　　　　E. 应收账款

10. 在以下各项中，属于企业所有者权益要素的有（　　）。

    A. 实收资本　　　　　　B. 资本公积　　　　　C. 盈余公积

    D. 库存现金　　　　　　E. 未分配利润

11 在下列各项中，属于企业狭义收入的有（　　）。

    A. 主营业务收入　　　　B. 其他业务收入　　　C. 投资收益

    D. 银行存款　　　　　　E. 营业外收入

12. 下列各种说法中能够体现企业费用要素特征的有（　　）。

    A. 企业在日常活动中发生的经济利益的流出

    B. 企业在日常活动中产生的经济利益的流入

    C. 与向所有者分配利润无关的经济利益的流出

    D. 与所有者向企业投资无关的经济利益的流入

    E. 会导致所有者权益减少的经济利益的流出

13. 下列各种说法中能够体现企业收入要素特征的有（　　）。

    A. 企业在日常经营活动中发生的经济利益的流入

    B. 会导致所有者权益增加的经济利益流入

    C. 与所有者投入资本无关的经济利益流入

    D. 会导致所有者权益减少的经济利益流入

    E. 与所有者投入资本有关的经济利益流入

14. 会计确认是指将企业发生的交易或事项与（　　）。

    A. 会计职能联系起来加以认定的过程

    B. 会计要素联系起来加以认定的过程

    C. 会计方法联系起来加以认定的过程

    D. 会计计量联系起来加以认定的过程

15. 资产的确认条件除应符合其定义外，还应同时满足的条件有（　　）。

    A. 与该义务有关的经济利益很可能流出企业

    B. 与该资源有关的经济利益很可能流入企业

    C. 流出的经济利益的金额能够可靠计量

    D. 该资源的成本或价值能够可靠计量

    E. 经济利益的流入额能够可靠计量

16. 收入的确认条件除应符合其定义外，还应同时满足的条件有（　　）。

    A. 与收入有关的经济利益应当很可能流入企业

    B. 与该资源有关的经济利益很可能流入企业

    C. 经济利益流入会导致企业资产增加或者负债减少

    D. 该资源的成本或价值能够可靠计量

    E. 经济利益的流入额能够可靠计量

17. 会计计量是指对符合确认条件的会计要素（　　）。
    A. 确定其数量的过程　　　　　　　　　B. 确定其金额的过程
    C. 确定其性质的过程　　　　　　　　　D. 确定其形态的过程
18. 会计要素的计量属性有（　　）。
    A. 历史成本　　　　　B. 重置成本　　　　　C. 可变现净值
    D. 计划成本　　　　　E. 公允价值

习题二

[目的] 熟悉会计等式、会计科目和会计账户的基本内容。

[要求] 在下列各题所给的备选答案中选出你认为正确的答案，并将答案标号填入题中的括号内。提示：带有 4 个备选答案的题为单项选择题，带有 5 个备选答案的题为多项选择题。

1. 会计等式也称（　　）。
    A. 会计核算式　　　　B. 会计恒等式　　　　C. 会计方程式
    D. 会计分析式　　　　E. 会计检查式
2. 会计等式是描述（　　）。
    A. 会计对象之间数量关系的表达式　　　B. 会计要素之间数量关系的表达式
    C. 会计科目之间数量关系的表达式　　　D. 会计账户之间数量关系的表达式
3. 在下列会计等式中被称为静态会计等式的是（　　）。
    A. 资产 = 负债 + 所有者权益　　　　　B. 收入 − 费用 = 利润
    C. 资产 = 权益
    D. 资产 + 费用 = 负债 + 所有者权益 + 收入
4. 在下列各类业务中，影响会计等式中会计要素的交易或事项类型有（　　）。
    A. 影响等式双方，双方同增　　　　　　B. 影响等式双方，有增有减
    C. 只影响等式左方，有增有减　　　　　D. 影响等式双方，双方同减
    E. 只影响等式右方，有增有减
5. 交易或事项影响会计等式的类型有（　　）。
    A. 影响会计等式双方要素，双方同增或同减，增减金额相等
    B. 只影响会计等式某一方要素，同增或同减，增减金额相等
    C. 只影响会计等式某一方要素，有增有减，增减金额相等
    D. 影响会计等式双方要素，双方有增有减，增减金额相等
    E. 只影响会计等式某一方要素，有增有减，增减金额不等
6. 会计科目是对（　　）。
    A. 会计对象分类所形成的项目　　　　　B. 会计要素分类所形成的项目
    C. 会计方法分类所形成的项目　　　　　D. 会计账户分类所形成的项目
7. 在账户中用哪一方登记增加额，哪一方登记减少额，取决于（　　）。
    A. 交易或事项的性质　　B. 账户的名称　　C. 账户的性质
    D. 所采用的计量方法　　E. 所采用的记账手段
8. 账户一般可以提供的金额指标有（　　）。

A. 期初余额。　　　　B. 本期增加发生额　C. 期中余额

D. 本期减少发生额　　E. 期末余额

9. 在下列账户中，属于资产类账户的有（　　　）。

A. 材料采购　　　　B. 原材料　　　　　C. 固定资产

D. 累计折旧　　　　E. 实收资本

10. 在下列账户中，属于负债类账户的有（　　　）。

A. 短期借款　　　　B. 应付账款　　　　C. 预收账款

D. 应交税费　　　　E. 应付职工薪酬

习题三

[目的] 熟悉和掌握会计要素、会计等式、会计科目和会计账户等内容。

[要求] 根据所给资料判断正误，你认为是正确的在题后的括号中写"A"，你认为是错误的在题后的括号中写"B"。

1. 会计要素是对会计对象进行基本分类所形成的若干要素。　　　　（　　　）

2. 资产、负债等之所以被称为静态会计要素是因为资金已经停止了运动。（　　　）

3. 应收及预付款项和存货等属于企业流动资产的组成内容。　　　　（　　　）

4. 主营业务成本属于资产类要素的组成内容。　　　　　　　　　　（　　　）

5. 长期股权投资属于负债类要素的组成内容。　　　　　　　　　　（　　　）

6. "资产 = 负债 + 所有者权益"会计等式体现了资金的两个不同侧面。（　　　）

7. 不论采用哪种计量单位，"资产 = 负债 + 所有者权益"等式双方永远相等。（　　　）

8. 在收入一定的情况下，利润会随着费用的增加而减少。　　　　　（　　　）

9. 综合会计等式能够全面反映企业的财务状况和经营成果。　　　　（　　　）

10. 企业发生的所有经济活动都称为交易或事项。　　　　　　　　（　　　）

11. 会计科目包括总分类科目和明细分类科目两种。　　　　　　　（　　　）

12. 会计科目是根据会计账户设置的。　　　　　　　　　　　　　（　　　）

13. 账户的基本功能是用来记录发生的交易或事项。　　　　　　　（　　　）

14. 账户的期末余额 = 期初余额 − 本期减少发生额 + 本期增加发生额。（　　　）

15. 账户如有期末余额一般应登记在账户中用来记录增加额的那一方。（　　　）

习题四

[目的] 熟悉会计科目和资产、负债、所有者权益要素的内容及其分类。

[要求] 根据所给资料，利用作业用表 2 – 1 具体说明每一项资金内容应属于资产、负债和所有者权益哪一类会计要素，具体应归属于哪一个会计科目。

[资料] 某企业 3 月 1 日有关资金内容及金额如下：

1. 存放在企业的现款	1 000 元	2. 存放在银行的款项	3 000 00 元
3. 库存的各种材料	19 000 元	4. 房屋	900 000 元
5. 机器设备	800 000 元	6. 投资者投入资本	1 755 000 元
7. 购货方拖欠货款	80 000 元	8. 从银行借入的半年期借款	120 000 元
9. 库存的完工产品	50 000 元	10. 拖欠供货方货款	350 000 元

11. 企业留存的盈余公积金 75 000 元 12. 在产品占用资金 150 000 元

[操作训练]
作业用表 2-1

资料序号	属于会计要素类别及金额			应归属会计科目
	资产	负债	所有者权益	
例：1	1 000			库存现金
合 计				—
				—

习题五

[目的] 熟悉和掌握会计要素、会计等式和交易或事项的基本内容。

[要求] 根据所给资料，利用作业用表 2-2 分析交易或事项影响会计等式的情况及其结果。

[资料]

1. 某企业 3 月初有关会计要素的余额情况见表 2-2。

2. 该企业本月发生如下交易或事项：

（1）发出材料 3 000 元用于产品生产。

（2）收到投资者投资 250 000 元存入银行。

（3）购入不需要安装设备 1 台，货款 45 000 元暂欠。

（4）用银行存款 10 000 元偿还借款。

（5）销售产品货款 50 000 元存入银行。

（6）债权人将其借给企业的借款 30 000 元转作向企业投资。

（7）用银行存款 2 000 元购买材料。

[操作训练]
作业用表 2－2

业务序号	业务类型	对会计等式中会计要素的影响						增减变动结果
		资产 ＋	费用 ＝	负债	＋所有者权益	＋	收入	
	变动前数额	500 000		40 000	460 000			—
	合　计	500 000			500 000			
例：1	左方增减	－3 000	＋3 000					—
	变动后数额	500 000			500 000			双方相等
								—
								—
								—
								—
								—
								—
	合　计							—

习题六

[目的] 熟悉账户的基本结构和期末余额指标的计算方法。

[要求] 根据所给资料计算出各账户的期末余额，直接填入下表"期末余额"栏。

[资料] 某企业 3 月 31 日有关账户的期初余额和本期发生额情况如下表：

账户名称	期初余额	本期增加发生额	本期减少发生额
银行存款	200 000	②30 000	①10 000　③1 000 ⑤20 000　⑥80 000
应付账款	40 000	④50 000　⑧60 000	⑥80 000
原材料	25 000	①10 000　④50 000	
短期借款	10 000	②30 000	⑤20 000
销售费用	0	③1 000	⑦1 000
本年利润	50 000		⑦1 000
固定资产	300 000	⑧60 000	

[操作训练]

作业用表 2 – 3

账户名称	期初余额	本期增加发生额	本期减少发生额		期末余额
银行存款	200 000	②30 000	①10 000　③1 000	⑤20 000　⑥80 000	
应付账款	40 000	④50 000　⑧60 000	⑥80 000		
原材料	25 000	①10 000　④50 000			
短期借款	10 000	②30 000	⑤20 000		
销售费用	0	③1 000	⑦1 000		
本年利润	50 000		⑦1 000		
固定资产	300 000	⑧60 000			

二、案例题

案例 2 – 1　　　　　　　　　小作坊巧取豪夺"傍名牌"

历尽艰辛耗费几年甚至数十载创下的名牌，转瞬之间就被"李鬼"盗用，且后者还披着合法的外衣，这样的苦恼事正被越来越多的知名企业碰到。

"李鬼"们欺世盗名的手段如出一辙：将内地知名企业的商标，在香港恶意注册登记到自己的企业名称中，再以香港公司的名义，以授权生产、委托加工、成立子公司等做幌子，在内地生产、促销同类产品。这种巧取豪夺"傍名牌"的行为，成为当前经济领域又一个迅速蔓延的"怪胎"。

宁波人胡某，一人在香港将"海尔""杉杉""雅戈尔"等全国驰名商标和"罗蒙""苏泊尔""樱花""爱妻""爱仕达"等省级著名商标作为企业名称内容登记注册。更为离奇的是，胡某还以这些香港公司的名义，向国家工商总局申请"香苏""泊尔港""香雅""戈尔港"等商标。

"卡丹"到处有，"狐狸"漫山走；

"老爷"被偷车，"鳄鱼"全国游；

金利来，愁！愁！！愁！！！

这首打油诗是在由《中国工商报》会同国家工商总局官员、最高人民法院相关执法者以及法国皮尔·卡丹、香港老爷车、香港鳄鱼恤和金利来服饰皮具公司、韩国金狐狸等知名企业代表召开的"维护企业公平竞争，遏制假名牌现象"研讨会上，由香港鳄鱼恤公司北京分公司总经理黄先生即兴创作的，它生动而又形象地概括了与会的几家知名品牌逐一被仿冒者"傍依"与"克隆"的无奈。

请利用学习过的会计知识分析：以上案例的始作俑者的目的是什么？这种行为将对依法经营企业的哪种资产造成危害？

[分析提示] 以上案例的始作俑者的目的可能有多种，可根据你所了解的情况展开分析；这种行为对依法经营企业的哪种资产造成危害可结合资产的组成内容进行分析。

案例 2 - 2   **会计等式中数额的变化说明了什么？**

　　强盛公司 2015 年末编制的"资产负债表"表明：该公司拥有资产 15 000 000 元；负债为 5 000 000 元；所有者权益为 10 000 000 元。该公司 2016 年末编制的"资产负债表"表明：该公司拥有资产 20 000 000 元；负债为 3 000 000 元；所有者权益为 17 000 000 元。两年的"资产负债表"都符合"资产＝负债＋所有者权益"会计等式的要求，但 2016 年年末时，以上三方面的要素有的增加了，有的减少了。请你具体分析一下：以上各要素的增减变化主要是由什么原因引起的？"资产＝负债＋所有者权益"会计等式在两年中都保持了平衡相等关系说明了什么问题？

　　[分析提示] 对各要素的增减变化的主要原因可根据影响会计等式的交易或事项类型展开分析；对会计等式在两年中都保持了平衡相等关系可根据会计等式的平衡原理进行分析。

三、实训题参考答案

习题一

1. C	2. ABC	3. CDE	4. B	5. C	6. ADE
7. ABCD	8. AE	9. ABCD	10. ABCE	11. ABC	12. ACE
13. ABC	14. C	15. BD	16. ACE	17. B	18. ABCE

习题二

1. BC	2. B	3. A	4. ACDE	5. AC	6. B
7. AC	8. ABDE	9. ABCD	10. ABCDE		

习题三

1. A	2. B	3. A	4. B	5. A	6. A
7. B	8. A	9. A	10. B	11. A	12. A
13. A	14. B	15. A			

习题四

作业用表 2 - 1

资料序号	属于会计要素类别及金额			应归属会计科目
	资　产	负　债	所有者权益	
例：1	1 000			库存现金
2	300 000			银行存款
3	19 000			原材料
4	900 000			固定资产
5	800 000			固定资产

续表

资料序号	属于会计要素类别及金额			应归属会计科目
	资 产	负 债	所有者权益	
6			1 755 000	实收资本
7	80 000			应收账款
8		120 000		短期借款
9	50 000			库存商品
10		350 000		应付账款
11			75 000	盈余公积
12	150 000			生产成本
合 计	2 300 000	470 000	1 830 000	—
	2 300 000	2 300 000		—

习题五

作业用表 2 - 2

业务序号	业务类型	对会计等式中会计要素的影响					增减变动结果
		资产 +	费用 =	负债 +	所有者权益 +	收入	
	变动前数额	500 000		40 000	460 000		—
合 计		500 000	500 000		500 000		
例:1	左方增减	− 3 000	+ 3 000				—
	变动后数额	500 000			500 000		双方相等
2	双方同增	+ 250 000			+ 250 000		—
	变动后数额	750 000			750 000		双方相等
3	双方同增	+ 45 000		+ 45 000			—
	变动后数额	795 000			795 000		双方相等
4	双方同减	− 10 000		− 10 000			—
	变动后数额	785 000			785 000		双方相等
5	双方同增	+ 50 000				+ 50 000	—
	变动后数额	835 000			835 000		双方相等
6	右方增减			− 30 000	+ 30 000		—
	变动后数额	835 000			835 000		双方相等
7	左方增减	+ 3 000 − 3 000					—
	变动后数额	835 000			835 000		双方相等
合 计		832 000	3 000	45 000	740 000	50 000	—
		835 000			835 000		双方相等

习题六

作业用表 2 – 3

账户名称	期初余额	本期增加发生额	本期减少发生额	期末余额
银行存款	200 000	②30 000	①10 000　③1 000 ⑤20 000　⑥80 000	119 000
应付账款	40 000	④50 000　⑧60 000	⑥80 000	70 000
原材料	25 000	①10 000　④50 000		85 000
短期借款	10 000	②30 000	⑤20 000	20 000
营业费用	0	③1 000	⑦1 000	0
本年利润	50 000		⑦1 000	49 000
固定资产	300 000	⑧60 000		360 000

第三章 复式记账

一、实训题

习题一

[目的] 熟悉复式记账和借贷记账法的基本内容。

[要求] 在下列各题所给的备选答案中选出你认为正确的答案，并将答案标号填入题中的括号内。提示：带有 4 个备选答案的题为单项选择题，带有 5 个备选答案的题为多项选择题。

[资料]

1. 进行复式记账时，对任何一项交易或事项登记的账户数量应是（   ）。
   A. 仅为两个　　　　　B. 仅为三个　　　　　C. 两个或两个以上　　　　D. 两个以上

2. 借贷记账法的记账符号"贷"对于下列会计要素表示增加的有（   ）。
   A. 资产　　　　　　　B. 负债　　　　　　　C. 所有者权益
   D. 收入　　　　　　　E. 利润

3. 在下列账户中，用贷方登记增加数的账户有（   ）。
   A. 应付账款　　　　　B. 实收资本　　　　　C. 累计折旧
   D. 盈余公积　　　　　E. 本年利润

4. 采用借贷记账法时，账户的借方一般用来登记（   ）。
   A. 资产的增加　　　　B. 收入的减少　　　　C. 费用的增加
   D. 负债的增加　　　　E. 所有者权益的减少

5. 通过"总分类账户发生额及余额试算表"一般不能发现的错误有（   ）。
   A. 登记账户时将金额位次颠倒　　　　　　B. 漏记交易或事项
   C. 重复记录交易或事项　　　　　　　　　D. 借贷记账方向彼此颠倒
   E. 记账方向正确但记错了账户

6. 对一项交易或事项，既在有关的总分类账户进行总括登记，又在这些总分类账户所属的明细分类账户中详细登记的做法称为（   ）。
   A. 复式记账　　　　　B. 账簿登记　　　　　C. 登记账户　　　　　　D. 平行登记

7. 复式记账的理论依据是（   ）。
   A. 资金运动规律　　　　　　　　　　　　B. 账户设置数量
   C. 账户登记方法　　　　　　　　　　　　D. 会计等式平衡原理

8. 复式记账应遵循的基本原则有（   ）。
   A. 必须以会计等式作为记账基础
   B. 每项交易或事项必须在起码两个账户中予以等额记录

  C. 必须按交易或事项影响会计等式的四种类型记录

  D. 定期汇总的全部账户记录必须平衡

  E. 必须在有关总账账户和明细账户中平行登记

9. 复式记账的作用主要有（　　　）。

  A. 能够全面的在账户中记录会计主体发生的交易或事项

  B. 能够系统的在账户中记录会计主体发生的交易或事项

  C. 能够清晰的反映资金运动的来龙去脉

  D. 便于对业务内容的了解和检查、监督

  E. 能够运用平衡关系检查账户记录有无差错

10. 借贷记账法的记账符号"借"与"贷"的含义有（　　　）。

  A. 表示增加和减少　　　　　　　　B. 表示借款的贷款

  C. 表示借款和还款　　　　　　　　D. 表示账户的登记金额

  E. 表示账户的登记方向

11. 借贷记账法下的发生额平衡法平衡公式为（　　　）。

  A. 全部账户的借方发生额合计 = 全部账户的贷方发生额合计

  B. 全部账户的借方发生额合计 = 部分账户的贷方发生额合计

  C. 部分账户的借方发生额合计 = 全部账户的贷方发生额合计

  D. 某一账户的借方发生额合计 = 某一账户的贷方发生额合计

12. 总账账户与明细账户平行登记的要点有（　　　）。

  A. 登记的内容相同　　　　　　　　B. 登记的方向一致

  C. 登记的内容不同　　　　　　　　D. 登记的金额不等

  E. 登记的金额相等

习题二

[目的] 熟悉复式记账和借贷记账法的基本内容。

[要求] 根据所给资料判断正误，你认为是正确的在题后的括号中写"A"，你认为是错误的在题后的括号中写"B"。

[资料]

1. 复式记账是指对交易或事项分别在总账与其所属明细账中记录的方法。　　（　　）

2. 借贷记账法的记账符号"借"只表示增加，"贷"只表示减少。　　（　　）

3. 双重性质账户的期末余额可能在借方，也可能在贷方。　　（　　）

4. 一个账户的借方发生额合计数与其贷方发生额合计数总是相等的。　　（　　）

5. 平行登记是指对交易或事项要在两个或两个以上的总账账户中登记。　　（　　）

6. 账户发生额平衡法的理论依据是"资产 = 负债 + 所有者权益"等式。　　（　　）

7. 借贷记账法下每一账户的左边均为借方，右边均为贷方。　　（　　）

8. 负债类账户及所有者权益类账户的结构一致。　　（　　）

9. 一笔业务在相关账户中借贷方向记反可以通过试算平衡查找出来。　　（　　）

10. 如果发生额试算表的结果是平衡的，可以肯定记账没有错误。　　（　　）

习题三

[目的] 练习借贷记账法下的会计分录编制方法、账户登记方法和试算平衡方法。

[要求]

1. 根据所给交易或事项编制会计分录（利用下面预留的编制分录的空白位置）。

2. 根据给出的余额资料和编制的会计分录登记有关总分类账户（利用下面开设的 T 形账户）。

3. 根据账户的登记结果编制"总分类账户发生额及余额试算表"（利用作业用表 3 – 1）。

[资料]

1. 某企业本月初有关总分类账户的余额如下：

（1）库存现金	300 元	（2）银行存款	200 000 元
（3）原材料	4 700 元	（4）固定资产	160 000 元
（5）生产成本	15 000 元	（6）短期借款	10 000 元
（7）应付账款	50 000 元	（8）实收资本	320 000 元

2. 该企业本月发生如下交易或事项：

（1）收到投资者投入的货币资金投资 200 000 元，已存入银行。

（2）用银行存款 40 000 元购入不需要安装设备 1 台。

（3）购入材料一批，买价和运费计 15 000 元。货款尚未支付。

（4）从银行提取现金 2 000 元。

（5）借入短期借款 20 000 元，已存入银行。

（6）用银行存款 35 000 元偿还应付账款。

（7）生产产品领用材料一批，价值 12 000 元。

（8）用银行存款 30 000 元偿还短期借款。

[操作训练]

1. 编制会计分录。

（1）借：　　　　　　　　　　（5）借：
　　　贷：　　　　　　　　　　　　贷：

（2）借：　　　　　　　　　　（6）借：
　　　贷：　　　　　　　　　　　　贷：

（3）借：　　　　　　　　　　（7）借：
　　　贷：　　　　　　　　　　　　贷：

（4）借：　　　　　　　　　　（8）借：
　　　贷：　　　　　　　　　　　　贷：

2. 登记有关总分类账户。

库存现金	银行存款

原材料　　　　　　　　　　　　　　　　固定资产

生产成本　　　　　　　　　　　　　　　　短期借款

应付账款　　　　　　　　　　　　　　　　实收资本

3. 编制"总分类账户发生额及余额试算表"。

作业用表3-1　　　　　　　　总分类账户发生额及余额试算表

账户名称	期初余额		本期发生额		期末余额	
	借方	贷方	借方	贷方	借方	贷方
合　计						

习题四

[目的] 练习总分类账户与明细分类账户平行登记及其试算平衡方法。

[要求]

1. 根据所给交易或事项编制会计分录（利用下面预留的编制分录的空白位置）。

2. 根据所给账户余额资料和编制的会计分录登记"原材料"、"应付账款"和"生产成本"总分类账户和明细分类账户（利用下面开设的 T 形账户）。

3. 编制"总分类账户与明细分类账发生额及余额试算表"（利用作业用表 3 – 2）。

[资料]

1. 某企业本月初有关账户的期初余额如下：

(1) 原材料   8 000 元

    其中：原材料——H 材料   6 000 元

    ——Y 材料   2 000 元

(2) 应付账款 50 000 元

    其中：应付账款——东华机械厂   30 000 元

    ——贸发材料公司   20 000 元

2. 该企业本月发生如下交易或事项：

(1) 从东华机械厂购入不需要安装设备两台，价值 50 000 元，货款尚未支付。

(2) 从贸发材料公司购入材料一批，货款计 18 000 元。其中：H 材料 10 000 元，Y 材料 8 000 元。H 材料货款已用银行存款支付，Y 材料货款尚未支付。

(3) 用银行存款偿还东华机械厂设备款 60 000 元。

(4) 用银行存款偿还贸发材料公司材料款 28 000 元。

(5) 发出 H 材料 8 000 元，Y 材料 6 000 元用于 A 产品生产。

[操作训练]

1. 编制会计分录。

(1) 借：   (4) 借：

    贷：   贷：

(2) 借：   (5) 借：

    贷：   贷：

(3) 借：

    贷：

2. 登记有关总分类账户和明细分类账户。

原材料	应付账款

生产成本	原材料——H 材料

原材料——Y 材料	应付账款——东华机械厂

应付账款——贸发材料公司	生产成本——A 产品

3. 编制"总分类账户与明细分类账发生额及余额试算表"。

作业用表 3－2   **总分类账户与明细分类账发生额及余额试算表**

账户名称	期初余额		本期发生额		期末余额	
	借方	贷方	借方	贷方	借方	贷方

二、案例题

案例 3－1　　　　　　　账户设置不可缺　复式记账应规范

小陈毕业于某美术学院，她自谋职业办起了"晨光美术社"，主要经营的业务是为客户进行广告和装潢设计。虽然她并没有学过会计方面的知识，但也听到过毕业于某财经大学、现在就职于某公司财会部门的高中同学小高介绍过复式记账法。

一个月过去了，她为了计算一下这个月的经营成果，对开业以来所有的单据进行了整理，并按照下面的方法进行了登记。

收　　入		费　　用	
收到现金	9 000	购电脑	5 500
		付房租	2 400
		买材料	600

不算不知道，一算吓一跳。按照这样的算法，她这个月挣到手的现钱只有500元，与当初的投资20 000元相比感觉差距太大。

是不是自己的算法有问题？她忽然想到了小高，因为小高在她开业的时候还说过要当她的兼职会计呢！于是赶紧打电话向小高求援。

小高进门后，一边安慰小陈，一边挑出一些与小陈本月的经营成果的计算有关的单据，包括：

1. 购买用于设计的计算机发票。金额5 500元。
2. 支付租用半年办公房屋的发票。金额2 400元。
3. 客户欠营业款的欠条。金额2 000元。
4. 购买各种材料的发票：合计金额600元。
5. 办理收款后开出的发票：合计金额9 000元。

小高根据这些单据进行了大体计算，对小陈说："你这个月何止赚了500元哪？你的计算方法有问题。另外，你登记账户虽然像似复式记账，但也太不规范了。看来，你这个美术社的兼职会计我是当定了。"

你能根据所学会计知识分析：小高与小陈的算法有什么不同吗？晨光美术社应当设置哪些与收入和费用核算所需要的账户？应采用什么记账方法进行账户的登记？

［分析提示］可从收入和费用的确认基础、设置账户的方法和复式记账法等方面进行分析。

案例 3－2　　　　　试算表格数字平衡　为何错误未被发现案例

小甄从某财经大学会计系毕业刚刚被聘任为启明公司的会计员。今天是他来公司上班的第一天。会计科里那些同事们忙得不可开交，一问才知道，大家正在忙于月末结账。"我能做些什么？"会计科长看他那急于投入工作的表情，也想检验一下他的工作能力，就问："试算平衡表的编制方法在学校学过了吧？"

"学过。"小甄很自然的回答。

"那好吧，趁大家忙别的事情的时候，你先试着编一下咱们公司这个月的'总分类账户发生额和余额试算平衡表'"。科长将本公司的总账账簿交给了他，小甄就开始在早已为他准备的办公桌前忙碌起来。

不到一个小时，一张"总分类账户发生额及余额试算平衡表"就编制出来了。看到表格上那三组相互平衡的数字，小甄激动的心情很难予以言表。兴冲冲地向科长交了差。

"呀，昨天车间领材料的单据还没记到账上去呢，这也是这个月的业务啊！"会计员李媚说道。还没等小甄缓过神来，会计员小张手里又拿着一些会计凭证凑了过来，对科长说，"这笔账我核对过了，应当记入'原材料'和'生产成本'的是10 000元，而不是9 000元。已经入账的那部分数字还得改一下。"

"试算平衡表不是已经平衡了吗？怎么没有发现这些问题呢？"小甄不解地问。

你能利用所学的会计知识解答一下小甄的疑问吗？

[分析提示] 可结合试算平衡表不能发现的几种错账情况进行分析。

三、实训题参考答案

习题一

1. C   2. BCDE   3. ABCDE   4. ABCE   5. BCE   6. D
7. A   8. ABCD   9. ABCDE   10. AE   11. A   12. ABCE

习题二

1. B   2. B   3. A   4. B   5. B   6. B
7. A   8. A   9. B   10. B

习题三

1. 根据所给交易或事项编制会计分录。

（1）借：银行存款　200 000　　　　　（2）借：固定资产　40 000
　　　贷：实收资本　　200 000　　　　　　　贷：银行存款　　40 000

（3）借：原材料　15 000　　　　　　　（4）借：库存现金　2 000
　　　贷：应付账款　　15 000　　　　　　　贷：银行存款　　2 000

（5）借：银行存款　20 000　　　　　　（6）借：应付账款　35 000
　　　贷：短期借款　　20 000　　　　　　　贷：银行存款　　35 000

（7）借：生产成本　12 000　　　　　　（8）借：短期借款　30 000
　　　贷：原材料　　12 000　　　　　　　　贷：银行存款　　30 000

2. 根据给出余额资料的账户开设并登记有关明细分类账户。

库存现金			
月初余额	300		
（4）	2 000		
本月合计	2 000		
月末余额	2 300		

银行存款			
月初余额	200 000	（2）	40 000
（1）	200 000	（4）	2 000
（5）	20 000	（6）	35 000
		（8）	30 000
本月合计	220 000	本月合计	107 000
月末余额	313 000		

原材料			
月初余额	4 700	（7）	12 000
（3）	15 000		
本月合计	15 000	本月合计	12 000
月末余额	7 700		

固定资产			
月初余额	160 000		
（2）	40 000		
本月合计	40 000		
月末余额	200 000		

生产成本			
月初余额	15 000		
（7）	12 000		
本月合计	12 000		
月末余额	27 000		

短期借款			
（8）	30 000	月初余额	10 000
		（5）	20 000
本月合计	30 000	本月合计	20 000

应付账款			
（6）	35 000	月初余额	50 000
		（3）	15 000
本月合计	35 000	本月合计	15 000
		月末余额	30 000

实收资本			
		月初余额	320 000
		（1）	200 000
		本月合计	200 000
		月末余额	520 000

3. 根据账户的登记结果编制"总分类账户发生额及余额试算表"。

作业用表 3 - 1　　　　总分类账户发生额及余额试算表

账户名称	期初余额		本期发生额		期末余额	
	借方	贷方	借方	贷方	借方	贷方
库存现金	300		2 000		2 300	
银行存款	200 000		220 000	107 000	313 000	
原材料	4700		15 000	12 000	7 700	
固定资产	160 000		40 000		200 000	
生产成本	15 000		12 000		27 000	
短期借款		10 000	30 000	20 000		0
应付账款		50 000	35 000	15 000		30 000
实收资本		320 000		200 000		520 000
合　计	380 000	380 000	354 000	354 000	550 000	550 000

习题四

1. 编制会计分录。

（1）借：固定资产 50 000
　　　　贷：应付账款
　　　　　　——东华机械厂 50 000

（2）借：原材料——H 材料 10 000
　　　　　　　　　——Y 材料 8 000
　　　　贷：银行存款 10 000
　　　　　　应付账款
　　　　　　　——贸发材料公司 8 000

（3）借：应付账款
　　　　　　——东华机械厂 60 000
　　　　贷：银行存款 60 000

（4）借：应付账款
　　　　　　——贸发材料公司 28 000
　　　　贷：银行存款 28 000

（5）借：生产成本
　　　　　　——A 产品 14 000
　　　　贷：原材料——H 材料 8 000
　　　　　　　　　——Y 材料 6 000

2. 开设并登记"原材料""应付账款""生产成本"总分类账户和明细分类账户。

原材料

月初余额	8 000	（5）	14 000
（2）	18 000		
本月合计	18 000	本月合计	14 000
月末余额	12 000		

应付账款

（3）	60 000	月初余额	50 000
（4）	28 000	（1）	50 000
		（2）	8 000
本月合计	88 000	本月合计	58 000
		月末余额	20 000

生产成本

（5）	14 000		
本月合计	14 000		
月末余额	14 000		

原材料——H 材料

月初余额	6 000	（5）	8 000
（2）	10 000		
本月合计	10 000	本月合计	8 000
月末余额	8 000		

原材料——Y 材料

月初余额	2 000	（5）	6 000
（2）	8 000		
本月合计	8 000	本月合计	6 000
月末余额	4 000		

应付账款——东华机械厂

（3）	60 000	月初余额	30 000
		（1）	50 000
本月合计	60 000	本月合计	50 000
		月末余额	20 000

应付账款——贸发材料公司

（4）	28 000	月初余额	20 000
		（2）	8 000
本月合计	28 000	本月合计	8 000

生产成本——A 产品

（5）	14 000		
本月合计	14 000		
月末余额	14 000		

3. 编制"总分类账户与明细分类账发生额及余额试算表"。

作业用表 3 – 2   总分类账户与明细分类账发生额及余额试算表

账户名称	期初余额		本期发生额		期末余额	
	借方	贷方	借方	贷方	借方	贷方
"原材料"总账	8 000		18 000	14 000	12 000	
"原材料"明细账合计	8 000		18 000	14 000	12 000	
H 材料	6 000		10 000	8 000	8 000	
Y 材料	2 000		8 000	6 000	4 000	
"应付账款"总账		50 000	88 000	58 000		20 000
"应付账款"明细账合计		50 000	88 000	58 000		20 000
东华机械厂		30 000	60 000	50 000		20 000
贸发材料公司		20 000	28 000	8 000		0
"生产成本"总账			14 000		14 000	
"生产成本"总账合计			14 000		14 000	
A 产品			14 000		14 000	

第四章 会 计 凭 证

一、实训题

习题一

[目的] 熟悉会计凭证的定义、作用与种类等内容。

[要求] 在下列各题所给的备选答案中选出你认为正确的答案,并将答案标号填入题中的括号内。提示:带有 4 个备选答案的题为单项选择题,带有 5 个备选答案的题为多项选择题。

1. 在下列说法中,关于会计凭证作用的正确说法有 (　　　)。
   A. 提供交易或事项活动的原始资料　　B. 登记账簿的必要依据
   C. 明确经济责任的重要手段　　　　　D. 会计核算的一种专门方法
   E. 实行会计监督的具体措施

2. 在下列说法中,关于会计凭证定义正确说法的有 (　　　)。
   A. 记录交易或事项的书面证明　　　　B. 明确经济责任的书面证明
   C. 据以登记账簿的书面证明　　　　　D. 会计核算的一种专门方法
   E. 确定某一计算对象成本的方法

3. 在交易或事项发生时取得或填制的会计凭证是 (　　　)。
   A. 原始凭证　　　B. 记账凭证　　　C. 记账编制凭证　　　D. 汇总原始凭证

4. 按照原始凭证的填制手续和内容不同分类可分为 (　　　)。
   A. 一次凭证　　　B. 累计凭证　　　C. 汇总原始凭证
   D. 记账编制凭证　　E. 外来原始凭证

5. 连续记载一定时间内不断重复发生的同类交易或事项的原始凭证是 (　　　)。
   A. 一次凭证　　　B. 累计凭证　　　C. 汇总原始凭证　　　D. 自制原始凭证

6. 根据账簿记录的结果对某些特定事项加以归类、整理重新编制的原始凭证是(　　　)。
   A. 一次凭证　　　B. 累计凭证　　　C. 汇总原始凭证　　　D. 记账编制凭证

7. 记账凭证的含义有 (　　　)。
   A. 根据审核无误的原始凭证填制　　B. 按设置的账户填制
   C. 运用复式记账法填制　　　　　　D. 用以确定会计分录
   E. 登记账簿的直接依据

8. 在下列记账凭证中,属于专用记账凭证的有 (　　　)。
   A. 收款凭证　　　B. 付款凭证　　　C. 转账凭证
   D. 借项记账凭证　　　　　　　　　E. 贷项记账凭证

9. 按记账凭证上填列的会计科目数目分类形成的凭证种类有（　　）。

    A. 单一记账凭证　B. 汇总记账凭证　C. 单式记账凭证

    D. 科目汇总表　E. 复式记账凭证

10. 按记账凭证包括的交易或事项内容分类形成的凭证种类有（　　）。

    A. 专用记账凭证　B. 单一记账凭证　C. 汇总记账凭证

    D. 通用记账凭证　E. 科目汇总表

习题二

[目的] 熟悉原始凭证、记账凭证填制方法等内容。

[要求] 在下列各题所给的备选答案中选出你认为正确的答案，并将答案标号填入题中的括号内。提示：带有 4 个备选答案的题为单项选择题，带有 5 个备选答案的题为多项选择题。

1. 下列各项中，原始凭证应当具备的内容有（　　）。

    A. 接受凭证单位名称　　　　B. 交易或事项的内容　　　　C. 会计科目

    D. 数量、单价和金额　　　　E. 填制凭证单位名称

2. 在下列自制原始凭证中，应由业务经办人员填制的有（　　）。

    A. "领料单"　　　　　　　　B. "限额领料单"　　　　　　C. "借款单"

    D. "发出材料汇总表"　　　　E. "制造费用分配表"

3. 下列关于填制会计凭证的要求中，属于对原始凭证填制要求的有（　　）。

    A. 记录真实　　　　　　　　B. 手续完备　　　　　　　　C. 书写规范

    D. 科目准确　　　　　　　　E. 填制及时

4. 审核原始凭证包括的内容主要有（　　）。

    A. 交易或事项的合理性　　　　B. 交易或事项的合法性

    C. 交易或事项的合规性　　　　D. 原始凭证的完整性

    E. 原始凭证的准确性

5. 以下交易或事项中，应当填制收款凭证的业务有（　　）。

    A. 收到投资者投资存入银行　　　　B. 从银行提取现金

    C. 收到投资者投入企业设备　　　　D. 收到货款及税金存入银行

    E. 购入材料货款暂未支付给销售方

6. 以下交易或事项中，应当填制付款凭证的业务有（　　）。

    A. 用现金购买办公用品　　　　B. 将现金存入银行

    C. 用银行存款缴纳税金　　　　D. 生产产品领用材料

    E. 用现金支付员工借款

7. 在以下交易或事项中，应当填制转账凭证的业务有（　　）。

    A. 收到投资者投入企业材料　　　　B. 用银行存款支付购买材料货款

    C. 将盈余公积金转为资本金　　　　D. 企业管理部门领用材料

    E. 用现金支付材料运费

8. 对于库存现金和银行存款之间的相互存取业务，应填制的记账凭证是，（　　）。

    A. 收款凭证　　　　　　　　B. 付款凭证

    C. 转账凭证　　　　　　　　　　D. 收款凭证与付款凭证

9. 下列关于填制会计凭证的要求中，属于对记账凭证填制要求的有（　　　）。

    A. 手续完备　　　　　　　　　　B. 摘要简明

    C. 科目运用准确　　　　　　　　D. 连续编号　　　　　　E. 附件齐全

10. 专用记账凭证的优点主要有（　　　）。

    A. 可以集中反映账户之间的对应关系 B. 可以减少记账凭证的设置数量

    C. 便于实行会计内部岗位责任制　　D. 制证工作量较小

    E. 便于汇总

习题三

[目的] 熟悉会计凭证的基本内容。

[要求] 根据所给资料判断正误，你认为是正确的在题后的括号中写"A"，你认为是错误的在题后的括号中写"B"。

1. 记账编制凭证也是一种记账凭证。　　　　　　　　　　　　　　　　（　　　）

2. 原始凭证都是根据实际发生的交易或事项填制的。　　　　　　　　（　　　）

3. 外来原始凭证一般为一次凭证。　　　　　　　　　　　　　　　　（　　　）

4. 对库存现金与银行存款之间相互划转的业务应填制付款凭证。　　　（　　　）

5. 增值税专用发票属于外来原始凭证。　　　　　　　　　　　　　　（　　　）

6. 科目汇总表上反映的是若干项交易或事项的内容。　　　　　　　　（　　　）

7. 会计凭证的传递过程也是交易或事项的办理过程。　　　　　　　　（　　　）

8. 在保管期未满前，经过批准可以销毁会计凭证。　　　　　　　　　（　　　）

9. 对各种记账凭证都可以采用相同的编号方法。　　　　　　　　　　（　　　）

10. 转账业务就是指库存现金和银行存款之间的相互划转业务。　　　（　　　）

习题四

[目的] 练习记账凭证的填制方法。

[要求]

1. 根据所给交易或事项逐笔确定应当填制的专用记账凭证名称（见下面所给出的凭证）。

2. 运用专用记账凭证格式填制各项交易或事项的记账凭证（按五种编号方法编号）。

[资料] 某企业 5 月发生如下交易或事项：

1. 5 月 3 日，收到投资者投入的货币资金投资 200 000 元，已存入银行。原始凭证为银行存款通知单一张。

2. 5 月 5 日，用银行存款 40 000 元购入不需要安装设备 1 台。原始凭证为银行存款转账支票存根一张，销售设备企业发票一张。

3. 5 月 10 日，发出材料一批，实际成本 12 000 元，用于产品生产。原始凭证为领料车间领料单一张。

4. 5 月 15 日，从银行提取现金 2 000 元。原始凭证为现金支票存根一张，银行支款通知单一张。

5.5月20日，借入短期借款20 000元，已存入银行。原始凭证为借款合同一份，银行收款通知单一张。

6.5月27日，用银行存款35 000元偿还应付账款。原始凭证为银行存款转账支票存根一张，银行支款通知单一张。

7.5月28日，用银行存款30 000元偿还短期借款。原始凭证为银行存款转账支票存根一张，银行支款通知单一张。

8.5月29日，从立发公司购入乙材料一批，实际成本20 000元，货款尚未支付。原始凭证为"收料单"一张。

[操作训练]

1. 应填制＿＿＿＿＿＿＿凭证。

＿＿＿＿＿＿凭证

___方科目：　　　　　　　　　　　201×年　月　日　　　　　　　　　　　　字第　号

摘　要	方　科　目		金　额	记　账
	一级科目	二级或明细科目		
合　　计				

附件　张

会计主管□　　　记账□　　　稽核□　　　填制□　　　出纳□　　　交款□

2. 应填制＿＿＿＿＿＿＿凭证。

＿＿＿＿＿＿凭证

___方科目：　　　　　　　　　　　201×年　月　日　　　　　　　　　　　　字第　号

摘　要	方　科　目		金　额	记　账
	一级科目	二级或明细科目		
合　　计				

附件　张

会计主管□　　　记账□　　　稽核□　　　填制□　　　出纳□　　　领款□

3．应填制_____凭证。

_____凭证

201×年 月 日　　　　　　　　　　　　　字第　号

摘　要	一级科目	二级或明细科目	借方金额	贷方金额	记　账
合　计					

附件　张

会计主管 [　] 　　记账 [　] 　　稽核 [　] 　　　　填制 [　]

4．应填制_____凭证。

_____凭证

____方科目：　　　　　　　　201×年 月 日　　　　　　　　字第　号

摘　要	借方科目		金　额	记　账
	一级科目	二级或明细科目		
合　计				

附件　张

会计主管 [　] 　记账 [　] 　稽核 [　] 　填制 [　] 　出纳 [　] 　领款 [　]

5．应填制_____凭证。

_____凭证

____方科目：　　　　　　　　201×年 月 日　　　　　　　　字第　号

摘　要	方　科　目		金　额	记　账
	一级科目	二级或明细科目		
合　计				

附件　张

会计主管 [　] 　记账 [　] 　稽核 [　] 　填制 [　] 　出纳 [　] 　交款 [　]

6. 应填制____凭证。

_____凭证

____方科目：　　　　　　　　　　201×年　月　日　　　　　　　　　　字第　号

摘　要	方　科　目		金　额	记　账	
	一级科目	二级或明细科目			
					附
					件
					张
合　计					

会计主管□　　记账□　　稽核□　　填制□　　出纳□　　领款□

7. 应填制____凭证。

_____凭证

____方科目：　　　　　　　　　　201×年　月　日　　　　　　　　　　字第　号

摘　要	方　科　目		金　额	记　账	
	一级科目	二级或明细科目			
					附
					件
					张
合　计					

会计主管□　　记账□　　稽核□　　填制□　　出纳□　　领款□

8. 应填制____凭证。

_____凭证

　　　　　　　　　　　　201×年　月　日　　　　　　　　　　字第　号

摘　要	一级科目	二级或明细科目	借方金额	贷方金额	记　账	
						附
						件
						张
合　计						

会计主管□　　记账□　　稽核□　　填制□

二、案例题

案例4-1　　　　　大肆虚开增值税票　家族罪案实属罕见

广东省某市中级人民法院曾开庭审理了某县物资公司原副总经理潘某及其儿子、儿媳3人虚开增值税专用发票价税合计总额4亿余元的案件。这种家族式的虚开税票案实属罕见。

皮包公司专做发票生意

由于担任公职不便出面，潘某首先借用朋友潘某的身份证开立了该县新城物资有限公司，然后又指使自己的儿子成立某县万源有限公司，指使冯某等人申请成立了商发、长能贸易有限公司。据公诉人讲，潘某竟然在一天之内成立了两家所谓的"贸易公司"。而这些公司既无厂房工地，又无贸易往来，唯一的生意是兜售虚开的增值税专用发票。

父子儿媳齐上阵

有时需要出具的虚开发票太多，忙不过来，潘某就指使自己的儿子和儿媳一齐动笔开票。检察院诉称，潘某等3人利用开设5家皮包公司的幌子，先后为全国100余家单位大肆虚开增值税专用发票。

经查实，被告人潘某共参与虚开增值税专用发票4亿多元，税额5 900万元。每一次做生意，潘某都坚持要求按价税总额的1.5%～1.8%收费，如此计算，潘家从中获取的不法之财达数百万元人民币。

虚开增值税专用发票的案件已屡见各种媒体。请你根据学习过的有关会计知识分析：虚开增值税专用发票将对企业的会计核算产生怎样的影响？对国家税收将产生怎样的影响？

［分析提示］可从原始凭证的作用和增值税进项税额与销项税额的抵扣等方面展开分析。

案例4-2　　　　　记账凭证先盖章　会计人员钻空子

企业的现金应由专职的出纳员保管。现金的收支应由出纳员根据收付款凭证办理，业务办理完毕后由出纳员在有关的凭证上签字盖章。这是现金收支业务的正常账务处理程序。

但在某市某公司，这个正常的账务处理程序却被打乱了。企业的现金由会计人员保管。现金的收支也由会计人员办理。更为可笑的是：该企业的记账凭证也是由出纳员张某先盖好印章放在会计人员那里，给会计人员作弊提供了可乘之机。

该公司会计（兼出纳）邵某就是利用这种既管钱，又管账的"方便"条件，尤其是借用盖好章的记账凭证，编造虚假支出，贪污公款1.4万余元。

请你利用所学会计知识分析：该公司的记账凭证管理存在什么问题？应当怎样解决？

［分析提示］可从记账凭证的作用和现金收支业务的正常账务处理程序等方面展开分析。

三、实训题参考答案

习题一

1. ABCE	2. ABCD	3. A	4. ABCD	5. B
6. D	7. ABCDE	8. ABC	9. CE	10. BCE

习题二

1. ABDE	2. ABC	3. ABCE	4. ABCDE	5. AD
6. ABCE	7. ACD	8. B	9. ABCDE	10. ABC

习题三

1. B	2. B	3. A	4. A	5. A
6. A	7. A	8. B	9. B	10. B

习题四

1. 5月3日，收到投资者投入的货币资金投资 200 000 元，已存入银行。原始凭证为银行存款通知单一张。

应填制<u>收款</u>凭证。

收款凭证

借方科目：银行存款　　　　　　　　　　201×年5月3日　　　　　　　　　银收 字第1号

摘　要	贷　方　科　目		金　额	记账
	一级科目	二级或明细科目		
收到投资	实收资本		200 000	
合　计			200 000	

会计主管 □　　记账 □　　稽核 □　　填制 □　　出纳 □　　交款 □

附件壹张

2. 5月5日，用银行存款 40 000 元购入不需要安装设备 1 台。原始凭证为银行存款转账支票存根一张，销售设备企业发票一张。

填制<u>付款</u>凭证。

付款凭证

贷方科目：银行存款　　　　　201×年5月5日　　　　　银付 字第1号

摘　要	借 方 科 目		金　额	记　账
	一级科目	二级或明细科目		
购买设备	固定资产		40 000	
合　　计			40 000	

附件 贰 张

会计主管□　　记账□　　稽核□　　填制□　　出纳□　　领款□

3. 5月10日，发出A材料一批，实际成本12 000元，用于甲产品生产。原始凭证为领料车间领料单一张。

应填制<u>转账</u>凭证。

转账凭证

　　　　　201×年5月10日　　　　　　　　　　转 字第1号

摘　要	一级科目	二级或明细科目	借方金额	贷方金额	记　账
生产用料	生产成本	甲产品	12 000		
	原材料	A材料		12 000	
合　　计			12 000	12 000	

附件 壹 张

会计主管□　　记账□　　稽核□　　填制□

4. 5月15日，从银行提取现金2 000元。原始凭证为现金支票存根一张，银行支款通知单一张。

应填制<u>付款</u>凭证。

付款凭证

贷方科目：银行存款　　　　　201×年5月15日　　　　　银付 字第2号

摘　要	借 方 科 目		金　额	记　账
	一级科目	二级或明细科目		
提取现金	库存现金		2 000	
合　　计			2 000	

附件 贰 张

会计主管□　　记账□　　稽核□　　填制□　　出纳□　　领款□

5. 5月20日，借入短期借款20 000元，已存入银行。原始凭证为借款合同一份，银行收款通知单一张。

应填制<u>收款</u>凭证。

收款凭证

借方科目：银行存款　　　　　　　201×年5月20日　　　　　　　银收 字第2号

摘　要	贷 方 科 目		金　额	记　账	
	一级科目	二级或明细科目			附
借款	短期借款		20 000		件
					贰
					张
合　计			20 000		

会计主管 □　　记账 □　　稽核 □　　填制 □　　出纳 □　　交款 □

6. 5月27日，用银行存款35 000元偿还应付账款。原始凭证为银行存款转账支票存根一张，银行支款通知单一张。

应填制付款凭证。

付款凭证

贷方科目：银行存款　　　　　　　201×年5月27日　　　　　　　银付 字第3号

摘　要	借 方 科 目		金　额	记　账	
	一级科目	二级或明细科目			附
还货款	应付账款		35 000		件
					贰
					张
合　计			35 000		

会计主管 □　　记账 □　　稽核 □　　填制 □　　出纳 □　　领款 □

7. 5月28日，用银行存款30 000元偿还短期借款。原始凭证为银行存款转账支票存根一张，银行支款通知单一张。

应填制付款凭证。

付款凭证

贷方科目：银行存款　　　　　　　201×年5月28日　　　　　　　银付 字第4号

摘　要	借 方 科 目		金　额	记　账	
	一级科目	二级或明细科目			附
还借款	短期借款		30 000		件
					贰
					张
合　计			30 000		

会计主管 □　　记账 □　　稽核 □　　填制 □　　出纳 □　　领款 □

8. 5月29日，从立发公司购入乙材料一批，实际成本20 000元，货款尚未支付。原始凭证为"收料单"一张。

应填制转账凭证。

转账凭证

201×年5月29日　　　　　　　　　　　　　字第2号

摘　要	一级科目	二级或明细科目	借方金额	贷方金额	记　账	
生产用料	原材料	乙材料	20 000			附
	应付账款	立发公司		20 000		件
						壹
						张
合　计			30 000			

会计主管□□□□　　　　记账□□□□　　　　稽核□□□□　　　　填制□□□□

第五章 会计账簿

一、实训题

习题一

［目的］熟悉会计账簿的种类、格式和登记方法等内容。

［要求］在下列各题所给的备选答案中选出你认为正确的答案，并将答案标号填入题中的括号内。提示：带有 4 个备选答案的题为单项选择题，带有 5 个备选答案的题为多项选择题。

1. 由具有一定格式而又相互联结的账页组成的簿籍称为（　　　）。
   A. 会计科目　　　　B. 会计账户　　　　C. 会计账簿　　　　D. 会计报表
2. 设置会计账簿的意义主要有（　　　）。
   A. 系统归纳和积累会计资料　　　　B. 考核经营成果，进行会计监督
   C. 结转发生的收入和费用　　　　　D. 为编制会计报表提供资料来源
   E. 将本期发生额和余额结转下期
3. 设置会计账簿应当遵循的基本原则有（　　　）。
   A. 满足需要　　　　B. 组织严密　　　　C. 精简灵便
   D. 手续齐备　　　　E. 结合实际
4. 会计账簿按用途分类可以分为（　　　）。
   A. 序时账簿　　　　B. 订本式账簿　　　　C. 分类账簿
   D. 备查账簿　　　　E. 卡片式账簿
5. 会计账簿按外表形式可以分为（　　　）。
   A. 订本式账簿　　　　B. 总分类账簿　　　　C. 活页式账簿
   D. 卡片式账簿　　　　E. 明细分类账簿
6. 从银行提取现金时，"库存现金日记账"上的"对方科目"栏应填写（　　　）。
   A. 实收资本　　　　B. 银行存款　　　　C. 固定资产　　　　D. 预提费用
7. 总分类账簿一般为（　　　）。
   A. 借、贷、余三栏式账页　　　　　B. 活页式账簿　　　　C. 订本式账簿
   D. 收、付、余三栏式账页　　　　　E. 卡片式账簿
8. 三栏式明细分类账簿一般适用于登记（　　　）。
   A. 只进行价值量核算的交易或事项　　　　B. 费用或收入增减交易或事项
   C. 只进行实物量核算的交易或事项　　　　D. 材料物资类增减交易或事项
9. 下列账户中可设置成多栏式明细分类账簿的有（　　　）。
   A. 生产成本　　　　B. 制造费用　　　　C. 材料采购

D. 管理费用　　　　　E. 实收资本

10. 数量金额式明细分类账簿（　　）。

    A. 只反映价值量实物量　　　　　　　　B. 只反映实物量

    C. 既反映价值量，又反映实物量　　　　D. 既不反映价值量，也不反映实物量

习题二

[目的] 熟悉账簿的登记规则、错账更正方法、结账与对账等基本内容。

[要求] 在下列各题所给的答案中选出正确答案，并将答案标号填入题中的括号内。

提示：带有4个备选答案的题为单项选择题，带有5个备选答案的题为多项选择题。

1. 启用订本式账簿时，一般应在账簿扉页上填写的内容有（　　）。

    A. 账簿使用登记表　　　　　　　　　　B. 交易或事项的发生时间

    C. 交易或事项的内容　　　　　　　　　D. 账户目录

    E. 交易或事项的增减金额

2. 记账人员在登记账簿时，应当遵守的最基本规则是（　　）。

    A. 内容齐全准确　　　B. 书写适当留格　　　C. 依据凭证记账

    D. 使用蓝黑墨水

3. 划线更正法适用于更正（　　）。

    A. 记账凭证上科目用错产生的错账　　　B. 记账凭证上金额写少产生的错账

    C. 记账凭证上金额写多产生的错账　　　D. 记账凭证正确只是记账笔误的错账

4. 在由下列原因引起的错账中，可采用红字更正法更正的有（　　）。

    A. 记账凭证上科目用错　　　　　　　　B. 记账凭证上金额写多

    C. 记账凭证上金额写少　　　　　　　　D. 记账凭证上编号写错

    E. 记账凭证正确只是记账时笔误

5. 记账以后发现记账凭证上的会计科目用错，应采用的更正方法是（　　）。

    A. 划线更正法　　　　　　　　　　　　B. 红字更正法

    C. 补充登记法　　　　　　　　　　　　D. 作废原凭证重填

6. 结账的内容主要有（　　）。

    A. 将本期交易或事项全部入账　　　　　B. 将应计事项调整入账

    C. 将上期交易或事项记入本期　　　　　D. 结清收入、费用账户发生额

    E. 计算并结转本期发生额和余额

7. 对账的主要内容有（　　）。

    A. 账账核对　　　B. 账表核对　　　C. 账证核对　　　D. 账实核对

    E. 债权债务核对

8. 进行账账核对所采用的基本方法是（　　）。

    A. 直接核对　　　B. 清查盘点核对　　　C. 编制试算表核对　　　D. 与对账单核对

9. 账户登记时借项或贷项记录方向记反，试算表上的借、贷方合计数会（　　）。

    A. 完全相等　　　　　　　　　　　　　B. 肯定不相等

    C. 在存在其他错账的情况下相等　　　　D. 在不存在其他错账的情况下相等

10. 进行年度之间余额的结转时，应（　　）。

A. 填制收款凭证   B. 不填制记账凭证

C. 填制付款凭证   D. 填制转账凭证

习题三

[目的] 熟悉会计账簿登记登记规则、结账与对账等有关内容。

[要求] 根据所给资料判断正误，你认为是正确的在题后的括号中写"A"，你认为是错误的在题后的括号中写"B"。

1. 库存现金日记账只能根据现金收款凭证和现金付款凭证登记。 （　　）

2. 总分类账簿是由记账人员根据记账凭证逐笔登记的。 （　　）

3. 账簿中登记完毕，应在会计账簿上做出已记账标记。 （　　）

4. 各种账簿应按顺序编号的页次连续登记，不得跳行或隔页登记。 （　　）

5. 账页上的"借或贷"栏表示账户的余额方向。 （　　）

6. 对在记账凭证上用错会计科目产生的错账应当用红字更正法更正。 （　　）

7. 结账是指在会计期末对一定时期内账簿记录所做的核对工作。 （　　）

8. 结账就是在期末时计算每个账户的发生额。 （　　）

9. 所谓账证核对是指对账时将账簿的记录与有关的会计凭证进行核对。 （　　）

10. 年末结账时，账页中的"上年结余"数应按其相反方向抄列。 （　　）

习题四

[目的] 练习掌握库存现金日记账的登记方法。

[要求]

1. 根据所给资料，首先确认应填制的专用记账凭证名称，按五种编号方法为记账凭证编号；然后编制会计分录（见下面的提示）。

2. 根据编制的记账凭证登记"库存现金日记账"，计算出当日余额（利用作业用表5-1）。

3. 逐笔登记"库存现金"总账，计算出当日余额（利用作业用表5-2）。

[资料] 某企业6月1日"库存现金日记账"的余额和当日发生的现金收支业务如下：

1. 某企业6月1日"库存现金日记账"的余额为600元。

2. 当日发生如下与现金收付有关的交易或事项：

（1）用现金120元支付购买材料运费。（借方科目："材料采购"）

（2）李松报销公出差旅费2 400元。出差前借款为2 000元。垫付部分已付给李松本人。

（3）从银行提取现金18 000元，备发工资。

（4）用现金18 000元向员工发放工资。（借方科目：应付职工薪酬）

（5）王顺报销公出差旅费2 250元，交回借款剩余750元。出差前借款为3 000元。

（6）处理积压材料收入现金800元。（贷方科目：其他业务收入）

（7）将库存现金1 000元存入银行。

[操作训练]

1. 根据所给资料，确认应填制的专用记账凭证名称；编制会计分录。提示：为方便确认应填制的专用记账凭证名称，对以下交易或事项应编制简单会计分录。

(1) 应填制＿＿凭证，编号为：＿＿。

借：

贷：

(2) 应填制＿＿凭证与＿＿凭证。

① 对原借款已用掉部分应填制＿＿凭证，编号为：＿＿字第＿号。

借：

贷：

② 对企业支付李松现金（垫付部分）应填制＿＿凭证，编号为：＿＿字第＿号。

借：

贷：

(3) 应填制＿＿凭证，编号为：＿＿字第＿号。

借：

贷：

(4) 应填制＿＿凭证，编号为：＿＿字第＿号。

借：

贷：

(5) 应填制＿＿凭证与＿＿凭证。

① 对原借款已用掉部分应填制＿＿凭证，编号为：＿＿字第＿号。

借：

贷：

② 对王顺交回现金应填制＿＿凭证，编号为：＿＿字第＿号。

借：

贷：

(6) 应填制＿＿凭证，编号为：＿＿字第＿号。

借：

贷：

(7) 应填制＿＿凭证，编号为：＿＿字第＿号。

借：

贷：

2. 根据编制的记账凭证登记"库存现金日记账"，计算出当日余额。

作业用表 5－1 　　　　　　　库存现金日记账

201×年		凭证号	摘　要	对方科目	借　方	贷　方	余　额
月	日						

续表

201×年		凭证号	摘要	对方科目	借方	贷方	余额
月	日						

3. 逐笔登记"库存现金"总账，计算出当日余额。

作业用表 5 – 2　　　　　　　　**总　账**

会计科目：

201×年		凭证号	摘　要	借　方	贷　方	借或贷	余　额
月	日						

习题五

[目的] 练习掌握更正错账的基本方法。

[要求] 假定以下资料中所给出的交易或事项已经全部入账，并且全部是错账。做如下几方面的处理：

1. 根据资料分析错账原因。

2. 确定更正错账的方法。

3. 运用所学方法对错账进行更正。

[资料] 某企业发生的交易或事项及编制的会计分录如下：

1. 收到投资者投入的货币资金投资 200 000 元，已存入银行。在收款凭证上编制的会计分录为：

借：银行存款   20 000

  贷：实收资本   20 000

2. 用银行存款 40 000 元购入不需要安装设备 1 台。在付款凭证上编制的会计分录为：

借：固定资产   400 000

  贷：银行存款   400 000

3. 用银行存款 35 000 元偿还应付账款。在付款凭证上编制的会计分录为：

借：应收账款   35 000

  贷：银行存款   35 000

4. 生产产品领用材料一批，价值 12 000 元。在转账凭证上编制的会计分录为：

借：生产成本   12 000

  贷：原材料   12 000

[操作训练]

1. 错账原因：

应采用的更正方法：

具体更正方法：

2. 错账原因：

应采用的更正方法：

具体更正方法：

3. 错账原因：

应采用的更正方法：

具体更正方法：

4. 错账原因：

应采用的更正方法：

具体更正方法：

二、案例题

案例   **一个企业"3 本账"说明了什么？**

  韩国某公司在不到 20 年的时间里，就从一个不起眼的小公司发展成为世界级的大企业。其发展和管理的独创的方式成为美国大学 MBA 必修的课程。最终，因该公司涉嫌伪造盈利假账，非法集资，终于被迫解体，从而爆出韩国迄今最大宗商业破产案。

  据悉，该公司在伪造账户时采用以下几种手法：

  "造大不造小"。该公司的 A 电子和 C 电机两个子公司共伪造盈利假账近 40 亿美元，吸引投资者。

  "银弹外交"。C 电机公司一次给一位会计师 40 万美元，让他"帮助整理财务报告书。"

  "大进小出"。用"集资、贷款"收购经营不良的企业，该公司低价收购 11 家中小企业，或转贷给别人，第二年初，又从贷到的巨款中拿出 9 亿美元贷给别人。

"假财产假公司"。该公司通过制造假财产，冲减资产负债表上的债务。为假设公司就遭受 8 亿美元的损失。

韩国社会上一直流传韩国大企业通常有 3 本账的说法，一本给公司管理委员，一本给国家税务机关，一本给企业老板。前两本都是假的，只有老板那一本是真的。

在我国的某些企业也存在着"3 本账"、甚至多本账的情况。请你利用所学会计知识分析：某些企业设立"3 本账"的目的是什么？其主要危害是什么？

[分析提示] 可以从会计账簿的作用和设置会计账簿的要求，以及会计信息的作用等方面展开分析。

三、实训题参考答案

习题一

1. C	2. ABD	3. ABCE	4. ACD	5. ACD
6. B	7. AC	8. A	9. ABCD	10. C

习题二

1. AD	2. C	3. D	4. AB	5. B
6. ABDE	7. ABCDE	8. C	9. B	10. B

习题三

1. B	2. B	3. B	4. A	5. A
6. A	7. B	8. B	9. A	10. B

习题四

1. 根据所给资料编制会计分录，注明应填制的记账凭证名称及编号。

（1）应填制付款凭证，编号为：现付字第 1 号。

  借：材料采购   120

   贷：库存现金   120

（2）应填制两张记账凭证。

①对原借款已用掉部分应填制转账凭证，编号为：转字第 1 号。

  借：管理费用   2 000

   贷：其他应收款——李松   2 000

②对企业支付李松现金应填制付款凭证，编号为：现付字第 2 号。

  借：管理费用   400

   贷：库存现金   400

（3）应填制付款凭证，编号为：银付字第 1 号。

  借：库存现金   18 000

   贷：银行存款   18 000

（4）应填制付款凭证，编号为：现付字第3号。

借：应付职工薪酬　　　　　　　　　　　　　　　　18 000

　　贷：库存现金　　　　　　　　　　　　　　　　　18 000

（5）应填制两张记账凭证。

①对原借款已用掉部分应填制转账凭证，编号为：转字第2号。

借：管理费用　　　　　　　　　　　　　　　　　　2 250

　　贷：其他应收款——王顺　　　　　　　　　　　　2 250

②对王顺交回现金应填制收款凭证，编号为：现收字第1号。

借：库存现金　　　　　　　　　　　　　　　　　　750

　　贷：其他应收款——王顺　　　　　　　　　　　　750

（6）应填制收款凭证，编号为：现收字第2号。

借：库存现金　　　　　　　　　　　　　　　　　　800

　　贷：其他业务收入　　　　　　　　　　　　　　　800

（7）应填制付款凭证，编号为：现付字第4号。

借：银行存款　　　　　　　　　　　　　　　　　　1 000

　　贷：库存现金　　　　　　　　　　　　　　　　　1 000

2. 登记"库存现金日记账"，计算出当日余额。

作业用表 5–1　　　　　　　　　库存现金日记账

201×年 月	日	凭证号	摘　要	对方科目	借　方	贷　方	余　额
6	1		月初余额				600
	1	现付1	采购材料	材料采购		120	480
	1	现付2	付李松垫款	管理费用		400	80
	1	银付1	提取现金	银行存款	18 000		18 080
	1	现付3	发放工资	应付职工薪酬		18 000	80
	1	现收1	王顺交回余款	其他应收款	750		830
	1	现收2	销售材料	其他业务收入	800		1 630
	1	现付3	将现金存入银行	银行存款		1 000	630
	1		合　计		19 550	19 520	630

3. 逐笔登记"库存现金"总账，计算当日余额。

作业用表 5 – 2　　　　　　　　　　　　　总　　账

会计科目：库存现金

201×年		凭证号	摘　要	借　方	贷　方	借或贷	余　额
月	日						
6	1		月初余额			借	600
	1	现付1	采购材料		120		480
	1	现付2	付李松垫款		400		80
	1	银付1	提取现金	18 000			18 080
	1	现付3	发放工资		18 000		80
	1	现收1	王顺交回余款	750			830
	1	现收2	销售材料	800			1 630
	1	现付3	将现金存入银行		1 000		630
	1		合　　计	19 550	19 520		630

习题五

1. 错账原因：记账凭证上金额写少。

应采用的更正方法：补充登记法。

具体更正方法：填制以下收款凭证并登记入账。

　　借：银行存款　　　　　　　　　　　　　　　　　　180 000

　　　贷：实收资本　　　　　　　　　　　　　　　　　　180 000

2. 错账原因：记账凭证上金额写多。

应采用的更正方法：红字冲销法。

具体更正方法：用红字填制以下付款凭证并登记入账。

　　借：固定资产　　　　　　　　　　　　　　360 000（红字）

　　　贷：银行存款　　　　　　　　　　　　　360 000（红字）

3. 错账原因：记账凭证上会计科目用错。

应采用的更正方法：红字冲销法。

具体更正方法：

①用红字填制以下付款凭证并登记入账。

　　借：应收账款　　　　　　　　　　　　　　35 000（红字）

　　　贷：银行存款　　　　　　　　　　　　　35 000（红字）

②填制以下付款凭证并登记入账。

　　借：应付账款　　　　　　　　　　　　　　　　　　35 000

　　　贷：银行存款　　　　　　　　　　　　　　　　　　35 000

4. 错账原因：记账凭证没有错误，只是记账时发生错误。

应采用的更正方法：划线更正法。

具体更正方法：在"生产成本"账户将借方的"1 200"全部用红线划掉。然后在其上方填写上正确的数字"12 000"。

生产成本

	12 000	
(4)	~~1 200~~	

第六章　制造业企业主要交易或事项的核算

一、实训题

习题一

[目的] 熟悉制造业企业交易或事项的主要内容和会计处理基础的内容。

[要求] 在下列各题所给的备选答案中选出你认为正确的答案，并将答案标号填入题中的括号内。提示：带有 4 个备选答案的题为单项选择题，带有 5 个备选答案的题为多项选择题。

[资料]

1. 在下列交易或事项中，属于制造业企业主要交易或事项的内容有（　　　）。
   A. 资金筹集　　　　　B. 设备购置和材料采购
   C. 产品生产　　　　　D. 产品销售　　　　E. 利润形成与分配

2. 权责发生制下确认本期收入和费用的标准是（　　　）。
   A. 实收实付　　　　B. 实付应收　　　　C. 应收应付　　　　D. 实收应付

3. 在采用权责发生制确认收入和费用时，下列内容中应确认为本期收入的有（　　　）。
   A. 本期销售产品实收货款的收入　　　B. 本期销售产品的应收货款收入
   C. 本期提供产品的预收货款收入　　　D. 本期实收款项的其他收入
   E. 本期预收款项的其他收入

4. 在采用权责发生制确认收入和费用时，下列内容中应确认为本期费用的有（　　　）。
   A. 本期生产产品实际支付的费用　　　B. 本期生产产品负担的计提费用
   C. 本期生产产品负担的转账费用　　　D. 本期应负担的长期待摊费用
   E. 本期应付未付的各项费用

5. 如果企业在会计期末不进行长期待摊费用的调整，将会（　　　）。
   A. 虚增当期资产　　B. 虚减当期资产　　C. 虚减当期费用　　D. 虚增当期利润
   E. 虚减当期利润

6. 下列内容中属于应计未付费用的内容有（　　　）。
   A. 暂未支付的短期借款利息　　　　B. 发放工资前从银行提取现金
   C. 暂未支付的本期管理费用　　　　D. 用银行存款支付下季度保险费
   E. 向供应企业预付货款

7. 如果企业在会计期末不进行应计未付费用的调整，将会（　　　）。
   A. 虚减当期负债　　B. 虚增当期负债　　C. 虚减当期费用　　D. 虚增当期费用
   E. 虚增当期利润

8. 如果企业在会计期末将当月预收但尚未供货的预收款确认为当期收入，将会（　　）。

A. 虚减当期收入　　B. 虚增当期收入　　C. 虚增当期负债　　D. 虚减当期负债

E. 虚增当期利润

9. 如果企业在会计期末不进行应计未收收入的调整，将会（　　）。

A. 虚减当期资产　　B. 虚减当期收入　　C. 虚增当期收入　　D. 虚减当期负债

E. 虚减当期利润

10. 在权责发生制下，下列内容中不应当确认为当期收入和费用的有（　　）。

A. 本期销售产品的应收货款　　　　　　B. 本期提供产品的预收货款

C. 本期预收供货单位货款　　　　　　　D. 本期生产产品负担的转账费用

E. 本期为以后各期预付的费用

11. 投资者投入企业的资本按其投资形式不同，可分为（　　）。

A. 货币资金投资　　B. 实物资产投资　　C. 法人资本金　　D. 无形资产投资

E. 外商资本金

12. 企业使用长期借款进行项目建设时，其建设期的借款利息应记入的账户有（　　）。

A. "财务费用"　　B. "长期借款"　　C. "在建工程"　　D. "短期借款"

E. "应付账款"

13. 在下列各项中，属于材料采购费用的有（　　）。

A. 运输费　　　　B. 装卸费　　　　C. 买价　　　　D. 包装费

E. 运输途中的合理损耗

14. 企业采购材料的实际成本大于计划成本之间的差异又称为（　　）。

A. 借差　　　　　B. 贷差　　　　　C. 节约差　　　　D. 超支差

E. 计划差

15. 材料采购采用计划成本法的优点主要有（　　）。

A. 能够及时进行材料日常收发业务的核算

B. 能够及时进行材料采购实际成本的计算

C. 有利于考核企业材料采购的业务成果

D. 有利于考核企业产品生产的实际成本

E. 有利于比较不同会计期间材料费用支出水平

16. 在下列各项中，符合固定资产特征的有（　　）。

A. 为生产商品或提供劳务而持有　　　　B. 为出租或经营管理而持有

C. 为出售或经营管理而持有　　　　　　D. 使用寿命不超过一个会计期间

E. 使用寿命超过一个会计期间

17. 将一项资产确认为企业的固定资产，除必须符合固定资产的定义外，还必须同时满足的条件有（　　）。

A. 该固定资产包含的经济利益很可能流出企业

B. 该固定资产包含的经济利益很可能流入企业

C. 该固定资产的来源方式能够可靠认定

D. 该固定资产的成本能够可靠计量

E. 该固定资产的使用效益能够可靠计量

18. 固定资产的计量属性有（　　　）。

    A. 历史成本　　　　B. 重置成本　　　　C. 可变现净值　　　　D. 计划成本

    E. 公允价值

19. 在下列各种费用中，属于企业生产费用的内容有（　　　）。

    A. 直接材料　　　　B. 直接人工　　　　C. 管理费用　　　　D. 制造费用

    E. 财务费用

20. 进行完工产品成本的结转时应记入的账户有（　　　）。

    A. "生产成本"　　B. "制造费用"　　C. "原材料"　　D. "库存商品"

    E. "应付职工薪酬"

21. 企业在确认商品销售收入时应满足的条件有（　　　）。

    A. 企业已经将商品所有权上的主要风险和报酬转移给购货方

    B. 企业没有保留通常与所有权相联系的继续管理权

    C. 收入的金额能够可靠计量

    D. 相关的经济利益很可能流入企业

    E. 相关的已发生或将发生的成本能够可靠计量

22. 企业向预交货款的客户提供产品时应记入的账户有（　　　）。

    A. "主营业务收入" B. "其他业务收入" C. "应交税费"　　D. "预收账款"

    E. "银行存款"

23. 在下列各项中，属于销售费用的有（　　　）。

    A. 销售商品本身的成本　　　　　　B. 保险费和包装费

    C. 展览费和广告费　　　　　　　　D. 预计产品质量保证损失

    E. 运输费和装卸费

24. 在下列各项税费中，属于营业税金及附加的有（　　　）。

    A. 营业税　　　　　B. 消费税　　　　C. 增值税　　　　D. 资源税

    E. 教育费附加

25. 进行产品销售成本结转时，应记入的账户有（　　　）。

    A. "生产成本"　　B. "制造费用"　　C. "原材料"　　D. "库存商品"

    E. "主营业务成本"

26. 在下列各项中，属于企业其他业务内容的有（　　　）。

    A. 销售产品　　　B. 销售积压材料　　C. 出租固定资产　　D. 出租包装物

    E. 出租无形资产

27. 在下列各项中，属于其他业务成本的内容有（　　　）。

    A. 销售材料的成本　　　　　　　　B. 出租固定资产的折旧额

    C. 出租无形资产的摊销额　　　　　D. 出租包装物的成本或摊销额

    E. 销售产品的成本

28. 营业外收入和营业外支出也分别被称为（　　　）。

    A. 收入　　　　　　B. 利得　　　　　C. 费用　　　　　D. 损失

    E. 利润

29. 在进行利润形成核算时，下列账户的发生额应转入"本年利润"账户贷方的有

（　　）。

A. "主营业务收入" 　　　　　　 B. "其他业务收入"

C. "主营业务成本" 　　　　　　 D. "营业外收入"

E. "投资收益"

30. 在进行利润形成核算时，下列账户的发生额应转入"本年利润"账户借方的有
（　　）。

A. "主营业务成本" 　　　　　　 B. "税金及附加"

C. "销售费用" 　　　　　　 D. "其他业务成本"

E. "所得税费用"

习题二

[目的] 熟悉会计处理基础的基本内容。

[要求]

1. 根据所给资料，利用作业用表6-1分别采用权责发生制和收付实现制确认该企业本月的收入和费用。

2. 计算出在两种不同确认方法下该企业本月份的收益。

[资料] 某企业本月发生如下有关收入和费用的交易或事项：

1. 收到购货单位预付购货款35 100元，款项已经存入银行。

2. 用银行存款1 200元预付一笔长期待摊费用。

3. 销售产品收取货款40 000元，增值税销项税额6 800元。

4. 确认应由本月负担的短期借款利息500元。

5. 收到上个月销售产品的货款6 000元，增值税进项税额1 020元。

6. 摊销应由本月负担的长期待摊费用400元（假设应计入管理费用）。

7. 上个月预收购货单位货款23 400元，本月开始供货。价款为10 000元，增值税销项税额为1 700元。

8. 用现金240元购买办公用品。

[操作训练]

1. 根据所给资料制确认该企业本月的收入和费用。

作业用表6-1　　　　　　**收入和费用的确认及收益计算表**

交易或事项	权责发生制		收付实现制	
	收入	费用	收入	费用

续表

交易或事项	权责发生制		收付实现制	
	收入	费用	收入	费用
本月合计				
本月收益				

2. 计算出在两种不同确认方法下该企业本月份的收益。

习题三

[目的] 练习掌握资金筹集和固定资产购置交易或事项的核算方法。

[要求]

1. 根据所给交易或事项编制会计分录，指出每项交易或事项应编制哪种专用记账凭证，并按五种编号方法编号。

2. 开设 T 形账户，根据编制的会计分录登记交易或事项涉及的所有总分类账户。

3. 进行总分类账户发生额试算平衡（利用作业用表 6－2）。

[资料] 某企业发生下列交易或事项：

1. 收到投资者以货币资金投入的资本金 300 000 元，款项已存入银行。

2. 某投资者用 3 台设备向本企业投资，经双方同意，确认总价值为 90 000 元。

3. 企业接受一项无形资产投资，经专家评估确认价值为 50 000 元。

4. 与银行达成协议，借入短期借款 200 000 元，已存入银行。

5. 企业发行债券，获得款项 250 000 元，已存入银行。

6. 企业向银行申请，取得长期借款 1 000 000 元，已存入银行。

7. 在项目建设期间，企业用长期借款支付长期借款利息 90 000 元。

[操作训练]

1. 根据所给交易或事项编制会计分录等。提示：该习题应按以下步骤完成。

例：（1）收到投资者以货币资金投入的资本金 300 000 元，款项已存入银行。

借：银行存款　300 000

　　贷：实收资本　300 000

应填制<u>收款</u>凭证。编号为：<u>银收字第 1 号</u>

（2）借：

　　　　贷：

应填制_____凭证。编号为：_____

（3）借：

　　　　贷：

应填制_____凭证。编号为：_____

（4）借：

　　　贷：

应填制＿＿＿＿凭证。编号为：＿＿＿＿＿＿＿＿＿＿＿＿＿＿

（5）借：

　　　贷：

应填制＿＿＿＿凭证。编号为：＿＿＿＿＿＿＿＿＿＿＿＿＿＿

（6）借：

　　　贷：

应填制＿＿＿＿凭证。编号为：＿＿＿＿＿＿＿＿＿＿＿＿＿＿

（7）借：

　　　贷：

应填制＿＿＿＿凭证。编号为：＿＿＿＿＿＿＿＿＿＿＿＿＿＿

2. 开设 T 形账户，根据编制的会计分录登记总分类账户。

提示：另行用作业纸完成。

3. 进行总分类账户发生额试算平衡。

作业用表 6－2　　　　　　　总分类账户发生额试算平衡表

账户名称	本期发生额	
	借方	贷方
银行存款		
固定资产		
在建工程		
无形资产		
实收资本		
短期借款		
应付债券		
长期借款		
合　计		

习题四

［目的］练习掌握材料采购和设备购置交易或事项的核算方法。

［要求］

1. 根据所给交易或事项编制会计分录，指出每项交易或事项应编制哪种专用记账凭证，并按五种编号方法编号。

2. 开设"在途物资""原材料""应付账款""预付账款""固定资产""在建工程"

"应交税费"总分类账户（T形账户即可），根据编制的会计分录登记以上账户。

3. 开设 A、B 两种材料的明细分类账户（利用作业用表 6 - 3 和作业用表 6 - 4），并根据编制的会计分录进行登记。

4. 对材料采购交易或事项按实际成本法进行账务处理。

[资料] 某企业发生下列交易或事项：

1. 6 月 5 日，用银行存款购入材料一批。A 材料 500 千克，买价 10 000 元，B 材料 200 千克，买价 8 000 元。增值税进项税额为 3 060 元。

2. 6 月 8 日，上述两种材料发生共同运费 900 元，已用银行存款支付。（按买价进行分配）

3. 6 月 10 日，购入 A 材料 250 千克，买价 5 000 元，应交增值税进项税额为 850 元。对方代垫运费 250 元。以上所有款项尚未支付。

4. 6 月 15 日，用银行存款预付购买 B 材料款计 11 700 元。

5. 6 月 20 日，用银行存款偿还前欠应付账款 4 680 元。

6. 6 月 25 日，预收货款企业发来 B 材料 250 千克，买价为 10 000 元，增值税进项税额为 1170 元。

7. 6 月 30 日，根据以上资料计算 A、B 两种材料的实际成本，办理材料验收入库手续。

8. 企业用银行存款 500 000 元购买不需要安装设备 1 台。增值税进项税额为 85 000 元。

9. 企业用银行存款购买需要安装设备两台。买价 485 000 元，运费等 15 000 元。增值税进项税额为 85 000 元。

10. 本企业技术人员对购入的需要安装设备进行安装，发生材料费 2 000 元，人工费 3 000 元。

11. 上述需要安装设备安装完毕，发生测试费 5 000 元，用银行存款支付。

12. 经测试，上述需要安装设备已达到预定可使用状态。结转该设备的实际成本 510 000 元。

[操作训练]

1. 根据所给交易或事项编制会计分录等。提示：另行利用作业纸完成。

2. 开设并登记有关总分类账户。提示：另行利用作业纸完成。

3. 登记 A、B 两种材料的明细分类账户。

作业用表 6 - 3　　　　　　　材料采购明细分类账

材料名称：

201×年		凭证号	摘　要	借　方			贷　方
月	日			买　价	采购费用	合　计	

作业用表 6 – 4   **材料采购明细分类账**

材料名称：

| 201 × 年 | | 凭证号 | 摘 要 | 借 方 | | | 贷 方 |
月	日			买 价	采购费用	合 计	

习题五

[目的] 练习掌握生产过程交易或事项的核算方法和产品实际成本的计算方法。

[要求]

1. 根据所给交易或事项编制会计分录，指出每项交易或事项应编制哪种专用记账凭证，并按照五种编号方法编号。

2. 开设 T 形账户，登记"生产成本""制造费用""长期待摊费用""其他应付款"总分类账户。

3. 开设并登记 M、N 两种产品的"生产成本"明细分类账户（利用作业用表 6 – 5 和作业用表 6 –6）。

[资料] 某企业发生下列交易或事项：

1. 7 月 3 日，材料仓库发出甲种材料 155 000 元。其中：生产 M 产品为 100 000 元，生产 N 产品为 50 000 元。生产车间一般耗用 5 000 元。

2. 7 月 28 日，经计算，本月应付职工工资为 61 000 元。其中：生产 M 产品工人工资为 30 000 元，生产 N 产品工人工资为 10 000 元。生产车间管理人员工资为 10 000 元。企业管理部门管理人员工资为 11 000 元。

3. 7 月 28 日，从银行提取现金 60 000 元，准备发放工资。

4. 7 月 28 日，用现金 60 000 元发放工资。

5. 7 月 29 日，按各类人员工资总额的 14% 计提职工福利费。

6. 7 月 31 日，摊销本月生产车间应负担的长期待摊费用 3 000 元（提示：假定摊销前的余额为 15 000 元）。

7. 7 月 31 日，本月发生应由生产车间负担的固定资产修理费 2 000 元，款项暂未支付。

8. 7 月 31 日，按规定方法计提本月固定资产折旧 10 600 元。其中：生产车间固定资产折旧费 8 600 元；企业管理部门固定资产折旧费 2 000 元（提示：企业管理部门固定资产折旧费应记入"管理费用"账户）。

9. 7 月 31 日，以生产工人工资为标准，分配和结转本月制造费用。

10. 7 月 31 日，M、N 两种产品均为当月投产并在当月全部完工。计算并结转完工产品成本。

[操作训练]

1. 根据所给交易或事项编制会计分录等。提示：另行利用作业纸完成。

2. 开设并登记有关总分类账户。提示：另行利用作业纸完成。

3. 登记 M、N 两种产品的明细分类账户。

作业用表 6 - 5　　　　　　　　　　　**生产成本明细分类账**

产品名称：

201×年		凭证号	摘　要	借　方			
月	日			直接材料	直接人工	制造费用	合　计

作业用表 6 - 6　　　　　　　　　　　**生产成本明细分类账**

产品名称：

201×年		凭证号	摘　要	借　方			
月	日			直接材料	直接人工	制造费用	合　计

习题六

［目的］练习掌握销售过程交易或事项的核算方法。

［要求］

1. 根据所给资料编制会计分录，指出每项交易或事项应编制哪种专用记账凭证，并按照五种编号方法编号。

2. 开设 T 形账户，登记"主营业务收入""应交税费""营业税金及附加""主营业务成本""应收账款""预收账款"总分类账户。

［资料］某企业发生下列交易或事项：

1. 企业销售 M 产品价款 20 000 元，销售 N 产品价款 5 000 元。增值税销项税额为 4 250 元。价税款合计 29 250 元均收到，并已存入银行。

2. 企业销售 M 产品价款 16 000 元，销售 N 产品价款 7 500 元。增值税销项税额为 3 995元。价税款合计 27 495 元均暂未收到。

3. 企业销售 N 产品价款40 000 元。增值税销项税额为 6 800 元。收到购货方签发并承兑的商业汇票一份，金额计 46 800 元。

4. 预收购货单位交来的购买 M 产品价税款计 7 020 元。已存入银行。

5. 向预付货款的某单位发出 M 产品一批。价款 6 000 元，增值税销项税额 1 020 元。

6. 收到购货单位前欠货款 23 500 元，增值税销项税额 3 995 元。已存入银行。

7. 企业销售的 M 产品和 N 产品均属于消费税的征收范围，根据本月该企业实现的全部收入按 5% 的税率计算应交消费税。

8. 经计算，本月销售 M 产品的实际成本为 27 000 元，销售 N 产品的实际成本为 25 000 元。结转本月两种产品的销售成本。

［操作训练］

1. 根据所给交易或事项编制会计分录等。提示：另行利用作业纸完成。

2. 开设并登记有关总分类账户。提示：另行利用作业纸完成。

习题七

［目的］练习掌握其他业务收支、期间费用的核算方法。

［要求］

1. 根据所给资料编制会计分录，指出每项交易或事项应编制哪种专用记账凭证，并按照五种编号方法编号。

2. 开设 T 形账户，登记"其他业务收入""其他业务成本""销售费用""管理费用""财务费用"总分类账户。

［资料］某企业发生下列交易或事项：

1. 企业出租包装物，收入租金 15 000 元，增值税销项税额 2 550 元。已存入银行。

2. 结转上述出租包装物成本 10 000 元。

3. 经计算，本期企业管理部门人员工资为 10 000 元。

4. 用现金 200 元购买企业管理部门使用的办公用品。

5. 企业用现金 500 元支付业务招待费。

6. 企业本期应负担的短期借款利息 480 元，款项暂未支付。

7. 企业出售 A 材料，价款 12 000 元，增值税销项税额 2 040 元。已存入银行。

8. 结转 A 材料实际成本 14 000 元。

9. 用现金 175 元支付企业产品的展销费。

10. 企业用银行存款 200 元支付在银行办理业务的手续费。

11. 用现金 100 元支付企业展销产品的运送费。

［操作训练］

1. 根据所给交易或事项编制会计分录等。提示：另行利用作业纸完成。

2. 开设并登记有关总分类账户。提示：另行利用作业纸完成。

习题八

［目的］练习掌握利润形成与分配交易或事项的核算方法和营业利润、利润总额、净利润的计算方法。

［要求］

1. 根据所给资料编制会计分录，指出每项交易或事项应编制哪种专用记账凭证，并按照五种编号方法编号。

2. 开设 T 形账户，登记"本年利润""投资收益""营业外收入""营业外支出""所得税费用""利润分配"总分类账户以及"利润分配"的明细分类账户。

3. 根据习题六、习题七和根据本题有关资料计算该企业的营业利润、利润总额和净利润。

［资料］某企业发生下列交易或事项：

1. 企业由于对外投资分得利润 20 000 元，已存入银行。

2. 在执行材料采购合同过程中，由于销售材料方违反合同规定交来罚款 5 000 元。已存入银行。

3. 企业接受捐赠 8 080 元，已存入银行。

4. 企业捐赠新设备 1 台，实际成本为 7 500 元（提示：假定分录中的贷方科目为"固定资产"，不涉及其他科目）。

5. 企业因违约被罚款 4 000 元，已用银行存款支付。

6. 将习题六、习题七及本题的所有收入类账户的发生额结转入"本年利润"账户。

7. 将习题六、习题七及本题的所有费用类账户的发生额结转入"本年利润"账户（提示：通过以上两个步骤的结转，可以通过"本年利润"账户的借、贷方数字的比较计算出利润总额）。

8. 假定按"利润总额"的 25% 计算企业应交所得税额。

9. 将"所得税费用"账户发生额结转入"本年利润"账户。

10. 按"净利润"的 10% 提取法定盈余公积金。

11. 企业按照利润分配方案，向投资者分配现金股利 16 500 元。

12. 年终决算时，将"本年利润"账户借贷方的差额结转入"利润分配——未分配利润"账户。

13. 年终决算时，将"利润分配"账户所属的"提取法定盈余公积""应付现金股利"两个明细分类账户的分配数结转入"利润分配——未分配利润"账户。

［操作训练］

1. 根据所给交易或事项编制会计分录等。提示：另行利用作业纸完成。

2. 开设并登记有关总分类账户。提示：另行利用作业纸完成。

3. 计算该企业的营业利润、利润总额和净利润。

习题九

［目的］综合掌握制造业企业交易或事项的内容及其核算方法。

［要求］根据所给资料判断正误，你认为是正确的在题后的括号中写"A"，你认为是错误的在题后的括号中写"B"。

［资料］

1. 进行产品销售是制造业企业的主要经营活动。　　　　　　　　　　　　　（　　）

2. 按照权责发生制确认收入的标准，企业只要收到了货币资金就可以确认为当期的收入。　　　　　　　　　　　　　　　　　　　　　　　　　　　　　　　（　　）

3. 按照权责发生制确认费用的标准，不管是否支付了货币资金，只要是企业应当负担的就应确认为当期费用。　　　　　　　　　　　　　　　　　　　（　　）

4. 在权责发生制下进行的账项调整是期末结账工作的重要组成部分。　（　　）

5. 在收付实现制下也存在期末账项调整的问题。　　　　　　　　　　（　　）

6. 权责发生制与收付实现制在确认收入和费用上的具体做法是完全不同的。（　　）

7. 长期待摊费用的摊销会形成企业的费用。　　　　　　　　　　　　（　　）

8. 制造费用本身也属于企业的一种费用。　　　　　　　　　　　　　（　　）

9. 企业发生的所有借款利息都应记入"财务费用"账户。　　　　　　（　　）

10. 企业发行债券会增加企业资产，也会形成企业负债。　　　　　　（　　）

11. 材料的实际成本由买价和采购费用两个部分组成。　　　　　　　（　　）

12. 在"材料成本差异"账户中登记分配的节约差时应记在借方。　　（　　）

13. 生产成本是对象化了的生产费用。　　　　　　　　　　　　　　（　　）

14. 直接材料、直接人工和制造费用通常称为产品的成本项目。　　　（　　）

15. "制造费用"账户在期末时一般没有余额。　　　　　　　　　　（　　）

16. 应交税费中的销项税额，可以确认为企业的收入。　　　　　　　（　　）

17. 商品的销售成本是指被销售商品本身的生产成本。　　　　　　　（　　）

18. 销售费用是企业筹集生产经营所需资金所发生的各种费用。　　　（　　）

19. 财务成果仅仅是指企业在一定会计期间实现的营业利润。　　　　（　　）

20. 营业外收入和营业外支出是直接记入企业当期利润的。　　　　　（　　）

二、案例题

案例 6 - 1　　　　　　滥用会计基础　虚增本年利润

裕丰公司本年财务报告上反映的收入总额为 1 000 万元（其中包括预收账款 250 万元），费用总额为 800 万元，实现利润为 200 万元。但对以下几个方面的情况未予考虑：应收账款 300 万元；本年应摊销的开办费 200 万元；本年应预提的借款利息 100 万元。

请你利用学习过的会计处理基础的相关知识分析：裕丰公司对收入和费用的确认是否正确应用了权责发生制基础？按照该会计处理基础进行确认，裕丰公司本年的经营成果应当是怎样一种情况？

［分析提示］裕丰公司对本年收入和费用的确认是不准确的。可根据权责发生制会计处理基础的要求进行分析和确认。

案例 6 - 2　　　　　　混淆费用内容　账目处理混乱

腾达公司本月用银行存款支付了以下有关费用，并编制了会计分录：

1. 支付专设销售机构人员的工资 10 000 元，根据专设销售机构人员的工资提取福利费 1 400 元。

借：管理费用　　　　　　　　　　　　　　　　　　　　　10 000

　　　　　贷：银行存款　　　　　　　　　　　　　　　　　　　　　10 000

　　2. 因参加产品销售展销，支付产品展销费6 000元。

　　　　　借：主营业务成本　　　　　　　　　　　　　　　　　　　6 000

　　　　　　　贷：银行存款　　　　　　　　　　　　　　　　　　　6 000

　　3. 招待客户代表支付招待费1 200元。

　　　　　借：销售费用　　　　　　　　　　　　　　　　　　　　　1 200

　　　　　　　贷：银行存款　　　　　　　　　　　　　　　　　　　1 200

　　4. 计提企业管理部门使用的固定资产折旧费3 000元。

　　　　　借：销售费用　　　　　　　　　　　　　　　　　　　　　3 000

　　　　　　　贷：银行存款　　　　　　　　　　　　　　　　　　　3 000

　　5. 支付产品广告费8 000元。

　　　　　借：管理费用　　　　　　　　　　　　　　　　　　　　　8 000

　　　　　　　贷：银行存款　　　　　　　　　　　　　　　　　　　8 000

　　6. 支付在银行办理业务的手续费500元。

　　　　　借：销售费用　　　　　　　　　　　　　　　　　　　　　　500

　　　　　　　贷：银行存款　　　　　　　　　　　　　　　　　　　　500

　　7. 支付应由本月负担的银行借款利息1 500元。

　　　　　借：管理费用　　　　　　　　　　　　　　　　　　　　　1 500

　　　　　　　贷：银行存款　　　　　　　　　　　　　　　　　　　1 500

　　请你利用所学习的会计知识分析：该公司以上账务处理存在的主要问题是什么？如果是你的话，你将怎样编制这些业务的会计分录？

　　［分析提示］可根据期间费用的组成内容及其账务处理方法等方面展开分析。

案例6－3　　　　　收入费用确认有误　还款数字如何确定

　　李先生从白先生手中购买了一处兼营刷车业务的汽车修理公司。双方口头协议商定：李先生用现金支付部分购买款项。其余所欠款项由李先生用公司每年净利润的25%偿还。但李先生并不清楚净利润的基本计算方法。第一年营业期满后，李先生在计算净利润时采用了如下原则：从客户手中收到现金或支票时才确认为收入；只要公司支出了现金或开出了支票就确认为当年的费用。为此，李先生对以下收入和费用进行了这样的处理：

　　1. 修理汽车修理业务收入现金为150 000元；刷车业务收入现金8 000元。全部确认为本年的主营业务收入。

　　2. 为吸引客户，办理刷车优惠卡预收现金10 000元，全部确认为本年的收入（据统计其中5 000元已经提供了刷车服务）。

　　3. 部分客户尚欠本年汽车修理款40 000元。未确认为本年的收入。

　　4. 购买用于汽车修理的设备支出12 000元，全部确认为本年的费用。

　　5. 购买用于汽车修理的配件、材料，本年共支出了90 000元，全部确认为本年的费用（经盘点还有6 000元配件和材料积存）。

　　6. 新购买二手车一辆，双方协商价格40 000元，暂付20 000元。该汽车购买时预计尚可使用 5 年。已付款的 20 000 元确认为本年的费用。

白先生认为李先生的计算方法有问题，但有说不出什么道理。

请你利用所学习的会计知识分析：如果你是白先生，你同意李先生对本年的收入和费用进行这样的处理吗？如果让你来计算该公司的净利润，你会考虑哪些因素？采用上述方法确认的净利润数额与实际数比较是多了还是少了？

[分析提示] 可根据权责发生制会计处理基础的要求，以及该基础对企业各期收入和费用影响等角度展开分析。

三、实训题参考答案

习题一

1. ABCDE	2. C	3. ABD	4. ABCDE	5. ACD
6. AC	7. ACE	8. BDE	9. ABE	10. CE
11. ABD	12. BC	13. ABDE	14. AD	15. ACE
16. ABE	17. BD	18. ABCE	19. ABD	20. AD
21. ABCDE	22. ACD	23. BCDE	24. ABDE	25. DE
26. BCDE	27. ABCD	28. BD	29. ABDE	30. ABCDE

习题二

作业用表 6－1　　　　　　　收入和费用确认及收益计算表

交易或事项	权责发生制		收付实现制	
	收入	费用	收入	费用
1			35 100	
2				1 200
3	40 000		40 000	
4		500		
5			6 000	
6		400		
7	10 000			
8		240		240
本月合计	50 000	1 140	81 100	1 440
本月收益	48 860		79 660	

习题三

1. 根据所给交易或事项编制会计分录，指出每项交易或事项应填制哪种专用记账凭证。

(1) 借：银行存款　　　　　　　　　　　　　　　　　　　　300 000

　　　贷：实收资本　　　　　　　　　　　　　　　　　　　　　300 000

应填制收款凭证。编号为银收字第1号。

（2）借：固定资产　　　　　　　　　　　　　　　　　　90 000

　　　贷：实收资本　　　　　　　　　　　　　　　　　　　　90 000

应填制转账凭证。编号为转字第1号。

（3）借：固定资产　　　　　　　　　　　　　　　　　　50 000

　　　贷：无形资产　　　　　　　　　　　　　　　　　　　　50 000

应填制转账凭证。编号为转字第2号。

（4）借：银行存款　　　　　　　　　　　　　　　　　200 000

　　　贷：短期借款　　　　　　　　　　　　　　　　　　　200 000

应填制收款凭证。编号为银收字第2号。

（5）借：银行存款　　　　　　　　　　　　　　　　　250 000

　　　贷：应付债券　　　　　　　　　　　　　　　　　　　250 000

应填制收款凭证。编号为银收字第3号。

（6）借：银行存款　　　　　　　　　　　　　　　　1 000 000

　　　贷：长期借款　　　　　　　　　　　　　　　　　　1 000 000

应填制收款凭证。编号为银收字第4号。

（7）借：在建工程　　　　　　　　　　　　　　　　　　90 000

　　　贷：长期借款　　　　　　　　　　　　　　　　　　　　90 000

应填制转账凭证。编号为转字第3号。

2. 开设T形账户，根据编制的会计分录登记以上交易或事项涉及的所有总分类账户。

银行存款		
（1）	300 000	
（4）	200 000	
（5）	250 000	
（6）	1 000 000	
合计	1 750 000	

实收资本		
	（1）	300 000
	（2）	90 000
	（3）	50 000
	合计	440 000

固定资产		
（2）	90 000	
合计	90 000	

无形资产		
（3）	50 000	
合计	50 000	

短期借款		
	（4）	200 000
	合计	200 000

应付债券		
	（5）	250 000
	合计	250 000

长期借款		
	（6）	1 000 000
	（7）	90 000
	合计	1 090 000

在建工程		
（7）	90 000	
合计	90 000	

3. 编制总分类账户发生额试算平衡表。

作业用表 6 – 2   **总分类账户发生额试算平衡表**

账户名称	本期发生额	
	借方	贷方
银行存款	1 750 000	
固定资产	90 000	
在建工程	90 000	
无形资产	50 000	
实收资本		440 000
短期借款		200 000
应付债券		250 000
长期借款		1 090 000
合 计	1 980 000	1 980 000

习题四

1. 根据所给交易或事项编制会计分录，指出每项交易或事项应编制哪种专用记账凭证，并按五种编号方法编号。

（1）借：在途物资——A 材料   10 000

           ——B 材料   8 000

    应交税费——应交增值税   3 060

   贷：银行存款   21 060

   应填制付款凭证。编号为：银付字第 1 号。

（2）首先按买价进行分配两种材料发生的共同性运费

    分配率：[900 ÷（10 000 + 8 000）] × % = 0.5%

    分配数：A 材料 10 000 × 0.5% = 500（元）

               B 材料 8 000 × 0.5% = 400（元）

其次，编制将运费计入材料采购成本的分录。

借：在途物资——A 材料   500

         ——B 材料   400

  贷：银行存款   900

应填制付款凭证。编号为：银付字第 2 号。

（3）借：在途物资——A 材料   5 250

    应交税费——应交增值税   850

    贷：应付账款   5 850

应填制转账凭证。编号为：转字第 1 号。

（4）借：预付账款   11 700

   贷：银行存款   11 700

应填制付款凭证。编号为：银付字第 3 号。

（5）借：应付账款   4 680

        贷：银行存款   4 680

应填制付款凭证。编号为：银付字第 4 号。

（6）借：在途物资——B 材料   10 000

         应交税费——应交增值税   1 700

        贷：预付账款   11 700

应填制转账凭证。编号为：转字第 2 号。

（7）首先根据以上资料计算 A、B 两种材料的实际成本。

      A 材料：10 000 + 500 + 5 250 = 15 750（元）

      B 材料：8 000 + 400 + 10 000 = 18 400（元）

其次，编制办理材料验收入库手续分录。

     借：原材料——A 材料   15 750

            ——B 材料   18 400

       贷：在途物资——A 材料   15 750

                ——B 材料   18 400

应填制转账凭证。编号为：转字第 3 号。

（8）借：固定资产   500 000

        应交税费——应交增值税   85 000

       贷：银行存款   585 000

应填制付款凭证。编号为：银付字第 5 号。

（9）借：在建工程   500 000

        应交税费——应交增值税   85 000

       贷：银行存款   585 000

应填制付款凭证。编号为：银付字第 6 号。

（10）借：在建工程   5 000

         原材料   2 000

        贷：应付职工薪酬   3 000

应填制转账凭证。编号为：转字第 4 号。

（11）上述需要安装设备安装完毕，发生测试费 5 000 元，用银行存款支付。

      借：在建工程   5 000

       贷：银行存款   5 000

应填制转账凭证。编号为：转字第 5 号。

（12）经测试，上述需要安装设备已达到预定可使用状态。结转该设备的实际成本510 000 元。

      借：固定资产   510 000

       贷：在建工程   510 000

应填制转账凭证。编号为：转字第 6 号。

2. 开设 T 形账户，登记"材料采购""原材料""应付账款""预付账款""固定资产""在建工程""应交税费"总分类账户。

在途物资			
(1)	18 000	(7)	34 150
(2)	900		
(3)	5 250		
(6)	10 000		
合计	34 150	合计	34 150

原材料			
(7)	34 150	(10)	2 000
合计	34 150	合计	2 000
余额	32 150		

应付账款			
(5)	4 680	(3)	5 850
合计	4 680	合计	5 850
		余额	1 170

预付账款			
(3)	11 700	(6)	11 700
合计	11 700	合计	11 700

固定资产			
(8)	500 000		
(12)	510 000		
合计	1010 000		
余额	1010 000		

在建工程			
(9)	500 000	(12)	510 000
(10)	5 000		
(11)	5 000		
合计	510 000	合计	510 000

应交税费		
(1)	3 060	
(3)	850	
(6)	1 700	
(8)	85 000	
(9)	85 000	
合计	175 610	
余额	175 610	

3. 开设并登记"在途物资"明细分类账户。

作业用表 6 - 3 在途物资明细分类账

材料名称：A 材料

201×年		凭证号	摘要	借方			贷方
月	日			买价	采购费用	合计	
6	5	银付1	买价（500千克）	10 000		10 000	
	8	银付2	分配运输费		500	500	
	15	转1	买价等（250千克）	5 000	250	5 250	
	30	转3	验收入库	15 000	750		15 750
			本期发生额及余额	15 000	750	15 750	15 750

作业用表6－4　　　　　　　　在途物资明细分类账

材料名称：B材料

201×年		凭证号	摘　要	借　方			贷方
月	日			买　价	采购费用	合　计	
6	5	银付1	买价（200千克）	8 000		8 000	
	8	银付2	分配运输费		400	400	
	25	转2	买价（250千克）	10 000		10 000	
	30	转3	验收入库				18 400
			本期发生额及余额	18 000	400	18 400	18 400

习题五

1. 根据所给交易或事项编制会计分录，指出每项交易或事项应编制哪种专用记账凭证，并按照五种编号方法编号。

（1）借：生产成本——M产品　　　　　　　　　　　　100 000

　　　　　　——N产品　　　　　　　　　　　　 50 000

　　　制造费用　　　　　　　　　　　　　　　　5 000

　　贷：原材料——甲种材料　　　　　　　　　　　　155 000

应填制转账凭证。编号为：转字第1号。

（2）借：生产成本——M产品　　　　　　　　　　　　 30 000

　　　　　　——N产品　　　　　　　　　　　　 10 000

　　　制造费用　　　　　　　　　　　　　　　 10 000

　　　管理费用　　　　　　　　　　　　　　　 11 000

　　贷：应付职工薪酬　　　　　　　　　　　　　　 61 000

应填制转账凭证。编号为：转字第2号。

（3）借：库存现金　　　　　　　　　　　　　　　　 60 000

　　贷：银行存款　　　　　　　　　　　　　　　　 60 000

应填制付款凭证。编号为：银付字第1号。

（4）借：应付职工薪酬　　　　　　　　　　　　　　 11 000

　　贷：库存现金　　　　　　　　　　　　　　　　 61 000

应填制付款凭证。编号为：现付字第1号。

（5）借：生产成本——M产品　　　　　　　　　　　　 4 200

　　　　　　——N产品　　　　　　　　　　　　 1 400

　　　制造费用　　　　　　　　　　　　　　　　1 400

　　　管理费用　　　　　　　　　　　　　　　　1 540

　　贷：应付职工薪酬　　　　　　　　　　　　　　 8 540

应填制转账凭证。编号为：转字第3号。

（6）借：制造费用　　　　　　　　　　　　　　　　3 000

　　贷：长期待摊费用　　　　　　　　　　　　　　3 000

　　应填制转账凭证。编号为：转字第4号。

（7）借：制造费用　　　　　　　　　　　　　　　　　　　　　　　　　　2 000

　　　贷：其他应付款　　　　　　　　　　　　　　　　　　　　　　　　　　　　　2 000

　　　　　应填制转账凭证。编号为：转字第 5 号。

（8）借：制造费用　　　　　　　　　　　　　　　　　　　　　　　　　　8 600

　　　　　管理费用　　　　　　　　　　　　　　　　　　　　　　　　　　2 000

　　　贷：累计折旧　　　　　　　　　　　　　　　　　　　　　　　　　　　　　10 600

　　　应填制转账凭证。编号为：转字第 6 号。

（9）首先以生产工人工资为标准分配制造费用。

制造费用分配率：（5 000 + 10 000 + 1 400 + 3 000 + 2 000 + 8 600）÷（30 000 +
10 000）= 0.75

　　　　　M 产品应分配制造费用：30 000 × 0.75 = 22 500（元）

　　　　　N 产品应分配制造费用：10 000 × 0.75 = 7 500（元）

其次，编制结转本月制造费用的分录：

借：生产成本——M 产品　　　　　　　　　　　　　　　　　　　　　　22 500

　　生产成本——N 产品　　　　　　　　　　　　　　　　　　　　　　　7 500

　贷：制造费用　　　　　　　　　　　　　　　　　　　　　　　　　　　　　30 000

应填制转账凭证。编号为：转字第 7 号。

（10）首先计算完工产品成本。

　　　　　M 产品完工成本：100 000 + 30 000 + 4 200 + 22 500 = 156 700（元）

　　　　　N 产品完工成本：50 000 + 10 000 + 1 400 + 7 500 = 68 900（元）

其次编制结转完工产品成本的分录。

借：库存商品——M 产品　　　　　　　　　　　　　　　　　　　　　156 700

　　库存商品——N 产品　　　　　　　　　　　　　　　　　　　　　　68 900

　贷：生产成本——M 产品　　　　　　　　　　　　　　　　　　　　　　　156 700

　　　　　——N 产品　　　　　　　　　　　　　　　　　　　　　　　　　68 900

2. 开设 T 形账户，登记“生产成本”“制造费用”“长期待摊费用”“其他应付款”总分类账户。

生产成本

（1）	150 000	（10）	225 600
（2）	40 000		
（5）	5 600		
（9）	30 000		
合计	225 600	合计	225 600

制造费用

（1）	5 000	（9）	30 000
（2）	10 000		
（5）	1 400		
（6）	3 000		
（7）	2 000		
（8）	8 600		
合计	30 000	合计	30 000

长期待摊费用

余额	15 000	（6）	3 000
		合计	3 000
		余额	12 000

其他应付款

		（7）	2 000
		合计	2 000
		余额	2 000

3. 开设并登记“生产成本”明细分类账户。

作业用表 6 – 5 　　　　　　　　**生产成本明细分类账**

产品名称：M 产品

201 × 年		凭证号	摘　要	借　方			
月	日			直接材料	直接人工	制造费用	合计
7	3	转1	材料费用	100 000			10 000
		转2	生产工人工资		30 000		30 000
		转3	生产工人福利费		4 200		4 200
		转7	分配制造费用			22 500	22 500
			本期发生额	100 000	34 200	22 500	156 700
			结转完工产品成本	100 000		22 500	156 700

注："结转完工产品成本"这一行为红字。

作业用表 6 – 6 　　　　　　　　**生产成本明细分类账**

产品名称：N 产品

201 × 年		凭证号	摘　要	借　方			
月	日			直接材料	直接人工	制造费用	合计
7	3	转1	材料费用	50 000			50 000
		转2	生产工人工资		10 000		10 000
		转3	生产工人福利费		1 400		1 400
		转7	分配制造费用			7 500	7 500
			本期发生额	50 000	11 400	7 500	68 900
			结转完工产品成本	50 000	11 400	7 500	68 900

注："结转完工产品成本"这一行为红字。

习题六

1. 根据所给资料编制会计分录，指出每项交易或事项应编制哪种专用记账凭证，并按五种编号方法编号。

（1）借：银行存款　　　　　　　　　　　　　　　　　29 250

　　　贷：主营业务收入——M 产品　　　　　　　　　20 000

　　　　　　　　　　　——N 产品　　　　　　　　　 5 000

　　　　　应交税费——应交增值税——销项税额　　　 4 250

　　应填制收款凭证。编号为：银收字第 1 号。

（2）借：应收账款　　　　　　　　　　　　　　　　　27 495

　　　贷：主营业务收入——M 产品　　　　　　　　　16 000

　　　　　　　　　　　——N 产品　　　　　　　　　 7 500

　　　　　应交税费——应交增值税——销项税额　　　 3 995

应填制转账凭证。编号为：转字第 1 号。

（3）借：应收票据　　　　　　　　　　　　　　　　　　46 800

　　　　贷：主营业务收入——N 产品　　　　　　　　　　　40 000

　　　　　　应交税费——应交增值税——销项税额　　　　　6 800

应填制转账凭证。编号为：转字第 2 号。

（4）借：银行存款　　　　　　　　　　　　　　　　　　7 020

　　　　贷：预收账款　　　　　　　　　　　　　　　　　7 020

应填制收款凭证。编号为：银收字第 2 号。

（5）借：预收账款　　　　　　　　　　　　　　　　　　7 020

　　　　贷：主营业务收入——M 产品　　　　　　　　　　6 000

　　　　　　应交税费——应交增值税——销项税额　　　　　1 020

应填制转账凭证。编号为：转字第 3 号。

（6）借：银行存款　　　　　　　　　　　　　　　　　　27 495

　　　　贷：应收账款　　　　　　　　　　　　　　　　　27 495

应填制收款凭证。编号为：银收字第 3 号。

（7）首先根据本月该企业实现的全部收入按 5% 的税率计算应交消费税：

　　　（25 000 + 23 500 + 40 000 + 6 000）× 5% = 4 725（元）

其次编制反映消费税的分录：

借：税金及附加　　　　　　　　　　　　　　　　　　4 725

　　贷：应交税费——应交消费税　　　　　　　　　　　4 725

应填制转账凭证。编号为：转字第 4 号。

（8）借：主营业务成本——M 产品　　　　　　　　　　27 000

　　　　　　　　　　——N 产品　　　　　　　　　　25 000

　　　　贷：库存商品　　　　　　　　　　　　　　　　52 000

应填制转账凭证。编号为：转字第 5 号。

2. 开设 T 形账户，登记"主营业务收入""应交税费""税金及附加""主营业务成本""应收账款""预收账款"总分类账户。

主营业务收入

		（1）	25 000
		（2）	23 500
		（3）	40 000
		（5）	6 000
		合计	94 500
		余额	94 500

税金及附加

（7）	4 725	
合计	4 725	
余额	4 725	

预收账款

（5）	7 020	（4）	7 020
合计	7 020	合计	7 020

应收账款

（2）	27 495	（6）	27 495
合计	27 495	合计	27 495

主营业务成本

（8）	52 000	
合计	52 000	
余额	52 000	

应交税费

	(1)	4 250
	(2)	3 995
	(3)	6 800
	(5)	1 020
	(7)	4 725
合计		20 790
余额		20 790

习题七

1. 根据所给资料编制会计分录，指出每项交易或事项应编制哪种专用记账凭证，并按五种编号方法编号。

（1）借：银行存款　　　　　　　　　　　　　　　　　　　　　17 550

　　　贷：其他业务收入　　　　　　　　　　　　　　　　　　15 000

　　　　　应交税费——应交增值税（销项税额）　　　　　　　2 550

应填制收款凭证。编号为：银收字第 1 号。

（2）借：其他业务成本　　　　　　　　　　　　　　　　　　　10 000

　　　贷：包装物　　　　　　　　　　　　　　　　　　　　　10 000

应填制转账凭证。编号为：转字第 1 号。

（3）借：管理费用　　　　　　　　　　　　　　　　　　　　　10 000

　　　贷：应付职工薪酬　　　　　　　　　　　　　　　　　　10 000

应填制转账凭证。编号为：转字第 2 号。

（4）借：管理费用　　　　　　　　　　　　　　　　　　　　　　　200

　　　贷：库存现金　　　　　　　　　　　　　　　　　　　　　　200

应填制转账凭证。编号为：现付字第 1 号。

（5）借：管理费用　　　　　　　　　　　　　　　　　　　　　　　500

　　　贷：库存现金　　　　　　　　　　　　　　　　　　　　　　500

应填制付款凭证。编号为：现付字第 2 号。

（6）借：财务费用　　　　　　　　　　　　　　　　　　　　　　　480

　　　贷：应付利息　　　　　　　　　　　　　　　　　　　　　　480

应填制转账凭证。编号为：转字第 3 号。

（7）借：银行存款　　　　　　　　　　　　　　　　　　　　　14 040

　　　贷：其他业务收入　　　　　　　　　　　　　　　　　　12 000

　　　　　应交税费——应交增值税（销项税额）　　　　　　　2 040

应填制收款凭证。编号为：银收字第 2 号。

（8）借：其他业务成本　　　　　　　　　　　　　　　　　　　14 000

　　　贷：原材料　　　　　　　　　　　　　　　　　　　　　14 000

应填制转账凭证。编号为：转字第 4 号。

（9）借：销售费用　　　　　　　　　　　　　　　　　　　　　　　175

　　　贷：库存现金　　　　　　　　　　　　　　　　　　　　　　175

应填制付款凭证。编号为：现付字第 3 号。

(10) 借：财务费用   200

      贷：银行存款   200

应填制付款凭证。编号为：银付字第 1 号。

(11) 借：销售费用   100

      贷：库存现金   100

应填制付款凭证。编号为：现付字第 4 号。

2. 开设 T 形账户，登记"其他业务收入""其他业务成本""销售费用""管理费用""财务费用"总分类账户。

其他业务收入		
	(1)	15 000
	(7)	12 000
	合计	27 000
	余额	27 000

其他业务成本		
(2)	10 000	
(8)	14 000	
合计	24 000	
余额	24 000	

销售费用		
(9)	175	
(11)	100	
合计	275	
余额	275	

管理费用		
(3)	10 000	
(4)	200	
(5)	500	
合计	10 700	
余额	10 700	

财务费用		
(6)	480	
(10)	200	
合计	680	
余额	680	

习题八

1. 根据所给资料编制会计分录，指出每项交易或事项应编制哪种专用记账凭证，并按五种编号方法编号。

(1) 借：银行存款   20 000

      贷：投资收益   20 000

应填制收款凭证。编号为：银收字第 1 号。

(2) 借：银行存款   5 000

      贷：营业外收入   5 000

应填制收款凭证。编号为：银收字第 2 号。

(3) 借：银行存款   8 080

      贷：营业外收入   8 080

应填制收款凭证。编号为：银收第 3 号。

(4) 借：营业外支出   7 500

　　　　　　贷：固定资产　　　　　　　　　　　　　　　　　　　　　　　7 500

应填制转账凭证。编号为：转字第1号。

（5）借：营业外支出　　　　　　　　　　　　　　　　　　　　　　　4 000

　　　　　　贷：银行存款　　　　　　　　　　　　　　　　　　　　　　　4 000

应填制付款凭证。编号为：银付第1号。

（6）借：主营业务收入　　　　　　　　　　　　　　　　　　　　　　94 500

　　　　　其他业务收入　　　　　　　　　　　　　　　　　　　　　27 000

　　　　　投资收益　　　　　　　　　　　　　　　　　　　　　　　20 000

　　　　　营业外收入　　　　　　　　　　　　　　　　　　　　　　13 080

　　　　　　贷：本年利润　　　　　　　　　　　　　　　　　　　　　154 580

应填制转账凭证。编号为：转字第2号。

（7）借：本年利润　　　　　　　　　　　　　　　　　　　　　　　103 880

　　　　　　贷：主营业务成本　　　　　　　　　　　　　　　　　　　52 000

　　　　　　　税金及附加　　　　　　　　　　　　　　　　　　　　　4 725

　　　　　　　其他业务成本　　　　　　　　　　　　　　　　　　　24 000

　　　　　　　营业外支出　　　　　　　　　　　　　　　　　　　　11 500

　　　　　　　销售费用　　　　　　　　　　　　　　　　　　　　　　　275

　　　　　　　管理费用　　　　　　　　　　　　　　　　　　　　　10 700

　　　　　　　财务费用　　　　　　　　　　　　　　　　　　　　　　　680

应填制转账凭证。编号为：转字第3号。

（8）首先，按"利润总额"的25%计算企业应交所得税额：

　　　　（154 580 − 103 880）×25% = 12 675（元）

其次，编制企业应交所得税的分录：

　　　借：所得税费用　　　　　　　　　　　　　　　　　　　　　　12 675

　　　　　贷：应交税费——应交所得税　　　　　　　　　　　　　　12 675

应填制转账凭证。编号为：转字第4号。

（9）借：本年利润　　　　　　　　　　　　　　　　　　　　　　　12 675

　　　　　　贷：所得税费用　　　　　　　　　　　　　　　　　　　12 675

（10）首先计算企业的"净利润"：

　　　　（154 580 − 103 880）− 12 675 = 38 025（元）

其次，计算企业应提取的法定盈余公积金：

　　　　38 025 ×10% = 3 802.50 （元）

最后，编制企业提取法定盈余公积金的分录：

　　　借：利润分配——提取法定盈余公积　　　　　　　　　　　　3 802.50

　　　　　贷：盈余公积　　　　　　　　　　　　　　　　　　　　3 802.50

应填制转账凭证。编号为：转字第5号。

（11）借：利润分配——应付现金股利　　　　　　　　　　　　　16 500

　　　　　　贷：应付股利　　　　　　　　　　　　　　　　　　　16 500

应填制转账凭证。编号为：转字第6号。

（12）借：本年利润   38 025

         贷：利润分配——未分配利润   38 025

应填制转账凭证。编号为：转字第 7 号。

（13）借：利润分配——未分配利润   20 302.50

         贷：利润分配——提取法定盈余公积   3 802.50

               ——应付现金股利   16 500

应填制转账凭证。编号为：转字第 8 号。

2. 开设 T 形账户，登记"本年利润""投资收益""营业外收入""营业外支出""所得税费用""利润分配"总分类账户，以及"利润分配"明细分类账户。

本年利润

(7)	103 880	(6)	154 580
(9)	12 675		
(12)	38 025		
合计	154 580	合计	154 580

投资收益

(6)	20 000	(1)	20 000
合计	20 000	合计	20 000

营业外收入

(6)	13 080	(2)	5 000
		(3)	8 080
合计	13 080	合计	13 080

营业外支出

(4)	7 500	(7)	11 500
(5)	4 000		
合计	11 500	合计	11 500

所得税费用

(8)	12 675	(9)	12 675
合计	12 675	合计	12 675

利润分配

(10)	3 802.50	(12)	38 025
(11)	16 500	(13)	3 802.50
(13)	20 302.5	(13)	16 500
合计	40 605	合计	58 327.5
		余额	17 722.50

利润分配—提取法定盈余公积

(10)	3 802.50	(13)	3 802.50
合计	3 802.50	合计	3 802.50

利润分配—未分配利润

(13)	20 302.50	(12)	38 025
合计	20 302.50	合计	38 025
		余额	17 722.50

利润分配—应付现金股利

(11)	16 500	(13)	16 500
合计	16 500	合计	16 500

3. 计算该企业的营业利润、利润总额和净利润。

（1）该企业的营业利润为：

94 500 + 27 000 − 52 000 − 24 000 − 4 725 − 275 − 10 700 − 680 + 20 000 = 49 120（元）

（2）该企业的利润总额为：

49 120 + 13 080 − 11 500 = 50 700（元）

（3）该企业的净利润为：

50 700 - 12 675 = 38 025（元）

习题九

1. B	2. B	3. A	4. A	5. B
6. B	7. A	8. B	9. B	10. A
11. A	12. A	13. A	14. A	15. A
16. B	17. A	18. B	19. B	20. A

第七章 成本计算

一、实训题

习题一

[目的] 熟悉成本计算的定义与成本计算原理等内容。

[要求] 在下列各题所给的备选答案中选出你认为正确的答案，并将答案标号填入题中的括号内。提示：带有 4 个备选答案的题为单项选择题，带有 5 个备选答案的题为多项选择题。

[资料]

1. 在以下说法中，关于成本计算的正确说法有（　　　）。
   - A. 它是归集一定计算对象的全部费用的一种专门方法
   - B. 它是会计核算的一种专门方法
   - C. 它是确定各计算对象的总成本的一种专门方法
   - D. 它是确定各计算对象单位成本的一种专门方法
   - E. 它是分类反映交易或事项的一种专门方法

2. 在以下说法中，关于成本作用的正确说法有（　　　）。
   - A. 是计量经营耗费和确定补偿尺度的重要工具
   - B. 是决定商品价格的基础
   - C. 是决定产品竞争能力的重要条件
   - D. 是企业进行经营决策，核算经济效益的重要因素
   - E. 是评价企业管理水平和各方面工作的重要指标记录

3. 进行成本计算的重要意义有（　　　）。
   - A. 可以考核企业成本计划的完成情况
   - B. 可以为复式记账提供理论依据
   - C. 可以反映和控制企业成本支出水平
   - D. 可以为企业进行成本预测等提供必要依据
   - E. 可以真实反映企业的财务状况和经营成果

4. 在以下内容中，属于成本计算原理的内容有（　　　）。
   - A. 直接受益直接分配原理
   - B. 共同受益间接分配原理
   - C. 会计等式的平衡原理
   - D. 重要性原理
   - E. 借贷必相等的平衡原理

5. 进行成本计算应遵循的基本要求有（　　　）。
   - A. 应严格遵守成本列支范围
   - B. 应严格遵守借贷记账法的记账规则

C. 应严格区分费用和成本界限　　　　D. 应严格遵循权责发生制基础要求

E. 应选择适当的成本计算方法

6. 在下列内容中，属于成本计算一般程序的内容有（　　　）。

A. 收集和整理成本计算资料　　　　　B. 正确确定成本计算对象

C. 正确归集和分配各种费用　　　　　D. 设置和登记明细分类账户

E. 编制试算平衡表

7. 在以下各项内容中，属于材料成本项目的内容有（　　　）。

A. 材料买价　　　　　B. 直接材料　　　　　C. 直接人工

D. 采购费用　　　　　E. 制造费用

8. 按照直接受益直接分配原理，下列费用中可直接计入成本计算对象的内容有（　　　）。

A. 材料买价　　　　　B. 直接材料　　　　　C. 直接人工

D. 采购费用　　　　　E. 制造费用

9. 根据重要性原理，下列内容中不记入材料采购成本的有（　　　）。

A. 材料买价　　　　　　　B. 材料仓库所发生的经常性经费

C. 材料采购费用　　　　　D. 市内小额运输费

E. 材料采购保管人员的差旅费

10. 计算完工产品成本应编制（　　　）。

A. 材料采购成本计算表　　　B. 完工产品成本计算表

C. 发生额及余额试算表　　　D. 主营业务成本计算表

习题二

［目的］熟悉成本计算的意义与成本计算原理等内容。

［要求］根据所给资料判断正误，你认为是正确的在题后的括号中打写"A"，你认为是错误的在题后的括号中写或"B"。

［资料］

1. 成本与费用是同一个概念。　　　　　　　　　　　　　　　　　（　　）

2. 成本计算的目的只是要计算出计算对象的总成本。　　　　　　　（　　）

3. 与材料采购有关的费用都要计入材料采购的成本。　　　　　　　（　　）

4. 将有关费用计入计算对象成本的方法有直接计入和间接计入两种。（　　）

5. 主营业务成本是指企业在销售过程中发生的销售费用。　　　　　（　　）

6. 在材料采购过程中发生的共同性费用应分配计入材料采购成本。　（　　）

7. 在产品生产过程中发生的制造费用应直接计入产品的生产成本。　（　　）

8. 在制造业企业，产品的销售成本是指产品的生产成本。　　　　　（　　）

习题三

［目的］练习和掌握材料采购成本的计算方法。

［要求］

1. 根据所给资料编制会计分录（采用实际成本法），确定对每项笔交易或事项应填制哪一种专用记账凭证，并按照五种编号方法编号（提示：具体要求内容见第六章习题三的提示）。

2. 登记 H、Y 两种材料的明细分类账（利用作业用表 7 - 1 和作业用表 7 - 2）。

3. 编制"在途物资成本计算表"（利用作业用表 7 - 3）。

[资料] 某企业 6 月份材料采购发生如下交易或事项：

1. 6 月 5 日，采购 H 材料 5 000 千克，买价 20 000 元，增值税进项税额 3 400 元，已用银行存款支付。

2. 6 月 12 日，采购 Y 材料 1 000 千克，买价 15 000 元，增值税进项税额 2 550 元，全部款项暂未付。

3. 6 月 12 日，采购 H 材料 3 000 千克，买价 12 000 元，增值税进项税额 2 040 元，已用银行存款支付。

4. 6 月 12 日，将前两项业务中采购的 Y、H 材料一同运回企业，共发生运输费 800元，已用银行存款支付（按材料重量进行分配）。

5. 6 月 18 日，采购 Y 材料 3 000 千克，买价 45 000 元，增值税进项税额 7 650 元，销售代垫运费 400 元。向对方开出面额为 53 050 元的商业汇票一份。

6. 6 月 30 日，计算材料采购成本，办理材料验收入库手续。

[操作训练]

1. 根据所给资料编制会计分录（采用实际成本法），确定对每项笔交易或事项应填制哪一种专用记账凭证，并按照五种编号方法编号（提示：另行利用作业纸完成）。

2. 登记 H、Y 两种材料的明细分类账。

作业用表 7 - 1　　　　　　　　　　**在途物资明细分类账**

材料名称：

201 × 年		凭证号	摘　要	借　　方			贷方
月	日			买　价	采购费用	合　计	
		（略）					

作业用表 7 - 2　　　　　　　　　　**在途物资明细分类账**

材料名称：

201 × 年		凭证号	摘　要	借　　方			贷方
月	日			买　价	采购费用	合　计	
		（略）					

3. 编制"在途物资成本计算表"。

作业用表 7 – 3　　　　　　**在途物资成本计算表**

201×年　月

成本项目	材料（　千克）		材料（　千克）		成本合计
	总成本	单位成本	总成本	单位成本	
买价					
采购费用					
材料采购成本					

习题四

[目的] 练习和掌握完工产品成本的计算方法。

[要求]

1. 根据所给资料按生产工人工资总额分配制造费用，编制分配制造费用的会计分录。

2. 计算材料完工产品成本。编制结转完工产品成本的会计分录。

3. 根据以上编制的会计分录登记 M、N 两种产品的明细分类账（利用作业用表 7 – 4 和作业用表 7 – 5）。

4. 编制"完工产品成本计算表"（利用作业用表 7 – 6）。

[资料]

1. 某企业某月"生产成本明细账"中的"月初余额"及本月新发生费用的登记情况见以下明细账。

生产成本明细分类账

产品名称：M 产品

201×年		凭证号	摘　要	借　　方			
月	日			直接材料	直接人工	制造费用	合　计
6	1	（略）	月初余额	400	228	172	800
	30		材料费用	3 000			
			生产工人工资		1 000		
			生产工人福利费		140		

生产成本明细分类账

产品名称：N 产品

201×年		凭证号	摘　要	借　　方			
月	日			直接材料	直接人工	制造费用	合　计
6	1	（略）	月初余额	2 000	912	188	3 000
	30		材料费用	5 400			
			生产工人工资		1 250		
			生产工人福利费		175		

2. 本月共发生制造费用 675 元。

3. 本月生产 M 产品 50 台，到月末时完工 40 台，有 10 台尚处在生产过程中，根据完工程度估算：每台 M 在产品占用直接材料 30 元、生产工人工资 10 元、福利费 1.40 元、制造费用 3 元；N 产品 25 件到月末时全部完工。

[操作训练]

1. 根据所给资料按生产工人工资总额分配制造费用，编制分配制造费用会计分录（提示：另行利用作业纸完成）。

2. 计算材料完工产品成本。编制结转完工产品成本的会计分录（提示：另行利用作业纸完成）。

3. 登记 M、N 两种产品的明细分类账。

作业用表 7 – 4　　　　　　　　　　**生产成本明细分类账**

产品名称：M 产品

201×年		凭证号	摘　要	借　　　方			
月	日			直接材料	直接人工	制造费用	合　计
6	1	（略）	月初余额	400	228	172	800
	30		材料费用	3 000			
			生产工人工资		1 000		
			生产工人福利费		140		
			分配制造费用				
			本月发生额				
			结转完工产品成本				
			月末在产品成本				

注："结转完工产品成本"这一行应为红字。

作业用表 7 – 5　　　　　　　　　　**生产成本明细分类账**

产品名称：N 产品

201×年		凭证号	摘　要	借　　　方			
月	日			直接材料	直接人工	制造费用	合　计
6	1	（略）	月初余额	2 000	912	188	3 000
	30		材料费用	5 400			
			生产工人工资		1 250		
			生产工人福利费		175		
			分配制造费用				
			本月发生额				
			结转完工产品成本				

注："结转完工产品成本"这一行应为红字。

4. 编制"完工产品成本计算表"。

作业用表 7 - 6 　　　　　　　 **完工产品成本计算表**

20××年　月

成本项目	产品（　　件）		产品（　　件）		成本合计
	总成本	单位成本	总成本	单位成本	
直接材料					
直接人工					
制造费用					
产品制造成本					

二、案例题

案例 7 - 1 　　　　　　 **成本资料考虑不周　产品成本计算有误**

某大学会计学院的小李大学刚毕业，就在盛兴公司找到了工作，被安排在财务处负责产品成本核算工作。本月终了时，他通过查阅账簿资料掌握了以下情况：公司主营业务是生产和销售 A 产品。本月 A 产品月初在产品的余额为 16 000 元；本月生产 A 产品发生的费用总额为 200 000 元；月末在产品的余额为 20 000 元。本月完工 A 产品为 160 件。于是就对以下指标进行了计算：

本月完工 A 产品总成本：

200 000 - 20 000 = 180 000 （元）

本月完工 A 产品单位成本：

180 000 ÷ 160 = 1 125 （元）

成本管理科的王科长看了这个计算结果，笑着对小李说："你的计算结果有误。再仔细琢磨一下，看错在了什么地方。"

请你利用所学习的会计知识分析：小李的计算结果为什么是错的？如果是你的话，将怎样进行 A 产品完工成本的计算？

［分析提示］可根据完工产品成本的计算应考虑的各种因素及其具体计算方法等角度展开分析。

案例 7 - 2

小李大学毕业后就应聘在一家大型公司的财务部门从事会计工作。好多业务是她在学校学习会计课程时所没有接触到的。这两天她正在为如何处理本企业自行开发的财务软件而发生的支出而犯难。

事情是这样的：为满足本企业会计电算化的需要，公司组织专业技术人员研究开发了适用于本企业的财务软件。在研究开发中发生材料费 50 000 元，人工工资 20 000 元，用银行存款支付其他费用30 000元。现在该软件已经达到了预定的用途。

这是小李从来没有接触过的业务。如何对这些支出进行账务处理？小李犯了合计：这些支出是全部作为费用处理？还是计入无形资产价值？是否还有其他的处理方法？这些在《企业会计准则》里面都没有具体规定。带着这个问题，她请教了曾经参加过中国会计学会举办的企业会计准则体系培训班的财务部张部长。

张部长热情地接待了她。就她提出的问题给予了解答。

张部长说："对这类业务的处理，在过去没有统一规定，各企业在账务处理上无据可依，具体做法也是五花八门。自从2006年财政部颁发了新的企业会计准则以后，对这类业务的处理已经有了比较明确的规定。基本的要求是将研究开发项目区分为研究阶段和开发阶段。企业应当根据研究与开发的实际情况加以判断。根据《企业会计准则第6号——无形资产》的规定，企业内部研究开发项目在研究阶段发生的支出，应当于发生时计入当期损益；开发阶段的支出，同时满足五个条件的，才能确认为无形资产。这五个条件在准则应用指南里都有详细规定，你自己看看就知道了。"

张部长接着说："按照准则的要求处理你所提到的业务，关键是区分清楚在这些支出中有哪些是属于应当计入当期损益的支出，哪些是符合资本化条件的支出。"

小李计算了一下，在全部支出中，符合资本化条件的支出为80 000元。随之她把的会计分录写在了纸上递给了张部长，请她给把关。

小李对企业自行开发财务软件发生的所有支出编制的分录是：

借：研发支出——费用化支出	20 000
——资本化支出	80 000
贷：原材料	50 000
应付职工薪酬	20 000
银行存款	30 000

对发生的支出分别费用化和资本化的分录是：

借：管理费用	20 000
无形资产	80 000
贷：研发支出——费用化支出	20 000
——资本化支出	80 000

张部长看了小李做的会计分录以后，脸上露出了满意的笑容。

小李表示谢意后就要离开张部长的办公室。张部长又特别嘱咐她说："按照我们的计划，这次研究开发的财务软件预计使用5年，它可是有使用寿命的无形资产哟。现在这个财务软件已经投入使用了，别忘了做好它的摊销核算啊。"

[分析提示] 按照《企业会计准则》的规定，对企业内部研究开发项目的支出，应当区分研究阶段支出与开发阶段支出分别按规定处理。内部研究开发项目的研究阶段发生的支出，应于发生时计入当期损益。从案例中可以看出来，该项目在研究阶段发生的支出共有20 000元，这部分支出是不能计入该项目成本的；另外80 000元属于资本性支出，应确认为无形资产成本。

三、实训题参考答案

习题一

1. ABCD   2. ABCDE   3. ACDE   4. ABD   5. ACDE

6. ABCD   7. AD   8. BCE   9. BDE   10. B

习题二

1. B   2. B   3. B   4. A   5. B   6. A   7. B   8. A

习题三

1. 根据所给资料编制会计分录。

（1）借：在途物资——H 材料   20 000

         应交税费——应交增值税——进项税额   3 400

       贷：银行存款   23 400

应填制付款凭证。编号为：银付字第 1 号。

（2）借：在途物资——Y 材料   15 000

         应交税费——应交增值税——进项税额   2 250

       贷：应付账款   17 250

应填制转账凭证。编号为：转字第 1 号。

（3）借：在途物资——H 材料   12 000

         应交税费——应交增值税——进项税额   2 040

       贷：银行存款   14 040

应填制付款凭证。编号为：银付字第 2 号。

（4）计算两种材料的运输费用分配率、分配额，并编制分录。

首先，计算两种材料的运输费用分配率：

     $800 \div (1\,000 + 3\,000) = 0.20$（元／千克）

其次，计算两种材料应分配的运输费用：

     Y 材料：$0.20 \times 1\,000 = 200$（元）

     H 材料：$0.20 \times 3\,000 = 600$（元）

最后，编制分配运输费用分录：

     借：在途物资——Y 材料   200

            ——H 材料   600

       贷：银行存款   800

应填制付款凭证。编号为：银付字第 3 号。

（5）借：在途物资——Y 材料   45 400

         应交税费——应交增值税——进项税额   7 650

       贷：应付票据   53 050

应填制转账凭证。编号为：转字第2号。

（6）计算两种材料的总成本、单位成本，并编制分录。

首先，计算两种材料的总成本：

H材料总成本：20 000 + 12 000 + 600 = 32 600（元）

Y材料总成本：15 000 + 200 + 45 400 = 60 600（元）

其次，计算两种材料的单位成本：

H材料单位成本：32 600 ÷（5 000 + 3 000）= 40.75（元）

Y材料单位成本：60 600 ÷（1 000 + 3 000）= 15.15（元）

最后，编制两种材料验收入库会计分录：

借：原材料——H材料　　　　　　　　　　　　　　　　　32 600

　　　　　　——Y材料　　　　　　　　　　　　　　　　　60 600

　　贷：在途物资——H材料　　　　　　　　　　　　　　　32 600

　　　　　　　　——Y材料　　　　　　　　　　　　　　　60 600

应填制转账凭证。编号为：转字第3号。

2. 登记H、Y两种材料的明细分类账。

作业用表7-1　　　　　　　　　　　**在途物资明细分类账**

材料名称：H材料

201×年		凭证号	摘　要	借　方			贷方
月	日			买价	采购费用	合计	
6	5	（略）	买价（5 000千克）	20 000		20 000	
	12		买价（3 000千克）	12 000		12 000	
			分配运输费		600	600	
	30		验收入库				32 600
			本月合计	32 000	600	32 600	32 600

作业用表7-2　　　　　　　　　　　**在途物资明细分类账**

材料名称：Y材料

201×年		凭证号	摘　要	借　方			贷方
月	日			买价	采购费用	合计	
6	12	（略）	买价（1 000千克）	15 000		15 000	
	12		分配运输费		200	200	
	18		买价（3 000千克）	45 000	400	45 000	
	30		验收入库				60 000
	30		本月合计	60 000	600	60 000	60 000

3. 编制"在途物资成本计算表"

作业用表7-3   **在途物资成本计算表**

201×年　月

成本项目	H材料（8000千克）		Y材料（4000千克）		成本合计
	总成本	单位成本	总成本	单位成本	
买价	32 000	40.00	60 000	15.00	92 000
采购费用	600	0.75	600	0.15	1 200
材料采购成本	32 600	40.75	60 600	15.15	93 200

习题四

1. 根据所给资料按生产工人工资总额分配制造费用，编制分配制造费用分录。

（1）首先按生产工人工资总额分配制造费用：

$675 \div (1\,000 + 1\,250) = 0.30$（元）

（2）其次，分配制造费用：

M产品应分配制造费用：$1\,000 \times 0.30 = 300$（元）

N产品应分配制造费用：$1\,250 \times 0.30 = 375$（元）

（3）最后，编制分配制造费用分录：

借：生产成本——M产品   300

         ——N产品   375

  贷：制造费用   675

2. 计算材料完工产品成本。编制结转完工产品成本分录。

（1）M产品月末在产品总成本：

直接材料：$30 \times 10 = 300$（元）

生产工人工资：$10 \times 10 = 100$（元）

福利费：$1.40 \times 10 = 14$（元）

制造费用：$3 \times 10 = 30$（元）

合　计   444元

（2）M产品完工产品总成本：

直接材料：$400 + 3\,000 - 300 = 3\,100$（元）

生产工人工资：$200 + 1\,000 - 100 = 1\,100$（元）

福利费：$28 + 140 - 14 = 154$（元）

制造费用：$172 + 300 - 30 = 442$（元）

合　计   4 796元

（3）N产品完工产品总成本：

直接材料：$2\,000 + 5\,400 = 7\,400$（元）

生产工人工资：$800 + 1\,250 = 2\,050$（元）

福利费：$112 + 175 = 287$（元）

制造费用：$188 + 375 = 563$（元）

合　计   10 300元

（4）M产品完工产品单位成本：

4 796 ÷ 40 = 119.90（元）

（5）N 产品完工产品单位成本：

10 300 ÷ 25 = 412.00（元）

结转完工产品成本分录：

借：库存商品——M 产品	4 796
——N 产品	10 300
贷：生产成本——M 产品	4 796
——N 产品	10 300

3. 根据以上会计分录登记 M、N 两种产品的明细分类账。

作业用表 7 – 4　　　　　生产成本明细分类账

材料名称：M 产品

201×年		凭证号	摘　要	借　方			合计
月	日			直接材料	直接人工	制造费用	
6	1	（略）	月初余额	400	228	172	800
	30		材料费用	3 000			
			生产工人工资		1 000		
			生产工人福利费		140		
			分配制造费用			300	
			本月发生额	3 000	1 140	300	4 440
			结转完工产品成本	3 100	1 254	442	4 796
			月末在产品成本	300	114	30	444

注："结转完工产品成本"这一行应为红字。

作业用表 7 – 5　　　　　生产成本明细分类账

材料名称：N 产品

201×年		凭证号	摘　要	借　方			合计
月	日			直接材料	直接人工	制造费用	
6	1	（略）	月初余额	2 000	912	188	3 100
	30		材料费用	5 400			
			生产工人工资		1 250		
			生产工人福利费		175		
			分配制造费用			375	
			本月发生额	5 400	1 425	375	7 200
			结转完工产品成本	7 400	2 337	563	10 300

注："结转完工产品成本"这一行应为红字。

4. 编制"完工产品制造成本计算表"。

作业用表 7 – 6   **完工产品成本计算表**

201×年×月

成本项目	M产品（40件）		N产品（25件）		成本合计
	总成本	单位成本	总成本	单位成本	
直接材料	3 100	77.50	7 400	296.00	10 500
直接人工	1 254	31.35	2 337	93.48	3 591
制造费用	442	11.05	563	22.52	1 005
产品制造成本	4 796	119.90	10 300	412.00	15 096

第八章 财产清查

一、实训题

习题一

[目的] 熟悉财产清查的意义、存货盘存制度和清查方法等内容。

[要求] 在下列各题所给的备选答案中选出你认为正确的答案，并将答案标号填入题中的括号内。提示：带有4个备选答案的题为单项选择题，带有5个备选答案的题为多项选择题。

1. 进行财产清查的重要意义有（   ）。
   A. 确保账簿记录真实准确   B. 确保账实相符   C. 确保账证相符
   D. 真实反映企业的财务状况   E. 保证财务报告质量

2. 财产清查按清查范围可分为（   ）。
   A. 全部清查   B. 定期清查   C. 局部清查
   D. 内部清查   E. 不定期清查

3. 财产清查按清查时间可分为（   ）。
   A. 外部清查   B. 全部清查   C. 定期清查
   D. 内部清查   E. 不定期清查

4. 财产清查按清查的执行单位可分为（   ）。
   A. 内部清查   B. 全部清查   C. 局部清查
   D. 定期清查   E. 外部清查

5. 在财产清查中，存货盘存制度要确定的是财产物资的（   ）。
   A. 收入数量   B. 发出数量
   C. 结存数量   D. 价值量

6. 通过设置存货明细账，可随时结出存货结存数量的盘存方法称为（   ）。
   A. 权责发生制   B. 永续盘存制
   C. 收付实现制   D. 实地盘存制

7. 永续盘存制做法的主要特点有（   ）。
   A. 设置存货明细账   B. 逐笔登记存货的收入数
   C. 逐笔登记存货的发出数   D. 平时不登记存货的发出数
   E. 可随时结出存货的结存数量

8. 在下列做法中，可以用来进行期末存货盘存的做法有（   ）。
   A. 权责发生制   B. 永续盘存制   C. 收付实现制
   D. 实地盘存制   E. 应收应付制

9. 先进先出法的主要特点有（   ）。

A. 假设先入库的存货尽先发出

B. 假设后入库的存货尽先发出

C. 按先入库存货的单位成本计算发出存货的成本

D. 按加权平均单价计算发出存货的成本

E. 按后入库存货的单位成本计算发出存货的成本

10. 全月一次加权平均法计算出的加权平均单价适用于计算（   ）。

A. 本月入库存货的成本　　　　　　　B. 本月发出存货的成本

C. 本月末结存存货的成本　　　　　　D. 上月发出存货的成本

E. 本月初结存存货的成本

11. 永续盘存制的优点有（   ）。

A. 便于随时掌握财产的占用情况　　　B. 存货明细分类核算工作量较小

C. 有利于加强对财产物资的管理　　　D. 有利于实施会计监督

E. 节省人力和费用

12. 库存现金清查的基本方法是（   ）。

A. 技术推算法　　　　　　　　　　　B. 实地盘点法

C. 抽样盘存法　　　　　　　　　　　D. 函证核对法

13. 从企业的角度看，未达账项有（   ）。

A. 企业已收银行未收款项　　　　　　B. 银行已收企业未收款项

C. 企业已付银行未付款项　　　　　　D. 银行已付企业未付款项

E. 银行与企业均未收付款项

14. 在"银行存款余额调节表"上表明企业可以动用存款数的指标是（   ）。

A. 银行已收企业未收款项　　　　　　B. "银行存款日记账"余额

C. 银行"对账单"余额　　　　　　　　D. 调节以后的存款余额

15. 进行实物资产清查所采用的方法有（   ）。

A. 实地盘点法　　　　　　　　　　　B. 技术推算法

C. 抽样盘存法　　　　　　　　　　　D. 函证核对法

E. 与"对账单"核对法

16. 下列表单中，可作为货币资金和实物资产清查结果处理原始凭证的有（   ）。

A. 现金盘点报告表　　　　　　　　　B. 财产物资盘存单

C. 银行存款余额调节表　　　　　　　D. 银行对账单

E. 账存实存对比表

习题二

[目的] 练习"银行存款余额调节表"的编制方法。

[要求]

1. 根据上述资料编制"银行存款余额调节表"（利用作业用表8－1）。

2. 试说明以上"银行存款余额调节表"中的几个余额指标中哪一个是企业银行存款的真实数额。为什么？

[资料] 某企业8月31日"银行存款日记账"的余额为30 706元，银行"对账单"

的余额为 53 912 元。在核对中发现如下未达账项：

（1）8 月 29 日，企业从银行借款 20 000 元，银行已转入本企业存款户，但企业尚未记增加。

（2）8 月 29 日，送存银行由购货方交来的转账支票一张，面额 2 248 元。企业已记银行存款增加。因对方存款不足支票被退回，但企业尚未接到通知。

（3）8 月 30 日，向供货方开出转账支票一张，面额 9 464 元，企业已记银行存款减少。但对方尚未到银行办理转账手续，银行尚未登记入账。

（4）8 月 30 日，企业收到购货方支付材料货款的转账支票一张，面额 3 360 元。企业已记银行存款增加。但支票尚未送存银行，银行尚未入账。

（5）银行从企业的存款户中扣收借款利息 650 元，已记企业银行存款的减少，但企业尚未接到通知尚未入账。

[操作训练]

1. 根据上述资料编制"银行存款余额调节表"。

作业用表 8 - 1　　　　　　　　　　银行存款余额调节表

项　目	金　额	项　目	金　额
企业银行存款日记账余额 加：银行已收企业未收 减：银行已付企业未付		银行对账单余额 加：企业已收银行未收 减：企业已付银行未付	
调节后的存款余额		调节后的存款余额	

2. 试说明以上"银行存款余额调节表"中的几个余额指标中哪一个是企业银行存款的真实数额。为什么？（提示：应先说明在"银行存款余额调节表"中有哪几个余额指标，之后再回答有关问题）。

习题三

[目的] 掌握发出存货的计价方法的应用。

[要求]

1. 运用先进先出法和月末一次加权平均法计算该企业本月发出 C 材料的成本。

2. 根据以上计算结果，分别计算在以上两种发出存货计价方法下该企业 C 材料的月末结存成本。

3. 假定本月发出的 C 材料用于生产 M 产品的为 9 000 元，企业制造部门一般耗用为 1 500 元，企业管理部门耗用为 500 元。编制在先进先出法下本月发出 C 材料的会计分录。

4. 根据以上会计分录登记 C 材料明细账（利用作业用表 8 - 2），并结出月末余额。

[资料] 某企业 8 月"原材料——C 材料"明细账户的登记情况如下。

原材料明细账

材料名称：C 材料   数量单位：   千克

201×年		凭证号	摘要	借方			贷方			余额		
月	日			数量	单价	金额	数量	单价	金额	数量	单价	金额
8	1	（略）	月初余额							5 000	1.60	8 000
	12		购入	2 000	1.50	3 000						
	19		发出				3 000					
	24		购入	3 000	1.55	4 650						
	27		发出				4 000					

[操作训练]

1. 运用先进先出法和月末一次加权平均法计算本月发出 C 材料的成本。

2. 计算在以上两种发出存货计价方法下 C 材料的月末结存成本。

3. 编制先进先出法下本月发出 C 材料的会计分录。

4. 登记 C 材料明细账，并结出月末余额。

作业用表 8-2 　　　　　　　　　　　**原材料明细账**

材料名称：C 材料　　　　　　　　　　　　　　　　　　　　数量单位：　　千克

201×年		凭证号	摘要	借　方			贷　方			余　额		
月	日			数量	单价	金额	数量	单价	金额	数量	单价	金额
8	1	（略）	月初余额							5 000	1.60	8 000
	12		购入	2 000	1.50	3 000						
	19		发出				3 000					
	24		购入	3 000	1.55	4 650						
	27		发出				4 000					
	31		本月合计									

习题四

[目的] 熟悉掌握财产清查结果的账务处理方法。

[要求] 首先说明下面资料中的每一笔交易或事项应填制哪种专用记账凭证，然后为其编制会计分录。

[资料] 某企业发生如下有关财产清查的交易或事项：

1. 企业在库存现金清查中发现长款 200 元。经反复核查未查明原因，经批准转作企业的营业外收入。

2. 企业在库存现金清查中发现短款 100 元。经查明属于出纳员的保管责任，应由出纳员赔偿。

3. 企业在对存货的清查中发现盘盈钢材 50 千克。经查明是由于收发材料时量具不准确造成的，按每千克 3 元入账。经批准冲减企业的管理费用。

4. 企业在对存货的清查中发现盘亏 B 产品 100 千克，实际成本为 1 000 元。经查明属于定额内的合理损耗。经批准增加企业的管理费用。

5. 企业在对存货的清查中发现盘亏甲材料一批，实际成本为 800 元。经查明是属于过失人造成的材料毁损，应由过失人赔偿 500 元，残料验收入库作价 100 元。扣除过失人赔偿和残料价值后其余 200 元经批准计入企业的管理费用。

6. 企业在对存货的清查中发现盘亏 B 材料一批，实际成本为 5 000 元。经查明是属于非常事故造成的材料毁损。经批准计入企业的营业外支出。

7. 企业在对固定资产的清查中发现账外设备一台，估计净值为 8 000 元。调整以前年度损益。

8. 企业在对固定资产的清查中发现盘亏设备 1 台，其账面原价为 20 000 元，累计折旧为 6 000 元。经批准转作企业的营业外支出。

9. 企业在财产清查中确认，有 10 000 元货款已确实无法收回。经批准作为坏账损失转销。该企业采用备抵法处理坏账损失。

10. 企业本月在财产清查中，确认有 16 000 元应付款确实无法偿还给对方。经批准转作企业的营业外收入。

[操作训练]

说明每一笔交易或事项应填制的专用记账凭证，然后为其编制会计分录。提示：该习题应按各题提示的具体步骤完成，参见题1。

1.

（1）批准前应调整账簿记录，应填制＿收款＿凭证，会计分录为：

　　借：库存现金　　　　　　　　　　　　　　　　　　　　　　200

　　　　贷：待处理财产损溢　　　　　　　　　　　　　　　　　　　　200

（2）经批准后转销。应填制＿转账＿凭证，会计分录为：

　　借：待处理财产损溢　　　　　　　　　　　　　　　　　　　200

　　　　贷：营业外收入　　　　　　　　　　　　　　　　　　　　　　200

2.

（1）批准前应调整账簿记录。应填制＿＿＿＿＿＿凭证，会计分录为：

　　借：

　　　　贷：

（2）经批准后由出纳员赔偿。应填制＿＿＿＿＿＿凭证，会计分录为：

　　借：

　　　　贷：

3.

（1）批准前应调整账簿记录。应填制＿＿＿＿＿＿凭证，会计分录为：

　　借：

　　　　贷：

（2）经批准冲减管理费用。应填制＿＿＿＿＿＿凭证，会计分录为：

　　借：

　　　　贷：

4.

（1）批准前应调整账簿记录。应填制＿＿＿＿＿＿凭证，会计分录为：

　　借：

　　　　贷：

（2）经批准增加企业的管理费用。应填制＿＿＿＿＿＿凭证，会计分录为：

　　借：

　　　　贷：

5.

（1）批准前应调整账簿记录，做到账实相符。应填制＿＿＿＿＿＿凭证，会计分录为：

　　借：

　　　　贷：

（2）经批准后，应区别不同情况进行处理。

①应由过失人赔偿部分。应填制_____凭证，会计分录为：

　　借：

　　　贷：

②残料验收入库部分。应填制_____凭证，会计分录为：

　　借：

　　　贷：

③将净损失部分记入管理费用。应填制_____凭证，会计分录为：

　　借：

　　　贷：

6.

（1）批准前应调整账簿记录。应填制_____凭证，会计分录为：

　　借：

　　　贷：

（2）经批准后计入营业外支出。应填制_____凭证，会计分录为：

　　借：

　　　贷：

7.

应填制_____凭证，会计分录为：

　　借：

　　　贷：

8.

（1）批准前应调整账簿记录。应填制_____凭证，会计分录为：

　　借：

　　　贷：

（2）经批准转作企业的营业外支出。应填制_____凭证，会计分录为：

　　借：

　　　贷：

9.

应填制_____凭证，会计分录为：

　　借：

　　　贷：

10.

应填制_____凭证，会计分录为：

　　借：

　　　贷：

习题五

[目的] 熟悉财产清查的有关内容。

［要求］根据所给资料判断正误，你认为是正确的在题后的括号中写"A"，你认为是错误的在题后的括号中写"B"。

［资料］

1. 财产清查就是指对各种实物资产的清查。　　　　　　　　　　　　　（　　）
2. 在采用永续盘存制的企业，可以不再进行存货的实地盘点。　　　　　（　　）
3. 先进先出法是假设每次发出的都是入库时间最短的存货。　　　　　　（　　）
4. 在先进先出法下，企业期末结存的一般是后入库的存货。　　　　　　（　　）
5. "银行存款日记账"上的余额就是企业可以支用的最高存款数。　　　　（　　）
6. 在会计上需要处理的财产清查结果包括盘盈和盘亏两个方面。　　　　（　　）
7. 财产清查结果的账务处理都必须利用"待处理财产损溢"账户。　　　　（　　）
8. 提取坏账准备的做法体现了会计信息质量要求的谨慎性。　　　　　　（　　）
9. "坏账准备"账户属于费用类账户。　　　　　　　　　　　　　　　　（　　）
10. 对在财产清查中发现的盘盈和盘亏只有经批准才能调整账簿记录。　　（　　）

二、案例题

案例 8-1　　　　　　　　存货业务处理有序　　但内部控制较为薄弱

春明化工有限责任公司是生产和销售化工产品的大型企业。其存货主要有原材料（化工用剂、燃料等）、在产品（未出炉混合剂等）、产成品（涂料等）和低值易耗品（包装物、涂料容器）。存货计价方法采用加权平均法。理由是这种方法易于操作，另外，企业存货多属化工品，保质期多在半年，积压情况很少。

企业的存货处理程序主要包括：

1. 进货业务。货物（一般为原材料）随购买时收款单据到达仓库后，由仓库人员验收，不合格货物予以退回，并根据验收结果出具收料单与审核单。审核单交负责部门（供应科）存档，收料单一式四联，仓库与供应科各一联保存，财务部门两联，据此入账，并作存根。定期与供应科、仓库核对。

2. 领料业务。首先根据生产计划提出领料申请，经主管经理签字认可，仓库出具领料单，设四联，生产部门与仓库各保留一联存档记录。财务部门两联，由成本会计设台账入账，按期累计汇总，并与生产部门、仓库进行核对。

3. 盘存与保管。根据存货种类分仓库进行保管，设置存货卡片。采用永续盘存制。仓库保管员与供应部门负责人至少每月一次进行具体盘点，财务部门定期派人抽查，要求做到账账、账卡、账实相符。发生盘盈、盘亏后，由仓库保管人员出具盘盈盘亏表，向主管部门负责人说明原因，审核后交财务部门进行账务处理，盘亏作报废处理并退出进项增值税，盘盈则冲减管理费用。

4. 发货流程。财务部门审核收款并在提货单盖章，一般现金、本票、汇票，见票即发货，而支票一般保留6日以便审核。提货单设四联，一联作为出厂证明，交门卫；一联客户保留，随货同行，供其入账。提单联留仓库备查，交款单留财务部门入账。

5. 在产品交接业务。化工业的生产过程一般是在反应炉中进行。在产品一般指会计期内尚未出炉的化工原料反应物,所以不作特殊计价处理。而在上下工序交接时有完工验收手续。月内完工由在产品转为产成品或库存商品。

6. 销货退回业务。在销售业务发生后,可能会发生客户退回,一般客户提出申请,由销售科受理核实,交付财务部门入账。货款退回一般采用发票退回,出具红字发票,但增值税一般采用给客户的开票,形式上由本公司将退回的货物"买"回。

春明公司的存货内部控制总体较为薄弱,财务部门在各环节中主要功能还仅限于记录、汇报,只有在核对账目时起一些监督作用。如果财务部门仅能依据仓库的原始凭证作记录,就无从着手内部控制,极可能在存货收发过程中出现纰漏。

对该企业的存货控制与业务处理你能提出一些改进建议吗?

[分析提示] 对其改进可从多设内部凭证、增强部门内部职能分工、明确责任着手,增加每月盘存的次数以加强对内部存货的严格控制。

案例 8-2　　　　　内部清查不准　动用外部清查

某企业于某年 12 月 31 日发生一起重大火灾,一座三层楼房的第一车间、第五车间和一个劳动保护用品库被大火烧毁,造成了该厂固定资产和流动资产的巨大损失。该厂组成的财产损失核算小组对火灾事故造成的财产损失数额上报为 1 464 000 元,其中流动资产损失上报为 174 000 元。

为了查明该厂火灾事故造成的财产损失数额,该企业所在地的市人民检察院法纪检察处委托市院技术处对该厂发生火灾造成的损失进行鉴定。运用核对方法对该厂的《生产成本》账、《成本计算单》和火灾前后的《在产品盘点表》与《流动资产损失表》进行了检验;运用复核方法对该企业财务科提供的供销科劳动保护用品仓库损失表及其明细表进行了复核。

鉴定结论为:该厂火灾事故造成的财产损失总金额竟高达 180 余万元,其中流动资产损失为 466 993 元。

请你利用所学习的会计知识分析:该厂发生火灾后为什么要进行财产清查?内部清查与外部清查的结果为什么有那么大的差距?哪一种清查结果更为可信?为什么?

[分析提示] 可从财产清查的作用和种类等角度展开分析。

三、实训题参考答案

习题一

1. ABDE　　　　2. AC　　　　3. CE　　　　4. AE　　　　5. C
6. B　　　　7. ABCE　　　　8. BD　　　　9. AC　　　　10. BC
11. ACD　　　　12. B　　　　13. BD　　　　14. D　　　　15. ABCD
16. AE

习题二

1. 根据上述资料编制"银行存款余额调节表"。

作业用表 8-1　　　　　　　银行存款余额调节表

项　目	金　额	项　目	金　额
企业银行存款日记账余额	30 706	银行对账单余额	53 912
加：银行已收企业未收	①20 000	加：企业已收银行未收	②2 248
			④3 360
减：银行已付企业未付	⑤650	减：企业已付银行未付	③9 464
调节后的存款余额	50 056	调节后的存款余额	50 056

2. 说明：在以上"银行存款余额调节表"中，"调节后的存款余额"是企业银行存款的真实数额。因为，其他两个余额指标都是在存在未达账项的情况下产生的余额，都不能真实的反映企业银行存款的真实情况。

习题三

1. 本月发出 C 材料的成本：

（1）先进先出法下本月发出 C 材料的成本：

$(1.60 \times 5\,000) + (1.50 \times 2\,000) = 11\,000$（元）

（2）月末一次加权平均法下本月发出 C 材料的成本：

$[(8\,000 + 7\,650) \div (5\,000 + 5\,000)] \times 7\,000 = 10\,955$（元）

2. 计算在以上两种发出存货计价方法下该企业 C 材料的月末结存成本。

（1）先进先出法下该企业 C 材料的月末结存成本：

$(8\,000 + 7\,650) - 11\,000 = 4\,650$（元）

（2）月末一次加权平均法下该企业 C 材料的月末结存成本：

$(8\,000 + 7\,650) - 10\,955 = 4\,695$（元）

3. 编制在先进先出法下本月发出 C 材料的会计分录：

借：生产成本——M 产品　　　　　　　　9 000

　　制造费用　　　　　　　　　　　　　1 500

　　管理费用　　　　　　　　　　　　　　500

　　贷：原材料——C 材料　　　　　　　　　　11 000

发出 C 材料的账户登记情况如下表。

4. 登记 C 材料明细账，并结出余额。

作业用表 8-2　　　　　　　　　原材料明细账

材料名称：C 材料

201×年		凭证号	摘　要	借　方			贷　方			余　额		
月	日			数量	单价	金额	数量	单价	金额	数量	单价	金额
8	1	（略）	月初余额							5 000	1.60	8 000
	12		购入	2 000	1.50	3 000						
	19		发出				3 000		4 700			
	24		购入	3 000	1.55	4 650						
	27		发出				4 000		6 150			
	31		本月合计	5 000		7 650	7 000		11 000	3 000	1.55	4 650

习题四

1. 按以下两个步骤处理：

（1）批准前应调整账簿记录，应填制＿收款＿凭证，会计分录为：

借：库存现金 200

　贷：待处理财产损溢 200

（2）经批准后转销。应填制＿转账＿凭证，会计分录为：

借：待处理财产损溢 200

　贷：营业外收入 200

2. 按以下两个步骤处理：

（1）批准前应调整账簿记录。应填制＿付款＿凭证，会计分录为：

借：待处理财产损溢 100

　贷：库存现金 100

（2）经批准后由出纳员赔偿。应填制＿转账＿凭证，会计分录为：

借：其他应收款 100

　贷：待处理财产损溢 100

3. 按以下两个步骤处理：

（1）批准前应调整账簿记录。应填制＿转账＿凭证，会计分录为：

借：原材料 150

　贷：待处理财产损溢 150

（2）经批准冲减管理费用。应填制＿转账＿凭证，会计分录为：

借：待处理财产损溢 150

　贷：管理费用 150

4. 按以下两个步骤处理：

（1）批准前应调整账簿记录。应填制＿转账＿凭证，会计分录为：

借：待处理财产损溢 1 000

　贷：库存商品 1 000

（2）经批准增加企业的管理费用。应填制＿转账＿凭证，会计分录为：

借：管理费用 1 000

　贷：待处理财产损溢 1 000

5. 按以下两个步骤处理：

（1）批准前应调整账簿记录，做到账实相符。应填制＿转账＿凭证，会计分录为：

借：待处理财产损溢 800

　贷：原材料 800

（2）经批准后，应区别不同情况进行处理。

①应由过失人赔偿部分。应填制＿转账＿凭证，会计分录为：

借：其他应收款 500

　贷：待处理财产损溢 500

②残料验收入库部分。应填制＿转账＿凭证，会计分录为：

　　　借：原材料　　　　　　　　　　　　　　　　　100

　　　　　贷：待处理财产损溢　　　　　　　　　　　　　　100

③将净损失部分记入管理费用。应填制__转账__凭证，会计分录为：

　　　借：管理费用　　　　　　　　　　　　　　　　200

　　　　　贷：待处理财产损溢　　　　　　　　　　　　　　200

6. 按以下两个步骤处理：

（1）批准前应调整账簿记录。应填制__转账__凭证，会计分录为：

　　　借：待处理财产损溢　　　　　　　　　　　　5 000

　　　　　贷：原材料　　　　　　　　　　　　　　　　5 000

（2）经批准后计入营业外支出。应填制__转账__凭证，会计分录为：

　　　借：营业外支出　　　　　　　　　　　　　　5 000

　　　　　贷：待处理财产损溢　　　　　　　　　　　　5 000

7. 应填制__转账__凭证，会计分录为：

　　　借：固定资产　　　　　　　　　　　　　　　8 000

　　　　　贷：以前年度损益调整　　　　　　　　　　　　8 000

8. 按以下两个步骤处理：

（1）批准前应调整账簿记录。应填制__转账__凭证，会计分录为：

　　　借：待处理财产损溢　　　　　　　　　　　14 000

　　　　　累计折旧　　　　　　　　　　　　　　6 000

　　　　　贷：固定资产　　　　　　　　　　　　　　20 000

（2）经批准转作企业的营业外支出。应填制__转账__凭证，会计分录为：

　　　借：营业外支出　　　　　　　　　　　　　14 000

　　　　　贷：待处理财产损溢　　　　　　　　　　　14 000

9. 应填制__转账__凭证，会计分录为：

　　　借：坏账准备　　　　　　　　　　　　　　10 000

　　　　　贷：应收账款　　　　　　　　　　　　　　10 000

10. 应填制__转账__凭证，会计分录为：

　　　借：应付账款　　　　　　　　　　　　　　16 000

　　　　　贷：营业外收入　　　　　　　　　　　　　16 000

习题五

| 1. B | 2. B | 3. B | 4. A | 5. B |
| 6. A | 7. B | 8. A | 9. B | 10. B |

第九章　财务会计报告

一、实训题

习题一

[目的] 熟悉会计报表的编制方法等内容。

[要求] 在下列各题所给的答案中选出正确答案，并将答案标号填入题中的括号内。

提示：带有四个备选答案的题为单项选择题，带有五个备选答案的题为多项选择题。

[资料]

1. 财务会计报告反映企业在某一特定日期的财务状况和某一会计期间的（　　　）。

    A. 财务状况　　　　　　B. 业务成果　　　　　　C. 经营成果

    D. 物资流量　　　　　　E. 现金流量

2. 财务报告包括的基本组成内容（　　　）。

    A. 财务报表　　　　　　B. 财务报表附注　　　　C. 期末余额

    D. 上期金额　　　　　　E. 在财务报告中披露的相关信息和资料

3. 财务报告的主要作用有（　　　）。

    A. 有助于为填制记账凭证提供重要依据

    B. 有助于投资者和债权人等做出投资和贷款等经济决策

    C. 有助于政府经济管理部门进行宏观经济调控决策

    D. 有助于为登记会计账簿提供重要依据

    E. 有助于企业管理层进行加强企业管理的决策

4. 财务报告按其具体构成内容包括（　　　）。

    A. 月度财务报告　　　　B. 季度财务报告　　　　C. 半年度财务报告

    D. 每日财务报告　　　　E. 年度财务报告

5. 财务报告按编报的时间划分可分为（　　　）。

    A. 月度财务会计报告　　B. 季度财务会计报告

    C. 半年度财务会计报告　D. 中期财务会计报告

    E. 年度财务会计报告

6. 在编制财务报告过程中应遵守的基本要求有（　　　）。

    A. 信息真实　　　　　　B. 计算准确　　　　　　C. 连续编号

    D. 内容完整　　　　　　E. 报送及时

7. 反映企业在某一特定日期财务状况的财务报表是（　　　）。

    A. 资产负债表　　　　　　B. 所有者权益（股东）变动表

    C. 利润表　　　　　　　　D. 现金流量表

8. 资产负债表定义中的"特定日期"是指编制的资产负债表所涵盖的会计期间的（　　）。

    A. 开始那一天　　　　　　　　　　　　　B. 任意一天

    C. 最后那一天　　　　　　　　　　　　　D. 期末前一天

9. 中期财务报表包括（　　）。

    A. 日报　　　　　　　　　B. 月报　　　　　　　　　C. 季报

    D. 半年报　　　　　　　　E. 年报

10. 中期财务报表至少应包括（　　）。

    A. 资产负债表　　　　　　B. 利润表　　　　　　　　C. 现金流量表

    D. 所有者（股东）权益变动表　　　　　E. 附注

11. 年度财务报表应当应包括（　　）。

    A. 资产负债表　　　　　　B. 利润表　　　　　　　　C. 现金流量表

    D. 所有者（股东）权益变动表　　　　　E. 附注

12. 按财务报表编报主体不同，可分为（　　）。

    A. 个别财务报表　　　　　B. 中期财务报表　　　　　C. 合并财务报表

    D. 年度财务报表　　　　　E. 季度财务报表

13. 在下列各项中，属于财务报表列报基本要求的内容有（　　）。

    A. 遵循各项会计准则进行确认和计量

    B. 应以企业的持续经营作为列报基础

    C. 应遵循重要性要求

    D. 应遵循列报的一致性并列报比较信息

    E. 应遵循报告期间规定的要求

14. 资产负债表的作用主要有（　　）。

    A. 可以提供企业资产总额及其分布信息

    B. 可以提供企业负债总额及其结构信息

    C. 可以提供企业所有者权益总额及其结构信息

    D. 可以提供进行财务分析的有关数据资料

    E. 可以提供进行经营成果分析的有关数据资料

15. 资产负债表的格式主要有（　　）。

    A. 多步式　　　　　　　　B. 账户式　　　　　　　　C. 单步式

    D. 报告式　　　　　　　　E. 多栏式

16. 反映企业在一定会计期间的经营成果的会计报表是（　　）。

    A. 资产负债表　　　　　　B. 所有者权益变动表

    C. 利润表　　　　　　　　D. 现金流量表

17. 利润表定义中强调的"一定会计期间"应当是该期间的（　　）。

    A. 开始那天　　　　　　　B. 任意一天　　　　C. 最后那天　　　D. 全过程

18. 利润表的作用主要有（　　）。

    A. 可以提供企业一定会计期间的收入和费用信息

    B. 可以提供企业负债总额及其结构信息

  C. 可以提供企业所有者权益总额及其结构信息

  D. 可以提供企业一定会计期间的经营成果信息

  E. 可以提供分析企业盈利能力的有关数据资料

19. 利润表的结构形式主要有（ ）。

  A. 多步式   B. 账户式   C. 单步式

  D. 报告式   E. 多栏式

20. 资产负债表中各项目"期末余额"的填列方法有（ ）。

  A. 根据总账账户期末借方余额直接填列

  B. 根据总账账户期末贷方余额直接填列

  C. 根据总账账户及其所属明细账户期末余额分析计算填列

  D. 根据若干总账账户期末余额计算填列

  E. 根据有关明细账户的期末余额分析计算填列

21. 下列资产负债表项目中，需要根据几个总账账户的余额计算填列的有（ ）。

  A. 短期借款   B. 货币资金   C. 应付职工薪酬

  D. 存货   E. 预收账款

22. 资产负债表中"长期借款"和"应付债券"项目填列的方法是（ ）。

  A. 根据总账账户期末借方余额直接填列

  B. 根据总账账户期末贷方余额直接填列

  C. 根据总账账户及其所属明细账户的期末余额分析计算填列

  D. 根据若干总账账户期末余额计算填列

23. "应付账款"的明细账户期末如有借方余额应填入资产负债表的（ ）。

  A. "应收账款"项目 B. "预收账款"项目

  C. "应付账款"项目 D. "预付账款"项目

24. "预收账款"的明细账户期末如有借方余额应填入资产负债表的（ ）。

  A. "预收账款"项目 B. "应收账款"项目

  C. "预付账款"项目 D. "应付账款"项目

25. 营业利润应等于营业收入减与之相关的营业成本（ ）。

  A. 减税金及附加、管理费用和财务费用，加投资收益

  B. 减税金及附加、营业费用和财务费用，加投资收益

  C. 减税金及附加、营业费用、管理费用和财务费用，减投资收益

  D. 减税金及附加、营业费用、管理费用和财务费用，加投资收益

习题二

  [目的] 熟悉财务会计报告的有关内容。

  [要求] 根据所给资料判断正误，你认为是正确的在题后的括号中写"A"，你认为是错误的在题后的括号中写"B"。

  [资料]

1. 财务会计报告包括会计报表及其附注。   （ ）

2. 资产负债表是反映企业某一特定日期经营成果的会计报表。 （ ）

3. 资产负债表是依据"资产＝负债＋所有者权益"原理设计的。　　　　　（　　）

4. 资产负债表中的"期末余额"应根据有关账户的发生额填列。　　　　　（　　）

5. 资产负债表中的"年初余额"应根据上年末本表的期末数填列。　　　　（　　）

6. 资产负债表上的资产总计与负债及所有者权益总计必须相等。　　　　　（　　）

7. 在资产负债表上没有"原材料"和"库存商品"项目。　　　　　　　　（　　）

8. 利润表反映企业一定会计期间的财务状况。　　　　　　　　　　　　　（　　）

9. 利润表是根据"收入－费用＝利润"等式的原理设计的。　　　　　　　（　　）

10. 利润表中的"本期金额"应根据有关账户的发生额填列。　　　　　　　（　　）

11. 所得税费用是以净利润为基础计算的。　　　　　　　　　　　　　　　（　　）

12. 净利润也称为税后利润。　　　　　　　　　　　　　　　　　　　　　（　　）

习题三

［目的］ 练习掌握资产负债表有关项目数字的计算与填列方法。

［要求］

1. 根据所给资料计算资产负债表中尚未填列齐全的"货币资金"等项目的数字。

2. 计算资产负债表中的"合计"数和"总计"数。

3. 将以上计算结果填入作业用表 9－1 中相应的项目栏内。

［资料］

1. 在某企业 2017 年 1 月编制的资产负债表上，有些项目的"期末余额"栏数字还没有计算出来，现在的填列情况见作业用表 9－1。

2. 本月与这些尚未填列项目有关的总账账户和明细账户的余额情况如下：

库存现金	1 500 元
银行存款	25 500 元
原材料	40 000 元
生产成本	5 000 元
库存商品	30 000 元
预付账款	20 000 元（借方余额）
其中：A 单位	10 000 元（贷方余额）
B 单位	30 000 元（借方余额）
固定资产	282 000 元
累计折旧	15 000 元
固定资产减值准备	6 000 元
应付账款	53 000 元（贷方余额）
其中：G 单位	66 500 元（贷方余额）
H 单位	13 500 元（借方余额）

［操作训练］

1. 根据所给资料计算资产负债表中尚未填列齐全的"货币资金"等项目的数字。

（1）货币资金：

（2）存货：

（3）预付账款：

（4）固定资产：

（5）应付账款：

2. 计算资产负债表中的"合计"数和"总计"数。

（1）流动资产合计：

（2）非流动资产合计：

（3）资产总计：

（4）流动负债合计：

（5）非流动负债合计：

（6）负债合计：

（7）所有者权益合计：

（8）负债与所有者权益总计：

3. 将以上计算结果填入作业用表 9 - 1 中相应的项目栏内。

作业用表 9 - 1　　　　　　　　　**资产负债表**　　　　　　　会企 01 表

编制单位：××企业　　　　　　　　2017 年 1 月 31 日　　　　　　　单位：元

资　　产	期末余额	年初余额	负债及所有者权益	期末余额	年初余额
流动资产：			流动负债：		
货币资金			短期借款	100 000	
交易性金融资产	30 000		交易性金融负债		
应收票据	7 500		应付票据	5 000	
应收账款	24 000		应付账款		
预付账款			预收账款	13 500	
应收利息			应付职工薪酬	4 500	
应收股利	4 500		应交税费	9 000	
其他应收款	7 500		应付股利	30 000	
存货			其他应付款	1 500	
一年内到期的非流动资产			一年内到期的非流动负债	12 000	
其他流动资产			流动负债合计		
流动资产合计			非流动负债：		
非流动资产：			长期借款	28 000	
长期应收款			应付债券	20 000	
长期股权投资	1 012 500		非流动负债合计		
固定资产			负债合计		
在建工程			所有者权益：		
固定资产清理			实收资本（或股本）	300 000	
无形资产	15 000		资本公积	66 000	
长期待摊费用	6 000		盈余公积	67 500	
其他非流动资产			未分配利润	780 000	
非流动资产合计			所有者权益合计		
资产总计			负债及所有者权益（或股东权益）总计		

习题四

[目的] 练习掌握利润表的编制方法。

[要求]

1. 根据所给资料计算营业收入、营业成本、所得税费用等项目的金额。

2. 根据以上计算结果及所给资料，利作业用用表 9 – 2 编制该企业 2017 年 2 月的"利润表"（只填列表中的"本期金额"栏）。

3. 说明"利润表"中"上期金额"栏的基本填列方法。

[资料]

1. 某企业 2017 年 2 月有关收入类账户和费用类账户的发生额资料如下：

主营业务收入	915 000 元（贷方）
主营业务成本	600 000 元（借方）
税金及附加	12 500 元（借方）
其他业务收入	15 500 元（贷方）
其他业务成本	13 500 元（借方）
销售费用	16 500 元（借方）
管理费用	41 000 元（借方）
财务费用	25 500 元（借方）
投资收益	20 000 元（贷方）
营业外收入	2 500 元（贷方）
营业外支出	12 500 元（借方）

2. 假定该企业适用的所得税税率为 25%。

[操作训练]

1. 根据所给资料计算营业收入、营业成本、所得税费用等项目的金额：

（1）营业收入：

（2）营业成本：

（3）所得税费用（提示：待在利润表上计算出利润总额以后计算）：

2. 编制该企业 2015 年 2 月的利润表（只填列"本期金额"栏）。

作业用表 9 – 2　　　　　　　　**利　润　表**

会企 02 表

编制单位：××企业　　　　　　2017　年　2　月　　　　　　单位：元

项　　目	本　期　金　额	上　期　金　额
一、营业收入		（略）
减：营业成本		
税金及附加		
销售费用		
管理费用		

续表

项　目	本期金额	上期金额
财务费用		
加：投资收益（损失以"－"填列）		
二、营业利润（亏损以"－"填列）		
加：营业外收入		
减：营业外支出		
三、利润总额（亏损总额以"－"填列）		
减：所得税费用		
四、净利润（净亏损以"－"填列）		

3. 说明"利润表"中"上期金额"栏的基本填列方法。

二、案例题

案例 9-1　　　　　　　　会计核算不规范　会计信息不真实

某省的 LJ 集团有限公司是一家拥有相当知名度和规模的民营企业，主要从事食品饮料的加工和销售。某年合并会计报表反映，该集团年末资产总计 45 382 万元、负债总计 27 296 万元、所有者权益 18 086 万元、利润总额 217 万元。当年会计报表未经社会中介机构审计。次年 7 月，财政部门派出检查组对该集团上一年会计信息质量检查时发现，该集团财务管理混乱，会计核算不规范，会计信息严重失真。经检查后调整会计报表，该集团实际资产为 20 098 万元、负债为 15 667 万元、所有者权益为 4 431 万元、利润总额为 -3 271 万元。资产、负债、所有者权益分别虚增了 126%、74% 和 308%，利润虚增达 3 488 万元。

造成该集团公司会计信息是真的主要原因如下：

1. 会计主管无证上岗，会计人员水平低下。会计工作是一项专业技术性很强的工作，但该集团公司时任财务部经理，既无会计证及中级以上会计专业技术职务，也不熟悉财会业务、政策。他自己说："我不懂会计业务，担任财务部经理只是起平衡和协调作用。"该集团所有会计人员无人具备中级以上会计专业技术职务。

2. 基本不对账。该集团公司与子公司间多年以来基本未对账，母子公司账账不符情况突出。检查发现，该集团账面反映对某子公司投资 1 761 万元，对另一个子公司投资 1 499 万元，但两个子公司账面记载的分别为 1 260 万元和 1 784 万元，差额分别为 501 万元和 285 万元，原因无法说清。

3. 未按规定核算现金资产。盘查发现，该集团公司超限额存放现金，在 45 万元的现金结存中有白条抵库 32 万元。现金收支的原始凭证上未加盖现金收、付讫章，现金日记账未做到日清月结。银行存款日记账的会计凭证无编号，无法进行账证核对。

4. 账证不符。该集团公司和子公司均存在用发票复印件、自制收款收据和白条作原始凭证的情况。有的记账凭证没有签章。如：在检查该集团"应付职工薪酬"时，账上记载某年 11 月 26 日从某子公司转入 91 万元，但检查人员要与相关会计凭证核对时，却找不到这份会计凭证。

5. 发票管理混乱。该集团公司既未设置发票领用登记簿，也未指定专人保管，以致部分发票存根联丢失。某年领购增值税发票 7 本，丢失存根联 3 本，领购零售发票 80 本，丢失存根联 35 本。

LJ 集团财务会计工作薄弱的原因是多方面的，首要的一条是管理者不重视财务管理。他们往往将业务经营、市场开拓、品牌战略视为企业发展的头等大事，弱化了财务会计在企业中的地位，忽视了财务管理在企业发展中的重要作用。正如该集团董事长所言："市场经营，我跌打滚爬了几十年，有经验，但财务会计我真的不懂，反正钱总是在自己的口袋里，出不了大事情，正所谓肉总烂在锅里嘛。"

［分析提示］像 LJ 集团这种会计信息失真的情况确实不少见。你可以结合学习过的会计信息质量要求和会计核算方法的科学运用等内容进行分析，也可根据你的思考对该企业的会计管理提出改进意见。

案例 9-2　　　　　提供虚假财务报告　三名被告一致认罪

某年 11 月 17 日上午，在郑州市中级人民法院大审判庭，郑州百文股份有限公司（以下简称"郑百文公司"）提供虚假财务报告一案开庭审理。上午 10 时许，郑百文公司原董事长李某、原公司总经理兼家电分公司经理卢某、原公司财务处主任都某被带上了审判法庭。

公诉人指出，被告人李某作为郑百文公司董事长、法人代表，在听取总经理卢某、财务处主任都某汇报某年度经营亏损，并看到该年年底第一次汇总的财务报表也显示亏损的情况下，仍召集会议，指示财务部门和家电分公司完成年初下达的销售额 80 个亿，盈利 8 000 万元的"双八"目标。随后，作为财务主管的都某指示总公司财务人员，将各分公司所报当年财务报表全部退回做二次处理，都某明确提出要求不准显示亏损。二次报表出来后，显示公司完成利润指标。为了顺利通过审计，总经理卢某亲赴四川，与厂家签订了两份返利协议，造成虚提返利 1 897 万元。

对于被指控的犯罪事实，3 名被告人在法庭上一致表示认罪，没有做过多辩护。

会计造假在国内外已经不乏其例，你能结合本案例和你掌握的会计造假情况分析会计造假违背了会计信息质量的什么要求？会计造假会对哪些方面造成怎样的危害？

［分析提示］可从会计信息质量要求的客观性要求和会计报表的作用等方面展开分析。

三、实训题参考答案

习题一

1. ACE	2. ABE	3. BCE	4. ABCE	5. DE
6. ABDE	7. A	8. C	9. BCD	10. ABDE
11. ABCDE	12. AC	13. ABCDE	14. ABCD	15. BD
16. C	17. D	18. ADE	19. AC	20. ABCDE
21. BD	22. C	23. D	24. B	25. D

习题二

1. B	2. B	3. A	4. B	5. A
6. A	7. A	8. B	9. A	10. A
11. B	12. A			

习题三

1. 资产负债表中尚未填列齐全的有关项目数字计算。

（1）货币资金：1 500 + 25 500 = 27 000（元）

（2）存货：40 000 + 5 000 + 30 000 = 75 000（元）

（3）预付账款：30 000 + 13 500 = 43 500（元）

（4）固定资产：282 000 – 15 000 – 6 000 = 261 000（元）

（5）应付账款：66 500 + 10 000 = 76 500（元）

2. 资产负债表中"合计数"和"总计"数的计算。

（1）流动资产合计：27 000 + 30 000 + 7 500 + 24 000 + 43 500 + 7 500 + 4 500 + 75 000 = 219 000（元）

（2）非流动资产合计：1 012 500 + 261 000 + 15 000 + 6 000 = 1 294 500（元）

（3）资产总计：219 000 + 1 294 500 = 1 513 500（元）

（4）流动负债合计：100 000 + 5 000 + 76 500 + 13 500 + 4 500 + 9 000 + 30 000 + 1 500 + 12 000 = 252 000（元）

（5）非流动负债合计：28 000 + 20 000 = 48 000（元）

（6）负债合计：252 000 + 48 000 = 300 000（元）

（7）所有者权益合计：300 000 + 66 000 + 67 500 + 78 000 = 1 213 500（元）

（8）负债与所有者权益总计：300 000 + 1 213 500 = 1 513 500（元）

3. 将以上计算结果填入资产负债表有关项目栏。

作业用表 9 - 1　　　　　　　　　　　　**资产负债表**　　　　　　　　　　　　会企 01 表

编制单位：××企业　　　　　　　　　2017 年 2 月 31 日　　　　　　　　　　　　单位：元

资　产	期末余额	年初余额	负债及所有者权益	期末余额	年初余额
流动资产：			流动负债：		
货币资金	27 000		短期借款	100 000	
交易性金融资产	30 000		交易性金融负债		
应收票据	7 500		应付票据	5 000	
应收账款	24 000		应付账款	76 500	
预付账款	435 000		预收账款	13 500	
应收利息			应付职工薪酬	4 500	
应收股利	4 500		应交税费	9 000	
其他应收款	7 500		应付股利	30 000	
存货			其他应付款	1 500	
一年内到期的非流动资产			一年内到期的非流动负债	12 000	
其他流动资产			流动负债合计	252 000	
流动资产合计	219 000		非流动负债：		
非流动资产：			长期借款	28 000	
长期应收款			应付债券	20 000	
长期股权投资	1 012 500		非流动负债合计	48 000	
固定资产	261 000		负债合计	300 000	
在建工程			所有者权益：		
固定资产清理			实收资本（或股本）	300 000	
无形资产	15 000		资本公积	66 000	
长期待摊费用	6 000		盈余公积	67 500	
其他非流动资产			未分配利润	780 000	
非流动资产合计	1 294 500		所有者权益合计	1 213 500	
资产总计	1 513 500		负债及所有者权益（或股东权益）总计	1 513 500	

习题四

1. 根据上述资料计算下列项目数字：

（1）营业收入：915 000 + 15 500 = 930 500（元）

（2）营业成本：600 000 + 13 500 = 613 500（元）

（3）所得税费用：231 500 × 25% = 57 875（元）

2. 编制该企业 2017 年 2 月的"利润表"。

作业用表 9 – 2　　　　　　　　　　利　润　表

会企 02 表

编制单位：××企业　　　　　　　　　2017　年　2　月　　　　　　　　　　单位：元

项　　目	本 期 金 额	上 期 金 额
一、营业收入	930 500	（略）
减：营业成本	613 500	
税金及附加	12 500	
销售费用	16 500	
管理费用	41 000	
财务费用	25 500	
加：投资收益（损失以"－"填列）	20 000	
二、营业利润（亏损以"－"填列）	241 500	
加：营业外收入	2 500	
减：营业外支出	12 500	
三、利润总额（亏损总额以"－"填列）	231 500	
减：所得税费用	57 875	
四、净利润（净亏损以"－"填列）	173 625	

3. 说明"利润表"中"上期金额"栏的基本填列方法。

应根据 2016 年 2 月利润表有关项目栏的数字填列。

第十章 会计核算组织程序

一、实训题

习题一

［目的］熟悉会计核算组织程序的有关内容。

［要求］在下列各题所给的答案中选出正确答案，并将答案标号填入题中的括号内。

提示：带有四个备选答案的题为单项选择题，带有五个备选答案的题为多项选择题。

1. 记账凭证核算组织程序下登记总分类账的根据是（　　）。
   A. 记账凭证　　　　B. 汇总记账凭证　　　C. 科目汇总表　　　D. 原始凭证

2. 在下列核算组织程序中，被称为最基本的会计核算组织程序的是（　　）。
   A. 记账凭证核算组织程序　　　　　　B. 汇总记账凭证核算组织程序
   C. 科目汇总表核算组织程序　　　　　D. 日记总账核算组织程序

3. 汇总收款凭证是按（　　）。
   A. 收款凭证上的借方科目设置的　　　B. 收款凭证上的贷方科目设置的
   C. 付款凭证上的借方科目设置的　　　D. 付款凭证上的贷方科目设置的

4. 汇总付款凭证是按（　　）。
   A. 收款凭证上的借方科目定期汇总　　B. 收款凭证上的贷方科目定期汇总
   C. 付款凭证上的借方科目定期汇总　　D. 付款凭证上的贷方科目定期汇总

5. 汇总转账凭证是按（　　）。
   A. 收款凭证上的贷方科目设置的　　　B. 付款凭证上的贷方科目设置的
   C. 转账凭证上的贷方科目设置的　　　D. 转账凭证上的借方科目设置的

6. 汇总记账凭证核算组织程序的特点是（　　）。
   A. 根据各种汇总记账凭证直接登记明细分类账
   B. 根据各种汇总记账凭证直接登记总分类账
   C. 根据各种汇总记账凭证直接登记日记账
   D. 根据各种专用记账凭证上直接登记总分类账

7. 科目汇总表的基本的编制方法是（　　）。
   A. 按照不同会计科目进行归类定期汇总
   B. 按照相同会计科目进行归类定期汇总
   C. 按照借方会计科目进行归类定期汇总
   D. 按照贷方会计科目进行归类定期汇总

8. 科目汇总表核算组织程序的特点是（　　）。
   A. 根据各种记账凭证直接登记总分类账

    B. 根据科目汇总表登记总分类账

    C. 根据汇总记账凭证登记总分类账

    D. 根据科目汇总表登记明细分类账

9. 日记总账核算组织程序的特点是（   ）。

    A. 根据各种记账凭证直接逐笔登记总分类账

    B. 根据各种记账凭证直接逐笔登记日记总账

    C. 根据各种记账凭证直接逐笔登记明细分类账

    D. 根据各种记账凭证直接逐笔登记日记账

10. 会计循环的主要环节有（   ）。

    A. 设置账户   B. 填制会计凭证   C. 成本计算

    D. 登记账簿   E. 编制会计报表

11. 在会计循环中，属于会计主体日常会计核算工作的内容有（   ）。

    A. 根据原始凭证填制记账凭证   B. 根据编制的会计分录登记分类账

    C. 编制调整分录并予以过账   D. 根据分类账记录编制结账前试算表

    E. 编制结账分录并登记入账

12. 在会计循环中，属于会计主体会计期末会计核算工作的内容有（   ）。

    A. 编制结账前试算表   B. 编制调整分录并予以过账

    C. 编制结账后试算表   D. 编制结账分录并登记入账

    E. 编制会计报表

13. 记账凭证核算组织程序的优点有（   ）。

    A. 在记账凭证上能够清晰的反映账户之间的对应关系

    B. 在总分类账上能够比较详细地反映交易或事项的发生情况

    C. 总分类账登记方法易于掌握

    D. 可以减轻总分类账登记的工作量

    E. 账页耗用较少

14. 为便于编制汇总收款凭证，日常编制收款凭证时，分录形式最好是（   ）。

    A. 一借一贷   B. 一借多贷   C. 多借一贷

    D. 多借多贷   E. 多借两贷

15. 为便于汇总转账凭证的编制，日常编制转账凭证时，分录形式最好是（   ）。

    A. 一借一贷   B. 多借一贷   C. 一借多贷

    D. 多借多贷   E. 一借两贷

16. 科目汇总表核算组织程序的优点有（   ）。

    A. 可以进行账户发生额的试算平衡   B. 可减轻登记总账的工作量

    C. 能够保证总分类账登记的正确性   D. 适用性比较强

    E. 可清晰的反映账户之间的对应关系

习题二

[目的] 熟悉复式记账和借贷记账法的基本内容。

[要求] 根据所给资料判断正误，你认为是正确的在题后的括号中写"A"，你认为是

错误的在题后的括号中写"B"。

1. 每一个会计循环一般都是在一个特定的会计期间内完成的。 （　　）
2. 记账凭证核算组织程序是最基本的一种会计核算组织程序。 （　　）
3. 汇总记账凭证是根据各种专用记账凭证汇总而成的。 （　　）
4. 汇总收款凭证、汇总付款凭证和汇总转账凭证应每月分别编制一张。 （　　）
5. 多借多贷的会计分录会使账户之间的对应关系变得模糊不清。 （　　）
6. 编制汇总记账凭证的作用是可以对总分类账进行汇总登记。 （　　）
7. 科目汇总表也是一种具有汇总性质的记账凭证。 （　　）
8. 可以根据科目汇总表的汇总数字登记相应的总分类账。 （　　）
9. 科目汇总表的汇总结果体现了所有账户发生额的平衡相等关系。 （　　）
10. 日记总账是一种兼具序时账簿和分类账簿两种功能的联合账簿。 （　　）
11. 各种核算组织程序下采用的总分类账均为借、贷、余三栏式。 （　　）
12. 填制专用记账凭证是各种核算组织程序所共有的账务处理步骤。 （　　）

习题三

[目的] 练习掌握专用记账凭证的编制方法。

[要求]

1. 为资料中所给出的每一笔交易或事项填制记账凭证（只编制会计分录）。

2. 汇总本题中填制的现金收款凭证、现金付款凭证、银行存款收款凭证、银行存款付款凭证和转账凭证的份数。

3. 计算"利润分配——未分配利润"明细账户的余额，并说明其含义。

[资料] 某企业在 2017 年 3 月发生如下交易或事项：

1. 购入甲材料 2000 千克，单价 14 元，买价 28 000 元；乙材料 5 000 千克，单价 9 元，买价 45 000 元。应交增值税进项税额 12 410 元。全部款项已经用银行存款支付。（提示：采用计划成本法进行账务处理）

2. 用银行存款 6 000 元支付一笔长期待摊费用。

3. 技术科王亮公出归来，报销差旅费 1 420 元。（注：王亮公出前已从企业财务部门借款）

4. 收到王亮退回借款余款 80 元。

5. 用银行存款购入需要安装的 M 设备 1 台，买价和运输费计 103 000 元，增值税进项税额为 17 510 元。

6. 用银行存款 7 000 元支付购入上述甲、乙两种材料的运费。按材料的重量比例分配。

7. 甲、乙两种材料按计划成本入库。其中：甲材料计划成本为 31 200 元；乙材料的计划成本为 52 000 元。

8. 计算并结转甲、乙两种材料的成本差异。

9. 从银行提取现金 85 000 元，准备发放工资。

10. 用现金 85 000 元发放工资。

11. 安装 M 设备消耗甲材料计划成本 4 000 元，用银行存款支付外聘技术人员安装费

5 800 元。

12. 材料仓库发出材料计划成本 42 000 元。其中：生产 S 产品耗用甲材料计划成本 12 000 元，乙材料计划成本 18 000 元；生产车间一般性耗用甲材料计划成本 2 000 元，乙材料计划成本 6 000 元；企业管理部门耗用乙材料计划成本 4 000 元。

13. 用现金 500 元购买企业管理部门用办公用品。

14. 企业管理部门发生邮费 313 元，用现金支付。

15. 销售 S 产品一批，价款 280 000 元，增值税销项税额 47 600 元。货款尚未收到。

16. 用银行存款为上述购买本企业 S 产品的单位代垫运费 2 400 元。

17. 提取本月固定资产折旧 6 500 元。其中：生产车间使用设备折旧额为 4 500 元；企业管理部门使用设备折旧额为 2 000 元。

18. 分配本月职工工资 79 200 元。其中生产 S 产品工人工资 50 000 元，生产车间管理人员工资 18 000 元，企业管理人员工资 11 200 元。

19. 按以上各类人员工资总额的 14% 提取职工福利费。

20. 确定应由本月负担的借款利息 1 500 元，款项尚未支付。

21. 假定本企业销售的 S 产品为应纳税消费品，税率为 5%。

22. 用银行存款 4 919 元支付产品展销费。

23. 用银行存款 5 500 元支付水电费。其中：车间耗用 3 000 元；企业管理部门耗用 2 500 元。

24. 经计算，本月发出材料应分担的成本差异为节约差 1 340 元。其中：生产 S 产品应负担 900 元；生产车间应负担 200 元，企业管理部门应负担 120 元，在建工程 M 设备应负担 120 元。

25. M 设备安装完毕，经试车检验已达到可使用状态，结转实际成本 112 680 元。

26. 将本月发生的制造费用 35 820 元结转入产品生产成本。

27. 本月完工的 S 产品实际成本为 121 920 元，已办理验收入库手续。

28. 结转本月销售产品成本 100 000 元。

29. 经批准，将经过清查确认的确实无法收回的应收账款 30 000 元转作坏账损失。

30. 按规定补提坏账准备 200 元。

31. 将本月实现的"主营业务收入" 280 000 元结转入"本年利润"账户。

32. 将本月发生的"主营业务成本" 100 000 元，"税金及附加" 14 000 元，"销售费用" 4 919 元，"管理费用" 23 381 元、"财务费用" 1 500 元和"资产减值损失" 200 元结转入"本年利润"账户。

33. 按照 25% 的税率计算出本月应交所得税为 34 000 元。

34. 将计算出来的应交所得税 34 000 元结转入"本年利润"账户。

35. 按规定的比例提取法定盈余公积金 10 200 元。

36. 经批准，向股东分配现金股利 28 000 元。

37. 将"本年利润"账户中确认的净利润 102 000 元结转入"利润分配——未分配利润"账户。

38. 将"利润分配——提取盈余公积"账户的发生额 10 200 元和"利润分配——应付现金股利"账户的发生额 28 000 元结转入"利润分配——未分配利润"账户。

[操作训练]

1. 为资料中所给出的每一笔交易或事项填制记账凭证（只编制会计分录）。提示：另行利用作业纸完成。在编制分录前，先说明应填制何种专用记账凭证，并采用五种编号方法对专用记账凭证进行连续编号。具体做法见第五章习题四。

2. 统计本题中填制的现金收款凭证、现金付款凭证、银行存款收款凭证、银行存款付款凭证和转账凭证的份数。

现金收款凭证____份；现金付款凭证____份；银行存款收款凭证____份；银行存款付款凭证____份；转账凭证____份。合计____份。

3. "利润分配——未分配利润"明细账户的余额为：

该明细账户余额的含义为：_____。

习题四

[目的] 练习掌握汇总记账凭证的编制方法。

[资料]

1. 假定习题三中的企业采用汇总记账凭证核算组织程序，每10天对各种专用记账凭证汇总一次，并编制汇总记账凭证。

2. 假定在习题三中发生的交易或事项，1~8笔为3月1日至10日发生；9~16笔为3月11日至20日发生；17~38笔为3月21日至31日发生。

3. 习题三中根据交易或事项所填制的各种专用记账凭证（会计分录）。

[要求] 编制该企业2015年3月的部分汇总记账凭证。为简便起见，汇总转账凭证只选择按"库存现金""银行存款""原材料""材料成本差异""应交税费""应付职工薪酬"六个账户设置，按其对方科目的发生额进行汇总。

[操作训练] 编制该企业2017年3月的部分汇总记账凭证。提示：对所汇总科目发生额的汇总过程另行利用作业纸完成。汇总的结果填入作业用表10-1至作业用表10-7。

作业用表 10-1　　　　　　　汇总收款凭证

借方科目：库存现金

| 贷方科目 | 金额 | | | | 总账页数 | |
	1-10日凭证 1号-　号	11-20日凭证 　号-　号	21-31日凭证 　号-　号	合　计	借　方	贷　方
合　计						

作业用表 10 – 2　　　　　　　　　　汇总付款凭证

贷方科目：库存现金

借方科目	金　额			合　计	总账页数	
	1 – 10 日凭证号 – 号	11 – 20 日凭证1 号 – 3 号	21 – 31 日凭证号 – 号		借　方	贷　方
合　计						

作业用表 10 – 3　　　　　　　　　　汇总付款凭证

贷方科目：银行存款

借方科目	金　额			合　计	总账页数	
	1 – 10 日凭证号 – 号	11 – 20 日凭证1 号 – 3 号	21 – 31 日凭证号 – 号		借　方	贷　方
合　计						

作业用表 10 – 4　　　　　　　　　　汇总转账凭证

贷方科目：原材料

借方科目	金　额			合　计	总账页数	
	1 – 10 日凭证号 – 号	11 – 20 日凭证4 号 – 5 号	21 – 31 日凭证号 – 号		借　方	贷　方
合　计						

作业用表 10 – 5　　　　　　　　　**汇总转账凭证**

贷方科目：材料成本差异

借方科目	金　额			合　计	总账页数	
	1 – 10 日凭证 号 – 号	11 – 20 日凭证 4 号 – 5 号	21 – 31 日凭证 号 – 号		借方	贷方
合　　计						

作业用表 10 – 6　　　　　　　　　**汇总转账凭证**

贷方科目：应交税费

借方科目	金　额			合　计	总账页数	
	1 – 10 日凭证 号 – 号	11 – 20 日凭证 4 号 – 5 号	21 – 31 日凭证 号 – 号		借　方	贷　方
合　　计						

作业用表 10 – 7　　　　　　　　　**汇总转账凭证**

贷方科目：应付职工薪酬

借方科目	金　额			合　计	总账页数	
	1 – 10 日凭证 号 – 号	11 – 20 日凭证 4 号 – 5 号	21 – 31 日凭证 号 – 号		借　方	贷　方
合　　计						

习题五

［目的］练习掌握科目汇总表的编制方法。

［要求］编制该企业 2017 年 3 月的科目汇总表。

［资料］

1. 假定习题三中的企业采用科目汇总表核算组织程序，每月对各种记账凭证汇总一次，并编制科目汇总表。

2. 根据习题三中的交易或事项所填制的各种所有专用记账凭证（会计分录）。

[操作训练]

1. 根据根据习题三中填制的专用记账凭证进行各科目发生额的汇总。提示：另行利用作业纸完成；应按作业用表 10 –8 上所列示的会计科目顺序汇总；在实际工作中，科目汇总表中各科目的发生额是按编制的专用记账凭证利用"科目汇总表底稿"进行汇总的。本例假定按编制的分录采用以下形式进行，例如，对"库存现金"科目发生额的汇总：

借方：（4）80 +（9）85 000 = 85 080（元）

贷方：（10）85 000 +（13）500 +（14）313 = 85 813（元）

其中：括号中的数字为交易或事项的编号；其余数字为发生额或汇总结果。

2. 编制该企业 2017 年 3 月的科目汇总表。提示：将以上汇总结果填入以下作业用表。

作业用表 10 –8　　　　　　　　　　　**科目汇总表**

2017 年 3 月

会计科目	本期发生额		总账页数
	借方金额	贷方金额	
库存现金			（略）
银行存款			
应收账款			
其他应收款			
坏账准备			
材料采购			
原材料			
材料成本差异			
库存商品			
固定资产			
累计折旧			
在建工程			
长期待摊费用			
应付职工薪酬			
应付股利			
应交税费			
应付利息			
盈余公积			
本年利润			
利润分配			
生产成本			

续表

会计科目	本期发生额		总账页数
	借方金额	贷方金额	
制造费用			
主营业务收入			
主营业务成本			
税金及附加			
销售费用			
管理费用			
财务费用			
资产减值损失			
所得税费用			
合　计			

习题六

[目的] 熟练掌握科目汇总表核算组织程序的应用方法。提示：这是一道综合性练习题。对有关交易或事项的处理过程类似于实际工作中常用的科目汇总表会计核算组织程序。完成好这道习题，有利于对会计核算组织程序知识的全面掌握，也有利于提高会计工作技能和实际动手能力。

[要求] 根据所给资料，采用科目汇总表核算组织程序对某企业 2017 年 3 月的交易或事项进行系统的账务处理。

1. 根据发生的交易或事项（见习题三）填制各种专用记账凭证（提示：只编制会计分录）。

2. 根据收款凭证和付款凭证逐笔登记"库存现金日记账"和"银行存款日记账"（分别利用作业用表 10 – 9 和作业用表 10 – 10 完成）。

3. 根据记账凭证等登记有关的明细账（提示：分别利用作业用表 10 – 11 和作业用表 10 – 12完成）。

4. 根据各种专用记账凭证编制"科目汇总表"（提示：格式见作业用表 10 – 8）。

5. 根据"科目汇总表"的汇总数字登记有关总分类账户（提示：分别利用所设立的T 形账户完成）。

6. 编制该企业本月的"总分类账户发生额及余额试算表"（提示：利用作业用表 10 – 13完成）。

7. 根据"总分类账户发生额及余额试算表"编制该企业本月的"资产负债表"（提示：利用作业用表 10 – 14 完成，只填写表中的"期末余额"数字）。

8. 根据"总分类账户发生额及余额试算表"编制该企业本月的"利润表"（提示：利用作业用表 10 – 15 完成，只填写表中的"本期金额"栏数字；所得税按利润总额的25%计算）。

［资料］

1. 根据本章习题三的交易或事项填制各种专用记账凭证（会计分录）。

2. 在本习题完成过程中所登记的有关账户资料和编制的"总分类账户发生额及余额试算表"。

［操作训练］

1. 根据某企业 2017 年 3 月发生的交易或事项（见习题三）填制各种专用记账凭证。提示：以会计分录代替记账凭证，但需注明记账凭证的名称及编号。另行利用作业纸完成；如果这一过程在习题三中已经完成，这里不必再做。

2. 根据收款凭证和付款凭证逐笔登记"库存现金日记账"和"银行存款日记账"。

作业用表 10 – 9　　　　　　　　库存现金日记账

2017 年		凭证号	摘　要	对方科目	借方	贷方	余额
月	日						

作业用表 10 – 10　　　　　　　　银行存款日记账

2017 年		凭证号	摘　要	结算凭证		对方科目	借方	贷方	余额
月	日			种类	号数				

3. 根据记账凭证等登记有关的明细账（只登记"原材料"明细账户，其他明细账户的登记从略）。

作业用表 10 – 11　　　　　　　　　　**原材料明细账**

材料名称：甲材料　　　　　　　　　　　　　　　　　　　　　　　单位：　千克

2017 年		凭证号	摘要	借方			贷方			借或贷	余额		
月	日			数量	单价	金额	数量	单价	金额		数量	单价	金额

作业用表 10 – 12　　　　　　　　　　**原材料明细账**

材料名称：乙材料　　　　　　　　　　　　　　　　　　　　　　　单位：　千克

2017 年		凭证号	摘要	借方			贷方			借或贷	余额		
月	日			数量	单价	金额	数量	单价	金额		数量	单价	金额

4. 根据各种专用记账凭证编制"科目汇总表"。提示："科目汇总表"的格式见作业用表 10 – 8，如需练习另行利用作业纸画出；如果这一过程在习题五中已经完成，这里不必再做。

5. 根据"科目汇总表"的汇总数字登记有关总分类账户，并计算出各账户的发生额和余额。提示：假定该月的"科目汇总表"编号为"科汇字第 3 号"；有关总分类账户及其月初余额资料见下列各账户。

　　　　　　　　库存现金　　　　　　　　　　　　　　　　　银行存款

月初余额　　　　1 200　　　　　　　　　月初余额　　　　482 500

　　　　　　　　应收账款　　　　　　　　　　　　　　　　　预付账款

月初余额　　　　136 450　　　　　　　　月初余额　　　　19 000

　　　　　　　　其他应收款　　　　　　　　　　　　　　　　坏账准备

月初余额　　　　2 000　　　　　　　　　　　　　　　月初余额　　　　800

材料采购	

原　材　料	
月初余额　321 880	

材料成本差异	
月初余额　8 950	

库存商品	
月初余额　356 120	

生产成本	
月初余额　124 500	

制造费用	

固定资产	
月初余额　726 800	

累计折旧	
	月初余额　65 500

在建工程	

长期待摊费用	
月初余额　4 500	

短期借款	
	月初余额　225 500

应付账款	
	月初余额　146 000

预收账款	
	月初余额　20 000

应付职工薪酬	
	月初余额　85 000

应交税费		
	月初余额	18 500

应付股利		

其他应付款		
	月初余额	4 000

应付利息		
	月初余额	3 200

实收资本		
	月初余额	1 000 000

资本公积		
	月初余额	80 000

盈余公积		
	月初余额	468 000

主营业务收入	

主营业务成本	

税金及附加	

销售费用	

管理费用	

财务费用	

资产减值损失	

所得税费用	

本年利润	

利润分配

	月初余额	50 000

6. 编制该企业本月的"总分类账户发生额及余额试算表"。提示：试算表中各个账户的期初余额、本期发生额和期末余额的金额可直接抄写上面所登记的账户。

作业用表 10–13　　　　　总分类账户发生额及余额试算表

会计科目	期初余额		本期发生额		期末余额	
	借方余额	贷方余额	借方金额	贷方金额	借方余额	贷方余额
库存现金						
银行存款						
应收账款						
预付账款						
其他应收款						
坏账准备						
材料采购						
原材料						
材料成本差异						
生产成本						
库存商品						
制造费用						
固定资产						
累计折旧						
在建工程						
长期待摊费用						
短期借款						
应付账款						
预收账款						
应付职工薪酬						
应付股利						
应交税费						
其他应付款						
应付利息						
实收资本						
盈余公积						
资本公积						
本年利润						

续表

会计科目	期初余额		本期发生额		期末余额	
	借方余额	贷方余额	借方金额	贷方金额	借方余额	贷方余额
利润分配						
主营业务收入						
主营业务成本						
税金及附加						
销售费用						
管理费用						
财务费用						
资产减值损失						
所得税费用						
合　　计						

7. 编制该企业本月的"资产负债表"。提示：只填写表中的有关项目的"期末余额"数字；可根据有关账户的余额编制，也可根据"总分类账户发生额及余额试算表"中的余额资料编制。

作业用表 10－14　　　　　　　　**资产负债表**　　　　　　　　会企 01 表

编制单位：××企业　　　　　　　　　年　月　日　　　　　　　　　单位：元

资　　产	期末余额	年初余额	负债及所有者权益	期末余额	年初余额
流动资产：		略	流动负债：		略
货币资金			短期借款		
交易性金融资产			应付票据		
应收票据			应付账款		
应收账款			预收账款		
预付账款			应付职工薪酬		
应收利息			应交税费		
应收股利			应付股利		
其他应收款			其他应付款		
存货			应付利息		
一年内到期的非流动资产			一年内到期的非流动负债		
其他流动资产			流动负债合计		
流动资产合计			非流动负债：		
非流动资产：			长期借款		
长期应收款			应付债券		
长期股权投资			非流动负债合计		
固定资产			负债合计		
在建工程			所有者权益：		
固定资产清理			实收资本（或股本）		

续表

资　产	期末余额	年初余额	负债及所有者权益	期末余额	年初余额
无形资产			资本公积		
长期待摊费用			盈余公积		
其他非流动资产			未分配利润		
非流动资产合计			所有者权益合计		
资产总计			负债及所有者权益（或股东权益）总计		

8. 编制该企业本月的"利润表"。提示：只填写表中的"本期金额"数字；假定该企业应上缴的所得税按利润总额的 25% 计算；可根据有关账户的发生额编制，也可根据"总分类账户发生额及余额试算表"中的发生额资料编制。

作业用表 10 – 15　　　　　　　　　利　润　表

会企 02 表

编制单位：××企业　　　　　　　　2015 年 2 月　　　　　　　　单位：元

项　目	本 期 金 额	上 期 金 额
一、营业收入		（略）
减：营业成本		
税金及附加		
销售费用		
管理费用		
财务费用		
加：投资收益（损失以"－"填列）		
二、营业利润（亏损以"－"填列）		
加：营业外收入		
减：营业外支出		
三、利润总额（亏损总额以"－"填列）		
减：所得税费用		
四、净利润（净亏损以"－"填列）		

二、案例题

案例 10 – 1　　　　　货币资金控制严格　　业务处理程序规范

化润公司的内部控制制度比较健全，业务处理程序规范。从该企业对货币资金的控制和业务处理程序可见一斑。

该企业对货币资金实行控制的主要做法是：其一，实行钱账分管。其二，发生货币资金收入和支出，立即入账，不得拖延。其三，收入的现金及时存入银行，不得坐支。其四，银行存款每日对账。其五，出纳员每天工作结束后清点总现金，核对账目。其六，支票签发要有主管经理签字。其七，款项支付后，收款凭证及时盖上"付讫"章。其八，一切付款都需批准等。

该公司有关货币资金的业务处理程序如下：

1. 门市部收款程序。由营业员开出一式三联发票，随收取货款交收款员，收款员收款并加盖戳记后，将第三联留下，其余两联送回营业员，营业员将发票第一联交顾客，并附提单，第二联暂存。每日营业结束时，营业员根据第二联编制销售日报表一份，并将第二联和销售日报表1份送交会计科进行销售收入核算。收款员根据第三联和货款编制收款日报一份并将第三联、货款和收款日报送出纳部门，将销售日报和收款日报进行核对。若客户以现金、汇票、本票支付，则可以直接提货，即当即可以开具发票；若以支票支付，必须确认后方可开票，并在六天内才可提货。对销售产品收到的现金不可以坐支。财务部门在审核后，将所收现金、支票、本票、汇票存入银行，并取得进账单，据以登记入账。在与客户有赊销协议时，销售日开具发票无"收讫"章，在客户将款项交来时，是现金则列具收款收据，汇票则列具进账单；据以入账，冲销应收账款。

2. 货币资金支出程序。货币资金的支出包括工资的发放、现金报销、银行转账支付等。（1）工资发放。填写好工资手册后，由负责人审核后向银行提出申请，银行核准后调拨现金。（2）现金报销。由支出费用的业务部门有关人员根据原始凭证编制报销凭证，经本部门主管审核后，送交会计部门，经会计主管审核同意后交出纳员付款，随后将报销单送交会计部门据此登账。（3）银行支付。由支出部门的人员填制支票、汇票、本票申请单，交由主管批准后送交出纳处开票。各种凭证单据附联等，据以入账。

3. 货币资金的业务记账程序。由出纳部门登记现金日记账和银行存款日记账，并由出纳部门进行登记，会计部门平时对出纳部门的账簿进行记录，加强复核检查工作。会计部门采用科目汇总表的形式过账。各科目的借贷发生额只根据记账凭证进行汇总，汇总表中的库存现金、银行存款的收付数和出纳部门所登记的现金日记账与银行日记账相互进行核对。

［分析提示］货币资金是企业的重要资产，也是会计核算的主要内容。可从加强货币资金管理的意义和会计核算组织程序中特种日记账的登记等角度展开分析。

案例 10－2　　　核算组织程序不同　如何恰当进行选择

学过"会计核算组织程序"一章的内容以后，小董基本掌握了记账凭证核算组织程序、汇总记账凭证核算组织程序和科目汇总表核算组织程序的内容。但将几种会计核算组织程序进行对比后，小董觉得最容易操作的还是第一种程序。在这种程序下，是依据填制好的记账凭证直接登记有关账户。而在另外两种程序下，都需要先对填制好的记账凭证进行汇总，之后才能根据汇总的数字登记有关总账账户，而编制汇总记账凭证和科目汇总表又比较烦琐，处理起来会增加不少工作量。

于是，小董产生了这样的想法：第一种核算组织程序既简便又适用，如果我毕业后从事会计工作的话，一定要选用这种会计核算组织程序。

请你利用所学的会计知识分析：小董的想法有道理吗？你认为一个企业应当怎样选择

恰当的会计核算组织程序?

[分析提示] 可从会计核算组织程序的内容和适用范围等方面展开分析。

三、实训题参考答案

习题一

1. A	2. A	3. A	4. C	5. C	6. B
7. B	8. B	9. B	10. ABCDE	11. AB	12. ABCDE
13. ABC	14. AB	15. AB	16. ABCD		

习题二

1. A	2. A	3. A	4. A	5. A	6. A
7. A	8. A	9. A	10. A	11. B	12. A

习题三

1. 编制会计分录。

（1）应填制付款凭证，编号为银付1。会计分录为：

借：材料采购——甲材料　　　　　　　　　　　　　　　　　28 000

　　　　　　——乙材料　　　　　　　　　　　　　　　　　45 000

　　应交税费——应交增值税　　　　　　　　　　　　　　　12 410

　　贷：银行存款　　　　　　　　　　　　　　　　　　　　　　　85 410

（2）应填制付款凭证，编号为银付2。会计分录为：

借：长期待摊费用　　　　　　　　　　　　　　　　　　　　6 000

　　贷：银行存款　　　　　　　　　　　　　　　　　　　　　　　6 000

（3）应填制转账凭证，编号为转1。会计分录为：

借：管理费用　　　　　　　　　　　　　　　　　　　　　　1 420

　　贷：其他应收款——王亮　　　　　　　　　　　　　　　　　　1 420

（4）应填制收款凭证，编号为现收1。会计分录为：

借：库存现金　　　　　　　　　　　　　　　　　　　　　　　80

　　贷：其他应收款——王亮　　　　　　　　　　　　　　　　　　　80

（5）应填制付款凭证，编号为银付3。会计分录为：

借：在建工程——M设备　　　　　　　　　　　　　　　　103 000

　　应交税费——应交增值税　　　　　　　　　　　　　　　17 510

　　贷：银行存款　　　　　　　　　　　　　　　　　　　　　　120 510

（6）按材料的重量比例分配甲、乙两种材料的运费：

分配率：7 000 ÷ (2 000 + 5 000) = 1（元/千克）

甲材料应分配运费：1 × 2 000 = 2 000（元）

乙材料应分配运费：1 × 5 000 = 5 000（元）

应填制转账凭证，编号为银付4。会计分录为：

借：材料采购——甲材料 2 000

    ——乙材料 5 000

  贷：银行存款 7 000

（7）应填制转账凭证，编号为转2。会计分录为：

借：原材料——甲材料 31 200

    ——乙材料 52 000

  贷：材料采购——甲材料 31 200

     ——乙材料 52 000

（8）计算甲、乙两种材料的成本差异：

甲材料成本差异：$(28\ 000 + 2\ 000) - 31\ 200 = -1\ 200$（元）

乙材料成本差异：$(45\ 000 + 5\ 000) - 52\ 000 = -2\ 000$（元）

应填制转账凭证，编号为转3。会计分录为：

借：材料采购——甲材料 1 200

    ——乙材料 2 000

  贷：材料成本差异 3 200

（9）应填制付款凭证，编号为银付5。会计分录为：

借：库存现金 85 000

  贷：银行存款 85 000

（10）应填制付款凭证，编号为现付1。会计分录为：

借：应付职工薪酬 85 000

  贷：库存现金 85 000

（11）由于填制专用记账凭证的特殊要求，应做如下处理：

① 对设备安装耗用材料：应填制转账凭证，编号为转4。会计分录为：

借：在建工程——M设备 4 000

  贷：原材料——甲材料 4 000

② 对用银行存款支付安装费：应填制付款凭证，编号为银付6。会计分录为：

借：在建工程——M设备 5 800

  贷：银行存款 5 800

（12）应填制转账凭证，编号为转5。会计分录为：

借：生产成本——S产品 30 000

  制造费用 8 000

  管理费用 4 000

  贷：原材料——甲材料 14 000

     ——乙材料 28 000

（13）应填制付款凭证，编号为现付2。会计分录为：

借：管理费用 500

  贷：库存现金 500

（14）应填制付款凭证，编号为现付3。会计分录为：

借：管理费用 313

贷：库存现金	313

（15）应填制转账凭证，编号为转6。会计分录为：

借：应收账款	327 600
贷：主营业务收入——S产品	280 000
应交税费——应交增值税	47 600

（16）应填制付款凭证，编号为银付7。会计分录为：

借：应收账款	2 400
贷：银行存款	2 400

（17）应填制转账凭证，编号为转7。会计分录为：

借：制造费用	4 500
管理费用	2 000
贷：累计折旧	6 500

（18）应填制转账凭证，编号为转8。会计分录为：

借：生产成本——S产品	50 000
制造费用	18 000
管理费用	11 200
贷：应付职工薪酬	79 200

（19）应填制转账凭证，编号为转9。会计分录为：

借：生产成本——S产品	7 000
制造费用	2 520
管理费用	1 568
贷：应付职工薪酬	11 088

（20）应填制转账凭证，编号为转10。会计分录为：

借：财务费用	1 500
贷：应付利息	1 500

（21）计算该企业的营业税金及附加：

280 000×5% = 14 000（元）

应填制转账凭证，编号为转11。会计分录为：

借：税金及附加	14 000
贷：应交税费	14 000

（22）应填制付款凭证，编号为银付8。会计分录为：

借：销售费用	4 919
贷：银行存款	4 919

（23）应填制付款凭证，编号为银付9。会计分录为：

借：制造费用	3 000
管理费用	2 500
贷：银行存款	5 500

（24）应填制转账凭证，编号为转12。会计分录为：

借：材料成本差异	1 340

      贷：生产成本——S产品   900

            制造费用   200

            管理费用   120

            在建工程——M设备   120

（25）应填制转账凭证，编号为转13。会计分录为：

      借：固定资产——M设备   112 680

        贷：在建工程——M设备   112 680

      注：M设备实际成本的计算过程为：100 000 + 3 000 + 4 000 + 5 800 – 120 = 112 680（元）

（26）应填制转账凭证，编号为转14。会计分录为：

      借：生产成本——S产品   35 820

        贷：制造费用   35 820

（27）应填制转账凭证，编号为转15。会计分录为：

      借：库存商品——S产品   121 920

        贷：生产成本——S产品   121 920

      注：S产品实际成本的计算过程为：30 000 + 50 000 + 7 000 – 900 + 35 820 = 121 920（元）

（28）应填制转账凭证，编号为转16。会计分录为：

      借：主营业务成本   100 000

        贷：库存商品   100 000

（29）应填制转账凭证，编号为转17。会计分录为：

      借：坏账准备   30 000

        贷：应收账款   30 000

（30）应填制转账凭证，编号为转18。会计分录为：

      借：资产减值损失   200

        贷：坏账准备   200

（31）应填制转账凭证，编号为转19。会计分录为：

      借：主营业务收入   280 000

        贷：本年利润   280 000

（32）应填制转账凭证，编号为转20。会计分录为：

      借：本年利润   144 000

        贷：主营业务成本   100 000

            税金及附加   14 000

            销售费用   4 919

            管理费用   23 381

            财务费用   1 500

            资产减值损失   200

（33）计算该企业应交所得税税额为：（280 000 – 144 000）×25% = 34 000（元）应填制转账凭证，编号为转21。会计分录为：

| | 借：所得税费用 | 34 000 |
| | 　　贷：应交税费 | 34 000 |

（34）应填制转账凭证，编号为转 22。会计分录为：

| | 借：本年利润 | 34 000 |
| | 　　贷：所得税费用 | 34 000 |

（35）应填制转账凭证，编号为转 23。会计分录为：

| | 借：利润分配——提取盈余公积 | 10 200 |
| | 　　贷：盈余公积 | 10 200 |

（36）应填制转账凭证，编号为转 24。会计分录为：

| | 借：利润分配——应付现金股利 | 28 000 |
| | 　　贷：应付股利 | 28 000 |

（37）应填制转账凭证，编号为转 25。会计分录为：

| | 借：本年利润 | 102 000 |
| | 　　贷：利润分配——未分配利润 | 102 000 |

（38）应填制转账凭证，编号为转 26。会计分录为：

	借：利润分配——未分配利润	38 200
	贷：利润分配——提取盈余公积	10 200
	——应付现金股利	28 000

2. 对以上交易或事项填制的各种记账凭证的总体情况汇总如下：

现金收款凭证 1 份；现金付款凭证 3 份；银行存款收款凭证 0 份；银行存款付款凭证 9 份；转账凭证 26 份。合计 39 份。

3. "利润分配——未分配利润"账户的余额为：102 000 – 38 200 = 63 800（元）。该明细账户余额的含义为：该数字为这个企业本年已经实现但尚未分配的利润数。

习题四

编制该企业 2017 年 3 月的汇总记账凭证。

作业用表 10 – 1　　　　　汇总收款凭证

借方科目：库存现金

| 贷方科目 | 金　额 | | | | 总账页数 | |
	1 – 10 日凭证 1 号 – 号	11 – 20 日凭证 号 – 号	21 – 31 日凭证 号 – 号	合　计	借　方	贷　方
其他应收款	80			80		
合　计	80			80		

作业用表 10 – 2 汇总付款凭证

贷方科目：库存现金

借方科目	金 额				总账页数	
	1 – 10 日凭证 号 – 号	11 – 20 日凭证 1 号 – 3 号	21 – 31 日凭证 号 – 号	合 计	借 方	贷 方
应付职工薪酬		85 000		85 000		
管理费用		813		813		
合 计		85 813		85 813		

作业用表 10 – 3 汇总付款凭证

贷方科目：银行存款

借方科目	金 额				总账页数	
	1 – 10 日凭证 1 号 – 4 号	11 – 20 日凭证 5 号 – 7 号	21 – 31 日凭证 8 号 – 9 号	合 计	借 方	贷 方
材料采购	80 000			80 000		
应交税费	29 920			29 920		
长期待摊费用	6 000			6 000		
在建工程	103 000	5 800		108 800		
库存现金		85 000		85 000		
应收账款		2 400		2 400		
销售费用			4 919	4 919		
制造费用			3 000	3 000		
管理费用			2 500	2 500		
合 计	218 920	93 200	10 419	322 539		

作业用表 10 – 4 汇总转账凭证

贷方科目：原材料

借方科目	金 额				总账页数	
	1 – 10 日凭证 号 – 号	11 – 20 日凭证 4 号 – 5 号	21 – 31 日凭证 号 – 号	合 计	借 方	贷 方
在建工程		4 000		4 000		
生产成本		30 000		30 000		
制造费用		8 000		8 000		
管理费用		4 000		4 000		
合 计		46 000		46 000		

作业用表 10 – 5　　　　　　　　**汇总转账凭证**

贷方科目：材料成本差异

借方科目	金　额				总账页数	
	1 – 10 日凭证 1 号 – 3 号	11 – 20 日凭证 号 – 号	21 – 31 日凭证 7 号 – 28 号	合　计	借　方	贷　方
材料采购	3 200			3200		
合　计	3 200			3 200		

作业用表 10 – 6　　　　　　　　**汇总转账凭证**

贷方科目：应交税费

借方科目	金　额				总账页数	
	1 – 10 日凭证 号 – 号	11 – 20 日凭证 4 号 – 6 号	21 – 31 日凭证 7 号 – 28 号	合　计	借　方	贷　方
应收账款		47 600		47 600		
税金及附加			14 000	14 000		
所得税费用			34 000	34 000		
合　计		47 600	48 000	95 600		

作业用表 10 – 7　　　　　　　　**汇总转账凭证**

贷方科目：应付职工薪酬

借方科目	金　额				总账页数	
	1 – 10 日凭证 号 – 号	11 – 20 日凭证 号 – 号	21 – 31 日凭证 7 号 – 28 号	合　计	借　方	贷　方
生产成本			57 000	57 000		
制造费用			20 520	20 520		
管理费用			12 768	12 768		
合　计			90 288	90 288		

习题五

1. 根据习题三中填制的专用记账凭证进行各科目发生额的汇总。

（1）库存现金　借方：（4）80 +（9）85 000 = 85 080（元）；贷方：（10）85 000 +（13）500 +（14）313 = 85 813（元）

（2）银行存款　借方：0；贷方：（1）85 410 +（2）6 000 +（3）120 510 +（6）7 000 +（9）85 000 +（11）5 800 +（16）2 400 +（22）4 919 +（23）5 500 = 322 539（元）

（3）应收账款　借方：（15）327 600 +（16）2 400 = 330 000（元）；贷方：（29）30 000（元）

（4）其他应收款　借方：0；贷方：（3）1 420 +（4）80 = 1 500（元）

（5）坏账准备　借方：（29）30 000（元）；贷方：（30）200（元）；

（6）材料采购　借方：（1）73 000 +（6）7 000 +（8）3 200 = 83 200（元）；贷方：（7）83 200（元）

（7）原材料　借方：（7）83 200（元）；贷方：（11）4 000 +（12）42 000 = 46 000（元）

（8）材料成本差异　借方：（24）1 340；贷方：（8）3 200

（9）库存商品　借方：（27）121 920（元）；贷方：（28）100 000（元）

（10）固定资产　借方：（25）112 680（元）；贷方：0

（11）累计折旧　借方：0；贷方：（17）6 500（元）

（12）在建工程　借方：（5）103 000 +（11）4 000 +（11）5 800 = 112 800（元）；贷方：（24）120 +（25）112 680 = 112 800（元）

（13）长期待摊费用　借方：（2）6 000（元）；贷方：0

（14）应付职工薪酬　借方：（10）85 000（元）；贷方：（18）79 200 +（19）11 088 = 90 288（元）

（15）应付股利　借方：0；贷方：（36）28 000（元）

（16）应交税费　借方：（1）12 410 +（5）17 510 = 29 920（元）；贷方：（15）47 600 +（21）14 000 +（33）34 000 = 95 600（元）

（17）应付利息　借方：0；贷方：（20）1 500（元）

（18）盈余公积　借方：0；贷方：（35）10 200（元）

（19）本年利润　借方：（32）144 000 +（34）34 000 +（37）102 000 = 280 000（元）；贷方：（31）280 000（元）

（20）利润分配　借方：（35）10 200 +（36）28 000 +（38）38 200 = 76 400（元）；贷方：（37）102 000 +（38）38 200 = 140 200（元）

（21）生产成本　借方：（12）30 000 +（18）50 000 +（19）7 000 +（26）35 820 = 122 820（元）；贷方：（24）900 +（27）121 920 = 122 820（元）

（22）制造费用　借方：（12）8 000 +（17）4 500 +（18）18 000 +（19）2 520 +（23）3 000 = 36 020（元）；贷方：（24）200 +（26）35 820 = 36 020（元）

（23）主营业务收入　借方：（31）280 000（元）；贷方：（15）280 000（元）

（24）主营业务成本　借方：（28）100 000（元）；贷方：（32）100 000（元）

（25）税金及附加　借方：（21）14 000（元）；贷方：（32）14 000（元）

（26）销售费用　借方：（22）4 919；贷方：（32）4 919（元）

（27）管理费用　借方：（3）1 420 +（12）4 000 +（13）500 +（14）313 +（17）2 000 +（18）11 200 +（19）1 568 +（23）2 500 = 23 501（元）；贷方：（24）120 +（32）23 381 = 23 501（元）

（28）财务费用　借方：（20）1 500（元）；贷方：（32）1 500（元）

（29）资产减值损失　借方：（30）200（元）；贷方：（32）200（元）

（30）所得税费用　借方：（33）34 000（元）；贷方：（34）34 000（元）

2. 编制该企业2017年3月的科目汇总表。

作业用表 10 - 8　　　　　　　　　**科目汇总表**

2017 年 3 月

会 计 科 目	本期发生额		总账页数
	借方金额	贷方金额	
库存现金	85 080	85 813	
银行存款		322 539	
应收账款	330 000	30 000	
其他应收款		1 500	
坏账准备	30 000	200	
材料采购	83 200	83 200	
原材料	83 200	46 000	
材料成本差异	1 340	3 200	
库存商品	121 920	100 000	
固定资产	112 680		
累计折旧		6 500	
在建工程	112 800	112 800	
长期待摊费用	6 000		
应付职工薪酬	85 000	90 288	
应付股利		28 000	
应交税费	29 920	95 600	
应付利息		1 500	
盈余公积		10 200	
本年利润	280 000	280 000	
利润分配	76 400	140 200	
生产成本	122 820	122 820	
制造费用	36 020	36 020	
主营业务收入	280 000	280 000	
主营业务成本	100 000	100 000	
税金及附加	14 000	14 000	
销售费用	4 919	4 919	
管理费用	23 501	23 501	
财务费用	1 500	1 500	
资产减值损失	200	200	
所得税费用	34 000	34 000	
合　计	2 054 500	2 054 500	

习题六

1. 根据 2017 年 3 月发生的交易或事项填制各种专用记账凭证。提示：见习题三。如果这一过程在习题三中已经完成，这里不必再做。

2. 根据收款凭证和付款凭证登记"库存现金日记账"和"银行存款日记账"。

作业用表 10 –9　　　　　　　　库存现金日记账

2017 年 月	2017 年 日	凭证号	摘　要	对方科目	借方	贷方	余额
3	1		月初余额				1 200
		现收 1	王亮交回余款	其他应收款	80		1 280
		银付 5	从银行提现金	银行存款	85 000		86 280
		现付 1	发放工资	应付职工薪酬		85 000	1 280
		现付 2	购办公用品	管理费用		500	780
		现付 3	报销交通费	管理费用		313	467
	31		本月合计		85 080	85 813	467

作业用表 10 –10　　　　　　　　银行存款日记账

2017 年 月	2017 年 日	凭证号	摘　要	结算凭证 种类	结算凭证 号数	对方科目	借方	贷方	余额
3	1		月初余额						482 500
		银付 1	付材料款			材料采购等		85 410	
		银付 2	付报刊费			待摊费用		6 000	
		银付 3	付设备款			在建工程等		120 510	
		银付 4	付运费			材料采购		7 000	
		银付 5	提取现金			库存现金		85 000	
		银付 6	付安装费			在建工程		5 800	
		银付 7	垫付运费			应收账款		2 400	
		银付 8	付展销费			销售费用		4 919	
		银付 9	付水电费			制造费用等		5 500	
	31		本月合计					322 539	159 961

3. 根据记账凭证等登记有关的明细账。提示：只登记原材料明细账。

作业用表 10 –11　　　　　　　　原材料明细账

材料名称：甲材料　　　　　　　　　　　　　　　　　　　　　　　　　单位：千克

2017 年 月	2017 年 日	凭证号	摘要	借方 数量	借方 单价	借方 金额	贷方 数量	贷方 单价	贷方 金额	借或贷	余额 数量	余额 单价	余额 金额
3	1		月初余额							借	8 300	15. 6	129 480
		转 2	入库	2 000		31 200				借			
		转 4	发出						4 000	借			
		转 6	发出						14 000	借			
	31		本月合计	2 000		31 200			18 000	借			142 680

作业用表 10 – 12　　　　　　　　**原材料明细账**

材料名称：乙材料　　　　　　　　　　　　　　　　　　　　　　　单位：千克

2017 年		凭证号	摘要	借方			贷方			借或贷	余额		
月	日			数量	单价	金额	数量	单价	金额		数量	单价	金额
3	1		月初余额							借	18 500	10.4	192 400
		转2	入库	5 000		52 000				借			
		转6	发出						28 000	借			
	31		本月合计	5 000		52 000			28 000	借			216 400

4. 根据各种专用记账凭证编制"科目汇总表"。提示：见习题五。如果这一过程在习题五中已经完成，这里不必再做。

5. 根据"科目汇总表"（编号为：科汇字第 3 号）的汇总数字登记有关总分类账户。结出各账户的发生额和余额。

库存现金

月初余额	1 200	科汇3	85 813
科汇3	85 080		
本月合计	85 080	本月合计	85 813
月末余额	467		

银行存款

月初余额	482 500	科汇3	322 539
本月合计	0	本月合计	322 539
月末余额	159 961		

应收账款

月初余额	136 450	科汇3	30 000
科汇3	330 000		
本月合计	330 000	本月合计	30 000
月末余额	436 450		

预付账款

月初余额	19 000	

其他应收款

月初余额	2 000	科汇3	1 500
本月合计	0	本月合计	1 500
月末余额	500		

坏账准备

科汇3	30 000	月初余额	800
		科汇3	200
本月合计	30 000	本月合计	200
		月末余额	29 000

材料采购

科汇3	83 200	科汇3	83 200
本月合计	83 200	本月合计	83 200

原材料

月初余额	321 880	科汇3	46 000
		科汇3	83 200
本月合计	83 200	本月合计	46 000
月末余额	359 080		

材料成本差异

科汇 3	1 340	月初余额	8 950
		科汇 3	3 200
本月合计	1 340	本月合计	0
		月末余额	10 810

库存商品

月初余额	356 120	科汇 3	100 000
科汇 3	121 920		
本月合计	121 920	本月合计	100 000
月末余额	378 040		

生产成本

月初余额	124 500	科汇 3	122 820
科汇 3	122 820		
本月合计	122 820	本月合计	122 820
月末余额	124 500		

制造费用

科汇 3	36 020	科汇 3	36 020
本月合计	36 020	本月合计	36 020

固定资产

月初余额	726 800		
科汇 3	112 680		
本月合计	112 680	本月合计	0
月末余额	839 480		

累计折旧

		月初余额	65 500
		科汇 3	6 500
本月合计	0	本月合计	6 500
		月末余额	72 000

在建工程

科汇 3	112 800	科汇 3	112 800
本月合计	112 800	本月合计	112 800

长期待摊费用

月初余额	4 500		
科汇 3	6 000		
本月合计	6 000	本月合计	0
月末余额	10 500		

短期借款

	月初余额	225 000

应付账款

	月初余额	146 000

预收账款

	月初余额	20 000

应付职工薪酬

科汇 3	85 000	月初余额	85 000
		科汇 3	90 288
本月合计	85 000	本月合计	90 288
		月末余额	90 288

应交税费

科汇 3	29 920	月初余额	18 500
		科汇 3	95 600
本月合计	29 920	本月合计	95 600
		月末余额	84 180

应付股利

		科汇 3	28 000
本月合计	0	本月合计	28 000
		月末余额	28 000

其他应付款

		月初余额	4 000
本月合计	0		

应付利息

		月初余额	3 200
		科汇 3	1 500
本月合计	0	本月合计	1 500
		月末余额	4 700

实收资本

		月初余额	1 000 000

资本公积

		月初余额	80 000

盈余公积

		月初余额	468 000
		科汇 3	10 200
本月合计	0	本月合计	10 200
		月末余额	478 200

主营业务收入

科汇 3	280 000	科汇 3	280 000
本月合计	280 000	本月合计	280 000

主营业务成本

科汇 3	10 000	科汇 3	10 000
本月合计	10 000	本月合计	10 000

税金及附加

科汇 3	14 000	科汇 3	14 000
本月合计	14 000	本月合计	14 000

销售费用

科汇 3	4 919	科汇 3	4 919
本月合计	4 919	本月合计	4 919

管理费用

科汇 3	23 501	科汇 3	23 501
本月合计	23 501	本月合计	23 501

财务费用

科汇 3	1 500	科汇 3	1 500
本月合计	1 500	本月合计	1 500

资产减值损失

科汇 3	200	科汇 3	200
本月合计	200	本月合计	200

所得税费用

科汇 3	34 000	科汇 3	34 000
本月合计	34 000	本月合计	34 000

本年利润

科汇 3	280 000	科汇 3	280 000
本月合计	280 000	本月合计	280 000

利润分配

科汇 3	76 400	月初余额	50 000
		科汇 3	140 200
本月合计	76 400	本月合计	140 200
		月末余额	113 800

6. 编制该企业本月的"总分类账户发生额及余额试算表"。

作业用表 10 - 13　　　　　总分类账户发生额及余额试算表

会计科目	期初余额		本期发生额		期末余额	
	借方余额	贷方余额	借方金额	贷方金额	借方余额	贷方余额
库存现金	1 200		85 080	85813	467	
银行存款	482 500			322 539	159 961	
应收账款	136 450		330 000	30 000	436 450	
预付账款	19 000				19 000	
其他应收款	2 000			1 500	500	
坏账准备		800	30 000	200	29 000	
材料采购			83 200	83 200		
原材料	321 880		83 200	46 000	359 080	
材料成本差异		8 950	1 340	3 200		10 810
生产成本	124 500		122 820	122 820	124 500	
库存商品	356 120		121 920	100 000	378 040	
制造费用			36 020	36 020		
固定资产	726 800		112 680		839 480	
累计折旧		65 500		6 500		72 000
在建工程			112 800	112 800		
长期待摊费用	4 500		6 000		10 500	
短期借款		225 000				225 000
应付账款		146 000				146 000
预收账款		20 000				20 000
应付职工薪酬		85 000	85 000	90 288		90 288
应付股利				28 000		28 000
应交税费		18 500	29 920	95 600		84 180
其他应付款		4 000				4 000
应付利息		3 200		1 500		4 700
实收资本		1 000 000				1 000 000
盈余公积		468 000		10 200		478 200
资本公积		80 000				80 000
本年利润			280 000	280 000		
利润分配		50 000	76 400	140 200		113 800
主营业务收入			280 000	280 000		
主营业务成本			100 000	100 000		
税金及附加			14 000	14 000		
销售费用			4 919	4 919		
管理费用			23 501	23 501		
财务费用			1 500	1 500		
资产减值损失			200	200		
所得税费用			34 000	34 000		
合　　计	2 174 950	2 174 950	2 054 500	2 054 500	2 356 978	2 356 978

7. 编制该企业本月的"资产负债表"。

作业用表 10－14　　　　　　　　　　　　**资产负债表**　　　　　　　　　　　会企 01 表

编制单位：××企业　　　　　　　　　2017　年　3　月　31　日　　　　　　　　单位：元

资　　产	期末余额	年初余额	负债及所有者权益	期末余额	年初余额
流动资产：			流动负债：		（略）
货币资金	160 428		短期借款	225 000	
交易性金融资产			应付票据		
应收票据			应付账款	146 000	
应收账款	465 450		预收账款	20 000	
预付账款	19 000		应付职工薪酬	90 288	
应收利息			应交税费	84 180	
应收股利			应付股利	28 000	
其他应收款	500		其他应付款	4 000	
存货	850 810		应付利息	4 700	
一年内到期的非流动资产			一年内到期的非流动负债		
其他流动资产			流动负债合计	602 168	
流动资产合计	1 496 188		非流动负债：		
非流动资产：			长期借款		
长期应收款			应付债券		
长期股权投资			非流动负债合计	0	
固定资产	767 480		负债合计	602 168	
在建工程			所有者权益：		
固定资产清理			实收资本（或股本）	1 000 000	
无形资产			资本公积	80 000	
长期待摊费用	10 500		盈余公积	478 200	
其他非流动资产			未分配利润	113 800	
非流动资产合计	777 980		所有者权益合计	1 672 000	
资产总计	2 274 168		负债及所有者权益（或股东权益）总计	2 274 168	

　　注：表中"货币资金"项目数字为"库存现金"与"银行存款"账户期末余额之和；"应收账款"项目数字为"应收账款"与"坏账准备"账户期末余额（借方）之和（当"坏账准备"账户为贷方期末余额时应相减）；"存货"项目数字为"原材料"账户期末余额减"材料成本差异"账户期末余额（贷方）（当"材料成本差异"账户为借方期末余额时应相加），加"生产成本"账户期末余额，再加"库存商品"账户期末余额；"固定资产"项目数字为"固定资产"与"累计折旧"账户期末余额之差。另外，"应付职工薪酬"项目的余额是本月实际发生的应付职工的薪酬，在实务中，要在下个月份才实际发给职工。因而，本题举例中发给职工的薪酬应是上个月的实际发生数。

8. 编制该企业本月的"利润表"。

作业用表 10 – 15   **利 润 表**

会企 02 表

编制单位：××企业   2017 年 3 月   单位：元

项　目	本期金额	上期金额
一、营业收入	280 000	（略）
减：营业成本	100 000	
税金及附加	14 000	
销售费用	4 919	
管理费用	23 381	
财务费用	1 500	
加：投资收益（损失以"－"号填列）	0	
二、营业利润（亏损以"－"号填列）	136 000	
加：营业外收入	0	
减：营业外支出	0	
三、利润总额（亏损总额以"－"号填列）	136 000	
减：所得税费用	34 000	
四、净利润（净亏损以"－"号填列）	102 000	

注：表中"营业收入"项目数字应为"主营业务收入"与"其他业务收入"账户本月发生额之和；"营业成本"项目数字应为"主营业务成本"与"其他业务成本"账户本月发生额之和。但举例中未涉及其他业务收支，因而不必考虑。表中的"投资收益"、"营业外收入"和"营业外支出"项目本月均没有发生额，填列时也不必考虑。表中填列的"管理费用"项目数字与"管理费用"账户和"科目汇总表"上该项目的数字不一致，是因为在本月的"管理费用"账户的贷方有由于分配材料成本差异而发生的减少额 120 元，填列该项目时应从"管理费用"发生额总数中减除。

附录一：试卷样本

基础会计 A 卷（闭卷）

一、单项选择题（下列每小题的备选答案中，只有一个符合题意的正确答案，多选、错选、不选均不得分。本题共 20 个小题，每小题 1 分，共 20 分）

1. "预收账款"的明细账户期末如有借方余额应填入资产负债表的（　　）。
   - A. "预收账款"项目
   - B. "应收账款"项目
   - C. "预付账款"项目
   - D. "应付账款"项目

2. 借贷记账法记账规则中的"有借必有贷"指的是交易或事项在账户中的（　　）。
   - A. 摘要登记
   - B. 余额登记
   - C. 登记方向
   - D. 登记金额

3. 下列费用中，被称为间接费用的是（　　）。
   - A. 直接人工
   - B. 管理费用
   - C. 制造费用
   - D. 销售费用

4. 会计假设也称会计的（　　）。
   - A. 基本职能
   - B. 基本前提
   - C. 基本理论
   - D. 基本方法

5. 根据账簿记录的结果对某些特定事项加以归类、整理重新编制的原始凭证是（　　）。
   - A. 一次凭证
   - B. 累计凭证
   - C. 汇总原始凭证
   - D. 记账编制凭证

6. 直接材料费用是指用于企业（　　）。
   - A. 产品生产发生的材料费用
   - B. 产品销售发生的材料费用
   - C. 企业管理发生的材料费用
   - D. 车间维修设备的材料费用

7. 企业对融资租入固定资产按自有资产进行核算，体现的是会计信息质量要求的（　　）。
   - A. 客观性
   - B. 相关性
   - C. 重要性
   - D. 实质重于形式

8. 汇总记账凭证核算组织程序的特点是（　　）。
   - A. 根据各种汇总记账凭证直接登记明细分类账
   - B. 根据各种汇总记账凭证直接登记总分类账
   - C. 根据各种汇总记账凭证直接登记日记账
   - D. 根据各种记账凭证直接登记总分类账

9. 某完工产品成本系本月投产本月完工的产品，其成本计算的公式应为（　　）。

 A. 该产品期初结存成本 + 本期新发生成本 − 期末在产品成本

 B. 该产品期初结存成本 + 本期新发生成本

 C. 本期新发生成本

 D. 该产品期初结存成本 − 期末在产品成本

10. 连续记载一定时间内不断重复发生的同类交易或事项的原始凭证是（　　）。

 A. 一次凭证 　　　　　　　　　 B. 累计凭证

 C. 汇总原始凭证 　　　　　　　 D. 自制原始凭证

11. 库存现金清查的基本方法是（　　）。

 A. 技术推算法 　　　　　　　　 B. 实地盘点法

 C. 抽样盘存法 　　　　　　　　 D. 函证核对法

12. 会计信息应具有相关性，相关者是指（　　）。

 A. 财务会计报告的编制者 　　　 B. 财务会计报告的审核者

 C. 财务会计报告的传递者 　　　 D. 财务会计报告的使用者

13. 进行年度之间账户余额的结转时应（　　）。

 A. 填制收款凭证 　　　　　　　 B. 不填制记账凭证

 C. 填制付款凭证 　　　　　　　 D. 填制转账凭证

14. 一般来说，营业利润应等于营业收入减与之相关的营业成本（　　）。

 A. 减税金及附加、管理费用和财务费用，加投资收益

 B. 减税金及附加、销售费用和财务费用，加投资收益

 C. 加税金及附加、销售费用、管理费用和财务费用，减投资收益

 D. 减税金及附加、销售费用、管理费用和财务费用，加投资收益

15. 账簿的更换时间一般是在（　　）。

 A. 每月终了 　　　　　　　　　 B. 每季度终了

 C. 每年度终了 　　　　　　　　 D. 每半年度终了

16. 在下列会计等式中，被称为静态会计等式的是（　　）。

 A. 资产 = 负债 + 所有者权益 　 B. 收入 − 费用 = 利润

 C. 资产 = 权益 　　　　　　　　 D. 资产 + 费用 = 负债 + 所有者权益 + 收入

17. 记账人员在登记账簿时，应当遵守的最基本规则是（　　）。

 A. 内容齐全准确 　　　　　　　 B. 书写适当留格

 C. 依据凭证记账 　　　　　　　 D. 使用蓝黑墨水

18. 会计科目是对（　　）。

 A. 会计对象分类所形成的项目 　 B. 会计要素分类所形成的项目

 C. 会计方法分类所形成的项目 　 D. 会计账户分类所形成的项目

19. 进行账账核对所采用的基本方法是（　　）。

 A. 直接核对 　　　　　　　　　 B. 清查盘点核对

 C. 编制试算表核对 　　　　　　 D. 与对账单核对

20. 通过设置存货明细账，可随时结出存货结存数量的盘存方法称为（　　）。

 A. 权责发生制 　　　　　　　　 B. 永续盘存制

C. 收付实现制　　　　　　　　　　D. 实地盘存制

二、多项选择题（下列每小题的备选答案中，有两个或两个以上符合题意的正确答案，多选、少选、错选、不选均不得分。本题共 10 个小题，每小题 1 分，共 10 分）

21. 下列各项中，应属于管理费用的内容有（　　　）。
    A. 企业筹建期间的开办费　　　B. 应由企业统一负担的公司经费
    C. 董事会费　　　　　　　　　D. 聘请中介机构费　　　　E. 业务招待费

22. 在下列各种职能中，被称为会计基本职能的有（　　　）。
    A. 核算职能　　　　　　　　　B. 预测职能　　　　　　　C. 监督职能
    D. 决策职能　　　　　　　　　E. 分析职能

23. 在借贷记账法下，总分类账簿一般为（　　　）。
    A. 借、贷、余三栏式格式　　　B. 活页式账簿
    C. 订本式账簿　　　　　　　　D. 收、付、余三栏式格式
    E. 卡片式账簿

24. 在以下交易或事项中，应当填制收款凭证的业务有（　　　）。
    A. 收到投资者投资存入银行
    B. 从银行提取现金
    C. 收到投资者投入企业设备
    D. 销售产品收到货款及税金存入银行
    E. 购入材料货款暂未支付给销售方

25. 在以下各项内容中，属于企业所有者权益要素的有（　　　）。
    A. 实收资本　　　　　　　　　B. 资本公积
    C. 盈余公积　　　　　　　　　D. 应收账款
    E. 未分配利润

26. 在下列各项中，属于销售费用的内容有（　　　）。
    A. 销售商品本身的成本　　　　B. 保险费和包装费
    C. 展览费和广告费　　　　　　D. 预计产品质量保证损失
    E. 运输费和装卸费

27. 材料采购采用计划成本法的优点主要有（　　　）。
    A. 能够及时进行材料日常收发业务的核算
    B. 能够及时进行材料采购实际成本的计算
    C. 有利于考核企业材料采购的业务成果
    D. 有利于考核企业产品生产的实际成本
    E. 有利于比较不同会计期间材料费用支出水平

28. 借贷记账法的记账符号"借"与"贷"的含义有（　　　）。
    A. 表示增加和减少　　　　　　B. 表示借款和贷款
    C. 表示借款和还款　　　　　　D. 表示账户的登记金额
    E. 表示账户的登记方向

29. 会计账簿按外表形式可以分为（　　　）。

A. 订本式账簿　　　　　　　B. 总分类账簿
C. 活页式账簿　　　　　　　D. 卡片式账簿
E. 明细分类账簿

30. 进行产品销售成本结转时，应记入的账户有（　　　）。
A. "生产成本"　　　　　　　B. "制造费用"
C. "原材料"　　　　　　　　D. "库存商品"
E. "主营业务成本"

三、判断题（对下列各种说法，你认为正确的填 "A"；你认为错误的填 "B"。本题共 10 小题，每小题 1 分，共 10 分）

31. 材料的实际成本由买价和采购费用两个部分组成。（　　　）
32. 进行库存积压材料销售是制造业企业的主营业务。（　　　）
33. 资产负债表是依据 "资产＝负债＋所有者权益" 原理设计的。（　　　）
34. 净利润也称为税后利润。（　　　）
35. 原始凭证都是根据实际发生的交易或事项填制的。（　　　）
36. 制造费用也是企业的一种费用。（　　　）
37. 直接材料、直接人工和制造费用通常称为产品的成本项目。（　　　）
38. 库存现金的盘亏应计入企业的营业外支出。（　　　）
39. "资产＝负债＋所有者权益" 会计等式体现了资金的两个不同侧面。（　　　）
40. 对现金与银行存款之间相互划转的业务应填制付款凭证。（　　　）

四、简答选择题（在下列各题的备选答案中，选出你认为正确的答案。本题共 2 小题，每小题 5 分，共 10 分）

41. 怎样理解经济环境对会计产生和发展的决定性作用？
A. 经济环境是影响会计产生和发展的诸多社会环境中的一种主要因素。可从以下几个方面加以理解：首先，会计的产生与人类进行经济活动的管理有着直接关系，它是适应人类对经济活动管理的需要而产生的；其次，在会计的发展过程中，经济环境对会计的影响主要体现在以下两个方面：一是一个国家的经济体制决定了政府对会计的干预程度；二是一个国家的生产力水平高低决定了会计的发展水平。

B. 经济环境是影响会计产生和发展的诸多自然环境中的一种主要因素。可从以下几个方面加以理解：首先，会计的产生与人类进行经济活动的管理有着直接关系，它是适应人类对经济活动管理的需要而产生的；其次，在会计的发展过程中，经济环境对会计的影响主要体现在以下两个方面：一是一个国家的经济体制决定了政府对会计的干预程度；二是一个国家的生产力水平高低决定了会计的发展水平。

C. 经济环境是影响会计产生和发展的诸多社会环境中的一种主要因素。可从以下几个方面加以理解：首先，会计的产生与人类进行经济活动的管理有着直接关系，它是适应人类对经济活动的管理需要而产生的；其次，在会计的发展过程中，经济环境对会计的影响主要体现在以下两个方面：一是一个国家的政治体制决定了政府对会计的干预程度；二是一个国家的生产力水平高低决定了会计的发展水平。

D. 经济环境是影响会计产生和发展的诸多社会环境中的一种主要因素。可从以下几个方面加以理解：首先，会计的产生与人类进行经济活动的管理有着直接关系，它是适应人类对经济活动管理的需要而产生的；其次，在会计的发展过程中，政治环境对会计的影响主要体现在以下两个方面：一是一个国家的经济体制决定了政府对会计的干预程度；二是一个国家的生产力水平高低决定了会计的发展水平。

42. 会计核算方法有哪些？这些方法的应用程序是怎样的？

A. 会计核算方法主要有设置科目、复式记账、填制和审核会计凭证、登记账簿、成本计算、财产清查和编制会计报表等。各种会计核算方法的应用程序为：（1）在交易或事项发生以后，会计部门首先要获取原始凭证，经审核后按照设置的会计账户，运用复式记账方法编制记账凭证。（2）依据会计凭证，按照复式记账规则登记账簿。（3）根据账簿记录资料对经营过程中的有关业务进行成本计算。（4）为保证账实相符，应运用财产清查方法对账簿记录的准确性加以核实。（5）在保证账实相符基础上，根据账簿资料定期编制科目汇总表。

B. 会计核算方法主要有设置账户、复式记账、填制和审核会计凭证、登记账簿、成本计算、财产清查和编制会计报表等。各种会计核算方法的应用程序为：（1）在交易或事项发生以后，会计部门首先要获取原始凭证，经审核后按照设置的会计账簿，运用复式记账方法编制会计表格。（2）依据会计凭证，按照复式记账规则登记账簿。（3）根据账簿记录资料对经营过程中的有关业务进行成本计算。（4）为保证账实相符，应运用财产清查方法对账簿记录的准确性加以核实。（5）在保证账实相符基础上，根据账簿资料定期编制会计报表。

C. 会计核算方法主要有设置账户、复式记账、填制和审核会计凭证、登记账簿、成本计算、财产清查和编制会计报表等。各种会计核算方法的应用程序为：（1）在交易或事项发生以后，会计部门首先要获取原始凭证，经审核后按照设置的会计账户，运用复式记账方法汇总原始凭证。（2）依据会计凭证，按照复式记账规则登记账簿。（3）根据账簿记录资料对经营过程中的有关业务进行成本计算。（4）为保证账实相符，应运用核对账目方法对账簿记录的准确性加以核实。（5）在保证账实相符基础上，根据账簿资料定期编制会计报表。

D. 会计核算方法主要有设置账户、复式记账、填制和审核会计凭证、登记账簿、成本计算、财产清查和编制会计报表等。各种会计核算方法的应用程序为：（1）在交易或事项发生以后，会计部门首先要获取原始凭证，经审核后按照设置的会计账户，运用复式记账方法编制记账凭证。（2）依据会计凭证，按照复式记账规则登记账簿。（3）根据账簿记录资料对经营过程中的有关业务进行成本计算。（4）为保证账实相符，应运用财产清查方法对账簿记录的准确性加以核实。（5）在保证账实相符基础上，根据账簿资料定期编制会计报表。

五、计算选择题（按要求进行以下各题有关数字指标的计算，并判定你认为正确的选项。本题共 10 小题，每小题 1 分，共 10 分）

（一）某企业 201×年 8 月 31 日核对银行存款账目，企业银行存款日记账的余额为 436 900 元；银行存款对账单余额为 426 100 元。将银行存款日记账与银行对账单逐笔核对，没有发现错账，只发现以下未达账项：

1. 8月28日，银行代企业收进货款25 000元，银行已记账，但企业尚未接到收款通知。

2. 8月29日，企业开出转账支票1 400元付材料款，企业已记账，但银行未记账。

3. 8月30日，银行代企业支付本月用电费5 200元，银行已记账，但尚未通知企业。

4. 8月31日，企业收到购货单位交来的支票32 000元，企业已记账，但银行未记账。

要求：根据所给资料计算如下数据指标。

43. 确认企业已收而银行未收账项：

备选答案：A. 25 000元　B. 1 400元　C. 5 200元　D. 32 000元

44. 确认企业已付而银行未付账项：

备选答案：A. 25 000元　B. 1 400元　C. 5 200元　D. 32 000元

45. 确认银行已收而企业未收账项：

备选答案：A. 25 000元　B. 1 400元　C. 5 200元　D. 32 000元

46. 确认银行已付而企业未付账项：

备选答案：A. 25 000元　B. 1 400元　C. 5 200元　D. 32 000元

47. 计算"银行存款余额调节表"中的调解后余额。

计算过程：

备选答案：A. 456 700元　B. 467 500元　C. 436 900元　D. 445 900元

（二）某企业201×年的主营业务收入为1 200 000元；主营业务成本为700 000元；其他业务收入为100 000元；其他业务成本为60 000元；投资收益为60 000元；税金及附加为100 000元；发生的销售费用为5 000元；管理费用为16 000元；财务费用为4 000元；营业外支出为35 000元。根据所给资料计算下列数字指标：

48. 该企业本年实现的营业收入：

计算过程：

备选答案：A. 1 200 000元　B. 1 300 000元　C. 1 260 000元　D. 1 360 000元

49. 该企业本年发生的营业成本：

计算过程：

备选答案：A. 700 000元　B. 760 000元　C. 725 000元　D. 715 000元

50. 该企业本年实现的营业利润：

计算过程：

备选答案：A. 375 000元　B. 470 000元　C. 475 000元　D. 415 000元

51. 该企业本年实现的利润总额：

计算过程：

备选答案：A. 340 000元　B. 475 000元　C. 440 000元　D. 450 000元

52. 该企业本年实现的净利润：（假定以本年的利润总额为计算基数，所得税税率为25%）

计算过程：

备选答案：A. 255 000元　B. 330 000元　C. 356 250元　D. 337 500元

六、业务处理选择题（根据下列各题已给出的备选项确认各项交易或事项应填制的专用记账凭证和在记账凭证上应编制的会计分录。将所选答案的标号按记账凭证、会计分录的先后顺序填入答题卡中的相应位置。多选、少选、错选，或将记账凭证、会计分录答案的先后顺序写反均不得分。本题共10小题，每小题4分，共40分）

53. 月末，企业将所有费用类账户的发生额结转入"本年利润"账户。各费用账户的借方发生额为：主营业务成本52 000元；营业税金及附加4 725元；其他业务成本24 000元；营业外支出11 500元；销售费用275元；管理费用10 700元；财务费用680元。

◇记账凭证备选答案：A. 收款凭证　　B. 付款凭证　　C. 转账凭证

◇会计分录备选答案：

A. 借：本年利润　　　　　　　　　　　　　　103 880

　　贷：主营业务成本　　　　　　　　　　　　　　52 000

　　　　税金及附加　　　　　　　　　　　　　　　4 725

　　　　其他业务成本　　　　　　　　　　　　　　24 000

　　　　营业外支出　　　　　　　　　　　　　　　11 500

　　　　期间费用　　　　　　　　　　　　　　　　11 655

B. 借：主营业务成本　　　　　　　　　　　　　52 000

　　税金及附加　　　　　　　　　　　　　　　　4 725

　　其他业务成本　　　　　　　　　　　　　　　24 000

　　营业外支出　　　　　　　　　　　　　　　　11 500

　　销售费用　　　　　　　　　　　　　　　　　　275

　　管理费用　　　　　　　　　　　　　　　　　10 700

　　财务费用　　　　　　　　　　　　　　　　　　680

　　贷：本年利润　　　　　　　　　　　　　　　103 880

C. 借：本年利润　　　　　　　　　　　　　　103 880

　　贷：主营业务成本　　　　　　　　　　　　　52 000

　　　　税金及附加　　　　　　　　　　　　　　　4 725

　　　　其他业务成本　　　　　　　　　　　　　　24 000

　　　　营业外支出　　　　　　　　　　　　　　　11 500

　　　　销售费用　　　　　　　　　　　　　　　　　275

　　　　管理费用　　　　　　　　　　　　　　　10 700

　　　　财务费用　　　　　　　　　　　　　　　　　680

54. 企业销售N产品价款40 000元。增值税销项税额为6 800元。收到购货方签发并承兑的商业汇票一份，金额计46 800元。

◇记账凭证备选答案：A. 收款凭证　　B. 付款凭证　　C. 转账凭证

◇会计分录备选答案：

A. 借：应收账款　　　　　　　　　　　　　　46 800

　　贷：主营业务收入——N产品　　　　　　　　40 000

　　　　应交税费——应交增值税——销项税额　　　6 800

    B. 借：应收票据   46 800

        贷：主营业务收入——N 产品   40 000

            应交税费——应交增值税——销项税额   6 800

    C. 借：应收票据   46 800

        贷：主营业务收入——N 产品   46 800

55. 企业用现金 60 000 元发放工资。

    ◇记账凭证备选答案：A. 收款凭证 B. 付款凭证 C. 转账凭证

    ◇会计分录备选答案：

    A. 借：应付职工薪酬   60 000

        贷：库存现金   60 000

    B. 借：银行存款   60 000

        贷：库存现金   60 000

    C. 借：应付职工薪酬   60 000

        贷：银行存款   60 000

56. 企业用现金 100 元支付企业展销产品的装卸费。

    ◇记账凭证备选答案：A. 收款凭证 B. 付款凭证 C. 转账凭证

    ◇会计分录备选答案：

    A. 借：销售费用   100

        贷：库存现金   100

    B. 借：财务费用   100

        贷：库存现金   100

    C. 借：管理费用   100

        贷：库存现金   100

57. 企业从北方工厂购入乙材料。对方开来的增值税专用发票载明：数量 2 000 千克，单价 2 元，价款 4 000 元，增值税额为 680 元，价税款合计为 4 680 元。全部款项已用银行存款支付。

    ◇记账凭证备选答案：A. 收款凭证 B. 付款凭证 C. 转账凭证

    ◇会计分录备选答案：

    A. 借：在途物资——乙材料   4 000

           应交税费——应交增值税   680

        贷：银行存款   4 680

    B. 借：在途物资——乙材料   4 680

        贷：银行存款   4 680

    C. 借：在途物资——乙材料   4 000

           应交税费——应交增值税   680

        贷：应付账款   4 680

58. 企业用银行存款 500 000 元购买需要安装设备 1 台。（假定不考虑增值税）

    ◇记账凭证备选答案：A. 收款凭证 B. 付款凭证 C. 转账凭证

    ◇会计分录备选答案：

A. 借：固定资产   500 000

  贷：银行存款   500 000

B. 借：在建工程   500 000

  贷：银行存款   500 000

C. 借：固定资产   500 000

  贷：应付账款   500 000

59. 经计算，本期企业管理部门人员工资为 10 000 元，暂未发放。

◇记账凭证备选答案：A. 收款凭证 B. 付款凭证 C. 转账凭证

◇会计分录备选答案：

A. 借：管理费用   10 000

  贷：应付职工薪酬   10 000

B. 借：制造费用   10 000

  贷：应付职工薪酬   10 000

C. 借：生产成本   10 000

  贷：应付职工薪酬   10 000

60. 企业向银行申请，取得长期借款 1 000 000 元，已存入银行。

◇记账凭证备选答案：A. 收款凭证 B. 付款凭证 C. 转账凭证

◇会计分录备选答案：

A. 借：银行存款   1 000 000

  贷：长期借款   1 000 000

B. 借：银行存款   1 000 000

  贷：短期借款   1 000 000

C. 借：银行存款   1 000 000

  贷：库存现金   1 000 000

61. 企业购入 A 材料 250 千克，买价 5 000 元，应交增值税进项税额为 850 元。对方代垫运费 250 元。以上所有款项尚未支付。

◇记账凭证备选答案：A. 收款凭证 B. 付款凭证 C. 转账凭证

◇会计分录备选答案：

A. 借：在途物资——A 材料   5 250

  应交税费——应交增值税   850

  贷：银行存款   6 100

B. 借：在途物资——A 材料   5 250

  应交税费——应交增值税   850

  贷：应付账款   6 100

C. 借：在途物资——A 材料   5 250

  应交税费——应交增值税   850

  贷：应付账款   5 850

62. 企业于月末计提本月应由生产车间负担的固定资产折旧 2 000 元。

◇记账凭证备选答案：A. 收款凭证 B. 付款凭证 C. 转账凭证

◇会计分录备选答案：

A. 借：制造费用 2 000
　　贷：累计折旧 2 000

B. 借：制造费用 2 000
　　贷：生产成本 2 000

C. 借：生产成本 2 000
　　贷：制造费用 2 000

附录二：答题卡样本

《基础会计》试卷 A 参考答案（答题卡）

考题类型及分数	评分标准	考题序号及参考答案									
一、单项选择题 （20分）	各1分	1	2	3	4	5	6	7	8	9	10
		B	C	C	B	D	A	D	B	C	B
		11	12	13	14	15	16	17	18	19	20
		B	D	B	D	C	A	C	B	C	B
二、多项选择题 （10分）	各1分	21		22		23		24		25	
		ABCDE		AC		AC		AD		ABCE	
		26		27		28		29		30	
		BCDE		ACE		AE		ACD		DE	
三、判断选择题 （10分）	各1分	31	32	33	34	35	36	37	38	39	40
		A	B	A	A	B	B	A	B	A	A
四、简答选择题 （10分）	各5分	41	42								
		A	D								
五、计算选择题 （10分）	各1分	43	44	45	46	47	48	49	50	51	52
		D	B	A	C	A	B	B	C	C	B
六、业务处理选择题 （40分）	各4分	53	54	55	56	57	58	59	60	61	62
		CC	CB	BA	BA	BA	BB	CA	AA	CB	CA

说明：

1. 由于《基础会计》课程的考题全部采用单项或多项选择题型，因此，在考试过程中，考生只要按照要求从备选答案中选择出你认为正确的答案并将该备选答案的字母标号填写入"答题卡"中相应题号下的空格内即可。需要提醒注意的是："计算选择题"一般应在考卷上预留的空白处进行有关数字的计算，之后再与备选答案比较才能进行答案选择。

2. 在利用答题卡答卷的过程中还应注意：在"业务处理选择题"中应选择两个备选答案，并且应将记账凭证的备选答案字母写在前面，会计分录的备选答案字母写在后面，不要将顺序写反。

3. 由于试卷印刷或考试要求的变化，该答题卡的样式可能会有一定变化，应以考试中实际使用的答题卡为准，并按考试要求进行答题。